Philip Raillon

SCHULE AUS, NEUSEELAND RUFT

Work & Travel am schönsten Ende der Welt

IMPRESSUM
SCHULE AUS, NEUSEELAND RUFT
Work & Travel am schönsten Ende der Welt
Philip Raillon

Bibliografische Information der Deutschen Bibliothek
Die Deutsche Bibliothek verzeichnet diese Publikation in der deutschen Nationalbibliografie.
Detaillierte bibliografische Daten sind im Internet über http://dnb.ddb.de abrufbar

© 2015 360° medien gbr mettmann I Nachtigallenweg 1 I 40822 Mettmann
www.360grad-medien.de

Redaktion und Lektorat: Andreas Walter

Satz und Layout: Serpil Sevim

Gedruckt und gebunden:
Westmünsterland Druck GmbH & Co. KG I van-Delden-Str. 6-8 I 48683 Ahaus
www.lensing-druck.de

Bildnachweis:
S. 17: Maurice Reinhard; S. 81: Marcel Hainke; S. 121: Jeff Bryan; S. 168: Blake Hamilton;
S. 170: Aljeandro Leiva; S. 173, S. 175 (oben): Jean Ravau; S. 187 Clemens Post;
S. 189 (unten): AJ Hackett Bungy; S. 226, S. 227: Adam Prest; S. 254: Rafting New Zealand;
S. 273, S. 283: Julius Reh; S. 330 (oben): Vanessa Gutthardt; S. 325 (unten), S. 330 (unten),
S. 331, S. 332: Jonas Beyrer; U4: Jürgen Theobald.

ISBN: 978-3-944921-15-0
Hergestellt in Deutschland

www.360grad-medien.de

Philip Raillon

SCHULE AUS, NEUSEELAND RUFT

Work & Travel am schönsten Ende der Welt

360° medien
mettmann

Inhaltsverzeichnis

„Für die Menschen, die mir offenherzig und engagiert geholfen haben.

Für diejenigen, die uns ohne eigenen Nutzen unterstützt haben und diese
Reise zu dem gemacht haben, was sie war.

In Gedenken an meine Tante Andrea Hasler, verstorben im Juli 2013, und
meine Großeltern, Inge und Arthur Raillon, die im April 2001 verstarben.
Sie prägten mich in meiner Kindheit und hätten das Erscheinen
dieses Buches sicherlich gerne erlebt."

Vorwort

Der letzte Schultag ist vorbei! Nie mehr das Pausengeschrei der jüngeren Schüler ertragen, nie mehr in den stickigen Klassenräumen vor sich hin fristen, nie mehr Hausaufgaben – endlich frei. Die große weite Welt steht mir offen, jetzt kann es losgehen!

So denken wohl viele, wenn sie ihre Schulzeit beendet haben – also werden Reiseführer gewälzt, die Koffer gepackt und in die verschiedensten Länder der Welt gereist. Denn unsere Erde war wohl gefühlt noch nie so klein wie im 21. Jahrhundert. Was sind Entfernungen schon mit dem Flugzeug? Die Preise sind nicht günstig, aber mit ein wenig gutem Wille stemmbar. Und doch begrenzen sich die allermeisten von uns Schulabgängern auf eine Reise von wenigen Wochen. Warum? Für ein Jahr auf eigene Faust ins Ausland – das trauen sich meist wenn überhaupt diejenigen, die nicht wissen, was als nächstes kommen soll. Ausbildung oder Studium? Welche Fachrichtung, welcher Ort? Vor diesen Fragen stehen viele, aber den Mut in ein Work & Travel-Abenteuer zu starten, haben dann doch nur wenige. Einige andere sind in der glücklichen Situation, bereits einen Plan für den weiteren Weg zu haben – also nichts wie zur Uni. Die Karriere kann schließlich nicht warten. Nach der ersten Euphorie sind die Hörsäle dann doch wieder stickig, die Klausuren stressig und die Kurzurlaube mehr oder weniger öde. Egal, schließlich ist uns während der Schulzeit oft genug erklärt worden, wie wichtig es doch ist, dass es schnell weitergeht! Karriere eben. Ich selbst zählte auch zu Letzterem: Nach dem Abitur für einige Wochen Reisen, vielleicht Asien, vielleicht Europa. Und dann ab zur Uni, Jura soll es schließlich werden.

Im Nachhinein ist mir klar, was für ein Glück ich hatte, dass meine Freundin, Maria Gleichmann, vorschlug, mit ihr Work & Travel zu machen. Zunächst war ich überrascht, und zugegebenermaßen war mir auch etwas mulmig zumute: Was wird aus meinen Schulzeit-Freunden in Witten? Schaffe ich so etwas überhaupt finanziell? Mehrere Monate ohne meine Familie? Was ist mit meiner doch so wichtigen Karriere? Und was ist, wenn ich im Ausland keinen Job finde? Oder Maria und ich uns im Ausland nicht verstehen? Einen längeren Aufenthalt als Auslandssemester oder nach dem Studium gerne, aber nach dem Abi …?

Ich habe es letztlich gewagt, habe mich überwunden. Aus der ursprünglichen Idee, einige Wochen zu reisen, wurden 181 Tage, sechs Monate – die meiste Zeit davon in Neuseeland. Dem Land, von dem ich vorher eigentlich überhaupt keine Notiz genommen hatte. Ich kann nur sagen: Es hat sich gelohnt! Was habe ich alles erlebt? Wie viele lehrreiche Erfahrungen habe ich gesammelt? Wie viele Menschen habe ich kennen und schätzen gelernt? Das alles steht auf den folgenden Seiten – auf Seiten, die ein Beispiel für ein erfolgreiches Work & Travel-Erlebnis in einem der (vielleicht sogar dem) schönsten Land dieser Welt sind. Auf Seiten, die euch, liebe Leser, dazu aufmuntern sollen, das Gleiche zu wagen: Geht raus in die Welt, nutzt die Zeit nach Schule (‚Ausbildung oder Studium) und entdeckt fremde Länder, Kulturen und vor allem euch selbst – es lohnt sich bestimmt!

Ach ja, fast hätte ich es vergessen, da war ja noch etwas: Nach meiner Rückkehr habe ich mich natürlich an meine „Karriere" gemacht … Jura ist es geworden. Seitdem frage ich mich immer wieder vor allem eines: Warum hast du den Hörsaal nur ein halbes Jahr lang warten lassen und nicht länger? Naja, das Auslandssemester kommt bestimmt. Und ich weiß jetzt für mich persönlich, dass es Wichtigeres gibt als nur Karriere. Lebensfreude! Aber das findet ihr am besten selbst raus. Und jetzt: Viel Spaß beim Lesen meines Reiseabenteuers.

Philip Raillon

Reisevorbereitung

Unerlässlich: Equipment, Infos, Flugtickets, ...

Reisevorbereitung

Zunächst müssen wir uns für ein Ziel entscheiden. Eine Weltreise mit vorherigem Geldverdienen in Deutschland ist keine Option, da Maria ihr Englisch verbessern und lieber lange Zeit im selben Land bleiben möchte. Kanada steht ganz oben auf der Liste, allerdings hören wir schon bald, dass Work & Travel dort noch nicht allzu tief in der Gesellschaft integriert ist und es daher schwer ist, wie ein Wanderarbeiter zu reisen. Außerdem ist es in unserer angepeilten Reisezeit – von August bis Februar, denn zum Sommersemester soll es für mich dann endlich an die Uni gehen – dort bitterkalt. In Australien wollen wir beide nur ungern die gesamte Zeit verbringen, da dort viele deutsche Jugendliche ihre Work & Travel-Erfahrungen machen, es sehr heiß wird und das Land gigantisch ist. Maria drängt von vornherein auf einen anderen Staat: Neuseeland. Im Gegensatz zu mir hatte sie schon viel von den beiden Inseln gehört. Ihre Schwester und ihr Cousin waren bereits während der Schulzeit dort und hatten entsprechend berichtet. Wir entscheiden uns also, den Großteil der Reise im Kiwi-Staat zu verbringen. Lediglich zwei Wochen wollen wir vorab im Flächenland Australien stoppen, und auf dem Rückflug bleiben wir einige Nächte in Bangkok. Zur Sicherheit buchen wir Flüge, die wir auch getrennt voneinander stornieren oder umbuchen können – man weiß ja nie. Die Gefahr, dass wir die Reise zwar zu zweit beginnen, aber allein beenden, wird uns vor allem von unseren Freunden immer wieder vor Augen gehalten. Doch wir selbst gehen optimistisch an die Sache und merken schon bald, dass unsere Vorstellungen eigentlich nahezu identisch sind.

Der Erwerb des neuseeländischen Working-Holiday-Visums ist für deutsche Staatsbürger dank bilateraler Abkommen keine große Hürde. Wenn man einmal die Fragen zum Vorstrafenregister und zu Krankheiten beantwortet hat, sendet man die Onlinebewerbung ab, zahlt die 165 Dollar per Kreditkarte und kann sich nach dem Ausdrucken der nötigen Zettel für die Einreise theoretisch schon auf den Weg machen. Wenn man dann allerdings nicht sofort das Visum ausdruckt und seine Internet-Zugangsdaten vergisst, so wie ich, der kann dann kostengünstig schon einmal seine Englischkenntnisse testen. In einem längeren Gespräch mit der entsprechenden Behörde in Neuseeland musste ich meine Zugangsdaten erfragen, aber selbst die Callcenter-Kiwis sind schon freundlich. Die Vorfreude steigt!

Der Rucksack ist für Backpacker unerlässlich. Natürlich muss auch ich einen haben – überraschenderweise erweist er sich im Laufe der Monate tatsächlich noch als nützlich. Nachdem ich mehrere getestet habe, entscheide ich mich für einen schwarz-grauen 70-Liter-Rucksack, damit ich wenigstens annähernd alle Klamotten mitnehmen kann. Außerdem gibt es im Trekking-Laden gleich noch neue Wanderschuhe, Camping-Handtücher, eine Taschenlampe und einen neu-en Schlafsack. „Wir sind ja hauptsächlich im Sommer unterwegs – da reichen acht Grad als Optimal-Temperatur des Schlafsacks" sage ich damals noch zu meinen Eltern – denkste …!

Mit auf die Reise nehme ich auch eine gute Mischung aus Funktionskleidung, Arbeitsklamotten und Straßenoutfit – wobei klar ist, dass diese Kleidungsstü-cke in den nächsten Monaten verschlissen werden. Nichtsdestotrotz habe ich im Laufe der Zeit alle Pullis, T-Shirts und Hosen gut gebrauchen können. Ge-mäß dem Zwiebel-Prinzip habe ich gerade in den ersten, kalten Wochen vieles übereinander getragen.

Natürlich darf neben wichtigen Dokumenten, dem Taschenmesser und einigen nützlichen Kleinigkeiten (Wäscheleine, Klebeband, …) auch das technische Equipment nicht fehlen: Obwohl ich bei Abreise von diesem Buchprojekt noch nichts weiß, packe ich meine Kamera, ein Stativ und meinen Laptop ein.

Erfreulicherweise greifen mir meine Eltern bei Fragen wie der Krankenversi-cherung unter die Arme. Die nötigen 4000 Dollar Absicherung muss ich aber dennoch größtenteils allein auf mein Konto bringen. Einen nötigen Kontoaus-zug, der die 4000 Dollar (etwa 2400 Euro) bestätigt, soll man bei der Einreise bei sich haben. Hatte ich auch – interessiert hat sich dafür allerdings niemand.

Noch wichtiger als all diese Dinge war aber die wirkliche Vorbereitung. So haben wir uns schon in Deutschland mit einigem technischen Wissen für einen späteren Autokauf gewappnet, haben bereits die Auto- und Job-Internetseiten durchforstet und erste Kontakte nach Neuseeland geknüpft: Bei uns stellte sich heraus, dass im Familien- und Freundeskreis eigentlich immer jemand schon mal am anderen Ende der Welt in Neuseeland war. Insgesamt haben wir auf diesem Wege vier Familien in der Ferne ausfindig machen können und nach ei-nigen Mails hatten wir so schon die ersten Anlaufpunkte. Gerade für die innere Ruhe sind solche festen Kontakte von Vorteil – und geben ganz davon ab auch einen Eindruck, was einen erwartet: freundliche und offene Menschen.

In den letzten Tagen, bevor es losgeht, steigt die Spannung: Geld wechseln, Rucksack packen, Freunde ein letztes Mal treffen. Noch einmal die besten Ge-richte der persönlichen Lieblingsspeisekarte durchgehen. Von Maria sehe ich in diesen Tagen wenig. Wir machen uns rar – absichtlich. Schließlich dürfen und wollen wir die nächsten sechs Monate zusammen verbringen.

Am Anfang Australien

Die Richtung stimmt schon mal: Irgendwo dahinten liegt Neuseeland.

Am Anfang Australien

Good Bye Deutschland!

Ich schleppe meinen Rucksack die Treppe hinunter, greife meine Jacke und stürme zum Auto. Meine Mutter und mein Bruder warten schon, Vater kommt hinterher geeilt. Wir sind spät dran – in drei Stunden geht der Flug. Alles dabei? Nichts vergessen? Hoffentlich nicht. Auf Richtung Düsseldorf International Airport, von wo aus am Abend des 13. August 2013 unser Flieger zunächst Richtung Australien startet.

Am Flughafen treffen wir eine nervöse Maria samt Familie. Ich bin – vermeintlich cool – relativ gelassen. Wir schnüren unsere Rucksackriemen zusammen und checken ein. Fünfundvierzig Minuten noch, bis wir im Sicherheitsbereich verschwinden müssen. Mir gehen die oberflächlichen Gespräche und die gutgemeinten Tipps schnell auf den Geist. Letztlich kommt der Moment des Abschieds ja doch – wir sagen unseren Familien „Tschüss! Bis in sechs Monaten", gehen durch die Sicherheitskontrolle und zeigen unsere quasi druckfrischen Reisepässe.

Unser Emirates-Flieger startet bei Sonnenuntergang um 21 Uhr nach Dubai.

Ready for take-off?

Nach 26 Stunden Reise mit einem kurzen Zwischenstopp im arabischen Emirat klappt die Boeing ihr Fahrwerk aus und setzt auf australischem Boden in Sydney auf. Es ist frühmorgens, meinem Gefühl nach eher spätabends. Der Jetlag hat mich schon jetzt voll im Griff – eines der unangenehmsten Gefühle. Wir wanken im Halbschlaf durch den Flughafen und gehen zum Bahnsteig. Immerhin ist unseren Rucksäcken nichts passiert. Die Fahrt mit dem Zug ist in Australien teuer, sehr teuer sogar. Maria und ich wollen zum Circular Quay, direkt am Hafen zwischen Opera House und Harbour Bridge, wo wir uns mit einem meiner Freunde treffen. Maurice kommt auch aus Witten, ist aber momentan bei Verwandtschaft in Sydney. Die

Sonne blendet, der Himmel strahlt tief blau und es sind knapp zwanzig Grad. Willkommen im australischen Winter. Wir treffen Maurice am Fährableger – groß ist die Freude: Wie oft hatten Maurice und ich davon geredet, uns in Sydney zu treffen? Endlich hat es geklappt. Wir sitzen auf der Mauer am Hafen, in meiner Erinnerung sind kaum Menschen unterwegs und das in der Woche an einem Vormittag. Wir steigen auf die Personenfähre Richtung Manly, einem sehr entspannten Stadtteils Sydneys. Der Wind weht uns durch die Haare, der Dieselmotor schleudert seinen Qualm gen Ozonloch über uns. Ganz dicht fahren wir an den weißen Bögen des Opernhauses vorbei, die Harbour Bridge schwingt sich über den Hafeneingang rechts von uns. Wie oft habe ich diese Bauwerke auf Fotos und in Filmen gesehen? Jetzt bin ich so nah dran und geistig doch so weit weg: in meiner benommenen Übermüdungs-Welt.

Jet Lag? Egal! Foto-Zeit!

Eine Woche haben wir in Sydney, verbringen diese Zeit mit Maurice, einer weiteren Bekannten aus Witten, Leonie, und zwei guten Freundinnen von Maria, Sophia und Marie. Alle vier sind zufällig zurzeit auch am anderen Ende der Welt, so dass es sich anbietet, die Stadt der goldenen Strände gemeinsam zu erkunden. Am ersten Tag sind wir um elf Uhr im Zentrum verabredet. Maria und ich dürfen bei Bekannten schlafen, die in einem nördlichen Vorort wohnen: Newport ist etwa anderthalb Stunden Busfahrt von der Innenstadt entfernt. An unserem ersten Tag klingeln unsere Freunde uns per Handy um 13 Uhr aus den Federn – wir haben komplett verschlafen. Sydney ist groß, eine Weltstadt und bietet neben häufig gutem Wetter (wir sehen in diesen Tagen keine Wolke) wunderbare Strände. Ein Hingucker sind natürlich die bekannten Sehenswürdigkeiten: Harbour Bridge, Opera House und Diamond Harbour. Auch der botanische Garten, die Einkaufsmöglichkeiten und Manly sowie Bondy Beach sind einen Besuch wert. Allerdings muss ich sagen, dass mich die Metropole des Flächenstaates kaum begeistert. Es fehlt die Historie in der Stadt, sie scheint (wohl auch wegen des meist sonnigen Wetters) stets gut gelaunt, aber dafür wirkt alles nur oberflächlich. Genauso wie die Australier selbst: unsere Bekannten, die sind natürlich offen, herzlich und geben uns das Gefühl, willkommen zu sein. Anders ist es mit dem Rest von Sydney. „Hallo! Wie geht's?", fragen die Kassierer an der Kasse – natürlich interessiert es niemanden. Auch in den Gesprächen habe ich nicht den Eindruck, als sei mein Gegenüber wirklich an uns interessiert. Eine oberflächliche Freundlichkeit, die ein Stück weit typisch ist für den englischsprachigen Raum und an die ich mich hier noch gewöhnen muss. Trotzdem finde ich, dass die Neuseeländer

Meeting friends from home

herzlicher und bemühter sind. Oberflächlichkeit eine Erscheinung der Großstadt Sydney oder des Landes Australien? Um das zu bewerten, war ich nicht lange genug in dem Staat, aber ich bin froh, dass wir nach einer Woche zum Flughafen fahren. Ziel: Alice Springs.

Die „Tiger Air"-Maschine fliegt über roten Staub, ausgetrocknete Seen und geht dann in den Landeanflug. Unter uns ist noch immer nichts außer wenigen Büschen und einigen Hügel- oder Felsformationen. Aus dem Nichts erscheint die kurze Landebahn – willkommen in Alice Springs. Der Flughafen ist eigentlich kein Flughafen, hat aber seinen eigenen Charme. Mit einem tcuren Bus fährt uns ein Aborigine in die Stadt, verfährt sich einige Male und setzt uns nach über einer Stunde bei der Autovermietung ab. Von zu Hause aus hatten wir uns einen Van der Firma „Wicked Camper" gemietet, die – so dachten wir – das einzige Unternehmen ist, das auch an unter 21-Jährige verleiht. Im Internet hatten wir viel Schlechtes über die Wicked-Flotte gelesen: nicht laufende Motoren, schlechte Ausstattung und viele Kommentare zum Aussehen der Wagen. Denn Wicked wirbt damit, jedes Fahrzeug sei anders und mit coolen Sprüchen lackiert. Einige dieser Sprüche sind, laut Internetaussagen, so „cool", dass Campingplatz-Besitzer Backpacker wegen ihrer obszönen Wagen nicht bei sich schlafen lassen. Dementsprechend froh sind wir, als wir von dem jungen, sehr entspannten Wicked-Mann die Schlüssel für einen Toyota ausgehändigt bekommen, auf dessen Flanken nur ein „Stoned Again" (Schon wieder bekifft) und ein „This mashine kills fascists" (Dieser Wagen tötet Faschisten) prangt.

Die sechs Tage mit dem Van durchs Outback sollen ein Erlebnis sein, sind aber gleichzeitig auch ein Test für unsere geplante Reise mit dem Van durch Neuseeland. Was braucht man? Worauf muss man achten? Das Outback zum Versuchsgebiet zu erklären ist sicherlich kühn: Nach Alice Springs gibt es kaum noch Einkaufsmöglichkeiten und nur wenige Tankstellen. Wir decken uns mit dem Nötigsten im örtlichen Coles-Markt ein. Drei Liter Kühleis knallen wir in unsere Kühlbox. Überall sieht man die Aborigines. Viele der Vorurteile bewahrheiten sich: Sie sitzen neben der Straße, trinken Alkohol und sehen häufig sehr abgerissen aus. An der Tankstelle kauft man „Opal Fuel", einen besonderen Treibstoff, der geruchsneutral ist – sonst würden die Ureinwohner an ihm schnüffeln. Genauso ist es schwer, Klebstoff und Feuerzeuggas zu kaufen. All das würde missbraucht werden. Die Sonne neigt sich schon dem Horizont entgegen, als wir endlich losfahren. Voller Konzentration verlassen wir Alice

Springs. Es ist merkwürdig, auf der „falschen", auf der linken, Straßenseite zu fahren. Zum Glück ist der Verkehr hier nicht stark, und sobald wir die Stadtgrenze hinter uns gelassen haben, sehen wir kaum noch ein Auto.

Unsealed im Outback: Staub, Stein und Sand

Wir fahren nach Westen. Zwar ist der Boden rot und sandig, aber es stehen Büsche und Bäume am Rand – teils sind sogar Wiesen zu erahnen. Das ist doch nicht das Outback? Doch, ist es, aber in der Tat sind die MacDonnell Ranges, die um Alice Springs herum liegen, von oben betrachtet eine kleine, grüne Oase in der trockenen Wüstenlandschaft des Outbacks. Mehrere Wasserlöcher liegen still in kleinen, teils sehr schmalen Schluchten. Der West MacDonnell National Park gefällt uns sofort. Ellery Creek Big Hole steht auf einem verwitterten Schild am Straßenrand – ein Wasserloch in einer der vielen Gorges (Schluchten). Hier befindet sich auch einer der Campingplätze. Wir biegen ab. Der Asphalt endet plötzlich, vor uns liegt eine rote Sandpiste. Laut Mietvertrag von Wicked dürfen wir diese unbefestigten Straßen nicht befahren. Egal, wir wagen uns trotzdem vor. Die Sonne geht unter, als wir uns eine der kleinen Nischen nahe dem Wasserloch aussuchen. Neben uns campen zwei Australier, die jeweils mit dem Fahrrad durch das Land fahren. Einer sei seit elf Jahren unterwegs, sagen sie. Respekt, vielleicht haben sie aber auch einfach zu viel Sonne abbekommen. Wir kochen auf unserem kleinen Gasherd einige Nudeln, als ein Mädchen vorbeikommt. „Ihr seid doch auch Deutsche? Wenn ihr Lust habt, könnt ihr später an unser Feuer kommen", sagt sie. Luisa und Julius, ein deutsches Pärchen, kommen aus Bamberg und reisen seit einigen Wochen durch Australien. In wenigen Tagen fliegen sie auch für einige Monate nach Neuseeland. Wir quatschen den ganzen Abend, lauschen ihren Backpacker-Erlebnissen und sind begeistert. Auf jeden Fall wollen wir uns im Kiwi-Land Neuseeland wieder treffen. Die Kälte legt sich über das Outback, es ist nur wenige Grad über Null, als wir zu unserem Van zurückgehen. Im Schein des Vollmonds sehe ich einige Dingos um das Toilettenhäuschen schleichen – unheimlich. Die ersten wilden Tiere im wilden Australien, schnell in den kalten Van.

Wasserlöcher in der Wüste

Der Einstieg ins Campingleben ist gemeistert. Wir schauen uns noch weitere Wasserlöcher der West MacDonnell Ranges an. Eines ist schöner als das andere – trotz des unglaublich kalten Wassers springe ich in eines hinein. Ich kann mich im Wasser kaum bewegen, die Beine schmerzen, so niedrig ist die Temperatur. Doch immerhin bin ich frisch gewaschen. Von Alice Springs zum Uluru sind es über den legendären Stuart Highway knapp 500 Kilometer – durch Sand, Staub und lebensfeindliche Umgebung. Am Rand stehen Kühe der gigantischen Farmen. Immer wieder liegen verrostete Wagen am Straßenrand, teils bis zu fünfzig Meter weit von der Straße ab. Pannenfahrzeuge? Diebesgut? Ein Zug kommt uns entgegen. Genaugenommen ein Road Train, einer der langen Lkw, die Sprit und Lebensmittel zu den Orten Australiens bringen. Mit drei Anhängern und bis zu 100 Meter Länge sind sie die einzige Versorgungsmöglichkeit und gleichzeitig eine echte Gefahr. Vor allem bei Nacht bremsen die Trucks für nichts und niemanden. Vor uns liegen zehn Kilometer schnurgerader Asphalt, der am Rand aufbröckelt.

Es ist spannend, im Outback zu fahren. Dort, wo man die anderen Fahrzeuge lässig mit dem Heben von zwei Fingern grüßt. Dort, wo die Sonne den Van erhitzt. Dort, wo man 250 Kilometer fährt, ohne auch nur die Chance zu haben abzubiegen. Irgendwann wird selbst diese surreale Umgebung langweilig. Wir fahren 90, dann 100. Irgendwann arbeite ich mich an die Höchstgeschwindigkeit von 130 km/h heran. Wir verlassen den Stuart Highway und widmen uns dem Lasseter Highway, der die Ost-West-Verbindung zum Uluru, dem Ayers Rock, darstellt. Und dann sehen wir ihn. Groß liegt der rote Fels im platten Land. Wahnsinn! Er müsste noch über 100 Kilometer weit weg sein und doch sehen wir ihn schon aus der Ferne. Bei einem Aussichtspunkt halten wir an, machen etliche Bilder. Die Stimmung ist wieder oben, alle Müdigkeit der letzten Stunden Fahrt sind vergessen. Mit neuem Elan geht es wieder auf die Piste – unser Ziel, bei Sonnenuntergang am Berg zu sein, scheint plötzlich wieder möglich. Immer weiter und weiter geht die Straße. Den großen Berg sehen wir schon längst nicht mehr, da geht uns ein Licht auf: Was wir sahen, ist nicht der Uluru, sondern eines der am häufigsten irrtümlich fotografierten Objekte der Welt. Der Mount Conner! Bis zum eigentlichen Ziel sind es tatsächlich noch viele Kilometer hin. Endlich erreichen wir den Uluru-Kata Tjuta National Park, wo neben dem Uluru auch die Olgas (Kata Tjuta) liegen. Wir sind überrascht, als wir gebeten werden, jeweils 25 Dollar für den Eintritt zu bezahlen – damit hatten wir nicht gerechnet. Egal, jetzt wollen wir auch hinein. Vor uns liegt der wohl bekannteste Stein der Welt. Groß, abgerundet, rot – und touristisch überlaufen. Auf dem Parkplatz treffen wir zwei deutsche Backpacker, die wir schon

Mietvan mit politischem Statement

in Alice Springs kennengelernt hatten. Mit Robin und Johanna schauen wir uns den Sonnenuntergang an. Wir bleiben länger als alle anderen und verlassen als eines der letzten Autos den Nationalpark. Zum Sonnenaufgang wollen wir uns wieder treffen, Robin und Johanna gehen auf den teuren Campingplatz in Yulara, dem Ort nur für Touristen, außerhalb des Nationalparks. Maria und ich suchen stattdessen ein Fleckchen zum Campen – irgendwo am Straßenrand.

Mit voller Konzentration durchschneide ich die schwarze Nacht. Die Mittellinie liegt direkt unter uns, mindestens jeder zweite Blick gilt dem Straßenrand: Wir dürfen nach Sonnenuntergang nicht mehr fahren, so steht es im Mietvertrag. Zu groß ist die Gefahr, dass Kängurus vors Auto hüpfen oder ein Road Train uns umfährt. Mit 40 km/h schleichen wir über den leeren Lasseter Highway und finden einen „Parkplatz", also eine sandige Fläche, neben der Straße. Wir stellen uns neben die drei anderen Vans und steigen aus. Sterne! Über uns funkelt der Himmel nur so von Himmelskörpern. Die Schleier der Milchstraße ziehen sich von Horizont zu Horizont. Es ist unglaublich, faszinierend. So viele Sterne im Schwarz der australischen Outback-Nacht. Nur für diesen Moment würde ich die gesamte Reise nochmals machen – aber wir sind ja erst am Anfang.

Neben dem Uluru im Morgengrauen, den unwirklichen, steilen Wänden der Kata Tjuta, den eiförmigen und abgerundeten Bergen im Nichts des Outbacks besuchen wir den Kings Canyon. Während wir den Highway Richtung Kings

Gang durch die „Olgas"

Canyon Resort fahren, ein Dörfchen wie Yulara am Ayers Rock, nur noch kleiner, sehen wir kaum ein Auto. Lediglich der Mietwagen von Robin und Johanna fährt im Rückspiegel mit uns. Am Straßenrand liegen immer wieder Tierskelette und große Kothaufen – es leben hier wohl mehr Kamele als Menschen. Die Kings Creek Station ist eine Anlaufstelle, genau genommen fast die einzige auf der 170 Kilometer langen Asphaltpiste zwischen Lasseter Abzweigung und Kings Canyon. Unser Plan, an der Station aufzutanken, wird vom Spritpreis zertrümmert: 3,40 Dollar pro Liter, statt 1,70 Dollar in Alice Springs. Der Treibstoff muss reichen – weiter geht's. Die Luft ist trocken und heiß. Die Sonne knallt auf uns herab. Wir sind am Kings

Canyon, vor uns erhebt sich die erste Kette des Gesteinsmassivs. Sofort sitzen Fliegen in unseren Gesichtern, krabbeln in Nase, Augen und Mund – ekelig. Die kleinen Insekten gibt es überall im Outback. Zwar stechen oder beißen sie nicht, sind dafür aber unglaublich nervig. Mit kleinen Ästen wedeln wir uns den Weg durch die Schluchten und Täler. Allerdings geht es hauptsächlich bergauf: Eine lange Treppe führt über die roten Gesteinsplatten hinauf. Erstmal etwas trinken. Trotz des gerade endenden Winters haben wir über dreißig Grad. Im Sommer sollte man die Wanderung nicht mehr nach zehn Uhr machen, weil es unterwegs kein Wasser gibt. Wir wandern weiter. Echsen huschen über den trockenen Boden. Es fällt nicht schwer zu glauben, dass hier unter den steinigen Brocken oder in den Schlitzen Schlangen, Spinnen oder andere gefährliche Tiere leben.

Im Outback wird es im Sommer gerne unerträglich heiß

Irgendwo zwischen Dürre und toller Fernsicht liegt der Garden of Eden. Nach einer Stunde Wanderung auf dem Kings Canyon Rim Walk, der an höchstens mageren Sträucher vorbeiführt, liegt dieses Wasserloch am Ende eines Sackgassenweges in einem kleinen Tal. Die Vegetation gedeiht hier wie im Regenwald: große Bäume, verwunschenes Unterholz und darin ein moosiger Bach. Schwimmen kann man hier bestimmt, Krokodile soll es meines Wissens hier nicht geben. Doch auch für Nicht-Planschende lohnt sich der „Side Walk" zu den Reflektionen der kleinen Wellen des Wassers an den steilen Felswänden darum herum.

Tierwelt im Outback

Das Tier des australischen Outbacks bleibt uns übrigens lange Zeit verborgen: Anscheinend sind wir die einzigen, die unterwegs kein Känguru sehen. Als wir eines Abends mit Julius und Luisa sowie Robin und Johanna auf einem Campingplatz nächtigen, kommen ein paar Urlauber und berichten von den soeben gesichteten Springtieren. Und wir? Wir sehen einfach keine! Am letzten Abend fahren wir zum botanischen Garten in Alice Springs, wo man wildlebende, kleine Kängurus beobachten kann. Wir gehen den kleinen Pfad bis ganz nach oben und sehen – wieder keine. Wir wollen schon wieder zurückgehen, als plötzlich etwas über einen großen Stein hoppelt – ein Känguru! Oder vielleicht auch nur ein Wallaby, wie die

Känguru oder Wallaby?

kleinen Känguru-Arten genannt werden. Egal, es springt herum und hat sogar einen Beutel mit einem Jungen darin. Das zählt!

Neben Dingos und zahlreichen Rindern sehen wir auch einen Großen Emu. Der große Vogel stolziert über den Campingplatz von Curtin Springs, wo es auch einen kleinen Laden und eine Tankstelle gibt. Schlangen und Spinnen bleiben uns zum Glück, oder leider, verwehrt. Dafür machen wir Bekanntschaft mit den Millionen von Schmeißfliegen und einigen beunruhigend großen Wespen, die an einer Wasserstelle bei den Kata Tjuta die dursti-

Emu-Besuch zum Aufstehen

gen Wanderer vom Wassertank abhalten. Wir sehen auch einige freilebende Wellensittiche, die mit ihrem grünen und gelben Federkleid im Schatten der Olgas toben.

Die vielen verschiedenen Vögel des Landes fallen einem auch in Sydney sofort auf. Morgens wird man nicht von Amseln oder Spatzen geweckt, sondern von einem mir gänzlich unbekannten Vogelgezwitscher, das in meinen Ohren mehr wie ein Kreischen und Quietschen klingt. In den Straßen von Sydneys Vororten braucht man nur in die Bäume zu schauen, wo bunte Papageien, Kakadus und andere Federtiere sitzen. Insgesamt gibt es über 800 Vogelarten in Australien.

Vom Kings Canyon könnten wir den Weg zurück zu den West MacDonnell Ranges über eine 140 Kilometer lange Strecke abkürzen. Allerdings führt diese nicht asphaltierte Straße durch Niemandsland, und wir dürfen noch immer keine ungeteerten Wege fahren. Wir entscheiden uns daher schweren Herzens gegen dieses einmalige Abenteuer und machen uns wieder den ganzen langen Weg, über Lasseter und Stuart Highway zurück. Die Geländewagen, die Vans und die Busse – alle grüßen auf dem Weg nach Alice Springs, wo wir letztlich in den Flieger nach Sydney einsteigen. Auch wir verewigen uns zum Abschluss im Innenraum des Wicked-Campers: Schon viele Mieter folgten dem Aufruf, mit Kuli oder Filzstift in den Teppich zu schreiben. Die Abnahme des Wagens verläuft problemlos – wohl auch, weil ich mein Fahren auf der rechten Straßenseite noch gerade rechtzeitig bemerkt habe, sonst hätte ich in der Innenstadt von Alice Springs einen Frontalzusammenstoß verursacht. Zwei Tage bleiben uns jetzt in Sydney, um Felix, ein weiterer Freund aus der Heimat (irgendwie tummelt sich ganz Witten hier unten) zu treffen, die Blue Mountains und die Strände zu genießen – dann reicht es aber auch mit der Stadt, die uns beiden ja gar nicht so sehr zusagt.

Eukalyptus und blauer Dunst – die Blue Mountains

Australien, es ist ein riesiges Land. Ein Land, das wohl wie kein zweites ist. Mit Sydney und vor allem mit dem Outback haben wir zwei Orte gesehen, die ganz oben auf der Touri-Liste stehen. Viele weitere Kilometer Einsamkeit und einige weitere Städte verbleiben für unsere nächste Reise. Doch nun geht es erst einmal zu unserem eigentlichen Ziel: Neuseeland.

Erste Schritte im schönsten Land unseres Planeten

Der erste Tag in Neuseeland verabschiedet sich mit einem Strahlen auf unseren Gesichtern

Erste Schritte im schönsten Land unseres Planeten

Schon lange bevor wir die schneebedeckten Gipfel der Southern Alps aus dem Flugzeugfenster sehen, verfolgen wir den Flug nach Neuseeland auf dem Bildschirm. Wir haben Glück und sitzen in der Boeing 777 von Sydney nach Christchurch am Fenster. Kaum überfliegen wir die Küste, da sind wir schon über hohen Bergen. Oben Schnee, in den Tälern grün-braunes Gestrüpp. Noch wenige Minuten, dann sind wir endlich dort, wo wir die nächsten Monate verbringen werden. Es gibt kein Zurück mehr und das ist gut so.

Die Southern Alps von oben

„Was ist eigentlich, wenn bei der Landung ein Erdbeben ist?", fragen wir uns, während wir uns im Landeanflug über grünen Wiesen mit weißen Wollknäueln auf vier Beinen befinden. Christchurch, mir bislang nur aus den Erdbeben-Berichten bekannt, ist für uns aber das Tor nach Neuseeland – und das mit festem Boden. Der Flughafen der 300.000-Einwohner-Stadt ähnelt einem Provinzflughafen Deutschlands, hat dafür aber sehr gründliches Zoll-Personal: Nachdem alle Fragen auf den Einreisezetteln beantwortet sind und die Einreisestempel in unseren Pässen glänzen, warten wir auf unsere Rucksäcke. Mit dem Gepäck geht es dann in die Schlange für die Einreisekontrolle – wir kennen diesen etwas nervigen, aber wohl nötigen Umstand bereits aus Sydney. Neu ist allerdings, dass schon während wir unsere Rucksäcke gerade wieder tragbar machen, Sicherheitspersonal mit Spürhunden entlang schlendert. Der schwarzweiß gefleckte Hund ist richtig süß. Er findet aber beunruhigend viel Gefallen an Marias Trageutensil. Jetzt finde ich ihn nur noch bedingt süß! Die Folge: Unsere Einreisekarten bekommen einen kleinen Vermerk mit großem Ausmaß: Am ersten

Landeanflug Christchurch

Schalter müssen wir alle Lebensmittel ausräumen. Nutella, Gewürze und Tee sind kein Problem. Meine Wanderschuhe werden sicherheitshalber gereinigt – ein angenehmer Service. Weniger angenehm sind die Fragen der Beamtin. „Haben Sie wirklich keine frischen Lebensmittel dabei?" Durch die Androhung von mehreren hundert Dollar Strafe kommen wir dann doch ins Grübeln, gehen mehrfach unseren Packvorgang durch und sind uns dann sicher: Wir haben nichts Frisches dabei. Trotzdem wird unser gesamtes Gepäck gefilzt und dann durch einen Scanner geschickt. Kein Fund. Alles gut, wir können nach fast anderthalb Stunden endlich aus dem Sicherheitsbereich raus. Von wegen. Wieder wird uns einer dieser „süßen" Hunde zum Verhängnis: Kurz bevor wir durch die Schiebetür nach draußen wollen, schnuppert nochmals einer an Marias blau-lila Rucksack und bellt. Der diensthabende Chefbeamte räumt daraufhin höchst persönlich den kompletten Rucksack aus – findet letztlich aber, wie auch die Male zuvor, doch nichts. Immerhin sind die neuseeländischen „Grenzbehörden" freundlich und geben uns schon gleich Tipps mit, was wir in Christchurch machen können. Mit zwei Stunden Verspätung betreten wir endlich den öffentlichen Bereich des Christchurcher Flughafens, wo wir bereits erwartet werden.

Fiona kommt direkt auf uns zu. „Maria und Philip?" Ja, das sind wir! Fiona Prest ihr Mann und die drei Söhne sind eine der Familien, die wir noch in Deutschland ausfindig gemacht haben. Marias Cousin lebte einst bei der Familie im Christchurcher Ortsteil Avonhead als Austauschschüler. Nun sind wir für einige Nächte eingeladen. Wie viele es aus den angedachten „zwei, drei Übernachtungen" im Spielzimmer der Familie werden sollten, ist schon fast unangenehm. Doch die Familie ist offen, freundlich und hilfsbereit – wohl, auch weil sie wissen, wie es ist, in einem gänzlich unbekannten Land anzukommen: Sie immigrierten vor einigen Jahren aus Afrika nach Mittelerde.

Für uns sind Fiona und Gary mit ihren drei Söhnen jedenfalls die kostenlose und deutlich herzlichere Alternative zu einer teuren Organisation. Gleich am Anfang helfen uns Fiona und Adam, der mittlere Sohn, dabei, die Zeitungen nach inserierten Backpacker-Autos zu durchschauen. Denn das steht als Erstes an: der Kauf eines Wagens. Außerdem werden wir im Verlauf der nächsten Tage viele informative und nette Abende zusammen mit der Familie verbringen. Die Freundlichkeit und Offenheit unserer neuen Bezugspersonen ist überwältigend. Mit dabei ist auch Paul, der damalige Austauschschüler der Familie. Der Kieler ist im selben Alter wie wir und bereits seit einigen Wochen in Neuseeland.

Noch am ersten Abend suchen wir über die Internetseiten gumtree.co.nz, eine kostenlose Kleinanzeigenplattform, und trademe.co.nz, eine Versteigerungsseite, nach einem passenden Wagen. Direkt nehmen wir Kontakt mit den ersten Backpackern auf und verabreden uns für den nächsten Tag. Fiona bringt uns

Der wird es nicht, ...

zum ersten Treffen: Zwei US-Amerikaner sind kurz vor Ende ihrer Reise und wollen uns ihren alten Mazda mit Vierradantrieb verkaufen. Die von meinem Vater erstellte Liste mit zu überprüfenden Punkten versuche ich durchzugehen. Der babyblaue Wagen ist aber nicht nur dreckig und unaufgeräumt, sondern fällt auch ansonsten durch zusammengebastelte Technik und rostiges Gehäuse auf. Nach einer Probefahrt – zum ersten Mal im städtischen Linksverkehr und fast mit einem Unfall – will ich unsere Verhandlungstaktik anwenden. Aber anstatt so zu tun, als wäre Maria der Preis viel zu hoch, unterhält sie sich lieber mit der Freundin des Verkäufers. So wird das nix. Dennoch halten wir uns das Angebot offen.

Weiter geht es: Der Herbergsvater eines Hostels in Christchurch soll auch Wagen verkaufen. Als wir ihm von unserem Budget erzählen, zerstört er unsere Illusionen. „Unter 3500 Dollar bekommt ihr nichts, was einigermaßen vernünftig ist", sagt er. Unsere Grenze liegt bei 3000 Dollar. Schließlich entscheiden wir uns gegen eine seiner ohnehin nur rustikal ausgebauten Karren und suchen weiter, schauen uns einen Toyota Townace in der Innenstadt an, machen eine Testfahrt mit einem weiteren, diesmal allradbetriebenen Toyota Townace und besichtigen den kleinen Geländewagen einer Australierin, die ihre Schrottlaube für 1500 Dollar irgendwie loswerden will. All diese Angebote verwirren uns zwar kräftig, helfen uns letztlich nicht weiter – mit Ausnahme der zuletzt genannten Australierin. Vor lauter Frustration, dass sie noch immer keinen Kunden hat, und das zwei Tage bevor sie abreist (um ehrlich zu sein, der Albtraum eines jeden Backpackers), drückt sie uns einen Flyer in die Hand. „Der Automarkt dort hat zig Autos. Aber alle teuer", sagt sie und schiebt noch hinterher: „Müsst euch halt entscheiden, wie viel ihr anlegen wollt." Ein Hoffnungsschimmer. Denn all die bisherigen Wagen haben uns nicht komplett zugesagt – so langsam wollen wir aber Fortschritte sehen, denn es sind mittlerweile schon vier Tage seit unserer Ankunft vergangen. Am nächsten Morgen steigen wir in den Linienbus und fahren in die Innenstadt. Am zentralen Busbahnhof ausgestiegen, laufen wir nach Süden und versuchen uns im Straßensystem der Christchurcher Innenstadt zurechtzufinden, was keine leichte Aufgabe ist. Schließlich finden wir aber den Car Market in der Battersea Street.

Gemeinsam mit Richard, dem Verkäufer dort, laufen wir durch die Halle mit Vans, die ehemalige Backpacker für Miete dort haben stehen lassen. Richard, der also nur Vermittler ist, zeigt uns einige Wagen: Manche sind zu klein, andere zu alt oder zu teuer. Gute Wagen sind schon reserviert oder ich traue den Vierrädern noch nicht mal mehr fünf Kilometer zu, so alt sehen sie aus. Enttäuschung macht sich bei Maria und mir breit. Schon wieder kein geeigneter Wagen? Richard grinst und macht nebenbei die Seitentür auf: Weitere vierzig Backpacker-Karren stehen dort und warten auf den zukünftigen Besitzer. Und unter dieser großen Auswahl findet sich tatsächlich auch ein Wagen, der unsere Aufmerksamkeit erregt. Ein Toyota Hiace von 1988, mit 256.000 Kilometern auf den Achsen – doch ansonsten klasse. Hoffnungsvoll nehmen wir den Wagen auf eine Probefahrt mit. Schon bald steht fest: Der soll es sein! Glücklich

halten wir zum Mittagessen an und inspizieren den Wagen von innen. Ein großes Bett zum Aufklappen, dazu noch Platz, um sich drinnen hinzusetzen; viele Ausrüstungsgegenstände und eine gute Musikanlage bietet der Wagen auch. Also lassen wir ihn vom Mechaniker des Car Market überprüfen. Er – als dazugehöriger Mechaniker natürlich – gibt grünes Licht. Über die nächsten Tage hinweg verhandeln wir mit den Verkäufern via E-Mail: Da noch einiges am Wagen re-

... aber das ist jetzt unser: Eddie!

pariert werden muss, wollen wir nicht einfach den geforderten Preis bezahlen, sondern müssen uns erst mit den Vorbesitzern, die seit vier Monaten schon wieder zu Hause in Frankreich sind, einigen. Für die entscheidenden Mails stehe ich nachts um halb drei neuseeländischer Zeit auf und wir erhandeln einen guten Preis: 4000 Dollar, inklusive der nötigen Reparaturen. Auch für die Erneuerung des neuseeländischen TÜVs, dem WOF (Warrant of Fitness), müssen noch einige Dinge getan werden. Denn der Wagen hat zwar noch zwei Monate die Zulassung, doch jetzt kommen die Vorbesitzer noch für die Auffrischung auf – so die Regeln des Car Market. Es dauert dann noch weitere fünf Tage, bis die Frontscheibe gewechselt, der Rost entfernt und die Abblendlichter ausgewechselt sind.

All die Vorbereitungen und die Reparaturen haben deutlich mehr Zeit in Anspruch genommen, als ursprünglich erwartet, aber wir haben die zwölf Tage in Christchurch genutzt: Wir eröffneten ein Bankkonto, beantragten die Steuernummer (IRD-Nummer) und unternahmen auch einiges. Die Metropole der Südinsel wirkt im Jahr 2013 auf uns so, wie ich mir eine deutsche Großstadt 1948 vorstelle. Wo in den Straßen keine Löcher sind, da ist der Asphalt wellig. In der Innenstadt stehen nur noch wenige Gebäude der ehemaligen Vorzeigestadt. Wo die Ruinen des Erdbebens schon abgeräumt sind, befinden sich nun (teure) Parkplätze. Es wäre aber gelogen zu behaupten, dass schon alle eingestürzten Häuser beseitigt wären. Nur an wenigen Stellen sitzt noch ein Stein auf dem anderen, da, wo Christchurch einmal blühte und lebte. Städtebaulich bietet die Stadt nun großes Potenzial – doch soweit ist es noch nicht. Das zweite, das gro-

Mitten in der City: Earthquake-Ruinen

ße Erdbeben, liegt jetzt zwei Jahre zurück, aber noch immer sind ganze Straßenzüge gesperrt. In ehemaligen Cafés sehe ich die unangetastete Möblierung, die Kaffeetassen stehen noch auf den Tischen. Daneben ein Bekleidungsgeschäft mit angezogenen Ausstellungspuppen im Schaufenster. Spätestens beim Anblick der ehemaligen Kathedrale, mit eingestürztem Turm und nur durch einen Bauzaun gesichert, versteht man,
dass das Beben in den Köpfen der Bewohner noch allgegenwärtig sein muss. Viele der Innenstadtstraßen sind noch gesperrt, und das neue Einkaufszentrum befindet sich in bunten Schiffscontainern – „Restart Mall" (Neustart Einkaufszentrum) hat man den verzweifelten, aber auf seine Art gelungenen Versuch getauft. Bei einem späteren Aufenthalt in Christchurch besuchen wir in dieser Restart Mall auch das Museum Quake City. In den Räumlichkeiten wird alles rund um Neuseelands Erdbebenanfälligkeit und die möglichen Folgen erklärt. Besonders deutlich werden die beiden starken Erschütterungen in Christchurch am 4. September 2010 und am 22. Februar 2011 dargestellt. Ich empfehle jedem den Besuch, der einen Einblick in diesen Einschnitt in der Stadtgeschichte und im Leben vieler Neuseeländer bekommen möchte. Leid vermischt sich im Museum mit Hoffnung, Interessantem und Glücklichem – die Trauer spielt

aber eine entscheidende Rolle. Eine kuriose Geschichte in der Cashel Street 99 ist hingegen die des Bieres. Auch in der lokalen Brauerei fiel der Strom aus, als der Boden zitterte. Der Brauvorgang wurde unterbrochen, das Bier dadurch deutlich stärker als üblich. Was also tun mit dem „flüssigen Gold"? Man war erfinderisch und verkaufte die Charge als Erdbebenbier. Der Alkoholanteil stimmte am Ende mit dem Wert auf der Richterskala über ein – 6,3.

Die schöne Kathedrale: eingestürzt und abgezäunt

Direkt am ersten Tag bringt uns Fiona in die Port Hills. Die kleine Hügelland-schaft trennt Christchurch von der Banks Peninsula ab. Einige Tage später fahren wir noch mal mit Paul, dem Gastschüler, in das Luxus-Naherholungs-gebiet. Es ist unser erster Gang durch die saftig grünen Wiesen Neuseelands. Der Weg schlängelt sich entlang des Meeres und führt neben zwei ehemaligen Geschützposten des neuseelän-dischen Militärs an unzähligen Schafen mit ihren Lämmern vorbei. Auch sonst lernen wir Paul zu schätzen – er wird über die zehn Tage, die wir zu Be-ginn bei den Prests verbringen, zu unserem ersten Freund, den wir hier finden. Paul und ich verbringen viele Abende damit, uns die Bälle auf der Tischten-nisplatte in unserem Zimmer gegenseitig zuzuschlagen, oder

Sonne, Sand, Sumner. Der Stadtteil grenzt an das Meer und die Port Hills.

Ein Spaß: Tischtennis-Duelle mit Paul

Maria und ich treffen uns mit ihm in der Stadt. Als wir unseren Wagen von der Werkstatt wenigstens schon mal über Nacht mitnehmen dürfen, treffen wir uns abends mit Paul am Strand in Sumner und kochen dort auf unserem Campingkocher. In der folgenden Nacht schlafen Maria und ich testweise das erste Mal im Van – zwar nur vor der Haustür unserer Gastgeber, aber man muss ja irgendwo anfangen. Mitten in der Nacht wackelt der Wagen. Ich werde wach und wecke Maria. „Wer rüttelt da am Van?", frage ich im Halbschlaf. „Hm … Das ist bestimmt ein Erdbeben", antwortet Maria abgeklärt. Klar, also schlafen wir weiter. Am nächsten Morgen frage ich Fiona und Gary, die aber beide nichts gespürt haben. Sie nennen mir jedoch die Internetseite www.geonet. co.nz, die alle Erdbeben und Vulkanaktivitäten Neuseelands aufzeichnet. Und tatsächlich: In der Nacht hatte in Christchurch der Boden gewackelt. Stärke: 3,2 auf der Richter-Skala. Kein starkes Beben, aber durch die Stoßdämpfer des stehenden Wagens durchaus zu spüren. Danach unterhalten wir uns länger mit Fiona und Gary darüber, wie man im Falle eines starken Erdbebens handeln soll. Es ist sinnvoll zu wissen, dass man sich in einen Türrahmen stellen, die Matratze über den Kopf ziehen oder unter den Küchentisch krabbeln soll. Zum Glück müssen wir das neu gewonnene Wissen nicht anwenden: Wir selbst sollten von diesem Tag an bis zur Abreise kein weiteres Beben mehr spüren.

Einen Tag bevor endlich alle Reparaturen abgeschlossen sind und wir Christchurch endlich verlassen können, sagen wir Fiona, Gary und den Jungs „Tschüss". Zwar hätten wir noch bleiben dürfen, aber wir wollen selbst die größte Gastfreundschaft nicht übermäßig strapazieren, dem sind wir nach zehn Nächten zweifelsohne nahe. Wir bedanken uns mit einem Gutschein über ein Essen für alle in einer netten Pizzeria und fahren los. „Wenn etwas ist oder ihr nochmals in Christchurch sein solltet, meldet euch", sagen Fiona und Gary noch durchs Autofenster. Mal schauen … Austauschschüler Paul ist jedenfalls traurig und auch mir werden die abendlichen Tischtennisduelle fehlen.

Weiter geht es mit den Reparaturen unseres Wagens: Mechaniker Gary bringt uns zu seinem Kollegen – dem Rostentferner. Auf dem Rückweg machen wir uns Gedanken über den nächsten Schlafplatz. Die kommerziellen Campingplätze in Christchurch sind uns mit Preisen über 30 Dollar viel zu teuer. Kostenlose oder günstige Campingplätze des Department of Conservation (DOC) gibt es nicht. Diese findet man im ganzen Land an zahlreichen Stellen

– der nächste von Christchurch aus ist allerdings knapp 25 Kilometer entfernt. Also was tun? Doch wieder zurück zur Familie in Avonhead? Das können wir ihr eigentlich nicht zumuten. Glücklicherweise gibt uns der Mechaniker einen Tipp: In der Nähe seines Hauses sei ein Parkplatz direkt am Strand. Dort sei es zwar auch verboten zu campen, aber im Sommer stünden da immer die Surfer mit ihren Vans über Nacht.

Campen auf Asphalt in New Brighton ...

Zwar haben wir momentan höchstens Frühling und wir sind auch ganz bestimmt keine Surfer, aber wir wollen es trotzdem probieren. Um 16 Uhr holen wir den Wagen ab, fertig ist er noch immer nicht, aber wir können ihn über Nacht nutzen. Mit unserem beweglichen Bett machen wir uns auf zum beschriebenen „Parkplatz am Strand": New Brighton.

Die große geteerte Fläche mit Toiletten und kalten Duschen liegt direkt neben dem langen Betonpier New Brightons und der dazugehörigen Bücherei. Als wir ankommen, stehen tatsächlich einige Vans und auch gewöhnliche Pkw auf dem Abstellplatz. So ganz vertraue ich dem Mechaniker nicht, denn bei unseren Reisevorbereitungen hatten wir des Öfteren von verhängten 200-Dollar-Strafen gehört. Sicherheitshalber gehe ich zu einem der Vans und frage nach. „Jaja, das ist kein Problem. Um 22 Uhr wird zwar die Schranke zu gemacht und erst morgens um sieben Uhr wieder geöffnet, aber die sagen nichts", lautet die Antwort in gebrochenem Englisch – Franzosen. Unsere europäischen Nachbarn können meist nur auf sehr eingeschränkte Englischkenntnisse zurückgreifen, wie sich im Laufe der sechs Monate zweifelsfrei herausstellt, aber trotzdem nett. Mit uns sind auch vier Deutsche gekommen, die wir über die letzten Tage am Car Market kennen gelernt hatten. Jan, Hannah, Jonas und Lennart kommen aus Dülmen und haben sich kurzfristig dazu entschieden, zwei Vans zu kau

... dafür aber mit direktem Blick auf Meer und Sonnenaufgang

fen. Erst mal wollen sie daher auch weiter zusammen reisen. Wir werden sie noch deutlich öfter wiedersehen, als wir an diesem Abend denken. Gemeinsam verbarrikadieren wir uns an diesem ersten Abend gegen den Wind, bauen eine Wagenburg, kochen zusammen und genießen am nächsten Morgen einen rotorangenen Sonnenaufgang.

Als die Sonne ihr Farbenspiel beendet hat, fahren wir zum letzten Mal zum Car Market – wenigstens vorerst. Während wir wieder auf den Rostentferner warten, gehen Maria und ich in ein nahes Kino. „Blue Jasmin" – den Film verstehen wir immerhin größtenteils, unser Englisch ist eben auch noch nicht so berauschend. Der Reaktion des ansonsten deutlich älteren Publikums (es war Senioren-Tag im Kino …) nach zu urteilen, war der Streifen aber gut.

Nach dem Kino, gegen 14 Uhr, machen wir uns auf den Weg zur Werkstatt, der Wagen ist fertig! Auf dem Weg kommen wir bei einem Imbiss vorbei und bestellen uns unsere ersten neuseeländischen Fish'n'Chips. In einer alten Zeitung eingewickelt liegt ein verschnörkeltes Stück Meerestier neben dicken, goldenen Pommes, gesalzen mit leckerem „Chicken Salt", einer Gewürzmischung aus Meeressalz und Kräutern. Es ist frisch und schmeckt vorzüglich. Schade nur, dass wir mit diesem auch noch sehr günstigen Mittagessen die besten Fish'n'Chips der kommenden sechs Monate gleich als Erstes probieren. Bis zu unserer Abreise aus Auckland essen wir keine vergleichbare Variante des Fastfood-Klassikers. Ein Besuch dieses Fischladens ist daher ein Muss: „Kumea's Delicatessen" in der Shakespeare Road 9 gehört einem Zyprer und versteckt sich in einem kleinen Hinterhof.

Wir haben in Christchurch eigentlich schon alles gesehen: Der Botanische Garten ist vor allem im Sommer einen Besuch wert und das kostenlose Canterbury Museum ist für Backpacker ein guter Zeitvertreib. Auch nach Lyttelton sind wir gefahren, dem ehemals größten Hafen der Südinsel. Als wir dort aus dem Linienbus aussteigen, sind wir etwas enttäuscht: Vom Charme, den unser Reiseführer beschreibt, ist nicht viel zu spüren. Auch in Lyttelton sind viele der sehr steilen Straßen kaputt, Häuser renovierungsbedürftig und die Straßenzüge verlassen – außer einer Touristengruppe, die gemeinsam mit uns aus dem Linienbus gestiegen ist, sehen wir nicht viele Leute. Und der Hafen? Der hat seit dem Erdbeben seine wirtschaftlichen Probleme, wie wir später erfahren. Zwar liegen dort noch immer viele Holzstämme am Pier, doch übergroße Frachtschiffe fehlen. Nach einem kleinen Gang, der vor allem die sehr steilen Straßen hinauf geht, verabschieden wir uns wieder vom Überseehafen. Wir wollen ja ohnehin noch hier bleiben. Und besuchen stattdessen die sich in einem perfekten Zustand befindenden Einkaufszentren außerhalb der Innenstadt. Die „Riccarton Mall" bietet alles, was das (Shopping-)Herz begehrt. Und auch die „Northgate

Der Überseehafen in Lyttelton wirkt überraschend „little"

Mall" glänzt mit modernem Gebäude und vielen Läden – vom Supermarkt über Bekleidungsgeschäfte bis hin zum Fitnesscenter und einer Bücherei.

Als wir den Wagen dann abholen können, bezahlen wir den Mann bar auf die Hand und fahren einkaufen. Denn es soll noch an diesem Tag endlich losgehen. Das erste Ziel: Little River auf der Banks Peninsula. Für dort haben wir uns noch von zu Hause aus eine Wwoofing-Stelle organisiert. Wwoofing, das ist Arbeiten auf einer Bio-Farm, und als Bezahlung gibt es Unterkunft und Verpflegung – so wenigstens die Idee des Internetnetzwerkes, für dessen vollständige Nutzung man sich gegen jährliche Gebühr anmelden muss. Faktisch sieht Wwoofing in Neuseeland aber anders aus: Zwar gibt es auch noch Bio-Farmen, aber auch viele andere Bauernhöfe oder Leute, die Helfer für alle möglichen Arbeiten gebrauchen können, suchen nach arbeitswilligen Wwoofern. So hat auch unsere erste Station die Wwoofing-Regeln etwas abgewandelt: Wir haben uns für den Little River-Campingplatz entschieden, wo wir drei (statt üblicherweise vier) Stunden am Tag arbeiten sollen. Als Bezahlung gibt es dafür dann auch nur eine der Campinghütten (cabins) und kein Essen.

Top und Flop: Wwoofing in Little River und Waimate

Das saftige Grün der Banks Peninsula

Top und Flop: Wwoofing in Little River und Waimate

Wir verlassen Christchurch in Richtung Banks Peninsula. Voller Vorfreude, dass es endlich richtig losgeht, nehmen wir die Port Hills in Angriff. Bald wird uns klar: Schnell geht es mit unserem Van keine Berge hinauf. Die recht steilen Straßen kämpft sich unser „Super Custom Limited" mit knapp über 30 km/h hoch. Wenn die Steigung dann noch zunimmt, sind die 30 km/h die absolute Höchstgeschwindigkeit. Doch wir haben ja Zeit … Langsam bricht die Dämmerung herein und der ohnehin schon starke Wind entwickelt sich zu einem Sturm. Ich kämpfe gegen die Böen, die uns und den Wagen von der linken Spur immer wieder auf die rechte drücken. Doch da will ich gar nicht hin! Ich versuche mich ja momentan an den Linksverkehr zu gewöhnen. Mit fortschreitender Zeit nimmt der Sturm zu, die Böen nehmen zu, die Kurven werden enger und die anderen Autos werden weniger. Vielleicht hätten wir uns doch besser für den stärker befahrenen, aber längeren State Highway 75 entscheiden sollen. Dafür ist es jetzt zu spät. Wir hatten schließlich bewusst die kürzere und landschaftlich schönere Strecke gewählt – dafür ist der Weg offenbar ungemütlicher und zeitlich länger. Und auch als wir die Port Hills endlich hinter uns lassen und auf den State Highway abbiegen, windet es noch stark. Die fortgeschrittene Dämmerung und der starke Wind zwingen mich dazu, auf der Mittellinie zu fahren. Von den beiden großen Seen, dem Lake Ellesmere und dem Lake

Little River, ein Campingplatz mit Idylle

Forsyth, bekomme ich kaum etwas mit. Mein Augenmerk gilt den Bäumen, die sich am Straßenrand bedrohlich im Wind biegen. Der Lake Ellesmere ist mit 180 Quadratkilometern der größte See Canterburys. Er hat mit unter drei Metern eine geringe Wassertiefe und keinen ständigen Abfluss – daher wird das Wasser, falls der Wasserspiegel zu sehr steigt, durch künstliche Kanäle abgelassen. Diese werden bei Bedarf von den Landwirten der Region durch das sehr schmale Stück Land zwischen See und Pazifik gebaut. Jetzt peitscht der Wind das Wasser in hohen Wellen über die Oberfläche. Einfach nur weiterfahren. Ein großer Ast fliegt über die Straße. Weit kann es doch nicht mehr sein, oder? Irgendwann wird es so dunkel, dass ich die Baumspitzen nur noch erahnen kann – zu spät, um nach umstürzenden Bäumen Ausschau zu halten.

Als wir endlich in Little River, dem ersten kleinen Örtchen auf der Banks Peninsula, ankommen, biegen wir rechts ab und fahren durch ein Tal mit düsteren, großen Tannen zum Campingplatz. Diesen verschluckt gerade die Dunkelheit, während über uns der Wind in den Wipfeln tost. Im Lichtkegel der Scheinwerfer folgen wir der Aufforderung eines Schildes und läuten die kleine Schiffsglocke an der Anmeldung – nichts tut sich. Um uns herum herrscht absolute Dunkelheit. Kein Licht und außer dem Rauschen der schwarzen Tannen kein Geräusch. Noch mal läuten – immer noch nichts. Auch auf meinen Anruf hin melden sich sowohl im Festnetz als auch auf dem Handy des Campingplatz-Besitzers nur die Anrufbeantworter. Das fängt ja klasse an: Kein Wwoofing-Gastgeber, eine geschlossene Anmeldung, kein Licht, und wo sind eigentlich die anderen Camper? Niemand hier. Waren wir zu voreilig, jemand Fremdem unsere Zusage zu geben? Mit Taschenlampen machen wir uns auf den Weg über den verlassenen Platz, vorbei an den leeren cabins, in denen wir uns eigentlich schon mit Licht, Heizung und etwas Leckerem zu essen gesehen hatten. Kalt ist es nämlich Anfang September auch noch. Schließlich finden wir eine Hütte, in der Licht brennt, und klopfen an. Es öffnet ein überraschter Herr mit einem blauen „Autobahn"-T-Shirt. Immerhin jemand, der unsere Sprache spricht. Falsch gedacht, stellt sich schnell heraus – er ist nur Fan der

Erst am zweiten Tag treffen wir unseren Wwoofing-Host Marcus

gleichnamigen Band. Der Besitzer des Campingplatzes ist er leider nicht, dieser sei samt Frau in Christchurch beim Einkaufen. Er selbst ist nur ein Freund der Familie und lebt in dieser Hütte. Aha. Und wir? Von uns hatte er zuvor nichts gehört. Also gehen wir auf die Suche nach einem Schlafplatz: Die einzige nicht verschlossene Kabine ist ein Gartenhäuschen mit Bett, zwei Gemälden, einem Kühlschrank und Laub. Denn die Tür war vom Wind aufgeweht worden. Naja, aber wir sind froh: Immerhin haben wir eine Unterkunft mit Strom und sogar einer wärmenden Elektroheizung. Wir geben uns zufrieden. Kochen müssen wir allerdings in der offenen „Küche" des Campingplatzes – zwei Kochstellen samt Regenwasserversorgung unter einem Holzdach. Der Lampion schwingt im Wind. Dann geht es in unser Nachtdomizil. Das Elektrogebläse taut uns und die Hütte langsam auf. Allerdings hauen die Äste der umstehenden Bäume auf das kleine Wellplastikdach. Eine Stunde später hat der Sturm auch im Tal des Campingplatzes richtig losgelegt. In Abständen von wenigen Sekunden kündigen sich die Böen an, bis sie dann die Bäume um unser Häuschen herum erreichen und die Äste unheilvoll auf das Plastikdach einschlagen. Die Deckenlampe flackert, durch die Holzwände zieht der Wind herein und die Eingangstür wird zunächst mehrfach aufgeweht. Ich weiß nicht, bei wie vielen Böen ich in dieser Nacht dachte, dass nun einer der Bäume umknickt. Von Stürmen in der Heimat wusste ich, wie schnell das gehen kann. An Schlaf denke ich daher lange nicht. Während Maria neben mir unruhig einschläft, warte ich immer die nächste Böe ab und noch eine und noch eine. Gegen halb drei am Morgen lässt der Sturm endlich nach und keine kleineren Äste fliegen mehr gegen die Holzwände oder das Dach. „Heute Nacht wäre ich gerne in meinem warmen Bett in Witten und nicht hier, irgendwo im Nirgendwo auf der Banks Peninsula", schreibe ich an diesem Abend in mein kleines Tagebuch. Völlig übertrieben? Naja, uns ist zwar nichts passiert. Doch als wir am nächsten Morgen die Handys einschalten, haben wir mehrere SMS und verpasste Anrufe von der Familie in Christchurch auf dem Display. Der Sturm hatte in Christchurch und der gesamten Region Canterbury mächtig zugeschlagen: eingedrückte Fenster, abgedeckte Dächer oder umgekippte Bäume in Christchurch. Und als wir später auf dem Campingplatz endlich den Besitzer, Marcus, treffen, berichtet er, dass viele Bäume auf der Straße gelegen hätten, als er am vorherigen Abend gegen 22 Uhr aus Christchurch gekommen sei. Dieselbe Route, die wir nur zwei Stunden eher gefahren waren. Außerdem erfahren wir in den nächsten Tagen, dass zahlreiche Menschen im Westen der Südinsel für Tage ohne Strom waren und am Haast Pass, der die Westküste im Süden mit dem Rest des Landes verbindet, zwei Kanadier in dieser Nacht von einer Schlammlawine mitgenommen wurden – wir hatten also richtig Glück.

Unser „Lohn": Bett und Küche in dieser Hütte

Wir treffen also endlich den Besitzer. Marcus, ein junger und etwas wuseliger Mann, hat sich mit dem Kauf des Campingplatzes vor etwa zehn Jahren einen Lebenstraum erfüllt. Er erklärt uns alles und zeigt uns unsere neue, richtige Unterkunft. Eine der einfachen Hütten, die aber eine eigene, kleine Küchenzeile und neben einem Schlaf- auch einen Wohnbereich haben. Ganz wichtig: Wir bekommen auch den Zugang zum Wlan-Netzwerk, was für den Kontakt mit zu Hause nicht zu unterschätzen ist. Außerdem stellt Marcus – der generell immer nur über den Campingplatz rennt, anstatt zu gehen – uns Noemie und Fabien vor. Das Backpacker-Paar ist ebenfalls als Wwoofer auf dem Little River Campingplatz. Nach abgeschlos-

senem „Umzug" aus der winddurchlässigen Gruselbude der ersten Nacht in unsere neue Hütte geht es an die Arbeit: Während Maria und Noemie eine der besagten Hütten (oder cabins) anstreichen müssen, ziehen Fabien und ich los, um einen der kleinen Bäche zu säubern, Unkraut zu jäten und ein Beet umzugraben. Dann will Marcus mit uns gemeinsam große Holzscheiben als Sitzgelegenheiten zu einer Feuerstelle transportieren. Zu dritt hieven wir die schweren Stücke in einen alten Van und laden sie an der richtigen Stelle ab. Nach der zweiten Fuhre rutscht der Van vom Pfad ab und landet mit dem rechten Hinterrad in dem kleinen Bach. Nach halbstündigem Rätseln und Ausprobieren steht fest: Das war's erst mal mit dem Van. Wir müssen mit der vorherigen Arbeit weitermachen und Marcus versucht einen Bekannten mit einem Geländewagen aufzutreiben

Direkt am Zeltplatz fließt ein Bach entlang

Maria setzt den Wanderweg instand

– was dann auch irgendwann im Laufe des Tages funktioniert. Nach dem Mittagessen und einem kurzen Päuschen geht es wieder an die Arbeit. Fabien und ich müssen nun Zäune und Treppenstufen an den zahlreichen Wanderwegen, die vom Campingplatz durch Buschwerk die Hügel hinauf führen, reparieren. Schon am Ende des ersten Arbeitstages tut mir alles weh. Allerdings haben wir viereinhalb Stunden gearbeitet und können diese „Überstunden" die nächsten Tage abstottern – denn an diesen arbeiten wir weiter an den Wanderwegen. Allerdings ist unsere ehrgeizige Arbeit nur ein Anfang: Marcus, der immer mal wieder vorbeischaut, uns lobt und auch mit anpackt, könnte eine ganze „Wwoofing-Armee" gebrauchen, wie Fabien es treffend formuliert.

Fabien und ich reparieren Zäune

Während die körperliche Arbeit an den Wanderwegen noch Spaß macht, zählt die Aufgabe, die Plumpsklos für die nächsten Gäste zu putzen zu den unschöneren Wwoofing-Arbeiten. Ein Plumpsklo zu putzen ist tatsächlich nochmals eine Stufe schlimmer, als es zu benutzen.

Die Nachmittage nutzen wir, um die Banks Peninsula zu erkunden. Hoch und runter gehen die kurvenreichen Straßen – und das mitunter steil. Dafür bietet sich einem immer wieder ein toller Blick, teils in nur spärlich bewohnte Buchten. Akaroa, der Hauptort der Insel und im Sommer ein Touristenmagnet, ist auch eines unser Ausflugsziele. Wir laufen dort nicht nur durch die kleinen Straßen, die dank der französischen Besiedlung in der zweiten Hälfte des 19. Jahrhunderts noch immer französische Namen haben, sondern schauen uns auch nach Jobs um. Wir fragen in der Touristen-Info, in Geschäften und Cafés. Alle verweisen uns allerdings an eine kleine Arbeitsagentur oder sagen, wir sollten im Sommer zur Hauptsaison wiederkommen.

Im Sommer sind die Parkplätze hier voller!

Bei der Jobvermittlung fragen wir nicht an, denn dort hatte schon Marcus für uns angerufen. Das plötzliche Interesse an einem bezahlten Job kommt in erster Linie vom Kauf des Wagens – denn der hatte ja mehr Geld gebraucht als ursprünglich kalkuliert. Außerdem hatten wir einen heißen Tipp von unserem Rostentferner in Christchurch bekommen: Wir sollten in Akaroa in einem bestimmten Hotel nach Jack fragen. Der Mitarbeiter kenne viele örtliche Farmer und habe häufig Jobs zu vergeben. Was für eine Chance! Sich über Kontakte vom Rest der Backpackermasse herauszuheben, klingt in unseren Ohren vielversprechend. Auch, wenn ein Job zu diesem Zeitpunkt noch nicht zwingend notwendig ist, ergibt es für mich Sinn, zu arbeiten, solange noch Puffergeld da ist und nicht damit zu warten, bis der Notgroschen aufgegessen ist. Als wir gleich nach unserer Ankunft in das Hotel gehen, ist Jack allerdings nicht zu finden. Er arbeite erst in drei Stunden, so die Auskunft des nur mäßig freundlichen Personals. Also überbrücken wir die Zeit: Wir besichtigen den alten

Friedhof, schauen uns einige der alten Häuschen (wobei „alt" in diesem Falle immer relativ zu betrachten ist) an und gehen zum Akaroa Lighthouse. Der kleine Leuchtturm ist den kurzen Weg wert – oder man macht es so wie drei asiatische Touristen: Im Van hinfahren, aussteigen, drei Fotos mit beeindruckenden Sprung-Einlagen machen, die daraufhin auch ich mehrfach darbiete, und weiter geht es. Sie laufen noch nicht einmal die zwanzig Meter um den Turm herum …

Akaroa Harbour

Drei Stunden später finden wir uns wieder an dem Hotel ein. Ansprechpartner Jack ist noch immer nicht da. Wir sagen seiner Kollegin unser Anliegen und sie führt uns in die angeschlossene Kneipe, wo wir warten sollen. Um uns herum raue Farmer, die auf die Fernsehbilder des dazugehörigen Wettbüros starren. Zehn Minuten später betritt ein älterer Mann die Bar und wird kurz von seiner Kollegin auf uns aufmerksam gemacht. Wir fühlen uns nicht wirklich wohl – und Jack gibt sich auch nicht die Mühe, dies zu ändern. Nachdem er uns weitere Minuten warten lassen hat, kommt er zu uns rüber. „Ihr wollt also einen Job? Irgendwelche Erfahrungen?". Kein Hallo, keine weiteren Fragen – nichts. Vollkommen perplex verneine ich. Er brummelt irgendetwas vor sich hin und fordert uns auf, unsere Namen und Handynummern zu notieren. Er melde sich dann in den nächsten Tagen bei uns, sagt unser Geheimtipp, dreht sich um und geht ohne ein weiteres Wort. Überrascht und mit einem unguten Gefühl im Bauch sehen wir zu, dass wir schnell aus dem Laden herauskommen und fahren wieder Richtung Little River Campingplatz. Wir sind uns einig: Auf seine Jobvermittlung können wir auch gut verzichten. Gemeldet hat sich Jack aber ohnehin nie mehr bei uns.

Spielplatz in Okains Bay: Wie in „alten" Schulzeiten

An einem anderen Tag sind wir die „Touristen-Strecke" der Banks Peninsula gefahren. Die ruhige Straße führt über den Mittelkamm der Halbinsel und bietet tolle Panoramen in die vielen Buchten hinein. Wir machen einen Abstecher nach Okains Bay hinunter. Die Fahrt in die kleine Bucht lohnt sich. Das Mini-Örtchen war einst richtig im Aufschwung, wie eine Informationstafel am verlassenen Strand verrät. Bei abblätternder Farbe lese ich, dass die einst so wichtige Käsefabrik den letzten Käse in den 1960er-Jahren auf den Markt brachte; und das einzige Hotel, in dem Gäste aus nah und fern unterkamen, brannte bei einem Unfall ab – allerdings geschah dies schon 1880. Jetzt gibt es nur noch einen riesigen Campingplatz, dessen Spielplatz wir kindisch verunsichern. Wir denken uns noch, dass der Platz direkt am Strand schön und für die Abgeschiedenheit ziemlich weitläufig sei, denn Camper sind hier Mitte September kaum zu sehen. Später erfahren wir, dass der Campingplatz „Okains Bay" einer der größten auf den Banks Peninsula ist und für die Sommermonate teils schon Wochen vorher gebucht werden muss. So kann man sich täuschen …

Wir verlassen die Banks Peninsula eher als ursprünglich geplant. Marcus hatte alle Hütten vermietet, da wir unseren Ankunftstag durch den Kauf des Wagens erst sehr spät festgesetzt hatten und das Wwoofing so immer wieder nach hinten verschieben mussten. Noch vom Little River Campingplatz aus schreiben wir weitere Wwoofing-Stationen an. Das Ziel: Eine Farm oder einen Weinberg zu finden, wo wir Erfahrungen sammeln können, die uns dann später einen Job in der Landwirtschaft verschaffen. Zunächst bekommen wir nur Absagen oder gar keine Antworten. Also erweitern wir unseren Radius und schreiben Farmen in ganz Canterbury an. In Waimate finden wir schließlich jemanden, der unsere Hilfe so nötig gebrauchen kann, dass er sogar direkt anruft und uns für in drei Tagen zu sich bittet. Zufrieden, eine neue Unterkunft gefunden zu haben, machen wir uns auf den Weg. Marcus ist begeistert von unserer Arbeit und lädt uns ein wiederzukommen – als Wwoofer oder Camper. Zum Abschied setzt er uns einen Kommentar auf unser Wwoofing-Profil im Internet: „Vor kurzem waren Maria und Philip auf dem Little River Campingplatz unsere Gäste. Es war uns eine Ehre, ihre ersten Wwoofing-Gastgeber zu sein und ich freue mich, sagen zu können, dass sie super waren. Wir hätten sie sehr gerne länger bei uns gehabt. Sie waren beide interessiert und offen für alle Jobs und erledigten diese sehr sorgfältig und kompetent. Ihr Englisch ist sehr gut und sie verstanden, was wir erreichen wollten. Die Aufgaben beinhalteten das äußerst akkurate

Anstreichen von Fensterrahmen, Putzen, das Bewegen von schweren Gegenständen, Garten- und Wanderwegarbeiten. Ohne Beaufsichtigung arbeiteten sie hart und mit Eigeninitiative an der Fertigstellung der Projekte. Treppenstufen bauen, Geländer montieren, Geröll beseitigen und Kies verteilen. Viel harte und schwere Arbeit, aber alles mit einem Lächeln. Die Wanderwege sind jetzt in einem besseren Zustand als je zuvor. Sie sind motiviert und geschickt – also nutzen Sie die Gelegenheit, sie zu beherbergen, wenn Sie kontaktiert werden. Wir wünschen ihnen für ihre Reise alles Gute und hoffen, sie einmal wiederzusehen."

Und auch die beiden anderen Wwoofer, Noemie und Fabien, schreiben uns einige nette Worte: „Wir haben zwar nur ein paar Tage zusammen mit Philip und Maria gewoofed, aber es reichte, um festzustellen, wie verantwortungsbewusst, motiviert und engagiert sie bei der Arbeit waren. Auch wenn sie etwas jünger sind, sind sie die reifsten Wwoofer, die wir in den letzten sechs Monaten beim Woofen kennengelernt haben. Außerdem sprechen sie sehr gut Englisch. Wir wünschen ihnen alles Gute!"

Es geht also weiter. Bevor wir nach Waimate fahren, das mit 230 Kilometern Richtung Süden schon recht weit „unten" liegt, machen wir noch mal einen Abstecher nach Christchurch: Wir müssen die Kühlaggregate, die wir bei Fiona und Gary in Avonhead vergessen hatten, abholen und wollen außerdem zu einem Fabrik-Verkauf. Neuseelands bekannteste Kekse, die „Cookie-Time"-Cookies, schmecken nicht nur gut und haben einen hohen Suchtfaktor, sondern

Achtung, Wellen!

sind auch ziemlich teuer. Daher wollen wir zum Fabrik-Verkauf am State Highway 1 südlich von Christchurch, direkt nach der Stadtgrenze. Es lohnt sich: Die Bruchware schmeckt genauso gut und ist erheblich günstiger. Wir decken uns also ein und fahren weiter. In Ashburton, etwa auf der Hälfte der Strecke, machen wir einen Abstecher zum Meer. Doch das ist gar nicht leicht zu finden. Die langen und schmalen Verbindungsstraßen verlaufen nicht direkt zum Strand – denn vor der Küstenlinie liegen Felder und die Straßen enden oftmals auf Feldwegen und die wiederum bei den Kühen. Schließlich finden wir doch noch einen Zugang zum Meer, wo wir neben mehrere Meter hoher Brandung unser Mittagessen köcheln – schon mal Milchreis auf einem Campingkocher zubereitet? Es wird eine längere Mittagspause als geplant.

Die Canterbury Plains, wie die große flache Landwirtschaftsregion zwischen Christchurch und Waimate heißt, bietet außer den Städten Ashburton und Timaru nicht viel – außer eben Kühen und Schafen. Und als wir die großen Weiden auf dem State Highway 1 passieren, fallen uns noch all die umgekippten Bäume am Straßenrand auf. Der große Sturm, den wir bei unserer Ankunft in Little River erlebten, hatte voll zugeschlagen und etliche Bäume entwurzelt. Außerdem waren viele Haushalte ohne Strom – so auch unsere Bleibe in Waimate. Von Anfang an sind unsere neuen Gastgeber, ein junges Bauernpaar, nicht allzu freundlich. Als wir ankommen, richtet der Bauer mit seiner Freundin gerade den Wohnwagenanhänger her. Denn das kleine Häuschen, in dem die Farmarbeiter wohnen, war seit dem Sturm, also seit sieben Tagen, ohne Strom.

Unsere Unterkunft in Waimate, leider ohne Strom

Die riesigen, alten Nadelbäume an der Auffahrt zur Farm liegen noch immer unangetastet dort. Begraben haben sie nicht nur die Stromleitung zu unserem Cottage, sondern auch zum Haus der alten Farmer, den Eltern. Lediglich der junge Farmer, unser Gastgeber, und seine Freundin haben noch Strom in ihrem Haus. Zunächst denken wir uns bei dem Stromausfall nichts: Für eine heiße Dusche soll der Wohnwagen vor der Tür sorgen, und ein lauter Dieselgenerator rattert vor der Tür für einen Heizstrahler im Hausinneren. Im Wohnzimmer lodert außerdem noch das warme Feuer im Kamin. Also alles kein Problem, wäre es nicht gerade Frühling in Neuseeland und würden nicht die meisten Neuseeländer mit Strom heizen. Wir teilen uns das Farmhaus mit einem Studenten aus England, der sein praktisches Jahr auf der Farm ab- solviert. Alex gehört nicht zu den Redseligen und wir tun uns schwer, sein Englisch zu verstehen – aber er ist immerhin freundlich zu uns. Beim ersten Abendessen taut das Farmerpaar dann doch etwas auf (in ihrem Haus gibt es schließlich Heizung, Warmwasser und Strom). Wir werden anschließend bei unserem Häuschen abgesetzt und fallen müde ins Bett: Vier Decken, zwei Schlafsäcke und dicke Pullis schaffen es nur so gerade eben, Maria und mich warm zu halten. Verflucht sei diese Unsitte der Elektroheizungen.

Um genau neun Uhr steht der Bauer am nächsten Morgen hupend vor der Haus- tür. Schnell greifen wir noch einen Extrapulli, unsere Arbeitshandschuhe und stürmen raus. Voller Vorfreude auf die Arbeit mit den Tieren setzen wir uns zu ihm in den Wagen. Vielversprechend drehen wir eine Runde über die Farm und kontrollieren, ob über Nacht Lämmer zur Welt gekommen sind – sind sie aber nicht. Heute Morgen ist der Bauer sogar mal freundlich und kündigt an, uns in den kommenden Tagen auch ein wenig zu den Tieren erzählen zu wollen. Erst mal werden wir aber wieder an unserem Häuschen abgesetzt und er holt uns eine „Schubkarre": Ein alter Ford, der seit einigen Jahren in der Scheune steht, keine Spiegel, kein Licht, keinen WOF (TÜV) hat und auch nicht mehr zugelassen ist. Die nächsten viereinhalb Stunden dürfen wir kleine Stöcke und Äste um sein Haus herum aufsammeln, auf das Scheunen-Fahrzeug werfen und zu einem großen Haufen – einem späteren Scheiterhaufen – bringen. An- fangs ist es noch lustig, mit der alten Klapperkiste zu fahren, spätestens nach der dritten Fahrt geht uns der ständig ausgehende Motor aber genauso auf den Geist wie der Job an sich. Etwa einmal die Stunde kommt der Bauer in sei- nem Geländewagen vorbeigebraust und guckt kritisch. Nach etwa viereinhalb Stunden kommt er dann mit der Motorsäge, sägt einen nur angebrochenen Ast klein und geht wieder. „Den könnt ihr noch wegbringen, und dann dürft ihr für heute Schluss machen", sagt er und schreitet in seinen Boxershorts der Sonne entgegen. Was für ein Bauer. Ein Wort des Lobes oder Dankes scheint ihm fremd. Und als ich uns am Abend – es wird gegen sechs dunkel – etwas Licht in unserem Häuschen machen will und den Generator nicht an bekomme, ernte ich von ihm Spott. „Ihr Deutschen wisst noch nicht mal, wie man einen Gene- rator anmacht?" Nein! Ich als Stadtkind weiß es tatsächlich nicht – hätte es in diesem Moment aber gerne erklärt bekommen, was dann später der Engländer Alex übernehmen muss. Enttäuscht gehen wir abends in unser kaltes Bett und frieren. Vielleicht wird es ja morgen besser?

Wird es nicht. Immerhin müssen wir an Arbeitstag zwei nicht mehr kleine Stö- cke aufheben, sondern große Äste bewegen. Und sogar Lob gibt es bei der Ar- beit – aber nur vom alten Farmer. Der Vater unseres Gastgebers hilft bei der Ar- beit mit der Motorsäge. Zum Mittagessen gehen wir ins stromlose Elternhaus.

Leckere Milch

Vater und Mutter unseres Farmers sind ein herzliches, altes Ehepaar, das sich für uns interessiert und mit uns redet. Die ehemalige Bäuerin soll laut den Internetkommentaren sehr gut kochen können. Dank dem Stromausfall gibt es zu beiden Mittagessen aber nur Schnitten und kein ausgefallenes, neuseeländisches Traditionsgericht – verflucht sei dieser Sturm. Dafür dürfen wir dann drei kleine Lämmchen mit der Flasche füttern.

Die gebrechlichen Lebewesen sind wirklich sehr süß und stellen unsere erste „richtige" Farm-Erfahrung dar. Weil ihre Mütter sie verlassen haben, müssen sie nun zweimal täglich die kleine Baby-Milchflasche bekommen. Die Aufsätze sind extra für Lämmer, könnten aber auch für Menschenbabys sein. Eins kann gar nicht genug kriegen. Immer wieder kommt das Wollknäuel herbeigestolpert und will seine beiden „Kameraden" (oder Feinde?!) von der Flasche wegdrängen. Bei denen wiederum fällt es schwer, überhaupt Milch einzuflößen. Doch mit einer Hand am weichen Fell und der anderen am kleinen Mäulchen werden wir unsere weiße Flüssigkeit irgendwie los.

Den zweiten Nachmittag nutzen wir, um uns Waimate anzuschauen. Ein weitestgehend verlassenes Örtchen, in dem vor allem Landwirtschaft betrieben wird. Wir fragen in einer Arbeitsagentur nach Jobs. Momentan nichts. Der Ort bietet außer einem Denkmal für seine glorreichen Jahre, als die Baumfällerfamilien (etliche aus Deutschland) hier lebten, nicht viel. Es gibt noch nicht mal kostenloses Internet in der Bücherei. Und ein kleiner Spazierweg, der tolle Aussichten bis zur Küste verspricht, ist nach dem Sturm natürlich gesperrt. Immerhin ist neben allen nötigen Läden ein Fabrikverkauf vorhanden, wo es die weiche Kleidung aus Merino- und Possumwolle, der in Neuseeland bekannten Marke „Waimate", günstiger gibt als üblich. Blaue Ponchos, dicke, grüne Pullis und weiche Tücher – alles fühlt sich fantastisch an. Zurück auf der Farm wollen wir unseren Wagen waschen – der hat es dringend nötig. Der alte Farmer gibt uns Schlauch und Schwamm und wir lassen wieder den grausilbernen Lack durchkommen. Als wir den Schlauch zusammenrollen, fällt uns Wasser im Wagen auf: Unten rechts an der Frontscheibe hat sich eine kleine Pfütze gebildet. In Panik testen wir noch mal mit dem Schlauch. Es ist eindeutig, wir haben eine undichte Scheibe. Bislang war uns dies noch nicht aufgefallen, da es tatsächlich, seit wir den Wagen hatten, kaum geregnet hat. Doch für Ende der Woche ist jetzt Niederschlag angesagt. Die Scheibe war erst für den neuen TÜV gewechselt worden und zwar in … Christchurch. Also was tun? In diesem

Moment fährt der Farmer in seinem Geländewagen vorbei. Wir berichten ihm von unserer Entdeckung, er interessiert sich dafür allerdings nicht besonders und sagt stattdessen, dass wir am nächsten Abend mit Kochen dran wären. Jetzt ist unsere Stimmung endgültig am Boden. Ich treffe die drastische Entscheidung, dass wir nach dem Abendessen zurück nach Christchurch fahren. Unser Farmer ist nicht begeistert, aber das ist mir egal. Einen dichten Wagen zu haben ist mir in diesem Moment wichtiger. Schnell packen wir zusammen, rufen Fiona in Christchurch an und kündigen uns für die Nacht an. Nach nur zwei Tagen fahren wir die 230 Kilometer wieder nach Norden. Der Plan, eine Runde gegen den Uhrzeigersinn über die Südinsel zu fahren, hat sich damit erledigt. Zu allem Überfluss schleudert uns einer der großen Lastwagen auf dem State Highway 1 auch noch einen Stein in die neue Scheibe ... Die Wwoofing-Erfahrung in Waimate war keine positive. Wir fühlten uns nicht willkommen und unwohl, und der Farmer war unfreundlich. Wir sind, obwohl wir früher viel und häufig draußen gespielt haben, doch keine robusten Farmkinder, was auch eine Erkenntnis ist. Wir hätten uns sicherlich arrangieren können, aber auch so war es eine Erfahrung. Und wir haben gelernt: Wwoofing bedeutet nicht immer aushelfen als Reisender – sondern auch arbeiten als billige Arbeitskraft.

Und wieder sind wir in Christchurch. Der Glaser dichtet die Scheibe ohne Probleme ab. Also fast. Denn am ersten Regentag ist wieder alles nass. Im zweiten Dichtungsanlauf schafft dann auch er es, die Scheibe abzudichten. Dennoch ist die Stimmung absolut am Boden – gerade ich habe keine Lust mehr. Backpackerleben, das bedeutet: Plan- und Orientierungslosigkeit bestimmen den Weg. Damit komme ich nicht klar. Aber noch schlimmer: Ich belaste durch

Zwei Baumarbeiter nach der Arbeit

meine schlechte Laune auch das Zusammenleben mit Maria. Hinzu kommt, dass ich Panik habe, keinen bezahlten Job zu finden. Meine pessimistische Theorie ist, dass wir unser Geld ausgeben und dann erst nach einem Job suchen, wenn wir kaum noch einen Dollar haben – und dann? Dann müssen wir eher zurückreisen. Also dränge ich darauf, schon jetzt in Christchurch Arbeit zu suchen. Denn zu tun gibt es hier genug – vor allem im Baugewerbe. Nach einigem Murren nimmt Maria dies zum Anlass, sich bei einigen im Internet ausgeschriebenen Jobs zu bewerben. Nach nur einer halben Stunde hat sie zwei Einladungen für Vorstellungsgespräche im Posteingang ihres Mail-Kontos. Und ich? Ich habe Weinberge angerufen, Landwirtschaftsjobs auf der ganzen Südinsel angeschrieben, meinen Lebenslauf bei Fastfood-Ketten und Supermärkten abgegeben. Doch nirgendwo gibt es eine postwendende Reaktion wie bei Maria. Von vielen Bewerbungen höre ich gar nichts mehr. Zwischen Maria und mir kommt es zum Streit, den wir zwar beilegen, aber es bleibt angespannt. Wir vereinbaren abzuwarten, was bei Marias Vorstellungsgesprächen herauskommt. Und ich bewerbe mich in der Zwischenzeit bei Leiharbeitsfirmen, bei denen man schnell Jobs bekommt, wie mir andere Backpacker in New Brighton auf dem Parkplatz am Strand erzählen. Nach zwei Tagen bei Fiona und Gary sind wir nämlich wieder ans Meer gewechselt – wir können diese Gastfreundschaft einfach nicht noch länger ausnutzen.

Marias Vorstellungsgespräch läuft gut, und sehr gut dann sogar ihre Probearbeit. Sie bekommt den Job zwischen „Victorian High Tea", Kaffeekränzchen und aufwendigen Speisen für den Hunger zwischendurch. Das ganz in pink gehaltene Café wird hauptsächlich von älteren Damen besucht und heißt „Sweethearts". Während Maria arbeitet, fahre ich durch Christchurch mit der Straßenkarte auf dem Lenkrad, vegetiere in den Büchereien vor mich hin, treffe mich mit Paul (dem Austauschschüler der Familie) oder besuche die gesamte Familie. Außerdem nähe ich über zwei Stunden hinweg ein Kissen für meinen Rücken beim Autofahren. Ich komme richtig in Schwung, steche die Nadel durch und führe sie wieder nach oben durch den Stoff – blöderweise bin ich so auf Nadel und Faden fokussiert, dass ich das Kissen am Lenkrad festnähe. Das Entwirren kostet mich eine weitere Dreiviertelstunde. Am Ende zeige ich aber durchaus mit Stolz Maria mein Kissen, als ich sie vom Café abhole. Ich füge mich also in die Situation, keinen Job zu finden. Mir wird in diesen ersten zwei Tagen klar, wie hart es sein muss, arbeitslos zu sein und erst recht, wenn dann noch eine Familie daran hängt. Es ist ein unschönes Gefühl, wenn man sich bewirbt und unbedingt arbeiten will, aber noch nicht mal als Tütenpacker im Supermarkt gebraucht wird. Ein Gefühl der Machtlosigkeit, das ich so noch nicht kannte. Während ich Kissen (am Lenkrad fest-)nähe, arbeitet Maria und zahlt in unsere gemeinsame Kasse ein. Beim Einkaufen will ich sparen und versuche sie davon zu überzeugen, etwas nicht zu kaufen. „Im Gegensatz zu dir habe ich immerhin den ganzen Tag gearbeitet …". Das sitzt. Zwar entschuldigt sie sich sofort, aber es strapaziert die Atmosphäre zusätzlich. Während wir in New Brighton schlafen und am Car Market die günstigen Duschen nutzen, lernen wir Chiara und Lena kennen, zwei deutsche Backpackerinnen, die uns für eine Nacht in New Brighton Gesellschaft leisten und auch später noch begegnen werden. Marias Job im Café macht ihr zwar Spaß, allerdings wird sie nur vom einen auf den anderen Tag gebraucht und dann auch nur für wenige Stunden – das ist keine Basis. So kann es nicht weitergehen, da sind wir uns einig. Die Alternativen sind für einige Zeit getrennte Wege zu gehen, so dass ich außerhalb von Christchurch einen Job auf dem Land

Kitschig, aber niedlich: Das „Sweethearts"

finden kann, oder die Zelte in der Stadt abzubrechen und weiterzureisen. Wir entscheiden uns für Letzteres; die andere Möglichkeit haben wir wohl beide nie wirklich in Erwägung gezogen. Ich schreibe daher erneut Wwoofing-Farmen an, so habe ich in den Büchereien wenigstens etwas Sinnvolles zu tun und kann das kostenlose Internet nutzen. Unsere präferierten Adressen reagieren nicht, dafür lädt uns eine andere Familie für das Wochenende zu sich ein. An Marias letztem Arbeitstag meldet sich dann bei mir doch noch ein Supermarkt, der einen Bäckerassistenten für zwei Jahre braucht, was natürlich viel zu lang ist. Wir verlassen also Christchurch. Zum Abschied am New Brighton Parkplatz kriege ich noch den Schiss eines Albatros ab – schlimmer wird's wohl nimmer. Obwohl, und das ist ein Zeichen für Heimatgefühl, ich die Wege mittlerweile schon ohne Karte finde, wollen wir so schnell nicht mehr zurückkommen. Ob das klappt?

Tekapo, Aoraki/Mount Cook und Twizel: Richtung Cromwell

Unwetter über Lake Ohau

Tekapo, Aoraki/Mount Cook und Twizel: Richtung Cromwell

Unser Ziel für die nächste Wwoofing-Station ist Cromwell in Central Otago. Um dorthin zu kommen, gibt es verschiedene Möglichkeiten. Wir haben uns für den Weg durchs Inland entschieden und brechen Richtung Lake Tekapo auf. Wir fahren über den „Scenic Drive", State Highway 72, um etwas zu sehen. Tun wir aber nicht, denn der Mount Hutt, die anderen Berge samt Skigebieten und auch sonst vieles verschwinden im Regen und den tiefhängenden Wolken. Immerhin ist der Rakaia River mit seinem milchigen Wasser noch immer beeindruckend türkis. Das Wasser strahlt trotz des schlechten Wetters in dem unnatürlichen Blauton – und das über die gesamte Breite: Ein Stopp ist ein Muss! Wir fahren sogar mit dem Van auf das Flussbett und stellen ihn auf dem Schotter, nur zwei Meter vom Wasser entfernt, ab. Ja, das ist möglicherweise etwas leichtsinnig, aber es waren ja schon vorher (Geländewagen-)Spuren dort. Bei der Weiterfahrt sehen wir immer wieder Vans, die irgendwo an diesem nur spärlich befahrenen Highway campen. Auch wir schauen uns zwei Picknickstellen an. Allerdings liegen dort die Bäume entweder schon auf dem Boden oder hängen noch gefährlich ineinander fest. Der Sturm hatte offenbar auch hier in den Ausläufern der Southern Alps seinen Kräften freies Spiel gelassen. Wir fahren also weiter – bis es fast böse geendet wäre: Ich ärgere mich gerade über die Unordnung in unserer Mittelkonsole und werkle darin herum. Mit der Konzentration bin ich damit nicht mehr auf der Straße und mit meinen

Tristes Wetter und schlechte Sicht auf der Scenic Route 72

Augen auch nicht. Ich verlasse langsam meine Spur und der Wagen zieht nach rechts herüber. Anders als in Deutschland ist dort nicht der Graben, sondern der Gegenverkehr. Im letzten Moment schaue ich auf und reiße das Lenkrad wieder zurück. Wäre der entgegenkommende Truck nicht zur Hälfte auf den Grünstreifen ausgewichen, hätte es bei etwa 80 km/h einen Frontalzusammenstoß gegeben. Hat es aber nicht, so dass wir mit einer ordentlichen Portion Adrenalin im Blut uns weiter durch den Regen schieben. Kurz bevor wir den Lake Tekapo erreichen, wird es trocken und die Sonne kommt sogar heraus. Da das Campen auf den Parkplätzen per Schild am See verboten ist, beißen wir in den sauren Apfel und gehen auf einen kommerziellen Campingplatz, der sich aber wegen der Lage direkt am See lohnt. In der Küche kocht neben mir Stefan. Der 28-Jährige bereist zusammen mit seiner Freundin in einem Mietwagen für knapp sechs Wochen die neuseeländische Südinsel. Vorher habe ich wohl noch nie mit jemandem aus Taiwan gesprochen – auch das ist eben Backpacker-Leben. Egal woher, egal was für eine Person: Man redet einfach ganz unbedarft über alles Mögliche. Am nächsten Morgen verschwindet Stefan dann auch schon wieder aus unserem Blickfeld, wie das meistens mit Leuten ist, die man unterwegs trifft.

Leider ist es in der Nacht noch leicht bewölkt, so dass wir nicht den Sternenhimmel über Lake Tekapo genießen können. Die leuchtenden Himmelsobjekte sollen hier neuseelandweit mit am besten zu sehen sein. Der Grund: Die wenigen Ortschaften und Städte dieser Region können kaum Licht in die Atmosphäre strahlen. Daher sind auch alle Straßenlaternen des Ortes Tekapo nach oben hin abgedunkelt, damit auch die Arbeit des sich auf dem Mount John befindenden Observatoriums nicht beeinträchtigt wird. Strahlender Sonnenschein weckt uns am nächsten Morgen, so dass wir gut gelaunt mit Blick auf den tiefblauen See frühstücken. Die zweistündige und steile Wanderung auf den Mount John sparen wir uns – stattdessen fahren wir lieber hinauf. Die Straße geht allerdings nicht weniger bergauf und ist für unseren Wagen eine harte Prüfung. Vorher fahren wir aber noch zu der kleinen Kapelle, der „Church of the Good Shepherd", direkt am See: Eines der bekanntesten Postkartenmotive Neuseelands ist tatsächlich so malerisch schön, wie oft abgedruckt. Das kleine Häuschen liegt am Ufer, dahinter erstrecken sich der See und die alpinen Berge. Betritt man die Kapelle, schaut man über den Altar mit einem kleinen Kreuz darauf auf den See. Einen solchen Ort mal für eine halbe Stunde ohne all die Touristen zu erleben, wäre ein unglaublicher Moment, der uns aber, wie erwartet, verwehrt bleibt.

Mit nur 14 km/h bringt uns der Van schließlich den Mount John hinauf. Oben überprüfen wir sicherheitshalber nochmals das Kühlwasser, denn das verlieren wir überraschend schnell. Vom Gipfel des Berges aus bietet sich zwischen den wissenschaftlichen Gebäuden der Canterbury Universität ein toller Blick über den Lake Tekapo. Die blaue Farbe ist absolut faszinierend – wenn nun das Gras noch saftig grün wäre und etwas weniger Touristen hier wären. Aber es soll ja jeder etwas von diesem Naturschauspiel mit Blick auf die schneebedeckten Gipfel der Southern Alps haben.

Die „Church of the Good Shepherd" liegt direkt am Ufer des Lake Tekapo

Der nächste Halt ist der nächste See: Der Lake Pukaki ist größer, türkiser und irgendwie noch beeindruckender. Spätestens hier ist die Farbe so unnatürlich, dass ich mir sicher bin, irgendwer hat einen großen Eimer Wasserfarbe dazu gekippt. Hat zwar niemand, ganz natürlich sind die Seen trotzdem nicht: Manche wurden komplett aufgestaut, andere sind nur als bestehende Seen für die Energiegewinnung mit Staumauern vergrößert worden. Am großen Parkplatz, direkt am Lake Pukaki, kann man teuren Lachs kaufen oder campen – geht wohl beides. Wir machen allerdings nur Pause und fahren dann weiter entlang des Sees zum Mount Cook Village. Der Aoraki/Mount Cook selbst, der höchste Berg Neuseelands, zeigt sich uns zunächst nicht, weil er in Wolken eingehüllt ist. Eigentlich war die Idee gewesen, eine zweistündige Wanderung zu einem Aussichtspunkt zu machen, die unser Reiseführer beschreibt. Als wir dann den Wagen parken, fällt uns auf, dass wir schon einen Großteil der Wanderung gefahren sind. Also bleibt ein zwanzigminütiger Gang zum Kea Point. Am Ende des Weges geht es senkrecht hinunter mit Blick in die Moräne des Mueller Glacier. Man sieht nicht nur eine riesige Geröllwand auf der anderen Seite, sondern auch Wasseransammlungen, die wie kleine Teiche in unterschiedlichen Blautönen wirken – all das ist Schmelzwasser des weitestgehend verschwundenen Gletschers. Dafür ragen oberhalb die Eismassen des Huddleston Glacier heraus. Erst als wir zurück am Wagen sind, lassen die Wolken den Gipfel des Aoraki/Mount Cook doch noch frei, und wir haben den gesamten Abend einen

Blick auf den majestätischen Berg. Der Aoraki/Mount Cook National Park ist ein echter Touristenmagnet. In dem über 700 Quadratkilometer großen Nationalpark stehen neben dem namensgebenden Gipfel noch 21 weitere Dreitausender. Der Aoraki/Mount Cook ist mit 3724 Metern der höchste Berg des Nationalparks und des gesamten Landes. Allerdings schrumpfte er während unseres Aufenthalts um dreißig Meter: Eine Expedition der University

Keine Wasserfarbe, keine Fotomontage – einfach Gletscherwasser

of Otago hatte im November 2013 den Berg neu und erstmalig in jüngerer Zeit vom Boden aus vermessen. Anstatt 3754 Meter ist der Aoraki/Mount Cook nur 3724 Meter hoch. Der Auslöser für die Überraschung: Im Dezember 1991 brachen von der Spitze des Riesen zwanzig Meter Eis und Gestein ab, etwa 13 Millionen Kubikmeter Schutt ergossen sich damals in das daneben liegende Tal und über den Tasman Glacier. Seitdem, so die Forscher, sei die Spitze vermutlich noch weiter erodiert.

Auch für Bergsteiger ist der Aoraki/Mount Cook eine gerne gewählte Herausforderung. Die Erstbesteigung fand 1884 durch drei Einheimische statt. Sir Edmund Hillary übte schließlich 1948 zusammen mit seinem Kollegen Tenzing Norgay am Mount Cook für seine Everest-Expedition. Bekanntermaßen erfolgreich: Hillary und Norgay waren 1953 die nachweislich ersten Menschen auf dem Everest.

Wer nicht der große Bergsteiger ist, dafür aber das nötige Kleingeld hat, kann mit einem der zahlreichen Unternehmen einen „Scenic Flight" buchen. Die nicht ganz billigen Panoramaflüge starten im Flugzeug oder im Helikopter von allen möglichen Orten. Uns fehlen allerdings sowohl die bergsteigerischen Ambitionen und Fähigkeiten als auch besagtes Kleingeld, so dass wir lediglich an den vielen Werbetafeln für das teure Panorama vorbeifahren. Im Mount Cook Village wollen wir das „Sir Edmund Hillary Alpine Centre" besuchen. Das Museum – so erfahren wir vor Ort – ist allerdings nicht ganz billig. Daher entscheiden wir uns dazu, das Geld zu sparen und stromern stattdessen nur durch den Souvenir-Shop. Vielleicht die falsche Entscheidung, denn so sitzen wir später wieder im Wagen und sind von unserem eigenen Tagesprogramm enttäuscht. Wir waren weder wandern noch im Museum. Immerhin entscheiden wir uns spontan, dem Wegweiser zum Tasman Glacier zu folgen. Über eine kurvige Schotterpiste – zu diesem Zeitpunkt noch ein Novum und eine

Besonderheit für uns – fahren wir zum Parkplatz und laufen den 15-minütigen Weg bergauf. Oben bietet sich uns nicht nur ein toller Blick auf die Rückseite des Mount Cook, sondern auch ein See mit Eisbergen. Eisberge? Also fast: Der Tasman Glacier verlief einst durch das gesamte große Tal bis zum Lake Pukaki. Heute, im Jahr 2013, ist das Eis schon weit zurückgeschmolzen. Dort, wo der Gletscher noch vor wenigen Jahren war, lag er allerdings waagerecht in seinem Becken. Durch die Erderwärmung taute er daher nicht wie andere Gletscher, von unten nach oben, sondern von oben nach unten. Dadurch wirkt es heute so, als würden die letzten Eisreste wie Eisberge aus dem Gletschersee des bereits geschmolzenen Eises herausragen. Außerdem brechen immer wieder größere Eisbrocken vom Ende des Gletschers ab und schwimmen dann im Lake Tasman, dem beschriebenen See, bis sie wegschmelzen. Ein Naturschauspiel, das so äußerst selten ist und wohl in wenigen Jahren gänzlich verschwunden sein wird. Drumherum liegt viel Geröll, das durch das schmelzende Eis freigelegt wurde. Dieses Geröll bedeckt aber nicht nur Erde, sondern vor allem Tonnen von Eis, das es gleichzeitig gegen die Sonneneinstrahlung schützt. Man geht

Manche Aussichten in Neuseeland müssen einfach nicht kommentiert werden!

davon aus, so lernen wir, dass der Gletscher an manchen Stellen noch etwa 600 Meter dick ist. Wir verlassen den Tasman Glacier und fahren weiter. Anstatt am DOC-Campingplatz „White Horse Hill" zu nächtigen, fahren wir wieder entlang des Lake Pukaki in Richtung State Highway nach Cromwell, wo unsere nächste Wwoofing-Stelle liegt.

Nach einigem Überlegen ringen wir uns dazu durch, zum ersten Mal wild zu campen. Wir parken den Van auf einem kleinen Schotterplatz, etwa doppelt so groß wie der Wagen. Auf der einen Seite die Straße, von der man uns erst im zweiten Moment sehen kann, auf der anderen Seite ein toller Blick auf den unter uns liegenden Lake Pukaki. Uns ist etwas mulmig zumute. Dürfen wir nun hier campen oder riskieren wir 200 Dollar Strafe? Sehr vorsichtig kochen wir mit zugezogenen Vorhängen und machen unsere Campinglaterne bei jedem sich nahenden Auto aus. Wir wollen schließlich nicht erwischt werden, und ein wenig unheimlich ist dieses Campen im Nirgendwo auch. Letztlich kommen insgesamt vielleicht drei oder vier Autos vorbei. Allerdings rauscht der Wind

immer wieder über die umliegenden Hügel, so dass wir alle paar Minuten aus Angst vor einem Auto oder Bus das Licht ausknipsen. Zum Essen setzen wir uns in die offene Seitentür. Über dem Wagen leuchten Millionen von Sternen, die Milchstraße erstreckt sich über weite Teile des Himmels. Wären wir vom Sternenhimmel im australischen Outback nicht derartig verwöhnt, würde ich wohl aus dem Staunen nicht mehr herauskommen.

Unter diesem Himmel ist das Wildcampen unfassbar berauschend. Allein im schwarzen Nichts der neuseeländischen Nacht. Die nächsten Menschen sind mindestens zehn Kilometer in alle Richtungen entfernt. Ein solches Erlebnis von Weite, Stille und Einsamkeit kostet anfangs Überwindung, aber hat man sich dran gewöhnt, wird es zu einem reizvollen und wunderschönen Abenteurer-Erlebnis mit einer gewissen Romantik, die unsere Zeit, unsere Gesellschaft weitestgehend verlernt hat.

Sonnenaufgang beim Wild Campen

Ein rotglühender Himmel weckt uns am Morgen. Noch ist kein Auto auf der achtzig Kilometer langen Sackgasse unterwegs gewesen. Die ersten Sonnenstrahlen kämpfen sich im Osten über die Bergkette hinter dem See. Ein atemberaubender – und das ist keine Floskel – Sonnenaufgang am Lake Pukaki. Dazu der Blick auf den angeleuchteten Aoraki/Mount Cook, von dessen Spitze in einer großen Wolke der Puderschnee gepustet wird. Keine Worte unserer Sprache können diese Atmosphäre beschreiben, keine Bilder zeigen die Pracht dieses Moments zur Gänze. Und wir haben es erlebt!

Bald geht es weiter zurück zum State Highway und nach Twizel, das auf der Strecke liegt. Das kleine Städtchen, das sich laut Reiseführer von einer Bauarbeitersiedlung zu einem kleinen Touristenort gehamstert hat, beeindruckt nur wenig. Abgesehen von zwei (!) der kleinen Four Square Supermärkte gibt es noch einige Geschäfte, die um einen Platz herum im Quadrat angeordnet sind.

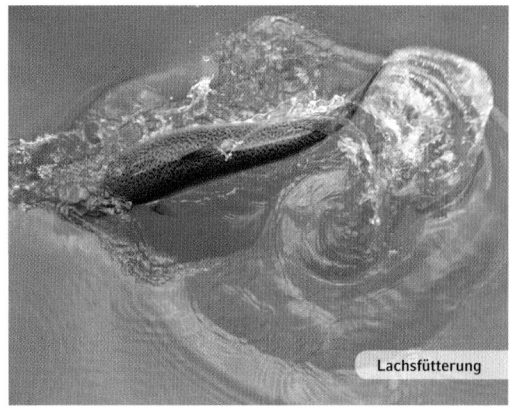

Lachsfütterung

Wir nutzen die öffentliche Toilette, um uns frischzumachen und loggen uns dann im kostenlosen Internet ein. Dabei sitzen wir auf dem Marktplätzchen und lauschen dem lokalen Radiosender. Blechern tönt das aktuelle Programm, mit einer interessanten Musikmischung aus aktuellen Pop-Hits und Country-Musik aus alten Lautsprechern. Der gesamte Platz wird beschallt. Warum sich der Radiosender einen Bungalow mit der Toilette teilt, bleibt mir unerschlossen – so bescheiden ist das Programm jedenfalls nicht. Bei Twizel liegt auch eine der vielen Lachsfarmen, die ihre Fische in den künstlichen und hochgelegten Kanälen zwischen den Seen aufziehen. Dort kann man kostenlos einige Lachse füttern, die in einem großen Netzkäfig im Kanal schwimmen, und zwar den ganzen Tag im Kreis, denn viel Platz ist hier nicht. Das Füttern ist dennoch amüsant, da die Lachse beim Fressen aus dem Wasser herausspringen.

Aller guten Dinge sind drei – so ist es auch bei den blauen Seen in der Mitte der Südinsel. Nach Tekapo und Pukaki besuchen wir daher auch den Lake Ohau. Es ist der kleinste der drei Wasserreservoirs und Energieträgern und liegt vom State Highway etwas abgelegen, so dass sich kaum Touristen und keine Busse hierher verirren. Wir hatten ursprünglich mal vor, eine Wanderung an einem der steilen Hänge, die um den See herum liegen, zu machen – allerdings sehe ich an der Straße ein Hinweisschild auf das Lake Ohau Skifield. Schon vor unserer Ankunft in Neuseeland wollte ich gerne einmal in dieser Zeit Ski laufen, quasi im deutschen Sommer. Ist dies nun meine Chance? Schnell google ich mit dem Handy das Skigebiet: Ein kleines Gebiet mit nur zwei Liften und erschwinglichen Preisen. Geöffnet ist es auch, wie ich über das Telefon herausfinde. Maria, die weniger skibegeistert ist, gibt ihr „okay" und möchte so lange im Wagen oder auf einer Hütte warten. Also nichts wie hin! Wandern können wir ja danach immer noch. Da die Pisten oberhalb des Sees liegen, etwa 400 Meter höher, muss man hinauf fahren. Direkt nach der Abzweigung ist die Straße nicht mehr asphaltiert, sondern führt über Felsen und Schotter. Schafft unser

Eddie kämpft am Abgrund

Van das? Sicherheitshalber rufe ich nochmals an. „Natürlich, da sind viele Vans auf dem Parkplatz", lautet die Antwort. Also los. Noch bevor es bergauf geht, müssen wir durch einen etwa 25 Zentimeter tiefen Fluss. Na klasse! Wir machen das, was wir zu Hause nie gemacht hätten und fahren durch die Furt. Den Wagen treiben wir mit streckenweise unter 15 Kilometern pro Stunde den Berg hinauf. Die Straße, eine Schotterpiste, anderthalb Autos breit und ohne jegliche Leitplanken oder dergleichen, ist ein Abenteuer und erst recht ein Riesenerlebnis. Auch der Blick ist das Ganze definitiv wert! Nach 35 Minuten erreichen wir den Parkplatz und stellen uns zwischen zwei große Geländewagen. Ich sehe weit und breit keinen einzigen Van – egal, wir haben es geschafft und ich will auf die Piste. Von Skiern und Schuhen über eine vernünftige Ski-Jacke bis hin zu Brille und Handschuhen – alles kann ich mir im Lake Ohau Skifield leihen. Das international besetzte Team ist freundlich und offen. Als ich endlich auf den Schnee komme, ist natürlich der einzige Sessellift gerade kaputt. Also fahre ich einige Male den kurzen Schlepplift. Dann geht es endlich bis ganz nach oben. Der Blick ist sensationell und sogar die Sonne kommt heraus. Durch schweren Frühlingsschnee drehe ich meine Kurven und kann die Augen nur schwer vom unter mir liegenden Blau des Sees abwenden. Für nur zwei Lifte bietet das Skigebiet eine bemerkenswert große Auswahl an Pisten – fast alle der insgesamt vierzehn möglichen Pisten sind zwei Wochen vor Saisonende noch geöffnet. Während sich zur Hochsaison um die 350 Skiverrückte die Pisten herunterstürzen, sind es heute nur 30. Jeder Skiläufer muss sich eintragen. Daher bin ich eindeutig der Letzte, der nach drei Stunden doch noch vor dem Regen flüchtet, denn dieser hatte irgendwann eingesetzt und dem Schnee zugesetzt. Feierabend für heute – auch für die Angestellten. „Der Regen hört eh nicht mehr auf", sagt der Kanadier und nimmt meine Skischuhe wieder an sich. Im Regen fahren wir dann also wieder den Schotterweg hinunter. Wasser und Schlamm fließen fast schneller den Berg hinab als wir rollen. In aller Vorsicht kommen wir unten wieder an. Hinter uns ist auch schon der Kleinbus mit dem Personal drin – sowas gibt's vermutlich auch wirklich nur in Neuseeland. Noch eine letzte Bemerkung zu der Straße: Wir hatten noch Glück! Üblicherweise liegt auf dem Weg dick Schnee. Ohne Ketten sei dann dort kein Hochkommen – aber keine Sorge: Schneekettenverleih (inklusive Montage) gibt es in der dazugehörigen Lake Ohau Lodge am Fuße des Berges.

Lake Ohau Skifield: Piste mit Seeblick

Und was bleibt von diesem Erlebnis außer im deutschen Sommer mal Ski gefahren zu sein? Ein Name für unseren Van! Ab sofort nennen wir den Toyota „Eddie". Benannt ist er nach dem bereits erwähnten Bergsteiger Sir Edmund Hillary. Denn Eddie klettert die Berge genauso schnell hinauf wie einst Hillary den Everest oder Cook erklomm – also wir meinen dieselbe Geschwindigkeit.

Weiter geht's. Denn an Wandern ist bei dem Regen nicht mehr zu denken. Kurz vor Omarama am State Highway 8 folgen wir einem Schild zu den Clay Cliffs. Die Sandsteinformation sieht aus wie gewundene Stachel. Über Jahrtausende wurde der Sand unter größeren Kieselsteinen weggespült, so dass daraus diese Stachelgebilde entstanden. All der Sand befindet sich dafür nun auf der Straße – Eddie, unser Van, hängt darin kurz fest. Halb rutschend, halb rollend kommen wir aber rückwärts nochmals raus. Das Gelände ist in Privatbesitz, weswegen am Beginn der Straße eine Box steht mit der Bitte, fünf Dollar zu bezahlen. Die Box ist so ehrlich, dass man die fünf Dollarnote wieder herausziehen und dazu noch weitere stibitzen kann. Man müsste den roten Metallkasten mal dringend wieder leeren! Trotzdem ist es typisch Neuseeland: Es gibt viele, viele Straßenverkäufe mit „honesty box" (Ehrlichkeitsbox). Teilweise liegt sogar eine Liste dabei, in die man sich eintragen kann, wenn man gerade kein Geld dabei hat.

Felsen aus Sand: die Clay Cliffs

Omarama selbst bietet außer (für uns zu teure) Entspannung in Fässern mit heißem Wasser, Segelfliegen und teurem Sprit nicht viel. Wir fahren daher weiter den Lindis Pass hinauf, der Canterbury mit Otago verbindet. Die Straße ist hier stark befahren und führt durch um diese Jahreszeit braunes Grasland.

That is my road!

Danach geht es durch felsige Täler, wieder bergauf und bergab. Wir unternehmen hier nicht allzu viel, abgesehen von einem Päuschen an meiner Straße: „Philips Road" ist ein kleiner Seitenweg, der ansonsten aber auch nicht viel bietet. Da unser Tank fast leer ist, peilen wir Tarras an. Über fast 100 Kilometer ist dieser Ort ausgeschildert. Als wir ankommen, besteht er aus einer Tankstelle, einem Café und einer Töpferei. Das Benzin ist hier natürlich noch teurer als in Omarama – Pech gehabt. Mit nur halb vollem Tank fahren wir entlang des Lake Dunstan bis nach Cromwell, wo wir uns im ersten größeren Supermarkt seit drei Tagen für das Abendessen eindecken. Bald wird uns klar, dass es hier schwer werden dürfte, einen Job zu finden. Unsere Hoffnung lag in den Weinbergen und Obstplantagen – aber Ende September sind diese noch kahl und in den letzten Zügen der Winterstarre. Wir suchen dann erst mal unsere Wwoofing-Stelle: Cairnmuir Station liegt 15 Minuten außerhalb von Cromwell in Bannockburn.

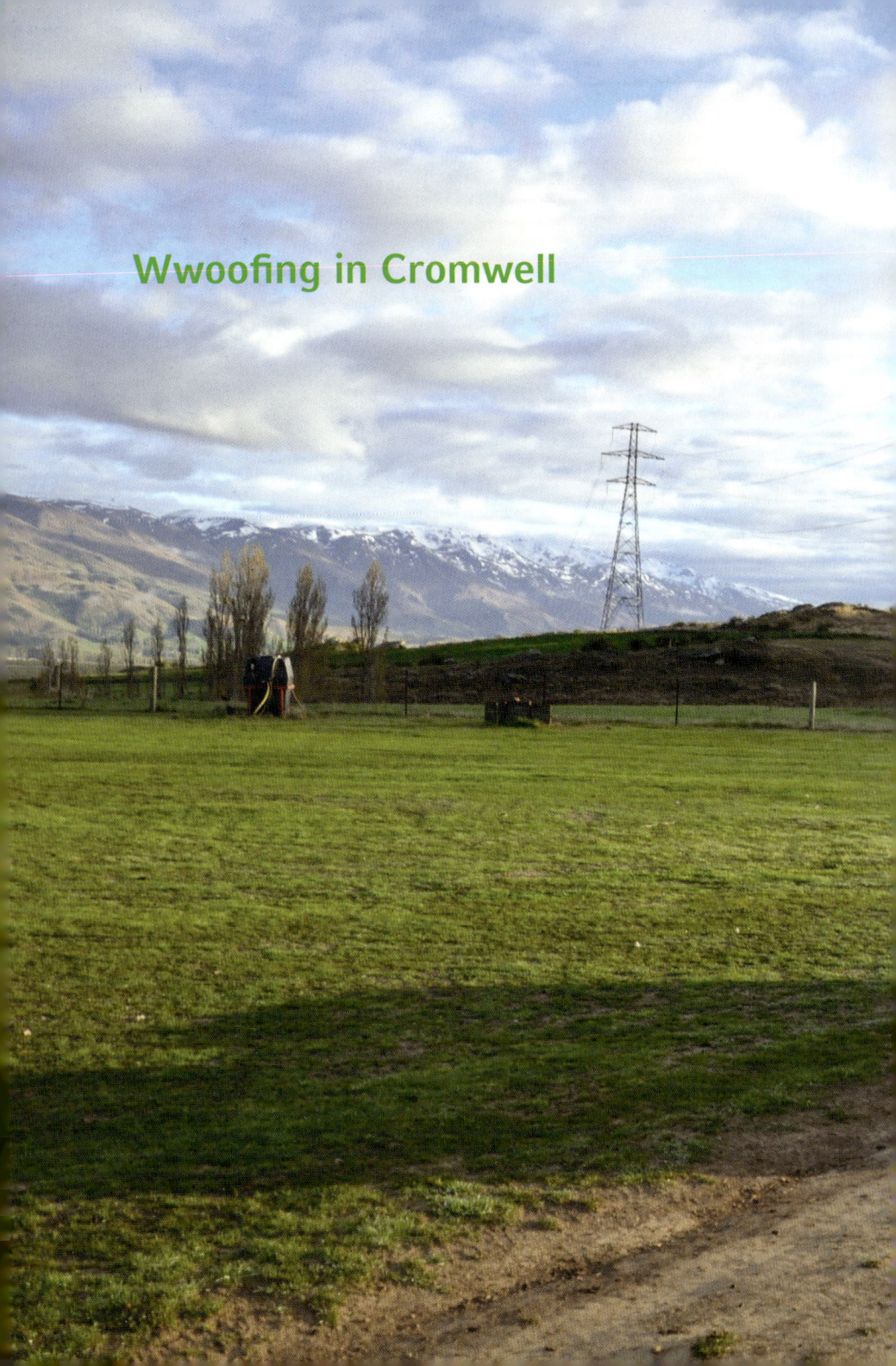

Wwoofing in Cromwell

Farmleben pur!

Wwoofing in Cromwell

Wir kommen auf der Farm an – kurz vor knapp, denn wir sollten um vier Uhr spätestens dort sein, war uns gesagt worden. Mit 15.50 Uhr sind wir also quasi zehn Minuten zu früh. Unsicher suchen wir das Haus. Am Straßenrand stehen zwei Hausnummern, es gehen zwei Schotterwege davon ab. Wir wollen gerade zu dem unteren Haus fahren, das mehr nach Farm aussieht, da winkt eine Frau vom oberen aus. Also doch zum anderen. Wir stellen Eddie vor der Tür ab und werden von Jackie begrüßt. Sofort herzlich und sehr freundlich

Lecker!

und das, obwohl sie eigentlich auf heißen Kohlen sitzt: In einer halben Stunde will sie mit ihrem Mann Alistair und den beiden Kindern Blake und Georgia für den Abend ausgehen. Alistair ist allerdings noch auf der Farm unterwegs – Männer eben. Wir verbringen also unseren ersten Abend weitestgehend allein auf Cairnmuir Station. Mit uns ist nur der Wach- und Haushund Hiedi. Wir machen uns ein aufwendiges Essen in der großartigen Küche: Steak mit geschmorten Pilzen und Kartoffeln. Und nach der ersten Dusche seit drei Tagen schmeckt diese Mahlzeit noch besser. Kurz: Wir fühlen uns so richtig wohl! Als die vier zurück sind, müssen wir im Internet zeigen, wo wir wohnen. Das Interesse an uns ist groß, die Distanz untereinander von Anfang an klein. Wer hätte an diesem Abend gedacht, wie viel Zeit wir noch hier mit dieser Familie verbringen würden …

Am nächsten Morgen beginnt die Arbeit. Weil die Schafschur, wobei wir laut Jackie helfen sollen, erst am folgenden Tag beginnt, kriegen wir eine Aufgabe im Garten: Unkraut jäten. „Arbeitet nicht zu hart, es ist Sonntag", gibt uns Alistair auf den Weg. Da ich mir das Quad, ein allradgetriebenes Geländefahrzeug, einfach nehmen soll, wie Alistair schon am Abend zuvor gesagt hatte, bringen wir das gezupfte Unkraut damit zum Kompost. Bald wird klar, was unsere Hauptaufgabe bei der Familie ist: Als erste Wwoofer bei Jackie, Alistair und den Kindern überhaupt bringen wir in erster Linie internationales Flair in das Haus. Abends nimmt Alistair uns mit auf die Farm, wo wir die Schafe zusammentreiben – also eigentlich treiben mehr seine vier Schäferhunde und wir schauen nur zu. Trotzdem ist es interessant. Bei der Fahrt über den Farmweg in Alistairs Geländewagen rennt ein Kaninchen über den Hügel. Mit seinem Jagdgewehr erlegt er das Tier, denn Kaninchen sind in Central Otago eine schreckliche Plage – vor allem für die Farmer und Obstplantagen. Doch dazu später mehr. All dies ist schon am zweiten Tag sehr faszinierend und macht Vorfreude auf mehr. Die nächsten Tage müssen wir auf der Farm arbeiten. Zwar haben unsere Aufgaben nichts mit den Schafen zu tun, aber wir dürfen den Schafscherern zuschauen: Die Scherer eines externen Unternehmens arbeiten zu lauter Musik, wie am Fließband. Während von hinten Schafnachschub in das scheunenartige Wellblechgebäude getrieben wird, scheren vorne vier Personen je ein Schaf. Sie brauchen unter einer Minute, um die Wolle an einem Stück abzubekommen und schneiden dabei nur selten in die Haut. Anschließend wird das große Stück Wolle auf einer Art Tisch ausgebreitet. Dabei singt Queen „We will rock you!" aus dem alten Radio. Auf dem Tisch zupfen einige Frauen die Ränder des Wollstücks ab und legen die Wolle zu einem kleinen Paket zusammen, das von einer anderen Person in Qualitätsstufen eingeordnet wird. Alistair hat Glück gehabt, er habe den besten dieser Qualitätsbestimmer in ganz Neuseeland bekommen. Quasi die Top-Rating-Agentur der neuseeländischen Landwirtschaft. Qualität wird bei Alistair ohnehin sehr groß geschrieben: Die Wolle seiner 4500 Merinoschafe geht an Icebreaker, ein sehr bekanntes Unternehmen, das nur Merino-Mode herstellt.

Schafe scheren im Akkord

An den nächsten Tagen müssen wir Sperrmüll bewegen, der dann in unserem Beisein mit Benzin zum Brennen gebracht wird, oder mit dem Quad in die Berge fahren, um Pinienbäume mit Handsägen zu fällen – harte Arbeit, die wir aber bei all dem Drumherum gerne machen. Denn wir fahren nicht nur allein mit dem Quad über Bruchteile der 6800 Hektar großen Farm, sondern erleben

Frisch geboren auf Cairnmuir Station

Mit einer Motorsäge wäre es einfacher ...

auch mit, wie ein wenige Minuten altes Lamm seine ersten Stehversuche macht. Die Pinienbäume, die sich in den teils steilen Tälern überall verstecken, sind für die Farm ein Problem. Sie vermehren sich stark und machen außerdem das Weideland kaputt. Für uns sind sie bei starkem Wind ein harter Gegner. Manche sind noch recht dünn, andere haben einen Durchmesser von über dreißig Zentimeter. Daher befreien wir einige der Nadelbäume nur von ihren Ästen und lassen den Stamm stehen – besser als gar nichts. An anderen Tagen brauchen oder eher dürfen wir gar nicht auf die Farm: Wir machen nochmals Gartenarbeit, bei der uns Sohn Blake hilft. Dabei können wir über die Außenmusikanlage auf der Terrasse Radio hören. Damit geht die Arbeit gleich viel besser. Genauso wie das Putzen, das ebenfalls auf unserem Dienstplan steht.

Alistair kündigt schon am zweiten Tag an, seine Farmkollegen nach Jobs für uns fragen zu wollen. Leider haben diese um die Jahreszeit aber nichts zu tun. Da wir die Nachmittage ohnehin meist frei haben, wollen wir nach Clyde und Alexandra, zwei kleinen Städten östlich von Cromwell. Also machen wir uns auf den Weg, folgen weiter dem Ufer des Lake Dunstan bis nach Clyde. Rechts von uns, auf der anderen Seite des schmalen Sees, liegen die Hügel von Cairnmuir Station, unserer Wwoofing-Farm. Am Clyde Dam, dem Staudamm des Lake Dunstan, stoppen wir bei einem Aussichtspunkt. Schon über die letzten 15 Kilometer war mir bei Eddie ein neues Geräusch, ein Schlagen, aufgefallen. Vorsichtshalber schaue ich an diesem Aussichtspunkt unter den Wagen. Dort finde ich zwar nicht den Grund für das neue Geräusch, dafür tropft es aber aus dem Wagen wie ein nur halbherzig zugedrehter Wasserhahn. Plop. Plop. Plop. Verdammt! Was jetzt? Dass wir Probleme mit dem Kühlwasser haben, war uns ja schon

Am Clyde Dam tropft das Wasser aus unserem Kühler

bekannt. Am Anfang in Christchurch hatten wir sogar mal den Straßenservice des AA (neuseeländischer ADAC) wegen überhitzten Motors rufen müssen: Der Kühlwassertank war leer – ich hatte nur den Überlauf kontrolliert. Doch dass das Wasser nur so herausläuft, ist neu. Wir gehen also zu Fuß nach Clyde, damit sich der Wagen zum Nachfüllen des Kühlwassers abkühlen kann. Meine Stimmung ist mal wieder am Boden. Da lief in den letzten Tagen alles so reibungslos und jetzt das. Immerhin gibt es in Clyde im Mini-Supermarkt leckeres Eis samt Schokoüberguss, was Marias und meine Laune wieder etwas hebt. Und auch sonst ist Clyde ein nettes Örtchen am Fluss mit dem Ambiente einer amerikanischen Westernstadt. Denn es entstand einst wie viele andere Siedlungen Central Otagos im Goldrausch der Region. Außerdem liegt Clyde nahe dem See, hier beginnt der beliebte „Otago Central Rail Trail", und das Städtchen profitiert davon, dass der stark befahrene State Highway 8 über eine Umgehungstrasse um das Dorf herumgelenkt wird. Alexandra müssen wir für heute streichen und wir fahren zurück nach Cromwell, um den Wagen zu einer Werkstatt zu bringen. Die Diagnose: Kaputte Wasserpumpe. Die Reparatur kostet uns um die 500 Dollar. Danach brauchen wir immerhin nicht mehr das Kühlwasser ständig nachzufüllen. Schmerzen tut diese stolze Summe trotzdem. Außerdem müssen wir uns überlegen, was wir als Nächstes machen. Denn die ursprünglich vereinbarten „drei bis vier Tage wwoofen" sind vorbei. Jackie redet jetzt zwar von vielen weiteren Tagen, aber spätestens nach der teuren Reparatur könnten wir nun wirklich mal einen gut bezahlten Job gebrauchen.

Unsere ganze Hoffnung liegt daher beim erneuten Versuch, Alexandra zu erreichen. Denn dort wollen wir uns bei „Seasonal Solutions" bewerben, einer Jobagentur, die die Arbeit an Saisonkräfte vermittelt. Den Tipp dazu hatten wir in der Touristen-Info, der iSite, in Cromwell bekommen, und auch Alistairs Freunde von Farmen, Weinbergen und Plantagen beziehen darüber ihr Personal. Obwohl die Agentur vor zwei Tagen auf ihrer Facebook-Seite veröffentlicht hatte, dass momentan keine Jobs zur Verfügung stehen, sind wir optimistisch – die Hoffnung stirbt bekanntlich zuletzt. In Alexandra angekommen, schauen wir uns zunächst das kleine Museum in der iSite an. Hier wird auch die große Kaninchenplage weiter thematisiert: Da es für die eingeschleppten Tiere keine natürlichen Fressfeinde gibt, vermehren sie sich ins Unendliche. Daher jagt auch Alistair die Kaninchen, denn sie fressen nicht nur sein Gras, sondern durchlöchern auch alles. Es gibt Wettkämpfe und die Farmer bezahlen Jäger – quasi Kopfgeldjäger für Kaninchen. Ein Team von Männern hat einmal in drei Nächten mehr als 10.000 Kaninchen geschossen. Die Gruppen arbeiten dabei mit Motorrädern und Helikoptern.

Anschließend gehen wir direkt zur Agentur und stellen uns vor. Sobald wir unsere Daten vollständig abgegeben haben, spricht die Frau von zwei Jobs auf einem Weinberg – in Bannockburn! Und das für zwei Monate Vollzeit. Yes!! Was für eine Überraschung! Am nächsten Tag treffen wir uns mit dem Manager des Weinbergs Terra Sancta. Wir kriegen die Jobs und haben noch drei Wochen Zeit, bis es losgeht. Eventuell können wir auch schon eine Woche eher anfangen. Klasse! Bis zum Jobbeginn reicht auch noch das Geld von zu Hause und dann haben wir 40 Stunden die Woche garantiert. Zwei Monate sind uns zwar eigentlich zu lang, aber wir wollen jetzt nicht wählerisch sein. Der Weinberg liegt nur etwa zehn Minuten mit dem Auto entfernt von unserer Wwoofing-Farm – wir kennen die Gegend also schon. Wo nun der Grundstein für unsere weitere Zeit in Cromwell gelegt ist, müssen wir uns Gedanken über die Unterkunft machen. Eine Wohnung mieten kommt eigentlich nicht in Frage und ein Hostel ist zu teuer. Außerdem haben wir ja Eddie zum Schlafen und wollen uns daher nach Campingplätzen umschauen. Der, für den wir uns dann schließlich entscheiden, liegt nahe an unserer Farm und hat eine gute Entfernung zum Weinberg. Der Campingplatz-Besitzer bietet uns einen guten Preis an – eindeutig sind die Saisonarbeiter hier ein gutes Geschäft. Wir dürfen zusammen für 140 Dollar die Woche auf dem Campingplatz bleiben. Doch dazu sollte es nicht kommen.

Beim Abendessen bieten Alistair und Jackie uns an, ein Zimmer, unser Zimmer, bei ihnen im Haus zu mieten. Was für ein Glück! Wir geben vor, darüber nachzudenken. Doch eigentlich steht die Entscheidung längst fest. Unglaublich. Wir dürfen zwei Monate lang mit Alistair, Jackie und den Kindern Blake und Georgia auf der Farm leben, mit ihnen zusammen essen und kochen und die Nachmittage und Abende verbringen. Dieses nette und für uns auch noch vergleichsweise günstige Angebot läutet zwei der besten Monate meines Lebens ein. Sehr glücklich und euphorisch berichten wir unseren Eltern via Skype von den Neuigkeiten. Auch sie sind total überrascht und freuen sich für uns mit. Mit der Gewissheit,

Blake mit Hund Hiedi

dass wir wiederkommen, brechen wir aus Cromwell auf, um die kommenden drei Wochen bis zum Jobbeginn noch zu reisen. Vorher ist zuerst mal ein Haarschnitt bei mir fällig: Da uns ein Friseurbesuch zu teuer ist, legt Maria Hand an – letztlich werden sie aber einfach mit dem Rasierer gestutzt. Der Abschied von der Familie ist herzlich aber kurz – wir sind ja bald schon wieder da. Bevor es richtig zurück auf die Straße geht, werfen wir die ersten Postkarten ein. Sie übermitteln die frohe Botschaft, einen Job gefunden zu haben. Ich werfe meine Karten natürlich in den falschen Kasten, den für die nationale Post …

Alistair sortiert seine Merinos

Sonne im Regenwald:
Fiordland mal anders

Wanderwege gibt es hier viele

Sonne im Regenwald: Fiordland mal anders

Kawarau Gorge

Das erste Reiseziel ist Fiordland im Südwesten der Insel. Wir fahren durch die Kawarau Gorge mit den vielen Weinbergen und Obstplantagen des Gibbston Valley. Die felsigen Hügel oder Berge sind nur in Ansätzen zu erkennen, da es so neblig und wolkig ist. Dazu regnet es noch in Strömen. Dennoch halten wir kurz an der Kawarau Bridge – der ersten kommerziellen Bungee-Anlage Neuseelands. Wir bewundern kopfschüttelnd die Verrückten, die sich für 180 Dollar 43 Meter in die Tiefe stürzen. Zwei Sekunden freier Fall, ein lauter Schrei und das war's. Natürlich sind sie nicht aufgeschlagen, sondern der Sprung ist schlicht so schnell schon wieder vorbei. Auch wenn es nur 43 Meter sind, uns ist es definitiv zu hoch – und zu teuer. Also geht es weiter: Wir sparen uns den Abstecher nach Queenstown und Arrowtown, da wir hierfür noch genug Zeit haben werden, wenn wir in Cromwell leben. In Frankton müssen wir über eine einspurige Brücke, die eine Ampelregelung hat – es ist für uns die erste Ampel seit Christchurch und dementsprechend überrascht sind wir. Es geht die kurvenreiche Straße zwischen den felsigen Remarkables, einer Gebirgskette samt Skigebiet auf der linken Seite und dem Lake Wakatipu auf unserer rechten Seite, entlang. Auf dem nassen Weg, vorbei an Schafen, Kühen und vielem Rotwild, nach Te Anau, dem Hauptanlaufpunkt in Fiordland, ist uns beiden flau im Magen. Während es bei mir dabei bleibt, müssen wir für Maria zweimal mit Warnblinklicht am Straßenrand stoppen. Jetzt einen Magen-Darm-Virus? Wir können uns Schöneres vorstellen. Glücklicherweise bleibt es aber bei den beiden Notpausen. Trotzdem beenden wir diese Reiseetappe eher als ursprünglich geplant. Der günstige DOC-Campground wäre noch weitere anderthalb Autostunden entfernt gewesen. Stattdessen verbringen wir die Nacht in der Possum Lodge, einem kleinen Campingplatz am Lake Manapouri.

Fiordland – das ist eine große Region mit hohen, teils schneebedeckten, Bergen und unzähligen Fjorden, von denen aber nur zwei über den Landweg zugänglich sind: Doubtful Sound und der Klassiker Milford Sound. Doch auch ohne diese beiden Fjorde bietet die Region vieles: Mehrtageswanderungen – darunter mit dem Milford Track, dem Routeburn Track und dem Kepler Track drei der neun Great Walks Neuseelands – Bootstouren, zig Tages- oder Kurzwanderungen, Glühwürmchenhöhlen oder einfach nur relativ einsame DOC-Campingplätze. Diese und noch viele weitere Touristenangebote gibt es nicht grundlos. Daher wundert es nicht, dass es von Touristen nur so wimmelt. Wer Fiordland allerdings etwas ruhiger erleben will, der fährt nicht nur von Te Anau nach Norden bis zum Milford Sound, sondern auch nach Süden bis nach Invercargill. Wir starten also vom Lake Manapouri aus, der sich uns in mystischem Sonne-und-Wolken-Mix zeigt. Bei den vielen Touristenangeboten ist es gar nicht leicht, sich zu entscheiden. Ohnehin haben Maria und ich Schwierigkeiten, Entscheidungen zu fällen: Der viertägige Kepler Track klingt zwar interessant und ist wohl auch sehr lohnenswert – ärgerlicherweise hatte ich nur meine Regenjacke bei der Familie in Christchurch vergessen, wie mir erst jetzt auffällt. Und den Kepler Track ohne Regenjacke zu laufen ist keine gute Idee. Eine achtstündige Tagestour zum abgelegenen Doubtful Sound, inklusive des Besuchs eines der größten Kraftwerke Neuseelands, des „West Arm", erscheint uns ebenfalls reizvoll. Schließlich ist der Doubtful Sound der größte Fjord Neuseelands und um einiges länger und breiter als der bekanntere Milford Sound. Allerdings ist uns die Tour mit über 200 Dollar pro Person zu teuer. Also wollen wir eine Bootsfahrt durch besagten Milford Sound machen, der kleiner, aber durch die steil abfallenden Klippen genauso beeindruckend oder sogar noch beeindruckender sein soll. Nur erkunden wir den Fjord mit dem Kajak oder einer Bootsfahrt? Maria würde gerne kajaken, allerdings habe ich noch nie in einem solchen Paddelboot gesessen. Wir entscheiden uns für die Bootstour und wollen auf dem Weg einige der kürzeren Wanderungen machen. Wer nicht eine der Touren mit dem Bus von Queenstown oder Te Anau bucht, ist gut beraten, vorher die Straßenverhältnisse zu überprüfen: Die Straße zum Sound ist des Öfteren wegen Schnee- oder Schlammlawinen gesperrt. Zwar sieht man am Rand immer wieder Stellen, wo der Asphalt von Bäumen und Felsbrocken begraben wurde, aber die Straße ist frei. Für die knapp 100 Kilometer soll man zwei Stunden einplanen – wir brauchen mit Sicherheit länger. Zu allem Überfluss knackt es beim Tanken in Te Anau plötzlich, und von meinem Sicherheitsgurt sind nur noch Einzelteile übrig. Ich fahre die nächsten Kilometer also nur mit Gurt zur Zierde und hoffe, dass uns keine Streife begegnet und ich keinen Unfall baue – ein Airbag fehlt Eddie nämlich ohnehin.

Nebel über Lake Manapouri

Milford Track: Wo die Berge die Wolken kitzeln

„Der Milford Track ist ein Klassiker", sagt Marcel Hainke. Gemeinsam mit seiner Freundin Lisa Schönhoff hat mein Freund diesen Great Walk gemacht: Vier Tage für 53 Kilometer im tiefsten Fiordland. Die Wanderung ist nicht nur ein Klassiker, sie gilt auch als eine der schönsten Wanderungen der Welt. Das ist nicht nur dem vielen Wasser geschuldet, das in großen Wasserfällen immer wieder in der Nähe des Weges hinunterstürzt. Auch die Vielfalt sei beeindruckend: „Von ruhigen Flussläufen, wo man barfuß ins kalte Fiordland eintauchen kann, geht es über weiches Moos hinauf auf die steilen Berge", sagt der 25-jährige Marcel. Gerade die Southern Alps mit dem Schnee auf ihren Spitzen und den tiefen Schluchten dazwischen seien absolut beeindruckend gewesen. „Der Punkt da oben auf dem Gipfel in etwa 1200 Meter Höhe – einfach toll. Diese Eindrücke könnten aus einer Werbung stammen!"

Dass es in Fiordland häufig regnet, ist keine Neuigkeit. Im Jahr kommt es an durchschnittlich 200 Tagen nass vom Himmel. Marcel und Lisa hatten Glück: Die ersten drei Tage hatten sie Sonnenschein und Wolken, aber keinen Regen. Denn sind die Klamotten einmal nass, läuft es sich nicht nur unangenehm – man bekommt sie auch nicht mehr trocken. Und das, obwohl der Milford Track keine Alternative zum immerhin bescheidenen Luxus lässt: „Es gibt keine Campingplätze, nur Hütten", erklärt Marcel. Darin seien die Nächte kurz – aber die Abende umso lustiger, da man sich immer mit denselben Personen den Ess- und Schlafbereich teile. Denn die Wanderung kann man nur vom festen Startpunkt aus, dem Glade House am Nordufer des Lake Te Anau, beginnen, und dann geht man in Richtung Milford Sound, wo der Weg an einem Punkt des Fjordes endet, den man mit einer gewöhnlichen Touristen-Bootstour gar nicht kennenlernt.

Da es keinen Gegenverkehr gibt, wirke der Great Walk sehr leer. „Man bewegt sich nun mal immer in dieselbe Richtung", so Marcel. Doch der Wanderstrom hat auch seinen ganz klaren Nachteil: Einmal mit einem Schnarcher im Schlafsaal, immer mit diesem Schnarcher im Schlafsaal – und eine schlaflose Nacht kann bei dem Fußmarsch mit viel Gepäck auf dem Rücken sehr nervig sein.

Bei aller Schönheit der Landschaft, Abenteuerlust und Abgeschiedenheit. Wenn es hier regnet, dann regnet es. An Marcel und Lisas viertem Tag schüttet es dann auch. „Dadurch war für uns der letzte Tag der anstrengendste. Auf dieser Etappe kam noch nervliche Erschöpfung hinzu", so Marcel. Stellenweise, so erzählt der Wittener, mussten sie durch knietiefes Wasser waten. Spätestens nach drei Stunden wurde es nur noch von Schritt

zu Schritt schlimmer. Doch da bleibt nur die Flucht nach vorne. Im Nachhinein kann man dann aber mit Stolz behaupten, den bekannten Milford
Track gemeistert zu haben.

Für den Milford Track muss man die Hüttenplätze, genauso wie für die anderen Great Walks auch, reservieren. Da es bei dieser Viertageswanderung
aber keine Campingplätze gibt, ist die Anzahl der Matratzen auch gleichzeitig die Kapazitätsgrenze. Die Folge: Gerade im Sommer ist es schwer
die begehrten „Hüttenpässe" zu bekommen. Schon Wochen vorher sind
normalerweise alle vergriffen und man kann nur mit Glück noch einzelne
Tickets bekommen. Im Winter lässt sich die Route einfacher begehen –
allerdings nur, was die Belegung angeht: Ansonsten ist es ausgesprochen
gefährlich, im Winter den Track zu wandern. Schnee, enorme Lawinengefahr, schnelle Wetterumschwünge und nur wenige Wanderer.

Kommerzielle Wanderführer bieten ihre Touren auch aus diesem Grund üblicherweise nur im Sommer an. Für knapp 2000 Dollar (pro Person) werden
bei diesen Touren Naturerlebnis mit Luxus-Feeling verbunden. Die Unternehmen nehmen einem die Last von den Schultern, anstelle von rustikalen
Hütten warten komfortable Lodges am Wegesrand und statt trockenen
Nudeln oder Haferschleim gibt es ein aufwendiges Abendessen. Inwiefern
der gesamte Track mit diesem Rundum-sorglos-Paket noch das ist, was er
eigentlich darstellt, bleibt jedem selbst überlassen.

Der Track schlängelt sich durch Fiordland

Also nehmen wir die Straße nach Milford in Angriff und stoppen schon bald für unseren ersten Gang am Lake Mistletoe. Ich mache es an diesem Tag Maria mal wieder nicht einfach, bin mit der Reiseplanung der nächsten Tage unzufrieden. Immerhin finden wir bei der Wanderung im moosigen Wald nicht nur einen Baum, der wie ein Einhorn aussieht, sondern Maria entdeckt auch eine freilebende Stabheuschrecke. Es gibt zwischen Te Anau und dem Milford Sound knapp zehn DOC-Campingplätze, die alle mit sechs Dollar pro Person erschwinglich sind – und dies wird noch nicht einmal immer kontrolliert. Wir entscheiden uns für die erste Nacht in den Tiefen Fiordlands für einen Cam-

Tierähnliches Holz

Holzähnliches Tier

pingplatz direkt am Fluss. Sofort wollen wir das Gewässer erkunden und laufen entlang des Ufer zum Informationsbrett. Auf dem Rückweg versinke ich im Morast: Mein Wanderschuh ist voller Wasser. Auf Sonne zum Trocknen kann ich heute vergeblich warten – es ist bewölkt, und die Dämmerung setzt sowieso schon eine Stunde später, gegen sechs, ein. Die Idee, ein romantisches Lagerfeuer zu entfachen, scheitert am durchnässten Holz. Der Schuh muss also über Nacht irgendwie anders trocken werden. Kaum haben wir es uns in unseren Campingstühlen bequem gemacht, müssen wir in den Van flüchten: Schon vorher hatten wir an anderen Stellen auf der Südinsel Bekanntschaft mit den sogenannten Sandflies gemacht. Kleine, fruchtfliegenartige Geschöpfe, die es überall gibt, wo keine Meeresbrandung in der Nähe ist. Besonders gern haben sie aber feuchte Gebiete, weswegen Fiordland ideal für sie ist. Sandflies beißen unangenehm in die Haut, um an Blut zu kommen. Während dies normalerweise nur einen Juckreiz von wenigen Minuten auslöst, hat unser Körper aber zwei Schwachstellen, die auch die Fliegen kennen, wie wir an diesem Abend feststellen müssen. An Knöcheln und Handgelenken, wo kaum Fett vorhanden ist, schwillt die Haut an und es juckt höllisch. Frustriert warten wir im Van, bis die Sonne untergeht und so die Sandflies verschwinden. Kaum sind diese auch tatsächlich weg, beginnt es aber zu regnen. Kochen unter freiem Himmel klappt heute nicht mehr. Wir stellen die Töpfe zum ersten Mal im Wagen auf die Gasflammen. Mit bangen Blicken verfolgen wir, wie der Wasserdampf vom Reiswasser in die Klimaanlage und die Innenverkleidung zieht, kochen wir auf engem Raum – aber es funktioniert.

Am nächsten Morgen scheint zwar die Sonne und mein Schuh ist wieder trocken, aber es ist klar, dass längere Wanderungen an den Sandfly-Bissen an Marias Knöcheln scheitern werden. Rot und dick angeschwollen ist die dünne Haut an den Gelenken. Wir wollen es dennoch versuchen und machen den Summit Key-Weg. Der Pfad durch Regenwald voller Moos ist auch das Ende des dreitägigen Routeburn Track. Für die angeschlagenen drei Stunden bergauf, vorbei an Wasserfällen und unter umgekippten Bäumen hindurch, brauchen wir nur zwei Stunden. Oben angekommen, erfüllt sich nicht unsere Hoffnung, dass wir durch die Wolken kommen und den einmaligen Ausblick genießen können. Stattdessen peitscht uns der Wind ins Gesicht und wir blicken in den Nebel. Alles ist nass, teils hat das Department of Conservation, das die unzähligen Wanderwege in bestem Zustand hält, Holzstege in den Sumpf gebaut. Die Wolkenmasse ist dicht. Nur für einen Moment reißt das wabernde Weiß um uns herum doch noch auf und wir erhaschen kurz die Aussicht auf die hohen, weißen Gipfel uns gegenüber. Warten auf bessere Sicht erscheint zwecklos. Doch kaum steigen wir wieder hinab, zeigt sich die Sonne. Was sich uns jetzt für ein Blick geboten hätte, ist nur Spekulation, aber ich will es eigentlich auch gar nicht wissen …

... und dann rissen die Wolken doch noch auf.

Entlang der Straße zum Milford Sound schauen wir uns noch den Mirror Lake an, der im Vergleich zu anderen Seen mit Spiegeleffekt wohl nur den Vorteil hat, dass hier deutlich mehr Touristen vorbeikommen. Genau genommen halten endlos viele Wohnmobile, Mietwagen und Reisebusse an. Außerdem gehen

Wunderschön! Wäre da nur nicht der Massentourismus ...

wir noch zu den Marian Falls, welche kein Wasserfall im eigentlichen Sinne, sondern mehr ein extremer Wildwasserbach sind. Da Marias Knöchel keine weiteren Wanderungen mehr erlauben, fahren wir weiter, um uns am Sound den Sonnenuntergang anzugucken. Kahle Felswände, herabstürzendes Wasser und immer wieder Zonen mit absolutem Halteverbot wegen Steinschlaggefahr. So stellt sich die Straße auf den letzten dreißig Kilometern dar. Der Höhepunkt dieser Strecke ist ein steiler und langer Tunnel – sowohl geografisch als auch vom Erlebnisgehalt. Der Homer Tunnel hat nur eine Fahrspur. Fünfzehn Minuten muss man daher warten, bis die Ampel auf grün springt. Direkt nach dem Tunnel fängt es nicht nur wieder an zu regnen, sondern es geht auch weiter bergab. Kurve um Kurve schlängelt sich die Straße den Berg hinunter. Die Felswände rechts und links sind überzogen von dünnen, weißen Fäden: alles kleine Wasserfälle. Teils war die Straße erst vor Kurzem verschüttet gewesen – erkennbar an den noch am Rand liegenden großen Felsbrocken. Endlich erreichen wir Milford Sound. Doch wer hier wie wir ein kleines, nettes Dörfchen erwartet, wird enttäuscht: Außer ein Paar Ferienhäusern, zwei Lodges, einem Souvenirshop und dem Hafen bietet der Ort nur Parkplätze und eben diese atemberaubende Szenerie.

Zufällig steigt Paul, der Austauschschüler aus Christchurch, aus dem letzten Reisebus des Tages. Was für eine Überraschung! Er macht als Schulausflug eine Tour über Nacht und freut sich ebenfalls, uns zu sehen. Wir schauen noch dem Boot hinterher, das im Fjord im Regen verschwindet und der Dunkelheit entgegen schwimmt. Dass es in Milford regnet, ist bei über durchschnittlich 182 Regentagen im Jahr keine Besonderheit. Dennoch hoffen wir auf gutes Wetter am kommenden Tag, als wir zu einer der beiden Lodges fahren und uns dort eine Parkbucht für die Nacht mieten. Draußen schüttet es wie aus Kübeln. Wir sind froh, im warmen und gemütlichen Aufenthaltsbereich der Lodge zu sitzen. Neben zwei deutschen Mädchen (eines ist Hanna, die wir später noch wieder-treffen werden) lernen wir noch einen Franzosen kennen, der auch einen Toyo-ta Hiace von 1988 hat. Seiner hat zwar nicht all die technischen Spielereien, die unser Eddie hat (Einparkhilfe, elektrische Spiegel, elektrische Schiebedächer, digitaler Tacho, ...), dafür aber dieselben Fehler: Bei beiden Wagen kann man während der Fahrt den Schlüssel problemlos abziehen, die Schiebetür hakt immer wieder, und außerdem müsse er seine Scheibe immer mit der Hand hochschieben, erzählt er lachend. Nach einem lustigen Abend und einer heißen Dusche rennen wir alle in unsere Vans. „Warum ist es hier nass?", kommt es mir nachts um drei im Traum. Irgendwas tropft mir auf die Stirn, ich wache auf. Mein gesamtes Kopfkissen ist feucht – irgendwie war Wasser in den Wagen gekommen. Der Vorhang war in der Heckklappe eingeklemmt worden und hat-te so Wasser hinein gelassen. Ich muss also in den Regen und die Tür auf- und zumachen. Nach einer Minute sitze ich wieder im Wagen. Pitschepatsche nass. Der Regen hämmert auf das Blechdach. Und morgen soll die Sonne scheinen? Na, das kann ja was werden!

Regenbögen im Wasserfall

Blauer Himmel und Sonne machen den Milford Sound noch beeindruckender und wir dürfen auch noch mit dem Boot hinaus auf den Fjord. (Also „dürfen" ist gut, wir haben vorher auch viel Geld bezahlen „dürfen".) Wir haben Glück und einen der wenigen reinen Sonnenta-ge im Jahr erwischt. Zu unserer Linken ragt der 1692 Meter hohe Mitre Peak in den Himmel. Er entwächst direkt dem Wasser. Die vielen kleinen Wasserfälle sind schon fast langweilig im Vergleich zu den wenigen gigantischen, wo ständig unzählige Liter Wasser hinunter stürzen. Der Fjord selbst besteht aus dunklem Salzwasser und birgt vermutlich in seinen 400 Metern Tiefe viele Lebewesen. Das Gestrüpp oder die Bäume an den steilen Felswänden sind eigentlich schon in die Wellen gefallen, halten sich nur noch mit kräftigen Wurzeln so gerade eben an der Wand fest. Die gesamte Szenerie ist beeindruckend und dank der Erklärungen des Bordpersonals fühlt man sich der Natur noch näher. Wir schippern durch Meereswasser vorbei an den Süßwasserfällen. Oberhalb hängen die Gletscher. Die Sonne erobert gerade den Fjord – sie braucht doch recht lange, bis sie hoch genug steht, um über die steilen Berge in den schmalen Meeresarm hineinzuscheinen. In den ersten Sonnenstrahlen des Morgens sonnen sich einige Robben auf einem Felsen. Klick, klick, klick. Die Touristen lassen ihre Fotoapparate arbeiten. Einen Felsvorsprung weiter bricht sich die Sonne in den Wasserfällen – es entstehen farbenfrohe Regenbögen. Dann fährt der Kapitän den Bug unter einen der Wasserfälle. Wer möchte, kann sich eine der roten Regenjacken überziehen und sich unter das Wasser stellen. Der Druck ist enorm, dazu kommen Winde vom stürzenden Wasser. Ein Erlebnis, nach dem es erst einmal etwas zu trinken gibt: Die Crew hatte Wassergläser aufgestellt,

Achtung, nass!

die nun mit frischem Bergwasser gefüllt sind. Fast hätten wir vor lauter Wasser das Pinguin-Trio verpasst, das neben dem Boot herschwimmt: Es sind Tiere der seltenen Art Gelbaugenpinguine. Weil wir eine der ersten Bootsfahrten dieses Tages gebucht hatten, strömen erst bei unserer Rückkehr die Touristen in den Hafenterminal. Dazu fliegen alle paar Minuten kleine Propellermaschinen oder Helikopter den Mini-Flughafen Milford Sound an. Es kommt Leben in diese eigentlich so wilde Natur, die Touristen belästigen und belasten Flora und Fauna, bis es am Abend wieder still werden wird. Bis es am nächsten Morgen wieder weitergeht. Irgendwie müssen ja die etwa 500.000 Besucher pro Jahr herkommen …

Auf dem Weg zum Wagen läuft ein Kiwi über den Parkplatz. Total überrascht, denn die Nationaltiere sollen nur noch äußerst selten zu sehen sein, schieße ich einige Fotos. Wir fahren weiter und wundern uns über das eigene Glück. Später erfahren wir: Nicht alles, was ein bisschen wie ein Kiwi aussieht, ist auch gleich einer. Wir hatten nur einen der deutlich häufigeren, frecheren und nervigeren Wekas gesehen. Diese Vögel können ebenfalls nicht fliegen, sind aber alles andere als menschenscheu, was wir im Verlauf unserer Reise noch erfahren werden. Dafür sehen wir aber einige Kea – und diesmal auch echte und nicht nur ähnliche Tiere. Die Exemplare der letzten Bergpapageienart rennen auf dem Parkplatz einiger Wasserfälle herum, springen auf die Autos und sind eine große Attraktion. Während die Vögel in diesem Fall nur im Kreis laufen, sind sie normalerweise ein echtes Problem: Sie picken die Gummi-

Ein furchtloser Kea

dichtungen der Autos heraus oder zerstören die Rucksäcke und Zelte der Wanderer. Ich rege mich in diesem Moment aber nur über eine asiatische Familie auf, die ihren teuren Geländewagen auf dem Parkplatz abstellt, damit sich drei der vier den verwunschenen Farnwald und die Wasserfälle anschauen können. Währenddessen lassen sie den Wagen für mindestens zehn Minuten laufen. Warum das Fahrzeug weiter Abgase in die Luft pusten muss – und das inmitten eines wundervollen Nationalparks – leuchtet mir nicht ein, weswegen ich den Fahrer zur Rede stellen will. Ich lasse es dann aber doch bei meinem Groll und wir steigen lieber wieder in Eddie ein.

Zurück Richtung Te Anau müssen wir natürlich auch wieder durch den Homer Tunnel. Diesmal geht es für uns nur bergauf. Eddie, so erwähnte ich bereits, ist bergauf nicht der schnellste. Wir warten über zehn Minuten an der roten Ampel. Um uns herum fließt das Wasser die steilen Felswände hinunter. Die Ampel springt um: Grün, los geht's. Von den Autos vor uns sind schon nur noch die Rücklichter erkennbar. Wasser tropft von überall auf den Wagen und am Rand liegen Gesteinsbrocken. Denn der 1954 eröffnete Tunnel hat nur den

mehr oder weniger harten Fels als Wand. Mehrere Jahrzehnte dauerte einst der Bau des über 1200 Meter langen Durchgangs, der um 1930 herum zunächst eine Arbeitsbeschaffungsmaßnahme darstellte. Die Ampelanlage ist übrigens nur zur Hochsaison im Sommer geschaltet – wartende Autos wären im Winter einer zu großen Gefahr von Lawinen ausgesetzt. Da ein gegenseitiges Passieren zweier Autos platzmäßig

Gut, dass man viel Zeit hat ... im Urlaub

knapp möglich ist, lässt sich die Ampel in den kalten Monaten ausschalten. Als wir endlich vom grellen Licht geblendet das Ende erreichen, zeigt die Ampel für die Gegenseite noch eine Minute an – wir haben also 14 Minuten für den Tunnel gebraucht. Aber wir haben es geschafft und fahren die lange und kurvige Straße wieder zurück bis Te Anau. Das grüne Moos bedeckt stellenweise den gesamten Asphalt. Wir haben wirklich Glück gehabt mit dem Wetter. Für eine Schaf-Familie müssen wir hingegen unterwegs nochmals anhalten. Das Muttertier samt beiden Lämmern war offenbar ausgebrochen. Unsere Einfangversuche scheitern kläglich – ausgebrochene Schafe sind in Neuseeland eindeutig keine Seltenheit.

Nach dem nördlichen Teil Fiordlands folgt der südliche. Weniger feuchter Regenwald, weniger Menschen und nur eine Straße: Die Southern Scenic Route führt von Queenstown über Te Anau und Invercargill bis nach Dunedin an der gegenüberliegenden Ostküste. Wir folgen der kaum befahrenen Straße bis zur südlichsten Großstadt Invercargill. Eine Nacht verbringen wir auf dem abgeschiedenen DOC-Campingplatz „Lake Monowai". Der Campingplatz ist wegen seiner abgeschiedenen Lage als „basic" eingestuft und somit kostenlos. Zum Schotterplatz führt eine zwölf Kilometer lange Seitenstraße vom Highway aus. Während diese Straße erst noch gut ausgebaut ist, fetzt schon bald der Asphalt am Rand aus, bis schließlich nur noch grober Schotter und Staub den Weg markieren. Sind wir hier noch richtig? Wir wollen eigentlich umdrehen, als wir doch noch das Schild zum Platz sehen. Nicht sicher, ob es gut oder schlecht ist, so abgelegen allein zu sein, fahren wir die letzten Meter. Die Überraschung ist groß: Neben uns sind noch drei weitere Vans dort. Ein bärtiger Mann, Ende 20, steht vor einem Fahrzeug und jongliert mit irgendwelchen Hölzern. Als er uns sieht, kommt er wild gestikulierend auf uns zu. Verwirrt öffne ich die Tür. „Achtung, Türen zu lassen! Alles voller Sandflies", sagt der Franzose. Ich schaue fragend, gucke zu seinem Van hinüber: Alle Türen und Fenster stehen sperrangelweit

Heute auf der Speisekarte: Frikadellen mit Nudeln

offen. „Ja eben. Bei mir ist es zu spät", erklärt er. Lachend steige ich aus und stelle mich vor. Der Franzose reist seit acht Monaten allein in seinem Van durch das Land und freut sich eindeutig, mit jemandem sprechen zu können. Ganz spurlos sind diese acht Monate offenbar nicht an ihm vorbeigegangen – er ist merkwürdig distanzlos. Nach dem Essen gehen wir Feuerholz suchen.

Tatsächlich finden wir et-was. Zusammen mit dem Franzosen und den anderen Campern, einem kanadischen Pärchen und einer amerika-nischen Frau samt Mutter, machen wir ein Feuerchen und reden bis spät in den Abend hinein über die Reisen und unsere Heimat. Als alle irgendwann zurück zu den Vans gehen, bleibt nur der Franzose noch am Feuer. Vor

Stille, Einsamkeit, Natur

den Autos unterhalten Maria und ich uns noch mit den Kanadiern Jonathan und Shannon. Die beiden ausgesprochen freundlichen und offenen Backpacker wollen am nächsten Tag eine Tour zum Doubtful Sound machen (inklusive Übernachtung). Jetzt quatschen wir noch und beobachten den Franzosen: Er steht auf, wankt vom Feuer weg und hält vor sich ein entzündetes Feuerzeug in die Dunkelheit. Merkwürdig. Hinzu kommt, dass er sich nicht in unsere Richtung bewegt, sondern direkt auf das Ufer des nahen Lake Monowais zu. Plötzlich stürzt er einen kleinen Abhang hinunter – als Jonathan und ich zu ihm rennen, liegt er unweit der Wasserkante im Laub und sucht verzweifelt nach seinem Feuerzeug. Ihm geht es gut. Aber er hatte wohl die Orientierung verloren und dachte, es gehe in diese Richtung zu seinem Van, sagt er. Der Tetra-Pack Rotwein, den er am Abend allein geleert hatte, war wohl etwas zu viel gewesen. Am nächsten Morgen bleibt er in seinem Van, bis alle aufgebro-chen sind, und wir frühstücken (natürlich im Wagen, denn die Sandflies sind schon wieder penetrant). Dann braust er ohne ein weiteres Wort davon – wir haben den Zottelbart nie mehr wieder gesehen.

Ein nächster Höhepunkt sollen die Clifden Caves sein. Die nicht erschlosse-ne Höhlenformation bei Clifden lockt uns. Zwar solle man sich, so empfiehlt der Reiseführer, vorher in der nächsten Touristen-Info erkundigen, doch diese liegt kilometerweit entfernt in Tuatapere. Wir versuchen daher unser Glück auf eigene Faust – aber nach zehn Metern ist Schluss. Zu dunkel, unsere Lam-pe nicht hell genug und man müsste schon jetzt kriechen. Stattdessen statten wir einer der groß ausgeschilderten Brücke einen Besuch ab. Die 1899 erbaute Clifden Suspension Bridge bietet allerdings auch nicht viel mehr als eine 114 Jahre alte Flussüberquerung. Es scheint nicht ganz grundlos zu sein, dass hier kaum Touristen sind. Interessant wäre sicherlich der tiefste See Neuseelands, der Lake Hauroko, gewesen. Allerdings schrecken uns die dreißig Kilometer Schotterpiste ab: Wir wollen Eddie nicht unnötig belasten.

Der Eingang der Clifden Caves

Der nächste Halt auf der Southern Scenic Route ist Tuatapere. Obwohl dieses Farmer-Städtchen mit etwa 700 Einwohnern gar nicht allzu klein ist, ist Tuatapere, plump gesagt, „das letzte Loch". Es wirkt verarmt, verlassen und bietet auch sonst nicht viel. Einzige Ausnahme sind natürlich die bekannten Tuatapere-Würstchen, die auch tatsächlich nicht schlecht sein sollen, wie wir hören. Wir lassen uns diesen Gaumenschmaus aber mit deutscher Bratwurst-Arroganz entgehen und schauen stattdessen in der Touristen-Info vorbei. Mit ziemlich großer Sicherheit gehören wir zu den ersten Besuchern des Tages. Trotzdem telefoniert die Dame hinter dem Schreibtisch durchgehend, ohne jegliches Interesse zu zeigen – und das für eine halbe Stunde, bis wir entnervt gehen. Angeschlossen an das Informations-Büro ist ein kleines „Museum", das vor uns ebenfalls von niemandem besucht worden ist – und das schon seit Tagen. Als wir den kühlen und verstaubten Raum betreten, wollen die Neon-Röhren nicht so richtig angehen. Manche flackern verzweifelt, andere haben schon ganz den Geist aufgegeben. Zu sehen sind Exponate aus der Zeit der Baumfäller-Arbeiten in Tuatapere: verrostete Motorsägen. Der Besuch des Museums lohnt sich also aus historischen Gesichtspunkten nicht wirklich – um einmal zu sehen, was man alles als „Museum" bezeichnen kann, ist ein Besuch aber recht amüsant (auch wenn man ein Stück weit Verständnis haben muss für ein Land, das erst im späten 18. Jahrhundert von Europäern besiedelt wurde).

Ein Stück außerhalb von Tuatapere an einem Steinstrand direkt neben einem verbeulten Warnschild vor Tsunamis fallen uns Leute auf, die mit großen Keschern im Wasser stehen. Halb im Meer, halb in einer Flussmündung ziehen sie das Netz durch die hereinspülenden Wellen. Mit fragenden Blicken nähern wir uns. Erfreulicherweise fängt eine Frau nicht nur irgendwelche Tiere, sondern auch unsere Blicke auf. Sie erklärt, sie fische „Whitebaits". Whitebaits, das sind junge Fische verschiedener Arten, die von Mitte August bis Ende November (an der Westküste kürzer) von vielen Neuseeländern wie verrückt gekeschert werden. Die Leute stecken sich teilweise ihre Claims ab – überall sieht man in der Nähe des Meeres die „Wassermänner" stehen – meist tatsächlich Männer. Man kann die kleinen, durchsichtigen Fische entweder selbst essen oder

aber zu horrenden Preisen verkaufen.
Auch wir dürfen später bei der Familie
in Cromwell diese Spezialität probieren.
In einer Art Omelett kommen die Fische
aufs Brot. Wer sich nicht lange Gedanken über die kleinen Äuglein, die einen
aus dem Omelett anstarren, macht, der
beißt herzhaft hinein und schmeckt den
leicht fischigen Geschmack. Wir sind
dank der Dame bei Tuatapere und dem
Whitebait-Abendbrot in Cromwell eine
Kiwi-Erfahrung reicher.

Whitebait mit Ei und Toast

Monkey Island heißt eine Insel, zu der man bei Ebbe hingehen kann und neben
der ein kostenloser Campingplatz liegt, so beschreibt es unserer Campingfüh-
rer. Klasse, denken wir uns und planen, dort die Nacht zu verbringen. Als wir
die Insel sehen, ist die Enttäuschung groß: Es ist zwar eine Insel – sie liegt
aber gerade mal zwanzig Meter vom Ufer entfernt und ist winzig. Wir fahren
daher weiter zum Surfer-Paradies Colac Bay und kommen unterwegs weiter an
ziemlich trostlosen Ortschaften – oder besser Häuseransammlungen – vorbei.
Was wir bis dahin nicht wissen: In Colac Bay darf man umsonst die Nacht
verbringen. Wild campen, ganz legal. Man muss nur die Bucht entlang fahren
und sich dann auf die Wiese nahe den Toiletten stellen. Bei kaltem Wind stehen
wir dort zwar in dieser Nacht ziemlich einsam, aber wir werden nicht müde
auf das Wasser hinauszuschauen: Wir sehen leider keine der im Meer vor der
Südküste lebenden Hector-Delfine. Dafür gibt das hereinziehende Unwetter
einige schöne Farbenspiele her.

Eddie schützt vor dem kalten Wind

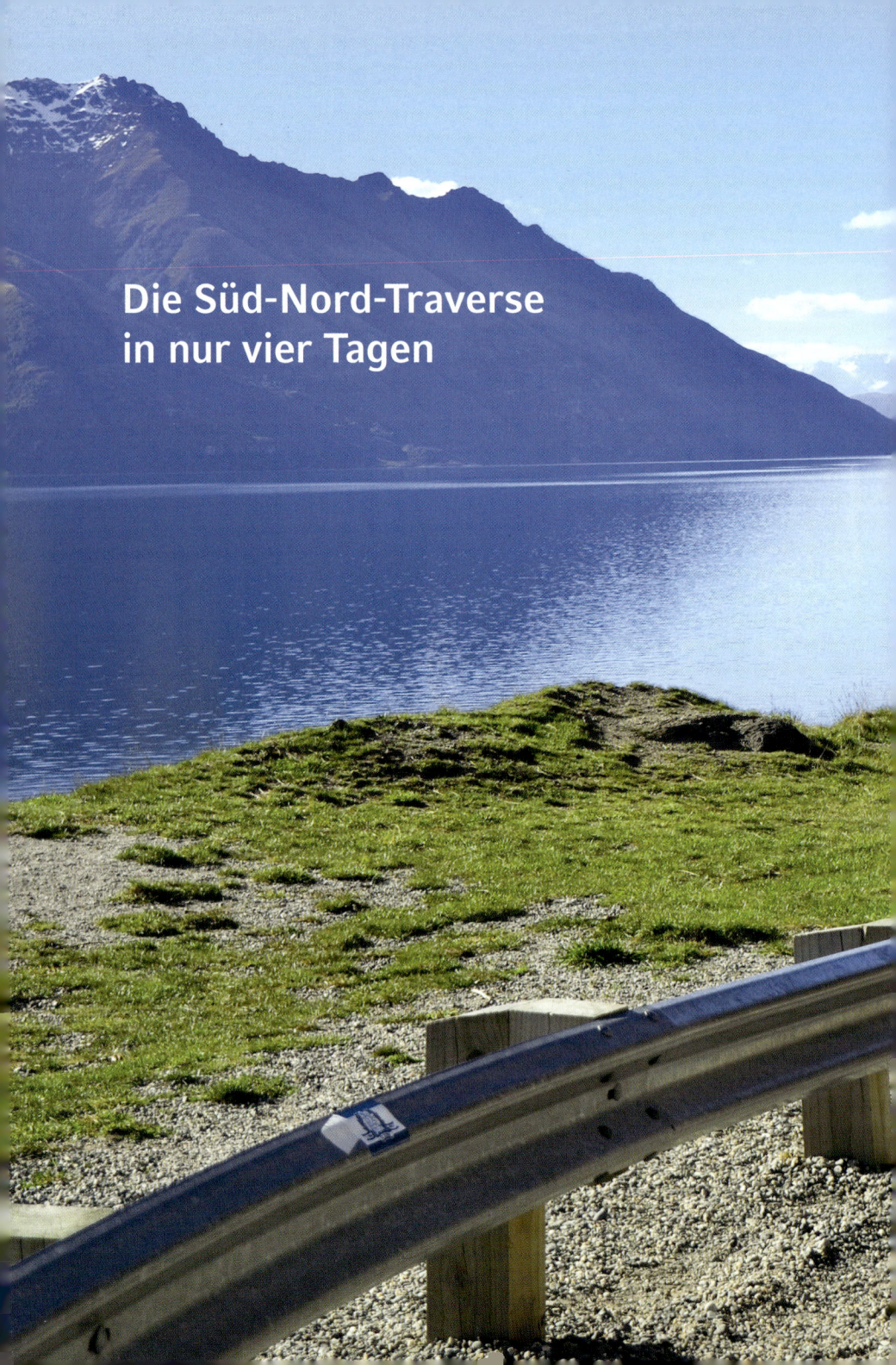

Die Süd-Nord-Traverse
in nur vier Tagen

Pause am Lake Wakatipu

Die Süd-Nord-Traverse in nur vier Tagen

Die Ankerkette für Stewart Island

Bevor wir uns wieder Richtung Norden orientieren, fehlt noch Invercargill. In der Stadt, die anscheinend allgemein nur wenig beliebt ist, finden wir endlich jemanden, der uns einen neuen Sicherheitsgurt montiert. Schon in Te Anau hatten wir danach bei Autowerkstätten gefragt, wo es aber erstens teuer war und zweitens drei Tage gedauert hätte. Knapp 550 Kilometer später fahre ich jetzt also endlich wieder der Verkehrssicherheit entsprechend angeschnallt. Und der nette Mechaniker gibt uns außerdem noch seine Karte mit. „Ruft mich an, wenn ihr ein Problem habt. Ich kenne im gesamten Land Leute, die euch helfen können." Wir wissen gar nicht, was alle gegen die Menschen aus Invercargill haben. Es ist schon richtig, dass die Stadt nicht sonderlich viel bietet – abgesehen von allen nötigen Einkaufsmöglichkeiten. Daher fahren wir nach Bluff, dem Hafenstädtchen der 50.000-Einwohner-Stadt Invercargill. Bluff ist aber wirklich nur ein Industriehafen, wie wir bald realisieren. Abgesehen von den Fährverbindungen nach Stewart Island, wo wir aus Kosten- und Zeitgründen nicht hinfahren, und dem südlichen Ende des State Highway 1 gibt es nicht viel. Auch wir lenken Eddie bis zum südlichen Endpunkt des langen State Highways – zum Schluss ist er nur noch eine Wohnstraße. Das Ende ist ein Parkplatz, dahinter direkt das Meer. Wir sind am Stirling Point, der 18.958 Kilometer weit von London entfernt ist, wie ein Schild bezeugt. Außerdem gibt es noch eine viel besprochene Kette, die angeblich ins Meer geht, um die Südinsel mit ihrem Anker Stewart Island zu verbinden, so die Maori-Legende. Die Kette ist allerdings mit ihren wenigen, überdimensionalen Kettengliedern nicht nur Symbolik, sondern Kunst. Wir verlassen an dieser Stelle das Nichts des südlichen Fiordlands und wenden uns auch von der sich dennoch lohnenden Southern Scenic Route ab. Wieder vorbei am Lake Wakatipu und den Remarkables fahren wir über Cromwell, Lake Tekapo und Lake Pukaki wieder gen Norden. Vor allem die beiden Seen faszinieren mich auch beim zweiten Besuch wieder. Trotz des Graus eines wolkenverhangenen Himmels strahlen sie türkisblau.

Bevor wir mit der Arbeit anfangen, wollen wir alles auf der Südinsel sehen, da wir nach den dafür vorgesehenen zwei Monaten nur noch Zeit für die Nordinsel haben werden. Die Gebiete an der südlichen Ostküste heben wir uns für die Wochenenden auf, so dass wir uns nun Picton, Nelson und die Westküste anschauen wollen. Die Planung sieht ein umgekehrtes „B" vor: Von Cromwell nach Christchurch, über den Lewis Pass nach Nelson und von dort über Blenheim wieder nach Christchurch, wo wir den Arthurs Pass nehmen, um über die Westküste nach Süden zurück nach Cromwell zu fahren. Ein ehrgeiziger Plan: 2400 Kilometer in 18 Tagen. Und ein kostspieliger Plan: Wir haben extra eine Kostenkalkulation aufgestellt. Nach einer Nacht in Christchurch geht es also weiter – allerdings mit getrübter Sicht: In New Brighton am Strand, unserem inoffiziellen Campingplatz, waren mir in der Nacht zwei offene Wasserflaschen umgefallen und ausgelaufen. Jetzt ist vor dem Bett der Innenraumteppich und das Dämmmaterial gut durchnässt, weswegen bei der Fahrt alles beschlägt. Noch vor wenigen Stunden, als uns die Überflutung aufgefallen war, war Maria stocksauer. Wir stritten uns, worauf ich Zeit für mich allein auf dem langen Betonpier von New Brighton suchte. Mein Missgeschick hatte ein Gemisch aus Heimweh und Zickereien zum Überlaufen gebracht. Nach der kleinen Auseinandersetzung vertrugen wir uns aber wieder und machten uns stattdessen nützlich: Ohne Föhn, nur mit Küchenpapier, war das Trocknen keine einfache Sache. Wir konnten am Abend nur das Gröbste erledigen. Den Rest muss in den kommenden Tagen die Motorwärme bewältigen. Bis dahin beschlägt die Scheibe beim Fahren weiter.

Das Wetter ist in diesen Tagen sehr bescheiden. Um unsere Stimmung zu heben, gönnen wir uns daher ein Bad in den heißen Quellen von Hanmer Springs. Aber bei tief hängenden Wolken und nasskaltem Schneeregen sind selbst diese nicht mehr so idyllisch. Dennoch verbringen wir einige Stunden in den teils über vierzig Grad heißen Pools. Und was ich nur empfehlen kann: die extra zehn Dollar zu investieren, um die riesige „Super Bowl"-Wasserrutsche zu nutzen. Dort wird man in einer Art Schwimmreifen in einen Trichter geschwemmt, in dem man sich drehend einpendelt, bis man durch den Abfluss nach unten gespült wird. Ungefährlicher Spaß, nach dem man sich um so mehr auf die heißen Becken zum Entspannen (und Aufwärmen) freut.

Und der Dritte passte nicht mehr auf das Foto

In Hanmer Springs erleben wir wieder ein trauriges Phänomen, unwissende Mitarbeiter in der Touristen-Info. Es ist jedes Mal wieder verblüffend: Da arbeiten die Leute in der iSite dieser „Tourihochburg" und es scheint, als seien sie noch nie über die einzige Verbindungsstraße zur Westküste gefahren. Und wir reden hier über den Ort, der direkt an dieser Straße liegt! Die Dame aus der iSite in Hanmer Springs kann uns nicht sagen, ob der Lewis Pass heute befahrbar ist und wie dort die DOC-Campingplätze sind. Vielleicht will sie uns auch einfach in eines der teuren Betten der Stadt locken, was wir aber nicht mit uns machen lassen: Trotz der Ungewissheit über Straßen- und Campingplatzzustände nehmen wir den State Highway 7 im Dunklen in Angriff. Noch vor wenigen Tagen war die Ost-West-Verbindung wegen Schneefall gesperrt. Doch heute scheint sie frei zu sein – zumindest regnet es in Strömen. Nebel zieht die Berghänge hinauf. Wegen der schlechten Sicht fahre ich vorsichtig. Eddie könnte sowieso nicht schneller. Sechs Autos oder mehr warten zeitweise hinter mir auf eine Überholmöglichkeit. Viele hupen. Manche zweimal kurz, wenige einmal lang. Später wird mir erzählt, dass zweimal kurz „Thank you" heißt und nur das lange Hupen böse gemeint ist – aber an diesem Abend sind einfach alle sauer, glaube ich.

Die Straße geht stetig bergab und ist kurvenreich. Im Lichtkegel der Scheinwerfer sind Täler und Bäche zu erkennen. An den Seiten sind die Bergspitzen sichtbar. Wir befinden uns mitten in den Ausläufern der Southern Alps: der Lewis Pass. Übermüdet fahre ich fast an dem spärlich ausgeschilderten Campingplatz vorbei. Noch immer versucht der Himmel, uns wegzuspülen. In einer Ecke des kleinen Platzes steht ein weiterer, dunkler Van. Wir stellen uns direkt neben das Plumpsklo – dann haben wir es wenigstens nicht weit durch den Regen. Laut spült der Bach am Platz vorbei. Sicherheitshalber überprüfe ich noch schnell, wie weit die reißende Strömung tatsächlich entfernt ist. Man weiß schließlich nie, was Starkregen mit solchen Bergbächen anstellt. In diesem Fall sind wir aber außerhalb der Gefahrenzone. Typisch für neuseeländisches Wetter: die Wechselhaftigkeit. Es ist trocken am nächsten Morgen und sogar die Sonne scheint. Bei dem guten Wetter wollen wir ein Stück des St. James Walkway, eine Fünf-Tage-Wanderung hoch auf die Berge, gehen. Am Einstieg in die Route warnen Schilder vor Lawinengefahr. Dann geht es wenigstens schnell bergauf? Der Gedanke an eine nette Aussicht über das Tal und die Pass-Straße (die nicht mit einer in den europäischen Alpen zu vergleichen ist) treibt uns an. Doch Panoramen finden wir nicht: Eine halbe Stunde lang laufen wir mehr bergab als bergauf und es fängt wieder an zu regnen – wie war das noch mit der Wechselhaftigkeit des neuseeländischen Wetters? Wir verabschieden uns vom Gedanken an die Aussicht und kehren um. Natürlich tragen wir uns auch wieder aus dem Buch aus, in dem sich jeder aus Sicherheitsgründen vor der Wanderung verewigen soll. Eigentlich schade, es hatte sich so professionell angefühlt …

Der verwunschene Lewis Pass

Als wir hier oben mal wieder Handyempfang haben, erreicht uns eine E-Mai
vom Weinberg-Manager. Er würde sich freuen, wenn wir doch schon eine Woche eher anfangen – es gebe genug zu tun. Jetzt liegt es bei uns: Wir wollte
ursprünglich mal eher anfangen mit der Arbeit. Doch jetzt sind wir schon weit
im Norden und haben unseren ausgereiften Plan. Allerdings sind die Wetter-
aussichten für die Westküste und eigentlich die gesamte Südinsel katastrophal.
Es zeigt mal wieder, wie labil die Pläne eines Backpackers sind und vor allem
die unseren. Kaum zwei Tage alt, kippen wir wieder die gesamte Reiserou-
te und kürzen unsere Wege deutlich, da es jetzt nur noch acht Tage sind, bis
wir wieder in Cromwell sein müssen. Ob es die richtige Entscheidung ist? Im
Nachhinein vermutlich nicht, denn so verbringen wir viel zu wenig Zeit an der
Golden Bay und dem Abel Tasman National Park – aber hinterher ist man
bekanntlich immer schlauer.

Wald und Strand am Mittelpunkt des Landes: Golden Bay und Nelson

Ein Sonnenuntergang wie aus einer anderen Welt

Wald und Strand am Mittelpunkt des Landes: Golden Bay und Nelson

Sonne von morgens bis abends, goldener Strand, blaues Meer. Uns zeigt sich der Nordwesten der Südinsel erst am zweiten Tag so und macht seinem Namen, Golden Bay, alle Ehre. Mit Blick auf Nelson hatten wir auf „Bobs Lookout" wild gecampt. Für den Tag mit gutem Wetter haben wir uns viel Programm vorgenommen – Golden Bay an einem Tag (traurig, aber wahr): Wir starten mit dem Harwoods Hole, einem gigantischen Loch in der Erde, zu dem man eine einstündige Wanderung machen kann. Obwohl die Attraktion recht bekannt ist und auch in der „Der Herr der Ringe" eingebaut wurde, ist sie kaum erschlossen. Es gibt eine lange, ungeteerte Straße durch das Canaan Downs Scenic Reserve, vorbei an einem abgerutschten Geländewagen, durch Schlaglöcher. Dafür bietet sich einem ein toller Blick bis nach Nelson und zu den Marlborough Sounds. Außerdem ist der Weg weit weniger dramatisch, als eine Broschüre des Department of Conservation vermittelt. Denn direkt am Startpunkt für die Wanderung ist auch ein DOC-Campingplatz, der angeblich nur schwer erreichbar ist – Quatsch. Mit Wohnmobilen sollte man vielleicht vorsichtig sein, aber jemandem, der sich nach einer – vermutlich recht einsamen – Nacht weit ab vom Schuss sehnt, kann ich diese Übernachtungsstelle nur

Harwoods Hole

empfehlen. Schon auf halbem Weg gibt es ein großes Areal, das ein privater Campingplatz ist. Auch das hier scheint uns eine gute und günstige Alternative zum halb legalen oder ganz illegalen (man weiß das ja nie so genau in Neuseeland) wilden Campen zu sein.

Wir wandern also zu dem großen Loch. Schon am Beginn des Weges warnen Schilder davor, dass das Loch nicht gesichert sei und man sich nur als Profi abseilen solle. Über weichen Waldboden, durch dicken Matsch, vorbei an einem verlandeten Tümpel mit großartigem Spiegeleffekt klettern wir über rutschige Steine und kommen zum Loch. Es ist tatsächlich beeindruckend: Als hätte jemand eine Konservendose in den Boden gesteckt und sie dann samt Inhalt wieder herausgezogen. Auf mittlerer Ebene kommt man über große Felsbrocken direkt in den Trichter. Außerdem gibt es einen Aussichtspunkt oberhalb, den man sich über spitze Steine erklettern muss. Für begeisterte Kletterer und Höhlenforscher ein Eldorado – denn am Boden des Lochs beginnt ein großes Höhlensystem. Und das Beste: In den fast drei Stunden, die wir unterwegs waren, haben wir nur auf dem Rückweg zwei andere Touristen gesehen. Die erfreuliche Einsamkeit wurde von sehr zutraulichen Waldvögeln kompensiert.

Takaka, das Herz der Golden Bay, erwartet uns mit strahlendem Sonnenschein. In der örtlichen iSite erleben wir eine positive Überraschung: Die Dame erklärt uns alles, beantwortet unsere Fragen und gibt uns noch ihre persönliche Meinung, wo wir dem Reiseführer besser nicht folgen sollten. Der Geheimtipp ist Wharariki Beach für den Abschluss. Zuerst verschaffen wir uns aber einen Überblick über die Bucht, wofür sich das Denkmal zu Ehren von Abel Tasman eignet. Der Niederländer ankerte erstmals 1642 vor Neuseelands Küste. Er glaubte, nachdem er zunächst die Westküste entdeckt hatte, das große Pendant Europas, das „Great Southland" entdeckt zu haben. Als er in der Golden Bay vor Anker ging, kam es nach einigen gescheiterten Verhandlungsversuchen mit den Maori zu einem Überfall auf ein Beiboot der niederländischen Flotte. Vier Matrosen wurden von den Ureinwohnern getötet. Abel Tasman segelte daraufhin weiter, ohne einen Fuß auf die neuseeländischen Hauptinseln gesetzt zu haben. Dennoch ist Abel Tasman der Entdecker Neuseelands, weshalb nach ihm so manches Fleckchen in diesem Teil der Erde benannt ist (zum Beispiel: Tasman Bay, Neuseeland; Tasmania, Australien; die Tasman Sea).

Das Denkmal liegt am östlichen Ende der weiten Golden Bay. Westlich von Takaka kommt kaum noch eine Ortschaft. Außer Collingwood, wonach dann wirklich keine offizielle Gemeinde mehr folgt. Auch Collingwood ist so klein, dass es fast keine Erwähnung finden müsste. Kaum erreicht man die ersten Häuschen, warnt einen ein Schild vor „elderlies" (Senioren), die die Straße überqueren. Und so geht es auch in dem Ort zu. Verschlafen und unbelebt: Ein kleines Museum besteht aus einem schmalen Gang, der an beiden Seiten Vitrinen voller zusammenhangslosem Krimskrams bietet. Geschirr, Muscheln und Ähnliches – der Besuch dieses Museums ist dank seiner Kuriosität tatsächlich schon fast wieder lohnenswert. Die Vorgärten Collingwoods schmücken satt beladene Zitronenbäume und üppige Blumenbeete. Wir finden das pinke Haus der Schokoladenfab-

Schokolade in Collingwood

rik – die einzig echte Attraktion des 200-Seelen-Dorfes. Wer bei dem kitschigen Haus und Laden („Rosy Glow") eine großmütterliche Frau erwartet, der ist nicht allein. Denn betritt man den winzigen Raum, voller liebevoll hergestellter Schoko-Pralinen, muss man eine Glocke läuten. Die Wände sind pink, draußen schaukeln die schweren Zitronenbaum- und Orangenbaumäste im Wind. Doch statt einer herzlichen älteren Dame erscheint eine junge Frau in merkwürdigem, grünem Filzkostüm. Unabhängig davon schmeckt die Schokolade zum Verlieben gut – wäre sie nur nicht so teuer.

Golden Bay wird zu etwa einem Drittel von einer dünnen Landzunge, bestehend aus Sand und Dünen, abgeschlossen. Farewell Spit ist 35 Kilometer lang und zum großen Teil nur mit einer geführten Tour zugänglich. Vor allem die großen Dünen wären wohl einen solchen Ausflug wert – und natürlich die Meerestiere, die man möglicherweise erspäht. Wer das Geld sparen möchte – so wie wir natürlich – der kann die ersten vier Kilometer auf eigene Faust erkunden. Wir sind einen Teil des Weges gelaufen, um dann auf die Außenseite zu kreuzen. Der Unterschied könnte nicht eindrucksvoller sein: Ist die Innenseite von Farewell Spit nur schwer als Meer zu identifizieren, tobt auf der Außenseite die Brandung, und das Ufer kämpft gegen Wind und Wellen an. Der Sand fliegt über den Boden. Wendet man sich Richtung Endpunkt von Farewell Spit, scheint der Strand schier endlos zu sein. Kaum verlässt man diesen wilden Strand wieder, läuft man über saftige Weiden mit vielen blökenden Schafen. Keine 200 Meter weiter soll die Küste sein? Nur wenn man genau hinhört, vernimmt man das Meeresrauschen zwischen dem „Määäh" der Schafe und ihrer Lämmer.

Die Außenseite von Farewell Spit ist rau

Ein Palm Tree wartet am Wharariki Beach auf die Nacht

Und dann kommen wir zum finalen Highlight unseres Golden-Bay-Tages: Wharariki Beach. Auf dem Weg mit dem Wagen dorthin sammeln wir noch zwei erschöpfte Deutsche auf. Die beiden Mädchen hatten eine sechsstündige Wanderung etwas unterschätzt und sind dankbar, auf unserem Bett für die letzten vier Kilometer ihrer Tour einen Platz zu finden. Am Parkplatz verabschieden sie sich dankend und verschwinden in ihrem Mietwagen; wir laufen einen schmalen Pfad zum Strand. Lämmer rennen um uns herum. Unterhalb sehen wir Robbenbabys in einem Fluss. Als wir nach einer Viertelstunde den Strand erreichen, ist dieser wild und verlassen. Ganz allein stehen wir am nördlichsten Strand der Westküste. Wir könnten also eigentlich einen schönen Sonnenuntergang sehen – würden nicht die hereinziehenden Wolkenverbände die Sonne verdecken. Ich will schon umkehren, doch Maria hält dagegen und will bleiben. Wieder mal setzt sie sich zum Glück durch: Es bietet sich eine halbe Stunde später der eindrucksvollste Sonnenuntergang dieser Reise. Kurz vor knapp bricht die Wolkendecke auf, und die Sonne taucht Himmel, Strand und Meer in gleißendes Licht, bevor sie in den Wellen verschwindet. Außer uns, dem vielen Sand und dem tosenden Meer ist nur eine einsame Robbe am Strand, die in den Wellen spielt. Ein toller Ausklang eines wundervollen, aber anstrengenden Tages. Es ist der 13. Oktober 2013. Wir sind seit zwei Monaten von zu Hause weg. Wehmut oder Unzufriedenheit? Nicht bei so einer Szenerie. Doch auch wir haben natürlich ein bisschen Heimweh, was aber nach zwei Monaten wohl einigermaßen üblich ist. Ich freue mich sehr auf die Zeit in Cromwell: Nicht nur das Leben auf der Farm reizt mich, auch der geregelte Alltag in festen vier Wänden klingt verlockend. Denn unser nomadenartiges Leben der letzten Wochen reicht mir für den Moment.

Die saubersten Quellen der Welt, die Te Waikoropupu Springs, wollen wir natürlich auch noch sehen. Die Wassertümpel sind ein den Maori heiliger Ort, der sonst eine der großen Touristenattraktionen in der Golden Bay ist. Nicht an diesem Morgen: Es schüttet mal wieder in Strömen. Auf dem Parkplatz der Pupu Springs sind wir allein. Die Tropfen prasseln auf Eddies Blechdach. Unsere Regenjacken ziehen wir vorsichtshalber schon im Wagen an. Auf drei geht's los. Eins! Zwei!" Oha – das wird nass. „Drei! Loooos!!" Ich reiße meine Tür auf und schlage sie hinter mir zu. Maria ist schon auf dem Weg zum Holzunterstand, während ich noch den Wagen abschließen muss. „Jetzt geh schon ins Schloss, du blöder Schlüssel." Endlich – nichts wie hinterher ins Trockene. Wir sind gerade mal 25 Meter weit gerannt und schon klatschnass. Joggend machen wir uns auf den kurzen Rundgang zum frischen, klaren Wasser. Wir überqueren Brücken über Bäche, die zu reißenden Strömen geworden sind, und stapfen durch den Matsch des Pfades. Als wir zwei Minuten später an den eigentlich so farbenprächtigen Quellen ankommen, sehen wir nicht viel. Vor uns liegt ein großer Teich, dessen Farbe ungefähr so spannend ist wie der Hammerteich, ein Ententeich in unserer Heimatstadt. Das sonst übliche Farbenspiel ist wegen des Regens nur mit gutem Willen zu erahnen. Die Tropfen platschen zu Millionen auf die Wasseroberfläche. Die über die Ufer getretenen Bäche haben Schlamm und Dreck in die Quellseen gespült. Schade. Der Besuch hat sich nicht gelohnt, dafür sind wir jetzt quasi frisch geduscht. Enttäuscht flüchten wir zurück zum Wagen und versuchen zu trocknen – ein aussichtsloses Unterfangen. In Takaka auf dem Weg zurück müssten wir eigentlich Eddies

Igitt, nass und kalt …

Tank auffüllen. Wegen des teuren Sprits schieben wir das aber bis Motueka auf. Die Straße über den Takaka Hill wird zum Horror. Viel zu langsam schiebt sich Eddie die steile Straße hinauf. Zu früh, also früher als von mir eigentlich berechnet, springt die Tankanzeige auf „leer". Dazu beschlagen die Scheiben durch unsere nassen Klamotten. Draußen wirft der Sturm den Regen gegen unsere Flanke. In der Neutral-Funktion unseres Automatikgetriebes lasse ich Eddie vom dem höchsten Punkt des Takaka Hill nur noch hinab rollen. Dabei muss ich immer wieder umgeknickten Bäumen, abgerutschten Gesteinsbrocken und losen Ästen ausweichen. Es muss kurz vor knapp sein, als wir bei einer Tankstelle kurz vor Motueka halten – aber es hat sich gelohnt: Der Sprit ist einige Cent pro Liter billiger.

Auf dem Weg von Motueka nach Norden Richtung Richmond und Nelson passieren wir eine Glasbläserei. Bei „Höglund Art Glass" in Appleby zeigen der schwedische Künstler und seine Frau ihre Arbeit live – und das umsonst! Heute fertigt er in aufwendiger Arbeit Trinkgläser. Ola Höglund ist ein Meister in der Bearbeitung der orange glühenden und flüssigen Masse, die einmal erkaltet, selbst Flüssigkeit fassen wird. Als sei es Knetmasse, formt und bläst Ola das Glas zum gewünschten Aussehen. Jeder Handgriff sitzt, jede Aufgabe seines Gesellen ist einstudiert. Ob zwei, fünf oder hinterher acht Zuschauer daneben stehen, jeder wird mit einem kurzen Nicken des Kopfes begrüßt, und dann

Ola Höglund bei der Arbeit

arbeitet Höglund konzentriert weiter. Die bunten Trinkgläser präsentiert er den Zuschauern in einer Reihe vor ihren Nasen – zum Auskühlen, Anschauen und wohl auch Verkaufen. Denn der dazugehörige Shop ist direkt daneben und bietet wunderschöne Vasen, Kelche und Figuren. Wenn man nur das Geld hätte ...

Nelson, als sonnigste Stadt Neuseelands, präsentiert sich auch uns von einer guten Seite. Nach dem Regen an der Golden Bay ist es in Nelson trocken, und sogar die Sonne schaut immer mal wieder vorbei. Für Backpacker ist Nelson ideal: Neben vielen Hostels und Einkaufsmöglichkeiten erlaubt die Stadtverwaltung das Campen im Auto, zumindest in der Reichweite einiger öffentlicher Toiletten – beispielsweise auf dem zentralen Parkplatz der iSite. Eine Handhabe, die es leider viel zu selten in neuseeländischen Städten gibt. Wir haben in Nelson allerdings eine andere Anlaufstelle: Noch von zu Hause hatten wir Kontakt mit der ehemaligen Gastfamilie von Marias Schwester aufgenommen. Bei Mutter, Vater, Sohn und der Katze werden wir herzlich willkommen geheißen. Für Maria ist es interessant, den Ort zu sehen, an dem ihre Schwester zwei Jahre zuvor für ein halbes Jahr gelebt hat. Deshalb schauen wir uns auch ihre ehemalige Schule an. Ansonsten verbringen wir die Zeit aber in der Stadt: Im botanischen Garten der Stadt gehen wir auf den Botanical Hill hinauf. Der zum Schluss sehr steile Weg lohnt sich: Man hat einen weiten Ausblick bis in den Abel Tasman National Park hinein. Hier oben ist angeblich auch das Zentrum Neuseelands – markiert durch eine Nadel, die auf die Spitze der Erhebung zeigt. Es lässt sich wohl darüber streiten, ob die Mitte des Landes tatsächlich genau auf dem Gipfel eines Hügels ist und dass dieser dann auch noch ausgerechnet in fußläufiger Entfernung der Nelsoner Innenstadt liegt. Böse Zungen behaupten, man habe ein wenig geschummelt und der wirkliche Mittelpunkt liege mehrere Kilometer weiter östlich – aber das sind auch nur ganz böse Zungen, die das behaupten ... Eine echte Farce ist hingegen der Kauri-Baum des botanischen Gartens. Zahlreiche Schilder weisen einem dem Weg zu diesem eindrucksvollen Baum – so denkt man wenigstens. Die Pflanze, so sieht man dann, ist allerdings kaum breiter als eine CD. Wie auch, wenn der Baum erst um 1960 herum gepflanzt wurde? Dank des aufwendigen Metallzauns drumherum weiß man wenigstens, welcher Baum es ist – sonst würde man diesen Kauri wohl noch nicht einmal erkennen.

Neben weiteren Gärten mit kleinen Enten, bunten Blumen und gemütlichen Parkbänken besichtigen wir außerdem die Christ Church Cathedral. Die Kathedrale hat mit der Stadt „Christchurch" natürlich nichts zu tun, wie auch ich dann irgendwann verstehe. Im Vergleich zu europäischen Gotteshäusern ist dieses allerdings nur wenig beeindruckend. Nachdem wir noch einige Glasausstellungen und Wollläden besucht haben, setzen wir uns in ein Café um Postkarten zu schreiben. Und was läuft in dieser Filiale einer amerikanischen

Blick über die Dächer von Nelson

Café-Kette? Deutsche Musik! Zwei Monate lang habe ich nicht ein deutsches Lied in der Öffentlichkeit gehört und hier wird anscheinend eine ganze Wiedergabeliste gespielt. Passend zu „Das ist die perfekte Welle" wird nebenan sogar deutsche Brat- und Currywurst verkauft. Mit dem deutschen Essens-Klassiker machen einige Auswanderer ein gutes Geschäft: Zu horrenden Preisen verkaufen sie die Würste auf dem Wochenmarkt und in einem kleinen Metzgerladen in der Innenstadt. Für diesen Hauch von Heimat sind uns unsere Dollar-Noten dann doch zu schade – wir nutzen das gute Shopping-Angebot Nelsons daher zum Kauf von nur bedingt modischen Sonnenhüten, die für unsere anstehende Weinberg-Arbeit unverzichtbar sind.

Wer in der Stadt vorbeischaut, sollte auf jeden Fall auch den Tahunanui Beach besuchen. Ein langer, leerer Sandstrand in der Nähe der Innenstadt. Während er im Sommer mit Sicherheit zum Schwimmen oder „Stand up Padling" einlädt, ist es im Oktober zu kalt für derartige Spielereien. Aber es soll sich lohnen: Bei besagtem „Stand up Padling", wo man mit einem langen Paddeln auf dem Brett steht, schwammen unter Marias Schwester einst Rochen hindurch – so klar ist das Wasser vor dem Tahunanui Beach.

Campen und essen

Das Leben als Backpacker im eigenen Auto ist rustikal und einfach – so sind auch die Nächte und Mahlzeiten. Quasi jeden Tag aufs Neue stellt sich einem diese eine Frage: Wo schlafen wir heute Nacht? Es gibt verschiedene Möglichkeiten. Die unkomplizierteste ist wild zu campen. Das bedeutet, man fährt abends irgendwo an den Straßenrand, sucht sich eine kleine Parkbucht und bleibt dort für die nächsten Stunden. Das Problem an der Sache: Wild Camping ist eigentlich nicht mehr erlaubt. Jede Stadt, jeder Bezirk, jede Region hat seine eigenen Regularien und Verordnungen. Einen allgemeinen Grundsatz zu fassen ist schwer. Wer nicht jedes Mal bei der iSite fragen möchte, sollte sich an Folgendes halten: Nie dort campen, wo es ausdrücklich (beispielsweise durch Schilder) verboten ist. Wenn Toiletten vor Ort sind, hat man gute Chancen, dass es nicht verboten ist, und außerdem beginnen die meisten Ordnungshüter erst um sechs Uhr morgens mit der Arbeit. Denn ist es verboten und man wird erwischt, drohen in der Regel 200 Dollar Strafe. Andererseits lohnt es sich, das Risiko gelegentlich einzugehen – nirgendwo ist das Campen so besonders und oft auch die Landschaft so schön, wie dort, wo man allein in der Wildnis ist.

Übrigens: Eigentlich ist nicht das Campen an sich das Problem, sondern der damit verbundene Müll und andere Dinge, die man hinterlässt. Daher kann man mit einem „selfcontained"-Wohnmobil oder -Van, also einem Fahrzeug mit Abwassertank, fast überall campen.

Als gute Alternative dienen die vielen Campingplätze des Department of Conservation. Sie sind im ganzen Land verbreitet und liegen meist in der Natur. Teilweise sind sie so weit von jeglicher Zivilisation entfernt, dass man sie nur mit dem Geländewagen oder dem Boot erreichen kann. Die DOC-Campingplätze sind kostenlos („Basic Campground"), kosten sechs Dollar pro Person („Standard Campground") oder kosten in Ausnahmefällen auch zehn Dollar pro Person oder mehr. Die teuren Varianten liegen meist an besonders beliebten Punkten oder bieten kalte und teils sogar warme Duschen. Denn üblicherweise haben die DOC-Plätze außer einem Plumpsklo und gegebenenfalls einer Feuerstelle und einer Bank keinerlei „Facilities". Bezahlen muss man per kleinem Plastikumschlag, der an jedem DOC-Campground in einer kleinen Box wartet. Zettel ausfüllen, Geld rein und einwerfen. Im Sommer kommen häufig auch DOC-Mitarbeiter herum und kontrollieren die Quittungen. Im Winter kann dies auch vorkommen, ist aber generell eher seltener der Fall.

Eine andere gute Alternative (meist sogar eine bessere als die DOC-Plätze) sind die Campingangebote der Kommunen. Sie sind meist kostenlos und haben ein sehr, sehr gutes Preis-Leistungs-Verhältnis. Der Haken: Sie sind schwer zu finden. Daher empfiehlt sich, die nicht ganz günstige IPhone-App „Official Camping NZ" (erstellt vom Betreiber der Internetseite „www. rankers.co.nz") herunterzuladen. Diese bietet nicht nur eine sehr gute Straßenkarte, fast alle Campingplätze und viele Touristenattraktionen, sondern außerdem die Möglichkeit, das Angebot herunterzuladen und anschließend ohne Internet zu nutzen. Die Investition von 15 Euro lohnt sich definitiv!

In der App sind auch die teuren, kommerziellen Campingplätze. Diese sind meist günstig gelegen, wobei es auch diese in der Abgeschiedenheit der Natur gibt. Für bis zu 20 Dollar pro Person bieten sie normalerweise eine Küche, Aufenthaltsräume und vor allem: Toiletten und Duschen. Wir haben diese Angebote meist nur dann genutzt, wenn wir wirklich duschen mussten – also maximal jeden vierten Tag.

Rustikale Küche

Mit dem Van-Leben in der Natur und Einsamkeit wird auch das Kochen zum Problem. Allerdings sind die Lösungen viel einfacher als man zunächst glaubt. Es lohnt sich zweifelsohne der Kauf von zwei Gaskochern, so dass man Nudeln und Soße gleichzeitig kochen kann. Alle Lebensmittel, die nicht gekühlt werden müssen, lassen sich gut auf Vorrat kaufen (natürlich nur so, dass man im Van auch noch Platz zum Schlafen hat). Der Rest sollte jeden Tag (zum Beispiel Fleisch) oder spätestens etwa jeden dritten Tag (zum Beispiel H-Milch oder Käse) frisch gekauft werden. Bei der Wahl der Gerichte darf man ruhig erfinderisch sein: Eigentlich lässt sich alles zubereiten, es sollte nur schnell und einfach gehen. Chicken Curry geht genauso problemlos wie Spaghetti Bolognese – nur eben mit wenigen Zutaten. Die Gerichte, die wir in unseren sechs Monaten zwischen Wald, Flüssen und Küste gekocht haben, sind in ihrer Zubereitung nicht die spektakulärsten, aber auf die Ideen kommt es an!

Regen, Meer, Sturm:
Die einsame Westküste

An der Westküste gibt es nur eine Straße: den State Highway 6

Regen, Meer, Sturm: Die einsame Westküste

Nach Nelson soll es wieder zurück nach Süden über die so verlassene, wilde und doch berühmte Westküste gehen. In diesem Teil der Südinsel leben etwas mehr als 30.000 Menschen, was weniger als ein Prozent der Gesamtbevölkerung Neuseelands ist. Die Bewohner leben allerdings auf neun Prozent der neuseeländischen Grundfläche – man muss kein Mathe-Genie sein: Hier ist es leer.

Wir fahren über breite Straßen durch Massen von intensiv blühenden, gelben Büschen. Begegnen tut uns hier niemand, außer einigen Holztransportern. Für den Nelson Lakes National Park haben wir leider nur wenig Zeit. Das Wetter ist aber ohnehin schon wieder deutlich bescheidener, so dass wir uns auf keine der zahlreichen und sicherlich sehr schönen Wanderungen wagen. An den Seen Rotoiti und Rotoroa gibt es Kiwi-Zonen, derentwegen man keine Hunde frei laufen lassen soll. Ich schließe daraus, dass man abends oder nachts mit sehr viel Glück hier einige der Nationalvögel sehen kann. Einen richtigen Kiwi sehen wir natürlich nicht, dafür entdecken wir aber immerhin eine (etwas unnormale) Art von Kiwi (siehe Foto) ...

Na, was für ein Wesen soll das sein?

Vierzig Zentimeter ist die längste Hängebrücke Neuseelands breit, die wir auf dem Weg zur Küste passieren. Auch wir wagen uns auf die wackelige Drahtkonstruktion in der Buller Gorge. Unter uns fließt der Buller River mit seinen Stromschnellen, der sich gut zum Raften eignen soll. Gerade im Frühjahr führt der Fluss häufig enorme Wassermengen mit sich und tritt dadurch über die hohen Uferkanten. Die Hängebrücke ist in Privatbesitz, so dass man wenige Dollar für die Benutzung bezahlen muss. Die Eigentümer versuchen aus Nichts Geld zu machen. Da es in der gesamten Region fast die einzige Anlaufstelle für Touristen ist, lohnt es sich fast schon wieder. Die Drahtseile enden auf einer Halbinsel, wo einst nach Gold gebuddelt wurde. Außerdem verläuft hier die Faltlinie eines großen Erdbebens im Jahr 1929. Die Straße durch das Tal wurde damals verschüttet und verschoben – erst nach 18 Monaten konnte sie wieder geöffnet werden. Bei dem Beben der Stärke 7,8 verloren

17 Menschen ihr Leben. Heute sieht man von der Faltlinie kaum noch etwas: Es wird zwar damit geworben und Schilder erklären, dass an jener Stelle mal die Faltlinie gewesen sei. Doch seit etwa 15 Jahren sei sie zugewachsen, sagt uns das Personal auf Nachfrage. Dann wird uns aber doch noch erklärt, dass eine etwa vier Meter tiefe Spalte, durch die wir gehen, auch durch ein Erdbeben erstanden ist. Mit Mühe versucht

Die längste Hängebrücke ... naja

man die wenigen Touristen, die tatsächlich anhalten, zufriedenzustellen. Verrostete Gegenstände, alte Lkw, Picknickplätze und einige kurze Wanderwege sollen das Abenteuer zumindest nicht langweilig erscheinen lassen. Leider sind bei unserem Besuch die meisten der Wege noch nicht wieder vom Schlamm des letzten Hochwassers befreit. Wir schwanken daher über die Hängebrücke zurück, die nebenbei bemerkt nichts für Leute mit Höhenangst ist: Unter einem schießt das Wasser des Flusses durch, denn man kann durch das Fußgitter schauen, und auch die Seitengeländer machen mit ihrem Maschendraht nicht den sichersten Eindruck. Die Nacht verbringen wir auf einem Picknickplatz am State Highway. Außer einem Tisch und einem Zaun mit dem Hinweisschild „Pferde. Nicht schießen." ist hier nicht viel. In der Nacht fahren einige der wenigen vorbeikommenden Autos etwas langsamer. Manche hupen. Wegen der nebenan liegenden Highway-Brücke? Wegen uns? Wir sind jedenfalls froh, die Zentralverriegelung zu haben.

Westport ist der Einstieg in die wirkliche Westküste. Von hier aus fährt man entweder den Highway hinunter Richtung Greymouth, Hokitika und Haast, oder man macht noch einen kleinen Abstecher nach Norden. Leider schaffen wir es nicht, die 100 Kilometer lange Sackgasse nach Norden zu fahren. Die Zeit ist dafür einfach zu knapp und das Wetter macht ohnehin in diesen Tagen nicht mit. Wir scheinen aber etwas zu verpassen: Von mehreren Leuten hören wir später, dass Karamea, wie der Ort am Ende dieser Straße heißt, ein Geheimtipp sein soll. Dort befindet sich nicht nur das Ende des mehrtägigen Heaphy Track, ein weiterer Great Walk, sondern auch einer der schönsten DOC-Campingplätze – so wird es uns jedenfalls erzählt. Außerdem ist dort der Oparara Arch, ein Gesteinstunnel, wie die bekannte Cathedral Cove der Nordinsel – nur, dass der Oparara Arch noch größer und beeindruckender ist. Erreichbar ist die natürliche Halle, durch die ein Fluss fließt, über einen kurzen Weg. In der Nähe ist ein weiterer Felsbogen: Der Moria Gate Arch ist jedoch deutlich kleiner. Auch Spiegelseen, Höhlen und viele Wanderungen locken hier oben. Westlich von Westport (ja, das geht) fahren wir zum Cape Foulwind, wo es neben Zwergpinguinen in der Dämmerung auch eine große Seerobben-kolonie gibt. Außerdem machen wir hier noch mal Bekanntschaft mit einer Weka-Familie, der Vogelart, die wir einst in Milford Sound für einen Kiwi hielten. Während wir uns auf dem Parkplatz unser Mittagessen kochen, jagen sich einige der Vögel kreischend zwischen den Vans und Wohnmobilen, rennen aus Büschen hervor oder – wie zwei der Vögel – interessieren sich für unsere Kochkünste. Einer der beiden kommt mehrfach zu mir und meinem Topf auf dem Gaskocher und lugt hinein. Beim dritten Anlauf pickt er dann frech nach meinem Pfannenschieber und klaut ihn mir aus der Hand. Was lustig klingt, ist es auch – aber ich erschrecke mich ziemlich. Den Holzschieber lässt er wohl von sich selbst überrascht nach zwei Metern fallen.

Überall an diesem Parkplatz hängen Plakate der örtlichen Polizei und warnen vor Autoaufbrüchen. Wir verstecken daher unsere Wertsachen und gehen mit einem mulmigen Gefühl los. Auf dem anderthalbstündigen Gang zum Leucht-

Cape Foulwind: Wild, Wild West Coast

turm fängt es natürlich an zu regnen – so, wie es das häufig an der Westküste tut. Aber das sind wir ja schon gewohnt. Dazu zeigt sich die See wild und peitscht gegen die felsige Küste unter uns. Eine lange, schaumige Welle prallt nach der anderen auf das Gestein.

Etwas weiter südlich von Westport in Charleston wollen wir uns Höhlen mit „Glowworms" anschauen. Leider wird die Tour, bei der man in Gummireifen auf Wasser durch den Fels treibt und dabei Millionen von den erleuchteten Punkten über sich sieht, an diesem Tag nicht angeboten. Also erkunden wir die Te Ananui Cave zu Fuß. Zunächst geht es vom Büro des Unternehmens aus mit dem Shuttle-Bus in den Paparoa National Park, wo ein Zug auf uns wartet. Die kleine Bimmelbahn fährt über die schmalen Schienen entlang eines Flusses durch Regenwald und Farnbäume. Nach knapp einer Viertelstunde erreichen wir den „Endbahnhof" – ein kleiner Holzsteg. Wir verabschieden uns von unserem Zugfahrer, der hier wartet und einen Teil der insgesamt achtköpfigen Gruppe später wieder zurückbringt. Renée, unsere Höhlenführerin, zeigt uns den Weg zur Höhle. Es geht über rutschige Steinplatten, entlang nassen Felswänden

zur Nile River Suspension Bridge. Die Hängebrücke aus Holz wurde von dem Familienunternehmen selbst gebaut, macht dafür aber einen stabilen Eindruck. Unterstützt wird das Unternehmen vom staatlichen DOC. Von diesem haben sie auch als einziges Unternehmen die Lizenz für die Höhlenführungen. Die Höhle erreichen wir nach weiteren Gehminuten und steilen Treppen. Ab jetzt geht es nur noch mit Helmen weiter, denn großartig erschlossen ist die Höhle nicht, wie wir bald feststellen: Hat man einmal das eiserne Eingangstor hinter sich gelassen, dient nur noch ein dünnes Seil am Boden zur Orientierung. Fest installierte Strahler oder dergleichen – Fehlanzeige. Jeder von uns, das sind Maria und ich, eine Neuseeländerin mit ihren beiden kleinen Töchtern und unsere Führerin Renée, trägt einen Helm mit einer Lampe obendrauf, was die einzigen Lichtquellen sind. Daher dürfen wir den Schalter nicht auf „volle Kraft" stellen. „Ich habe zwar Ersatzbatterien dabei, aber die sind nur für den Notfall", erklärt Renée. Wir steigen über Steine, gehen unter verkeilten Felsbrocken hindurch und erreichen einen kleinen Wasserfall in der Höhle. Das Wasser können wir trinken. „Ist es eigentlich nicht gefährlich, in einer Erdbebenregion wie Neuseeland durch eine Höhle zu gehen?", frage ich. Renée erzählt von ihrer Mutter, die ebenfalls Höhlenführerin in diesem Unternehmen war. Sie habe in genau dieser Höhle einmal ein starkes Erdbeben erlebt: Ein lautes Grummeln sei schon vor dem eigentlichen Erdbeben zu hören gewesen, doch ansonsten passierte nichts, so dass sie ihre Tour ohne Bedenken fortführte. Als sie mit ihrer Gruppe dann einige Zeit später wieder herauskamen und sie das Funkgerät einschaltete, war das Personal in der Basis in großer Sorge um die Gruppe. In Charleston selbst hatte es einige Schäden an den Häusern gegeben, während sich in der Höhle nichts bewegt hatte. „Hier kann also weniger passieren als draußen. Die Höhle besteht ja auch schon seit vielen, vielen Jahren", fügt Renée an.

Beruhigt gehen wir weiter. Nach anderthalb Stunden weitet sich der schmale Gang, die Luft wird feuchter und wir sehen einen Lichtschimmer. Noch einige Meter und wir sind am zweiten Ausgang der Höhle: Ein großer Eingang, ein Tor in den grünen und nassen Regenwald. Davor stürzt Wasser hinunter und ein Bach kommt aus dem Nationalpark und verschwindet in den Tiefen der Höhle. Pinkelpause ist hier angesagt, denn man kann ja herausklettern. Unsere Route führt uns in einen anderen Gang – kaum verschluckt uns wieder die absolute Dunkelheit, sehen wir sie: Hunderte von bläulichen Punkten leuchten von der Decke – „Glowworms"! Diese Glühwürmchen sind keine Glühwürmchen, wie wir sie aus dem europäischen Hochsommer kennen. Dies sind kleine Fliegenlarven, die an dünnen, schleimigen Fäden von der Decke hängen und leuchten, um Nahrung anzulocken. Wir kommen aus dem Staunen nicht mehr heraus – so unnatürlich und wunderschön leuchten die Larven an der Decke. Einige Minuten stehen wir einfach nur da und starren an die Decke – Renée erklärt einiges. Bevor es zurückgeht, gelingen mir einige gute Fotos, dann wandern wir den gleichen Weg zurück. Auf unserer rechten Seite Stalagmiten und Stalaktiten, links ein weiterer Höhlengang. Entlang des Weges plätschert ein kleiner Höhlenfluss, von dem aus die Gruppen mit ihren Schwimmreifen starten. Die „Rafter", so sagt Renée, bekommen noch viel mehr leuchtende Larven zu sehen. Denn die Glowworms sind, wo Wasser fließt – sie brauchen Feuchtigkeit. Man schwimmt dann unter einem Meer von Lichtern hindurch – jetzt sind wir so richtig neidisch. Aber auch unser Weg zurück ist nochmals spektakulär. Nichts sieht aus wie auf dem Hinweg. Ich verstehe jetzt, weshalb das Seil auf dem Boden liegt. Wenn man sich nicht auskennt, erkennt man nichts wieder. Zum Abschluss kriechen wir dann sogar noch durch einen engen Spalt – aber das ist freiwillig, man kann auch außen herum gehen. Mit dem Zug geht es dann wieder zurück Richtung Charleston. Vom vielen Regen hier draußen sind die Schienen rutschig und wir hängen an einer kleinen Steigung fest. Renée hat für diesen Fall immer eine Dose mit Sand dabei, den sie auf die Schienen streut, dann kann es weitergehen. Der Regen fällt auf das Waggon-dach. Der Nile River plätschert vor uns. Geschafft schlürfen wir den Saft, den uns Renée eingeschenkt hat. Ganz schön aufregend, so eine Höhlenerkundung – und anstrengend: Mehr als anderthalb Kilometer sind wir durch den Fels gelaufen (nur der Hinweg). Das gesamte unterirdische Gängesystem sei über acht Kilometer lang, sagt Renée.

Stalagtiten und Stalagmiten zum Bewundern

Die Höhlentouren von Norwest Adventures Ltd. sind weit weniger bekannt als die viel besuchten in Waitomo auf der Nordinsel. Doch dort ist es nicht unbedingt besser: „Waitomo hätte gerne so viele Glowworms wie wir und wir hätten gerne so viele Touristen wie sie", sagt einer der drei Gründer, Ray Moroney, schmunzelnd. Ein amerikanischer Fach-Journalist habe außerdem die Höhlen vor einigen Jahren besucht und später erkärt, Charleston sei der Ort mit den am Abstand meisten Glowworms Ozeaniens. Für wen das jetzt reizvoll klingt, der sollte schnellstens nach Charleston kommen. Kurz nach unserem Besuch soll auch das dazugehörige Restaurant und Café eröffnen und auch ein Hostel ist in der Planung (aber wohl noch eher ein Traum) – das gesamte Haus wird in Eigenregie selbst gebaut. Umsonst be-

Glowworms an der Höhlendecke

kommt man das Lichterspektakel aber nicht zu sehen: Abgesehen davon, dass es gefährlich ist, kommt man allein gar nicht in die Höhle hinein. Das Tor verschließt den Eingang und der Weg ist wohl auch nicht einfach zu finden.

Wie oft hatten wir den gut gemeinten Rat bekommen, die Westküste zu bereisen, wenn der Wetterbericht gut ist? Denn wenn es dort regnet, dann regnet es richtig. Das erleben wir an diesen Tagen am eigenen Leibe. Während es in der Höhle noch schön trocken war, schwimmen wir danach fast weg. Eddie beschlägt konsequent bei solchem Wetter, und ohnehin ist der State Highway 6 eine lange und kurvenreiche Straße, die ständig hoch und runter geht – oft direkt an der Küste der wilden Tasman Sea. Ich kann mir bessere Fahrbedingungen vorstellen. Bei schönem Wetter sind die Pancake Rocks in Punakaiki ein echter Anziehungspunkt. Heute, bei Dauerregen, ist kaum etwas los. Doch auch wir wollen die bekannte Steinformation sehen. Die Gischt spritzt hoch durch die Löcher im Sandstein. Wie meterhohe Pfannkuchenstapel sehen die Felsen aus – geräuschvoll schlagen die Wellen hinein und machen uns fast nass. Bei starkem Wind und unruhigem Meer sind die Pancake Rocks noch eindrucksvoller, weil die Wellen sich geräuschvoll in den ausgehöhlten Felsen auslassen. Würde nicht vor uns eine Dame konsequent intensiven Zigarettengestank verbreiten (ich frage mich, wie sie es überhaupt schafft, die Kippe bei dem Wetter am Glühen zu halten), hätte das wilde und in diesem Moment mal ausnahmsweise fast trockene Ambiente kaum besser sein können. An einer Seite des Felsab-

Die Pancake Rocks

schnittes hat das Salzwasser den Sandstein so ausgewaschen, dass man mithilfe der Erklärungen auf der Infotafel Tiere im Fels sehen kann. Löwen und andere Tierdarstellungen erkennt man gut. Die Pancake Rocks liegen bei Punakaiki, zwischen Westport und Greymouth, und sind nicht zu verfehlen: Sie sind für Kilometer das einzige Ziel und liegen direkt an der Straße.

Die größte Stadt an der Westküste ist mit fast 10.000 Einwohnern Greymouth und bietet auch für Touristen einiges an Programm – vor allem rund um die Goldgräber-Vergangenheit dieser Stadt in den 1870er-Jahren gibt es Angebote. Von hier aus schlagen sich auch die beiden Querverbindungen nach Christchurch durchs Land: Der anspruchsvollste Pass der Südinsel, wie wir hören, der Arthur's Pass für den Weg mit dem Auto, oder die Alternative mit der Bahn: Der TranzAlpin-Zug verkehrt zwischen Greymouth und Christchurch und führt durch tolle Bergtäler. Die Eisenbahnstrecke verläuft durch zahlreiche Tunnel und Viadukte und offenbart Alpenpanoramen, die sie zu einer „der großartigsten Eisenbahnstrecken der Welt" macht, wie unser Reiseführer lobt. Wir nehmen uns die Straßenverbindung, den Arthur's Pass, fest für die Rückreise nach unserem Arbeitsstopp in Cromwell vor. Denn dann wollen wir der Westküste nochmals einen Besuch abstatten – hoffentlich bei gutem Wetter, denn in Greymouth rennen wir 25 Meter durch den Regen und sind völlig durchnässt. Ekeliges Westküstenwetter.

Ein Kurzstopp in der Jade-Hochburg Hokitika, wo wir uns einige der teils noblen Galerien anschauen, ist ein Muss. Maria kauft sich auch ein rohes Stück Jade – allerdings bereits durchbohrt. Denn man darf rohe, selbst gefundene Stücke nicht aus Neuseeland ausführen. Jetzt suchen wir nach unserer Schlafstätte, einem DOC-Campingpatz beim Franz Josef Glacier – also schon recht weit südlich. Und siehe da: Die Westküste kann auch anders sein als nass. Während wir durch den dichten, grünen Farnwald fahren, hört es auf zu regnen, die Wolken reißen auf und wir sehen tatsächlich noch blauen Himmel, bevor die Sonne untergeht. Wir parken in der Mitte der runden Otto/McDonalds Campsite. Nach Feuerholz braucht man hier gar nicht erst zu suchen, viel zu nass ist der moosige Boden. Ein geselliger Abend am Feuer ist damit also ausgeschlossen – schade. Dennoch kommen wir mit dem Pärchen aus dem grünen Mietvan neben uns ins Gespräch. Alex und Karo sind aus Köln und nur für wenige Wochen in Neuseeland. Ich spreche die beiden an, weil ich die Mietgebühren für den Campingplatz nicht passend habe – leider können auch Alex und Karo mir kein Geld wechseln. Die beiden haben den gleichen Plan wie wir und wollen am nächsten Morgen den Franz Josef Galcier besuchen. Also brechen wir am nächsten Tag gemeinsam auf. Beziehungsweise Maria und ich bekommen etwas Vorsprung – Eddie ist schließlich auf seine alten Tage langsamer als so ein junger Flitzer von der Vermietung. An den Franz Josef Glacier kann man herangehen, oder man kann mit einem Helikopter heraufgeflogen werden. Der kurze Wanderweg bis zum Gletscher sieht täglich anders aus: Bäche aus Schmelz- und Regenwasser graben immer neue Wege in die Moränen aus Schotter und Gesteinsbrocken. Auch das Eis verändert sich laufend, weswegen ein DOC-Ranger jeden Morgen aufs Neue den Endpunkt des Wanderweges absteckt. Seitdem es mehrere Unfälle mit Touristen gegeben hat, darf man allerdings zu keinem Zeitpunkt mehr bis direkt an die Abbruchkante des Eises. Der Weg schlängelt sich durch das Tal voll Schotter, wir springen über breite Bäche,

Bloß nicht daneben treten!

bauen uns aus Steinen Übergangshilfen und genießen letztlich den Ausblick auf den Gletscher von einem großen Felsvorsprung. Das Eis schimmert bläulich, und in das Tal, das vor vielen Jahren komplett mit Eis ausgefüllt war, stürzen Wasserfälle hinab. Die Sonne bricht im zerstäubten Wasser, Regenbogen strahlen ihre bunten Farben in die Schotterlandschaft. Alex und ich können es uns nicht verkneifen, die Felsen am Rand hochzuklettern, wo wir den Steighilfen, Seilen und Leitern folgen, bis es ausdrücklich verboten ist, ohne Führung weiterzugehen. Den Mädchen, die unten warten, ist unsere Klettereinlage ohnehin nicht lieb.

Franz Josef Glacier: Heliflight

Blau-weiß liegt das Eis des Franz Josef Glacier zwischen zwei steilen Felswänden. Der nördlichere der beiden Westküsten-Gletschern ist eine echte Attraktion: Zu Fuß, mit dem Helikopter oder aus dem Flugzeug – Touristen bewundern die Eismassen auf den unterschiedlichsten Wegen. Die Attraktion liegt direkt zwischen Regenwald und Fels, zwischen Meeresküste und den höchsten Bergen Neuseelands. Der Gletscher ist eine von weltweit nur drei Eiswannen, die im saftigen Grün und in einer solchen Nähe zur Meereskante enden. Außerdem ist der Gletscher sehr schnell: Der Eisstrom bewegt sich etwa einen halben Meter pro Tag Richtung Tal – die meisten europäischen Gletscher fließen zwischen zehn und 30 Meter pro Jahr! Grund dafür im Süden Neuseelands ist das viele Wasser, das an den Seiten des Gletschers entlang fließt und sich unter ihm sammelt – darauf kann das Eis, wie auf einer Wasserrutsche, hinuntergleiten.

Wegen der hohen Fließgeschwindigkeit ändert sich das Erscheinungsbild der Eislandschaft ständig. „Ein kleines Loch kann in zwei Wochen riesig sein", erklärt mir unser Freund Jeff (vom Weinberg). Er und seine Freundin Sandra haben eine Tour auf den Gletscher gemacht. Sie wurden mit einem Helikopter hinaufgeflogen und dort von einem Führer begleitet. Sie kletterten durch Eiskanäle, stapften durch den Schnee und genossen das Panorama. „Man musste seine Füße richtig ins Eis graben", blickt auch Sandra zurück. „Und das Eis war so blau – wunderschön", schwärmen die beiden noch immer. Wegen der hohen Fließgeschwindigkeit könnten die Briten direkt noch eine Tour mitmachen, weil alles anders aussehe. Deswegen müssten die professionellen Führer auch jeden Morgen ins Eis und die Route abstecken. Ganz ungefährlich ist das Abenteuer aber nicht: „Eine Gruppe musste einmal für drei Tage in einer Hütte verharren, weil sie nicht heruntergeholt werden konnten", weiß Jeff. Auch bei ihrer Tour änderte sich das Wetter schnell – sie mussten eher in den Helikopter steigen und zurück ins Dorf fliegen. Gelohnt hat sich der teure Spaß dennoch. Das Unternehmen „Franz Josef Glacier Guides" bietet verschiedene Touren, die zwischen 320 Dollar und 450 Dollar kosten, an.

Sandra und Jeff bei der Gletschertour

Auch der Franz Josef Glacier leidet unter der allgemeinen Erderwärmung. Derzeit endet er auf einer Höhe von etwa 250 Metern über dem Meeresspiegel. Das oben gelegene Nährgebiet geht bis auf 2700 Meter – dazwischen liegen elf Kilometer Eis. Macht man einen Helikopterflug bei gutem Wetter, dann sieht man übrigens nicht nur das Meer, sondern hat auch noch einen Blick auf den Mount Cook, der direkt zwischen Franz Josef und dem südlichen Fox Glacier liegt.

Immer wieder wurde ich nach dem untypischen Namen gefragt: Tatsächlich ist das Eis nach dem österreichischen Kaiser Franz Josef I. benannt. Der deutsche Geologe Julius von Haast, nach dem der Haast Pass benannt ist, gab dem Gletscher 1865 seinen Namen, obwohl er nicht dessen Entdecker war. Die Maori nennen den eisigen Fluss nach einer Legende Ka Roimata o Hinehukatere (die Tränen des Hinehukatere).

Nach nur einem halben Tag müssen wir uns von Alex und Karo wieder trennen – ihr straffer Reiseplan lässt keine Trödelei zu. Maria und ich heben uns den nahen Fox Glacier für unsere Rückreise auf und machen einen Abstecher zum Lake Matheson. Der See, von dessen einem Ufer man einen Blick auf den Fox Glacier hat, ist ein bekannter Spiegelsee – bei unserer Ankunft spiegelt sich hier aber nichts, außer vielleicht das aufziehende Tiefdruckgebiet: Starker Wellengang verhindert alle Spiegeleffekte. Wir folgen der Straße daher weiter Richtung Meer, wo wir zum Gillespies Beach wollen. Die Straße ist viele Kilometer lang ungeteert, kurvenreich und abschüssig. Wenn man in Gillespies ankommt, ist dort außer ein paar wenigen Häusern und vielen freilaufenden Schafen nicht viel. Allerdings gibt es hier einen kostenlosen DOC-Campingplatz direkt am Meer. Der in unserem Reiseführer als „schwarzer Sandstrand" beschriebene Gillespies Beach entpuppt sich als große Fläche mit vielen Kieselsteinen – vornehmlich grau und nicht schwarz. Wir tragen unseren kleinen Gaskocher zum Meer und wärmen die Reste vom Vorabend auf. Doch viel Zeit bleibt nicht, denn diese sitzt uns im Nacken: Der Haast Pass, die südliche Verbindung zwischen der Westküste und dem Rest der Insel, ist seit Wochen ständig gesperrt. Bei dem großen Sturm, den Maria und ich direkt am Anfang unserer Reise auf den Banks Peninsula erlebt hatten, war eine Stein- und Schlammlawine über die Passstraße hinweggegangen. Dabei wurden zwei kanadische Backpacker in ihrem Van von der tödlichen Masse mitgerissen. Und auch jetzt noch, einen Monat später, ist die Passstraße bei Regen und Sturm sowie jede Nacht gesperrt. Der Haast Pass stellt in diesen Tagen also eine unsichere Komponente unserer Reiseplanung dar – denn, wenn er gesperrt ist, muss man einen über 1000 Kilometer langen Umweg über Greymouth und den Arthur's Pass nehmen. Schlammlawine? Straßensperrung? In meiner Vorstellung ist der Haast Pass eine beeindruckende Hochalpinstrecke entlang an steilen Hängen – so, wie ich Passstraßen aus den europäischen Alpen kenne. Vorfreude auf die Panoramen und bange Blicke auf die Uhr prägen die verbleibenden Kilometer. Schaffen wir es vor sechs Uhr über den Pass zu sein? Uns bleibt keine Wahl – wir müssen!

Maria fährt dieses Stück unserer Route. In Haast müssen wir wieder feststellen, dass nicht alles, was auf der Karte wie eine Stadt aussieht, auch unbedingt eine Stadt ist. Von einem Dorfzentrum oder dergleichen ist hier absolut nichts zu sehen – im Gegenteil: Haast splittet sich in drei Teile auf, die alle nur wenig zu bieten scheinen. Hier gibt es auch die letzte Tankstelle vor der Bergstraße. Ein Merkmal, das sich auch kostspielig in den Tankpreisen wiederfindet. Weil die Bezeichnung „Pass" in mir gewisse Vergleiche weckt, bin ich in Sorge, wir schaffen es mit Eddie nicht rechtzeitig hinüber, bevor die Straße für die Nacht wieder gesperrt ist. Wir fahren die langgezogenen Kurven entlang und kommen zu einer kleinen Autoschlange: An dieser Baustelle verunglückten die beiden Kanadier. Wir dürfen nach fünf Minuten passieren. Von freundlichen Baustellenschildern wie „Please prepare to stop" ist hier nichts zu sehen. Die Bauarbeiter winken hektisch. Mit grimmigen Blicken animieren sie, die 100 Meter lange Strecke schnell hinter sich zu bringen. Wo die Lawine abging, ist nur noch Schotter. Löcher prägen hier das Straßenschild, oberhalb warten Felsbrocken darauf, bedrohlich herunterzustürzen oder vorher von den Bauarbeitern sicher entfernt zu werden. Bis dahin fürchten die Arbeiter offenbar weitere Steinschläge – „Go! Go! Go", brüllen sie uns daher zu. Aber egal, wir sind rechtzeitig durch das Nadelöhr gekommen. Die Straße führt unter einem Wasserfall durch. Ich warte voller Vorfreude auf die steile Serpentine, die bis nach ganz oben führt. Doch plötzlich neigt sich die Straße vornüber und wir verlieren an einem Stück Höhenmeter – das war es mit spektakulärer Straßenführung: Der Haast Pass ist weder kurvenreich noch steil noch hoch – man fährt durch Wald, und wenn man die entscheidende Bergkuppe überfahren hat, geht es wieder hinunter. Zwar enttäuscht, aber dafür sicher und ohne Zeitverlust lassen wir den Haast Pass hinter uns. Cromwell liegt nun in absehbarer Distanz vor uns.

Der State Highway 6 führt uns entlang des Lake Wanaka, verlässt diesen dann und bietet dafür einen einmaligen Blick auf den Lake Hawea. Der Himmel ist blau, die Hügel grün, der See türkis. Im Sonnenlicht überbietet der Lake Hawea die Farben des Lake Wanaka um ein Zigfaches. Das Wasser wirkt gemalt, am Rand stehen Cabbage Trees und dazu laufen weiße Lämmer über die grünen Wiesen. Endlich scheint der Frühling zu kommen. Einen Besuch Wanakas heben wir uns für die Wochenenden in Cromwell auf und fahren direkt zur Farm, unserem Zuhause für die nächsten zwei Monate.

Malerischer Lake Hawea

Zwischen Reben und heiliger Erde

WWW.TERRASANCTA.CO.NZ

03 445 1670

Unsere Arbeitsstelle

Zwischen Reben und heiliger Erde

Wir richten uns nach dem Reisen wieder in Cromwell auf der Farm bei Jackie, Alistair, Blake und Georgia ein. Die erste Nacht sind wir allein, da Alistair und Jackie kurzfristig nach Christchurch mussten. Wir nutzen diese Zeit, um uns zu akklimatisieren. Vor uns liegt eine Zeit mit dem ersten Vollzeit-Job unseres Lebens, in einer fremden Familie am anderen Ende der Welt. Diese Aussicht macht nervös und erwartungsvoll zugleich. Werden wir Anschluss finden? Werden wir der Arbeit standhalten? Die Wochenenden wollen wir zum Reisen nutzen und hoffen für die restliche Zeit einige Kontakte im Ort knüpfen zu können. Was Weinbergarbeit bedeutet? Da haben wir noch keinen blassen Schimmer. Wir werden es aber schon bald erfahren.

Es ist sechs Uhr, der Wecker klingelt. Ist das früh!! Wir quälen uns aus den Federn und frühstücken. Es ist unser erster Arbeitstag. Um 7.25 Uhr kommen wir auf dem Weingut Terra Sancta an und werden von unseren drei Vorarbeitern willkommen geheißen. Außer uns fängt an diesem vorgezogenen Tag (auch wir hätten ja eigentlich eine Woche später anfangen sollen) noch eine französische, etwas ältere Backpackerin an zu arbeiten. In einer Woche soll das Team weiter verstärkt werden. Direkt neben dem Van beginnen die Weinreben. Reihe neben Reihe. Jetzt, Ende Oktober, sind die Pflanzen noch überschaubar und bislang kaum in den Frühling gestartet. Aufgeregt blinzle ich immer wieder zu den kleinen Trieben und den knorrigen Stämmen hinüber. Doch an die Pflanzen

Mit dem Truck zum Einsatzort

kommen wir in den ersten Tagen gar nicht. Wir beginnen nämlich unsere Arbeit mit der gleichen Aufgabe, die uns bislang auch beim Wwoofing begleitet hatte: Äste sammeln. Wir müssen abgesägte Zweige auf einen Pick-up werfen und das Gestrüpp damit auf den „Kompost" bringen, einen Abladeplatz mit einem riesigen Haufen Gestrüpp – Mann, wäre das ein Osterfeuer! Nach zwei Monaten fahren wir dabei zum ersten Mal einen Schaltwagen – doch obwohl der Schaltknüppel mit der linken Hand zu bedienen ist, klappt es ganz gut. Die Nadelbäume, die die Grenze zum Nachbarweinberg markieren, werden zum Frostschutz ausgedünnt: Der Wind soll durch den Wein wehen, um Bodenfrost und damit Frostschäden zu verhindern. Unser Vorarbeiter George, der die Äste absägt, lässt mich irgendwann auch mal ran. Ich mache meine ersten Motorsägen-Erfahrungen, und das mit einer echten Stihl. Acht Stunden dauern unsere Arbeitstage – von 7.30 Uhr am Morgen bis 16 Uhr nachmittags. Es gibt eine viertelstündige, bezahlte Kaffeepause und eine unbezahlte, halbstündige Mittagspause. Schon am ersten Tag fällt uns auf, dass acht Stunden Äste wegbringen nicht die abwechslungsreichste Aufgabe ist. Immerhin werden wir dafür bezahlt, und zwar mit 13,75 Dollar die Stunde, dem neuseeländischen Mindestlohn.

Die folgenden Arbeitstage geht es dann endlich an den Wein. Doch von Trauben ist hier noch nichts zu sehen – die Pflanzen treiben Ende September gerade erst aus. Die Triebe, „shoots" genannt, sind nur wenige Zentimeter lang. Außerdem gibt es an den rauen, braunen Stämmen noch kleine Knospen. Unzählige Knospen und Triebe überziehen die Pflanzen – bleiben dürfen aber nur zwei pro Ast aus dem Vorjahr. Zusammen mit der Französin arbeiten wir uns langsam durch die Reihen. Gerade am Anfang übersehen wir noch viele der grünen Blättchen. Unsere kanadische Vorarbeiterin, die vor drei Jahren selbst als Backpackerin nach Neuseeland kam, hier einen Freund fand und blieb, weist uns aber freundlicherweise auf die verbliebenen, überflüssigen Triebe hin. Nach zwei Stunden sehe ich nur noch Triebe vor mir. Trotz Musik vom Handy sind acht Stunden zwischen den kleinen grünen Blättchen unglaublich zermürbend: Die Reihen sind lang, wir schaffen jeder weniger als vier im Laufe der acht Stunden. Mir ist schon nach zwei Tagen klar, dass dieser Job nicht zu meinen Lieblingsaufgaben gehört. Im Gegenteil muss ich mich schon an Tag drei des „shoot thinnings" am Morgen zur Arbeit quälen. Die Ankündigung, diese Arbeit wird die nächsten Wochen zu unseren Hauptaufgaben zählen, macht es nicht gerade besser. Maria findet die Arbeit nicht so schlimm und auch unserer anderen Kollegin macht es fast Spaß. Nicht nachvollziehbar für mich: Man kommt nur langsam voran, die Songs vom Handy werden beim dritten Anhören auch nicht besser und außerdem denkt man zwischen Trieben, Knospen und Blättern sehr viel nach – was eigentlich nicht das Schlechteste ist. Aber: Kaum hat man einen Gedanken zu Ende gebracht, da ist der Anfang schon wieder vergessen. Diese

Arbeit ist einfach zu eintönig; besonders ernüchternd ist, dass auch schnelles Arbeiten nicht hilft, weil wir pro Stunde und nicht, wie auf vielen anderen Weinbergen üblich, nach geschaffter Reihe oder dergleichen bezahlt werden. Für uns bringt es den Vorteil, dass man sich um Zeit und Qualität eigentlich keine Sorge machen muss. Andersherum nützt es einem aber auch nichts, wenn man, wie Maria und ich, zu den schnelleren gehört. Im Gegenteil: Das Verhältnis zu manchen Kollegen leidet hierunter sehr. Weitere Kollegen kommen nämlich nach nur einer Woche hinzu. An dem Morgen, an dem auch wir ursprünglich einmal hätten anfangen sollen, lernen wir zwischen den Trieben hindurch neue Gesichter kennen. Neben zwei Neuseeländern sind jetzt noch ein britisches Paar, eine Inderin und eine Chinesin im Team. Wir sind also eine internationale Truppe, die sich in den nächsten Tagen durch die Reben quält.

Weinreben wohin man schaut

Langsam gewöhne ich mich an die Arbeit: Bis zur Kaffeepause um zehn Uhr komme ich ganz gut durch. Auch die Mittagspause lässt sich noch problemlos um halb eins erreichen. Danach ist es allerdings weiterhin nur ermüdend und nervig. Dazu tun einem nach einiger Zeit die Finger und Fingernägel vom Abknipsen der keinen Triebe weh. Abgesehen von der rauen Weinrinde kommt noch etwas hinzu: Gegen Insekten wird nämlich Schwefel auf die Pflanzen gesprüht. Angeblich ist dieser ungefährlich – doch die Chemikalie greift die Handoberflächen an und macht sie rau. Dazu stinken die Klamotten nach dem beißenden Schwefel. All das ist nicht wirklich schlimm und lässt sich aushalten – für uns junge Abiturienten ist es allerdings ein Arbeitsumfeld, das wir noch nicht kennen. Wir starten in unser Berufsleben also gleich mit einem körperlich anspruchsvollen Job – doch das ist ja auch nicht unbedingt das Schlechteste.

Doch schon bald werden Maria und ich überraschend vom Team getrennt. Während Maria mit der Französin weiter Äste zum zukünftigen Scheiterhaufen bringt, bekomme ich eine Motorsense in die Hand gedrückt. Diese acht Stunden sind nach zweieinhalb Monaten das erste Mal, dass wir nicht zusammen sind. Zunächst ein komisches Gefühl, das zeigt, wie sehr wir uns schon aneinander gewöhnt haben. Die Motorsense ist also mein Arbeitsgerät für diesen Tag. Weinberg-Manager Len fährt mich in seinem Geländewagen herum und zeigt mir, welche Grasflächen geschnitten werden müssen. „Damit keine Feuergefahr besteht", erklärt er mir. Denn er habe schon häufiger langes, trockenes Gras gesehen, wodurch ganze Weinberge abgebrannt seien – und dagegen sei man hier kaum oder gar nicht versichert. Es gibt also keinen Weg an diesem Job vorbei. Warum auch? Voller Vorfreude nehme ich in meinem Blaumann die ersten Grashalme in Angriff. Immer im Schlepp habe ich den roten Benzinkanister und eine Rolle Ersatzschnur für die Maschine. Einen halben Arbeitstag macht diese Aufgabe sogar Spaß: Die Grasfasern fliegen um mich herum. Das Chlorophyll lässt meine Hände und den Blaumann grün werden. Dazu kämpfen die Bässe auf meinen Musikkopfhörern gegen das Dröhnen der Sense an. Aber das Beste: Man sieht direkt einen Erfolg. Nach diesem Sonnentag für die (Arbeits-)Moral und vom Wetter her gehe ich auch einige Tage später wieder hochmotiviert an die Aufgabe heran: Dem Gras und Unkraut will ich an den Kragen! Diesmal muss ich allerdings für einen ganzen Arbeitstag die Sense schultern und mähen. Nach sieben von acht Stunden hört der Spaß endgültig auf: Unter Schutzhelm und Visier steht die Luft, die Hitze der Sonne frisst sich in den dicken Ganzkörperoverall. Bei 25 Grad im Schatten und mit der schweren Sense brauche ich irgendwann einen Schluck Wasser. Trinkpausen sind nur ungern gesehen, aber ich gönne mir dennoch welche. Meine Hände zittern, meine Finger verkrampfen. Zum Schluss setzt mir die Vibration des Gerätes ordentlich zu und ich kann die Hände kaum noch zur Faust ballen, was aber für den Sicherheitsschalter der Sense unbedingt nötig ist. Alle fünf Minuten muss ich daher kurz aufhören und meinen Fingern einen Moment der Ruhe gönnen. Um 16 Uhr bin ich froh, dass ich fertig bin. Acht Stunden lang habe ich niemanden gesprochen, sondern hatte nur meine Sense und die Kopfhörer, die unter dem Schutzhelm ständig aus meinen Ohren fielen. Immerhin gibt es am Ende Lob und Dank – und das Versprechen, dass wir uns beim nächsten Mal abwechseln. Diese Sensen-Erfahrung soll aber meine letzte in acht Wochen Terra-Sancta-Zeit bleiben – böse bin ich darüber nicht. Böse sind dafür unsere Vorarbeiter ab und an: Im Gegensatz zum angekündigten Arbeitsbeginn um halb acht erwarten George und Kerri – unsere Vorarbeiter –, dass wir bereits mindestens fünf Minuten eher auf den Parkplatz rollen. Nachdem wir dies mehrfach um ein oder zwei Minuten verfehlt haben, bekommen wir Ärger. Mindestens fünf Minuten früher sollen wir in Zukunft kommen. Wir fügen uns in unser Schicksal, stehen morgens noch eher auf, machen die Sandwiches für die Mittagspause am Abend zuvor und schaffen es bis zu unserem letzten Arbeitstag tatsächlich, pünktlich bei der Arbeit zu sein. Die letzten Wochen kommen wir sogar jeden Morgen als Zweite an – lediglich unsere beiden Lieblingskollegen Jeff und Sandra (zu denen später mehr) sind konsequent eher da. Wir tippen schon, dass die beiden in Wirklichkeit mit ihrem Van auf dem Weinberg schlafen. Allerdings scheinen sie tatsächlich auf einem Campingplatz in der Nähe die Nächte zu verbringen. Zweifelsfrei geben wir uns nach dem anfänglichen Ärger Mühe, rechtzeitig anzukommen. Doch schon bald interessiert es niemanden mehr, wann wir ankommen. Selbst die, die konsequent um kurz nach halb acht ankommen, wo also eigentlich schon gearbeitet werden sollte, finden keine Beachtung. Der Grund: Nach etwa vier Wochen verlässt uns unsere Vorarbeiterin Kerri. Die Kanadierin geht mit ihrem besagten Freund, der ebenfalls nicht aus Neuseeland kommt, in dessen Heimat Melbourne. Dort möchte sie auch auf einem Weinberg arbeiten – für sie ein Neuanfang, für uns ein Abschied nach der Hälfte der Arbeitszeit. Danach wird einer der neuseeländischen Studenten, der bis dahin als unser Kollege gearbeitet hatte, zum neuen Vorarbeiter befördert. Leider gibt er sich Mühe, uns seinen Positionswechsel spüren zu lassen, was dem Verhältnis zu ihm nicht gerade guttut. Allerdings hat man so wenigstens jemanden, über den man sich während der acht Stunden Arbeitszeit echauffieren kann.

„Shoot Thinning" – eine echte Fummelarbeit

Terra Sancta: Ältester Weinberg, jüngste Kellerei

Seit 2011 gibt es das Unternehmen „Terra Sancta" in Bannockburn. Die Weinberge gibt es dafür schon umso länger: Die Reben, die vorher zum Weingut „Olssen's" gehörten, sind die Ältesten in der Weinregion Central Otago. Im Jahr 1991 wurden die ersten Pflanzen gesetzt, seitdem gedeiht der Wein in der gesamten Region. „Im Cromwell Bassin stehen 70 Prozent aller Pflanzen Central Otagos", weiß Winzerin Jen Parr. Generell bietet sich die Gegend zwischen Arrowtown und Alexandra zum Weinanbau an: Central Otago hat dank dem Schutz der Southern Alps als einzige Region Neuseelands ein fast kontinentales Klima. Diese zwar extremen (im Sommer bis zu 40 Grad, im Winter bis zu minus 20 Grad), aber stabilen Wetterlagen bieten gute Bedingungen. Hinzu käme die gute Bodenqualität, so Parr. Die mineralhaltige Erde und den großen Temperaturunterschied zwischen Sommer und Winter spüre man auch im Aroma.

Das Weingut „Terra Sancta" gehört Mark Weldon, ehemaliger Chef der neuseeländischen Börse und Olympia-Teilnehmer im Schwimmen. Er stellte 2011 gemeinsam mit seiner Frau das Team aus Manager Len und den „Winemaker" (Winzern) Jen Parr und Jody Pagey zusammen. Die drei werden von weiteren Festangestellten und Saisonarbeitskräften unterstützt. „Gerade die Saisonarbeitskräfte sind für uns sehr wichtig", so Manager Len Ibbotson. Ohne die helfenden Hände aus Übersee seien Vorbereitungsarbeiten und Ernte kaum zu bewerkstelligen. Außerdem tragen die internationalen Gäste den guten Ruf auch zurück in ihre Heimat. „Momentan exportieren wir nach Australien, Amerika und England", weiß Jen Parr. Als nächstes sei möglicherweise Skandinavien dran. Bis dahin kann man die teuren Tropfen (eine Flasche kostet über 120 Dollar) vor Ort im kleinen „Probier-Stübchen" testen und kaufen oder online bestellen.

Momentan ist Terra Sancta an der Felton Road in Bannockburn 25 Hektar groß und vor allem für den Rosé bekannt. Während andere Weingüter Rosé als Nebenprodukt herstellen, legen Len und Jen besonderes Augenmerk darauf. „Wir mögen gerne Rosé und wollen als junge Marke die Lücke auf dem Markt nutzen", erklärt Jen. Daher nutze man qualitativ hochwertigere Trauben als üblich. Das Konzept scheint aufzugehen: 2012 war der Rosé auf Rang 1 des populären neuseeländischen Magazins „Cuisine", 2013 kam man immerhin auf Rang vier. Für den 2014er Wein wolle man sich weiter verbessern.

Doch Terra Sancta ist mehr als ein guter Wein. Es ist Berufung, Lebenswert und Einstellung zugleich. „Ein guter Wein muss für mich Menschen zusammenbringen", so Jen Parr. Sie gibt ihr Bestes. Den Rest erledigen Len und seine Mitarbeiter. Sie arbeiten nicht nur an den Pflanzen, sie putzen das Weingut auch heraus. Es muss gefallen, zusagen und natürlich schmecken – nicht nur auf der Zunge nachhallen. Daher versucht sich Terra Sancta nicht nur mit dem auffälligen Etikett und einem Wanderweg entlang der Reben von den vielen anderen Weingütern in Bannockburn und Cromwell abzuheben, sondern produziert neuerdings auch noch Bier. Steht das Hopfengetränk nicht in krassem Gegensatz zum edlen Wein? „Ganz und gar nicht", sagt Winzer und Braumeister Jody Pagey (32). Er besuchte ein Jahr lang einen Kurs, um das Bier brauen zu können. Dazu nutzt er die Gerätschaften für den Wein, wenn sie gerade nicht gebraucht werden. „Das ist ganz exklusives Bier – dieses Jahr gab es nur 2500 Flaschen", so Jody. „Killarabbit", wie das Getränk heißt, gibt es in seiner hochwertigen Aufmachung nur in ausgewählten Restaurants der Umgebung zu bestellen oder direkt beim Produzent zu kaufen. Gelagert wird Killarabbit übrigens in alten Pinot-Noir-Fässern.

Im Sommer 2013/2014 führten die „University of Auckland" und die „Universita cattolica del Sacro Cuore" aus Mailand, Italien, gemeinsam eine wissenschaftliche Studie an den Reben von Terra Sancta durch. Doktor Matteo Gatti und Master-Student Zachary Brierley testen in einem aufwendigen Verfahren, inwiefern das Ausdünnen von Blättern und einigen jungen Früchten das Aroma der später geernteten Trauben beeinflusst. „Wir erhoffen uns so, mehr gesunde Früchte produzieren zu können und außerdem die Weinqualität zu verbessern", sagt der 33-jährige Gatti. Die Forschungen, für die sie extra Messinstrumente entwickelt haben, basieren auf vielen statistischen Daten, die sie zwischen November und Januar sammeln. Ein Gläschen Wein schmeckt Matteo und Zack nach all den Zahlen und Blättern

Eine internationale Truppe

auf dem Weinberg abends bestimmt besonders gut. Uns begleiten sie jedenfalls häufiger zu unseren abendlichen Treffen – genauso, wie viele andere Terra-Sancta-Mitarbeiter. Terra Sancta, mehr als eine Firma: Eine kleine Familie (für uns leider nur auf Zeit).

Unserem „Terra Sancta" stehen im Frühjahr 2013 (also im November und Dezember) große Erweiterungen bevor: 4500 Pflanzen sollen in den nächsten Wochen in den Boden kommen. Das gesamte Team von Backpackern, den drei Vollzeitkräften und auch den neuseeländischen Studenten, die in ihren Semesterferien bei uns sind, wird dabei eingespannt sein. Mich erlöst diese

Mit dem Quad kann selbst Knochenarbeit Spaß machen

Expansion von weiterem Ausdünnen der Triebe („shoot thinning"). Während der Rest des Teams sich durch die Pflanzenreihen quält und ausdünnt, werden Maria und ich zu einem braunen Feld mit einzelnen Holzpfosten beordert. Die Pinne, zwischen denen bald die Pflanzen Richtung Sonne wachsen werden, wurden von unseren Vorarbeitern während der Wintermonate gesetzt. Jetzt müssen Maria und ich die ersten Drähte ziehen. Mit dem Quad manövrieren wir den Anhänger samt Drahtrolle vor das eine Ende der Reihe. Dann stapfen wir in unseren Wanderschuhen durch die trockene Erde. Mit dabei: Nicht nur das eine Ende des Drahtes, sondern auch Verbindungsstücke aus Metall. Während Maria das bereits montierte Endstück und den mitgenommenen Draht mit dem Verbindungsstück zusammenhält, muss ich mit einer Art Zange die Drähte zusammen quetschen. Das Verbindungsstück ist ein kleines Aluminiumteilchen mit zwei Tunneln, durch die die beiden Drahtenden durchgeführt werden. Dann gehen wir zurück, fahren das Quad zwei Meter vor und fangen das Ganze von vorne an – wir laufen die 100 Reihen also je zweimal und machen so zu Fuß endlose Meter an diesen Arbeitstagen. Und das, ohne wirklich „weit" zu kommen.

Mit dem Festangestellten Steve, der einst seinen eigenen Weinberg hatte und nun schon seit mehreren Jahren für andere Weingüter arbeitet, beende ich in den nächsten Tagen diesen Job. Steve, ein netter Mann jenseits der Vierzig, ist ein Vorgesetzter und Kollege, mit dem das Arbeiten Spaß macht. Gemeinsam bringen wir Minute um Minute hinter uns und gehen anschließend gemeinsam zu den Pausen. Dabei erzählen wir uns Witze oder reden über das Wochenende. Maria muss in der Zwischenzeit die angebrachten Drähte mit Krampen, rundgebogenen Nägeln, an die Pfosten bringen. Sie schlägt an einem Tag über 300 dieser Metallstücke in die Pfosten – und das auf Kniehöhe. Groß ist die Enttäuschung, als Steve und ich sie gegen 15 Uhr ablösen und mit schwereren Hämmern die Krampen in wenigen Sekunden ins Holz treiben. Kaum ist dies erledigt, wartet die nächste Aufgabe: Das Bewässerungssystem muss montiert werden. In großen 100-Meter-Rollen werden die schwarzen Plastikschläuche geliefert. Zusammen mit Steve darf ich auch diese anbringen. Wir beladen den Quad-Anhänger und ziehen die Schläuche wieder durch die Reihen, wo wir sie am Ende abschneiden und montieren. Maria folgt uns treu und bringt „Schweineschwänzchen" an. So werden die Plastik-Clips genannt, mit denen die Bewässerungsschläuche an den nur dafür gezogenen Draht gebunden werden. Steve und ich unterstützen Maria bald, da um die 3000 von diesen Plastikstückchen anzubringen sind. Die Daumen werden dick vom Herumzwirbeln des Plastiks um die Schläuche. Wir laufen an diesem Tag jeder geschätzt neun Kilometer – meist in gebückter Haltung mit Rückenschmerzen. „Hoffentlich ruiniere ich mir nicht meinem Rücken auf diesem Weinberg", notiere ich in meinem Tagebuch. Die Aufgaben sollen noch Rücken schädigender werden. Die Wasserleitungen schweben jetzt zwar auf dreißig Zentimeter Höhe über dem Boden Central Otagos, aber die Anschlüsse fehlen noch. Wir schneiden jede Wasserleitung daher an einer Stelle durch, um sie mit den Wasserrohren zu verbinden. Diese ragen schon seit Längerem aus dem Boden, in den sie während des Winters von einer Fachfirma gebracht wurden. Wir nutzen dazu kleine Hartplastik-„T"s, auf die wir die etwas weicheren Bewässerungsschläuche aufschieben. Das Problem: Um acht Uhr morgens hat die Sonne die Plastikschläuche noch nicht geschmeidig gemacht und wir können uns noch so abmühen – die Schläuche wollen kaum auf die Verbindungsteile rutschen. Gut, dass wir auf Steves langjährige Weinbergerfahrung bauen können: In Thermoskannen holt er kochendes Wasser, in das wir die Enden der Bewässerungsschläuche eintauchen. Nach zwanzig Sekunden ist das Plastik weich genug und es flutscht, ja es gleitet fast auf die „T"s. Damit unsere Arbeit nicht unter dem späteren Wasserdruck auseinanderfliegt, sichern wir die Verbindungen noch mit dünnem Draht ab. All diese Aufgaben sind zwar durch das ständige Wiederholen eintönig, machen aber durch ihre handwerklichen Anforderungen viel mehr Spaß als die Arbeit an den Pflanzen. Dennoch, so glaube ich, ist Maria erst einmal froh, als wir auch das Wassersystem montiert haben und sie die Rücken belastenden Aufgaben nicht mehr erledigen muss. Stattdessen werden wir wieder zum Rest des Teams gepackt – „Shoot thinning"! Doch im Gegensatz zu mir findet Maria diesen Zeitvertreib gar nicht so schlimm – wenigstens vorerst nicht. Und ich werde erfreulicherweise schon nach nur einem Vormittag wieder von den Pflanzen abgezogen und darf mich mit Steve den anderen Arbeiten widmen: Zwar sind die Bewässerungsschläuche an allen 100 Reihen montiert, aber sie sind noch an beiden Enden offen. Steve und ich gehen daher noch einmal jede Reihe durch und montieren mit gewöhnlichem, festem Draht (etwa 2 mm Stärke) Schlaufen an jedem Endpfosten. Diese sichern wir durch Umbiegen und nageln sie mit Krampen fest. Die widerspenstigen Drähte müssen umgebogen werden, immer wieder schnacken die Enden wild durch die Luft – das Resultat am Abend: Kratzer an den Armen, Blasen an den Händen und ein kleiner Holzsplitter im Auge, der aber nach drei Stunden endlich draußen ist.

Bei der nächsten Aufgabe werden wir vom gesamten Team unterstützt – sogar Len, unser Manager, steht an diesem sonnigen Morgen um halb acht am Treffpunkt: Ab heute wird gepflanzt. 4500 junge Weinpflanzen sollen bei fast dreißig Grad und Sonnenschein in den Boden gebracht werden. Dass das nicht an einem Tag geht, ist allen klar, aber irgendwie muss der Anfang ja gemacht werden. Wir männlichen Arbeiter schnappen uns direkt zielstrebig einen Spaten und los geht's. Zu siebt stellen wir uns nebeneinander und rammen unsere

Das Resultat wochenlanger Arbeit: frisch eingesetzte Weinpflanzen

Werkzeuge direkt in die pinkfarbenen Markierungen auf dem Boden, die zeigen, wo die Pflanzen einmal wachsen sollen. Jeden Meter ein Loch, etwas mehr als dreißig Zentimeter Durchmesser und etwas mehr als eine Spatenlänge tief. Sprächen wir über weichen Mutterboden, wäre das ja kein Problem … Aber wir sind nun mal in Central Otago, wo es im Sommer kaum regnet, es viele Hügel und noch mehr Steine im Boden gibt. Nach etwa 50 Löchern pro Person beginnen die Muskeln zu ziehen, der Rücken zu schmerzen und der Schweiß läuft ohnehin schon lange. „Wettrennen!", brüllt unser Vorarbeiter George. „Drei, zwei, eins … Goooo!" Wir stoßen das Metall in die Erde, springen auf den Spaten und brechen die Erde aus dem Boden. Der Brite Jeff und ich haben gerade die Hälfte des Lochs gebuddelt, da ist George schon fertig. Verdammt. Der zwei Meter große Hüne ist einfach zu muskulös und hat außerdem eine deutlich größere Schippe als wir. Einige Löcher später knacken wir Georges Siegesserie aber doch: Wir locken ihn zwischen uns. Bei „Goooo!", was mittlerweile von einem unserer Kollegen gerufen wird (um sicherzustellen, dass niemand schummelt), schippen Jeff und ich nicht die Erde zur Seite, sondern in die Mitte – direkt in Georges Loch. Sieg! Eine willkommene Abwechslung, die allgemeines Lachen bewirkt. Doch die Heiterkeit verebbt genauso schnell, wie sie ausgebrochen war – zu viele Pflanzen warten noch auf einen erdigen Platz in der Sonne. Außerdem kommt der Besitzer des Weinberges zum Kontrollieren. Die Sonne brennt sich bei den 28 Grad in unsere Nacken, der Schweiß verschmiert die Sonnencreme. Etwa einmal die Stunde erlauben wir uns einen Schluck aus der Flasche. Maria und ich trinken an diesem Tag zusammen über sechs Liter. Verständnis bringt der Besitzer dafür aber nicht auf: Er stellt sich in den Schatten eines nahen Kirschbaums, schlürft an einem Cocktail und fragt unseren Manager Len, weshalb wir denn so viele Pausen machen …

Ich plane schon einen Arbeiteraufstand, aber letztlich spricht dieses Erlebnis wohl für sich. Die Mädchen, die mitschaufeln, wechseln immer wieder untereinander. Der Rest des Teams kniet zwei Reihen hinter uns auf dem Boden und pflanzt die kargen Weinstängel mit dem Büschel Wurzeln ein, was wie folgt aussieht: Aus einem der wassergefüllten Plastikeimer zerren Maria und unsere Kolleginnen die Pflanzenstängel, knien sich vor ein Loch, in das sie den Stängel halten. Das Loch füllen sie mit einem Teil der zur Seite geschaufelten Erde, ziehen den Stängel nach oben, damit die Wurzeln senkrecht stehen, und drücken die Erde an, bevor sie das Loch endgültig verfüllen – meist reicht dazu die Erde natürlich nicht, weshalb mit den Händen Dreck zusammengekratzt wird. Wir männlichen Arbeiter halten uns bei diesem Anblick lieber an die Schaufeln. Bei der Mittagspause sind wir schon alle erschöpft – zweieinhalb weitere Stunden in der Sonne warten auf uns. Manager Len ist mittlerweile verschwunden. Er versucht für die kommenden Arbeitstage eine Maschine zu organisieren. Am Nachmittag sind wir alle froh, Feierabend zu haben. Die Bilanz des Tages: Ein dreizehn Personen starkes Team hat etwa 1500 Pflanzen in den Boden gebracht. Bei 28 Grad und purem Sonnenschein habe ich 300 Löcher gegraben, mehrere Blasen an den Händen und freue mich auf den nächsten Tag. Denn dann wird wieder gepflanzt.

Am nächsten Morgen ist das Sieben-Mann-Grabe-Team plötzlich zu einem Duo geschrumpft: Nur noch der Brite Jeff und ich stehen mit Spaten bewaffnet vor den pinkfarbenen Farbflecken. Der Rest ist entweder nicht gekommen, anderweitig beschäftigt oder unterstützt das Pflanzteam, das etwas in Rückstand geraten ist – das Pflanzen dauert einfach länger. Jeff und ich stehen also nebeneinander und graben los. Dabei unterhalten wir uns über Gott und die Welt: Musik, Filme, Reise und Gesetze – dies und noch mehr wird zwischen Spaten, Wein und Drähten besprochen. Dieser Tag ist der Beginn einer langen Zusammenarbeit – oder eher: einer anhaltenden Freundschaft – auf dem Weinberg.

Nach unserer Teepause kommt Manager Len mit der angekündigten Maschine: Ein Bohrer, der von ihm selbst oder unserem Vorarbeiter bedient wird, macht es zwar deutlich einfacher, aber hilft Jeff und mir nur bedingt: Wir müssen noch immer mit der Schaufel ran und mindestens die lose Erde aus den Löchern holen. Doch es ist jetzt mehr schaufeln als graben. Ärgerlicherweise hält das laute Gerät dem steinigen Boden nicht stand und gibt nach ein Paar Stunden den Geist auf. Jetzt graben wir doch wieder mehr, als dass wir schaufeln. Am Ende dieses Freitags geht das gesamte Team in den örtlichen Pub zum Pflegen der Blasen und des Muskelkaters. Len zeigt sich spendierfreudig: Pommes und Bier kommen auf den Tisch – die Schmerzen sind bald vergessen, und mit der Verpflegung lässt es sich gut ins Wochenende starten.

Nach einigen Tagen mit anderen Weinberg-Aufgaben geht es wieder ans Buddeln. Die Bohrmaschine wird nun durch einen Bagger mit Bohrkopf ersetzt – es geht von nun an deutlich einfacher und wir können unsere Pflanzaktivitäten in den nächsten Tagen beenden. Insgesamt habe ich über 1000 Löcher ausgehoben. Doch auch wenn es hart war, ich Arme und Rücken spüre: Es ist eine Erfahrung wert gewesen. Solche körperlich harte Arbeit muss ich in meinem Leben wohl nicht mehr machen und es fühlt sich fast gut an, wenn man abends müde ins Bett fällt. Man hat etwas geschafft! Angespornt werden wir in diesen Tagen vor allem durch unser erstes Gehalt: Der Stundenlohn von 13,75 Dollar ist nicht berauschend, aber das erste eigene Geld stimmt euphorisch. Dennoch kippt die Stimmung nach vier Wochen auf dem Weinberg langsam. Einerseits fällt es Maria und mir deutlich einfacher zu arbeiten – wir haben uns an Abläufe und die körperliche Anstrengung gewöhnt, und wenn man sich von Pause zu Pause hangelt, sind die Arbeitstage gut zu bewältigen. Andererseits wird der Druck auf unser Team erhöht. Das Management hat wohl festgestellt, dass wir mit dem Ausdünnen der Triebe weit zurück sind. Die Erweiterungsbauten kosten einfach zu viel Zeit. An einem Morgen stehen wir im Kreis und warten auf Len – es folgt eine Ansage: Wir sollen doch bitte weiterhin ehrgeizig arbeiten, mahnt unser Manager Len. Er meint damit nicht alle, sondern nur Einzelne, die nicht genannt werden und kontinuierlich deutlich langsamer arbeiten als der Rest. Wir wissen alle, wer gemeint ist – auch Maria und mir waren die beiden Kollegen schon vorher aufgefallen. Dennoch versucht Len unseren Wochenplan möglichst abwechslungsreich zu gestalten. Vor dem letzten Tag Pflanzen werden wir alle noch einmal zum Ausdünnen der Triebe geschickt. Als ich dabei kurz aufschaue, wundere ich mich über die vielen Mücken, die sich vor mir vom blauen Himmel abzeichnen. Ich begreife, renne los, brülle den Rest des Teams an, ebenfalls loszusprinten – „Go, go, go!!". Alles geht ganz schnell. Erst einmal aus dem Reihensystem draußen, rennen wir alle in die Richtung, aus der die vielen Tiere kommen. Der gigantische Bienenschwarm fegt im Tiefflug über die Stelle her, wo wir gerade noch friedlich und gelangweilt „Shoot thinning" betrieben haben. Nicht nur für mich mit meiner schweren Bienenallergie hätte dieser Nachmittag böse ausgehen können. Die folgenden Stunden bleibt es nur bei einem unheilvollen Grundbrummen des Schwarms, der irgendwo im Wein sitzt – zu sehen bekommen wir ihn nicht mehr.

Wir können uns noch so bemühen, die Arbeit wird nicht weniger. Also sucht Len nach weiteren Angestellten: In einer Woche sollen unsere neuen Kollegen anfangen. Terra Sancta beschäftigt in diesem Jahr zum ersten Mal überhaupt mehr als fünf Kräfte. Zu unserem zehnköpfigen Team soll jetzt also noch eine zweite Gruppe Saisonkräfte mithelfen, des Weins Herr zu werden. Der Sohn einer Bekannten aus meiner Heimatstadt Witten reist seit einiger Zeit ebenfalls mit seiner Freundin durch Neuseeland, wie ich weiß. Maria und ich kennen zwar Marcel und Lisa nicht, aber über das Internet hatte ich mit Marcel schon einmal Kontakt aufgenommen. Jetzt, wo Len dringend weitere Arbeiter sucht, frage ich Marcel und Lisa, ob sie nicht Interesse haben – haben sie! Innerhalb von wenigen Tagen kommen sie aus dem Abel Tasman National Park, ganz

Maria inmitten der langen Reihen

im Norden der Südinsel, runter nach Cromwell. Für vier Wochen sollen sie in „Team B" arbeiten. Gemeinsam mit fünf Chilenen, einem Chinesen und einem Neuseeländer als Vorarbeiter bilden sie die Truppe, die die üblichen Saisonarbeiten erledigt: Triebe ausdünnen und die Stämme der Weinpflanzen von kleinen Zweigen und Blättern befreien. Keine Abwechslung, kaum lockere Arbeiten und das in einem Team, von dem nur die Hälfte Englisch spricht. Drei der vier Wochen sehen wir die beiden kaum, weil sie entweder in anderen Bereichen des Weinbergs schuften oder andere Aufgaben bekommen. Lediglich an den Wochenenden oder Nachmittagen lernen wir Marcel und Lisa etwas näher kennen – wenigstens für die Zeit in Cromwell.

Endlich sind die jungen Pinots Noirs, Pinots Gris und Rieslinge – die übrigens alle ein Etikett mit „Made in Germany" tragen – im Boden. Jetzt gibt es nur noch wenige Erweiterungsarbeiten zu erledigen. Lediglich einige abgestorbene Pflanzen müssen durch junge ersetzt werden, was deutlich schwieriger ist, da der Boden hier noch härter, steiniger und trockener ist. Alle Pflanzen stecken in der Erde, die Jungweine sind mit Tütchen und Stäben gegen die Kaninchen geschützt. Auch unser Team muss jetzt wieder Triebe ausdünnen oder Jungpflanzen „trainieren". Zu diesem Zweck bekommen wir kleine Klebebandpistolen. Mit denen befestigen wir die Triebe der im Vorjahr gepflanzten Weine mit dem mittleren Draht, der etwa auf Bauchhöhe ist. An diesem binden wir die jungen Äste entlang – einer nach rechts und einer nach links. Manche Pflanzen sind auch noch nicht weit genug entwickelt und werden daher beim Wachsen unterstützt – sie sollen über die nächsten Wochen zwei starke Ästchen ausbilden, die dann später im Jahr oder im nächsten Sommer an den Draht gebracht werden können. Diese Arbeit ist eine, bei der man sich konzentrieren muss: In welchem der drei Stadien befindet sich die Pflanze vor einem gerade? Außerdem sollte keines der Ästchen abbrechen – ein solches Missgeschick würde die Pflanze in ihrer Entwicklung um ein ganzes Jahr zurückwerfen, was wiederum wirtschaftlichen Verlust für den Weinberg darstellt.

Eine andere Aufgabe ist das „Wire Lifting": Bei den alten Pflanzen müssen die beiden oberen Drähte an das Wachsniveau angepasst werden, damit die insgesamt vier Drähte (zwei pro Seite) die Triebe und Blätter zusammenhalten. Das bedeutet: laufen. Jede Reihe besteht aus vielen Pflanzen, die nach etwa jeder sechsten Pflanze von einem Holzpfosten unterbrochen werden. An diesen Pfosten sind die Drähte in Plastikclips befestigt, von denen es vier Stück für vier unterschiedliche Höhen gibt. Neben dem Draht mit den Bewässerungsschläuchen, in etwa auf Kniehöhe, und dem Fruchtdraht, an dem die beiden Äste des Weins befestigt sind, gibt es also noch die beschriebenen vier Drähte, die für die Stabilität der Triebe und später auch die der Früchte sorgen. Diese zwei Drahtpaare werden synchron in besagte Plastikclips eingehängt. Oh Wunder, das geschieht nicht von allein: Wir sind diejenigen, die durch die Gassen zwischen den Reihen rennen und links und rechts, an jedem Pfosten die beiden Drähte in den nächsthöheren Clip hängen. Gerade auf unserem etwas steileren Weinberg „Diggings" spürt man hier bald die Oberschenkel. Doch ich will mich nicht beschweren: Alles ist besser als Triebe ausdünnen. Eine weitere Aufgabe, die jede Saison aufs Neue wartet, ist das Befreien der Weinstämme von Blättern, kleinen Trieben und Wurzelauswüchsen. Die „Bud rubbing" genannte Arbeit wird zwar in erster Linie vom zweiten Team übernommen, aber auch wir müssen mal ran: Auf den Knien krabbeln wir von Pflanze zu Pflanze, umgreifen die festen Stämme und fahren an ihnen mit der Hand einmal hoch und wieder herunter. Alle Auswüchse sind danach abgeschabt – und nach einem Tag brauchen wir neue Arbeitshandschuhe. Für uns ist diese Aufgabe an den sonnigen Nachmittagen allerdings auch eine Möglichkeit, sich der Sonne zu entziehen, wenn man im Schatten der Pflanzen krabbelt. Durch die niedrige Haltung schießt mir aber das Blut in den Kopf und die Hitze wird drückend. Es gilt wieder: Um vier Uhr sind wir froh, Terra Sancta den Rücken zuzuwenden, wenigstens bis zum nächsten Tag.

Jeff und ich spannen Drähte – vier gleichzeitig!

Für Jeff und mich sind all diese Arbeiten nur selten Bestandteil unserer Zeit auf dem Weinberg. Der 27-Jährige aus Großbritannien und ich sind weiter mit den verbleibenden Aufgaben bei der Erweiterung von Terra Sancta beschäftigt. Es sind vor allem die restlichen fünf Drähte pro Reihe (Fruchtdraht auf Bauchhöhe und die vier Drähte zum Zusammenhalten der Pflanzen), die viel unserer Zeit in Anspruch nehmen. Als der Fruchtdraht montiert ist, beginnen wir mit den Vorbereitungen für die verbleibenden Drähte: Zunächst müssen wir die Höhe markieren. Zu diesem Zweck gehen wir mit einem Filzstift durch die Reihen, halten den Messstab an und übernehmen die Striche. Anschließend müssen wir vier Plastikclips pro Pfosten pro Seite, also acht pro Pfosten, einnageln. Es sind geschätzt 100 Reihen mit durchschnittlich wohl zehn Pfosten – das sind 1000 Nägel zu zweit. Eine Aufgabe, die viel Zeit in Anspruch nimmt, würden wir nicht am zweiten Tag Gaspistolen bekommen. Klack. Klack. Klack: Die Nägel samt Clips flutschen ins Holz. Die Geräte sind zwar schwer und machen ordentlich Lärm, aber es geht deutlich schneller. Als die Clips angebracht sind, müssen an beiden Endpfosten die Vorrichtungen für die Drahtenden befestigt werden: Das sind unter anderem Querdrähte zwischen dem Endpfosten und dem ersten Pfosten einer Reihe, damit das gesamte System auf Spannung bleibt. Weiterhin müssen wir für jeden der späteren vier Drähte eine Drahtwinde platzieren, deren Befestigungsdraht wir mit bloßen Händen um die dicken Endpfosten wickeln. Diese Arbeiten kosten uns Tage. Jeff und ich verstehen uns dabei problemlos, ja sogar richtig gut! Die Gesprächsthemen gehen uns nicht aus, und wenn doch mal, dann gibt es bestimmt schon wieder das nächste Wochenende zu planen.

Als all diese Vorbereitungen fertig sind, wollen wir mit den noch auszuspannenden Drähten weitermachen. Doch das Bewässerungssystem hat Vorrang: Es zeigt sich nämlich, dass viele der eingebohrten Tropfvorrichtungen, kleine „Plastikdripper", dem Wasserdruck nicht Stand halten. So spritzt das Wasser in einem der neuen Weinblöcke an fast vierzig Stellen nur so heraus und durchnässt nicht nur die darunter stehenden Pflanzen, sondern schwemmt auch noch die Erde weg. Es braucht keinen studierten Winzer, um zu wissen, dass dies für die nur zwei Wochen alten Pflanzen nicht gut sein kann. Also sind Jeff und ich die beiden, die durch die Reihen gehen und die fehlerhaften

Stellen markieren – eine Dusche bleibt dabei oft nicht aus. Bei abgestelltem Wasser machen wir uns dann an die Arbeit: Wir zerschneiden das neue und das vor drei Wochen mühselig ausgerollte Bewässerungssystem an den Stellen und nehmen einen Zentimeter Plastikschlauch heraus. Denn unsere Kollegen, die die Tropfteilchen in das Plastik gedrückt hatten, haben offenbar häufig nicht im rechten Winkel angesetzt und so das Loch in der Leitung unabsichtlich größer gemacht. So groß, dass die Wiederhaken an den Tropfern nicht mehr halten. Wenn wir das gelochte Stück Plastik entfernt haben, müssen die beiden Schlauchteile wieder durch ein Verbindungsstück zusammengebracht werden. Diese Hartplastikteilchen sind so entworfen, dass die aufgeschobenen Plastikschläuche hinterher nicht mehr abgehen können. Allerdings ist es auch verdammt schwer, die Leitungen erst einmal über die widerspenstigen Plastikwülste der Verbindungsstücke zu drücken. Selbst mit kochendem Wasser aus den guten alten Thermoskannen geht es nur sehr bedingt. Irgendwie und unter großer Anstrengung schaffen wir es doch. Sandra läuft hinter uns und bohrt neue Tropfer hinein – und geht ständig das Wasser aufkochen.

Die Zeit, die wir auf Terra Sancta verbringen, geht langsam zu Ende. Bis dato hatten wir nur zweimal Regen am Vormittag, weswegen wir erst um zehn arbeiten konnten, und einen Tag Regen, an dem wir aber durchnässt weitergearbeitet haben. Ansonsten war es entweder bewölkt oder sonnig – aber meist Letzteres. Sonnencreme ist enorm wichtig bei den hohen Ozonwerten Neuseelands, aber trotzdem sind wir braun geworden. Jetzt sind es noch drei Wochen bis Weihnachten, als Jeff und ich beginnen, die vier verbleibenden Drähte zu spannen. Uns ist klar: Je länger wir dafür brauchen, desto weniger Zeit müssen wir mit dem lästigen Ausdünnen der Triebe verbringen. Denn das macht der Rest des Teams noch immer. Zwar hatten Maria und Jeffs Freundin Sandra zwischenzeitig eine andere Aufgabe, müssen jetzt aber wieder mit dem grünen Blattwerk kämpfen. Von wenigen Zentimetern Größe sind die Triebe uns in den letzten sechs Wochen über die Köpfe gewachsen: Mit großer Kraft muss man sie nun von den beiden Ästen abreißen. Nicht selten übersieht man dabei einen anderen Trieb oder reißt diesen mit heraus – obwohl er eigentlich verbleiben sollte. Es passiert immer wieder, dass statt zwei gewollter Triebe keine überbleiben. Schnell weitermachen, bevor man erwischt wird, ist dann die Devise. Das Management versammelt das Team um sich und erhöht weiter den Druck. „Für den Toilettengang sind die Pausen da", heißt es. Im Akkord soll gearbeitet werden. Und die Drohung, dass Len einige, die gerne möchten, wohl nicht nach Weihnachten weiter beschäftigen wird, weil sie zu langsam arbeiten, kommt auch nicht gut an. Die Stimmung leidet unter diesem Druck, wir beginnen untereinander zu tuscheln und zu lästern. Jeff und ich bekommen das glücklicherweise nur durch Maria und Sandra mit, denn wir sind nach wie vor die Sondertruppe und kommen kaum mit dem Rest in Berührung. Für das

Die Symmetrie des Weinbergs

Quad bekommen wir einen neuen Anhänger. Len hat diesen Trailer von einer Firma ausgeliehen, die neben Leiharbeitern auch alle Werkzeuge für die vielen umliegenden Weinberge bereithält. Mit dem sehr breiten Anhänger passen wir kaum durch die Gassen zwischen den Weinpflanzen, zumal der Hänger durch sein großes Gewicht schwer zu manövrieren ist: Wir ziehen eine Vorrichtung aus Stahl für vier Drahtrollen hinter uns her. Übereinander werden die vier, je einen Kilometer langen Rollen in das Gestell gepackt und dann langsam mithilfe des Quads ausgerollt. Dafür müssen wir aber erst einmal am einen Ende der Gasse parken und die vier neuen Drähte mit den Vorrichtungen verbinden – im Zusammenknüpfen von Metallschnüren bin ich ja mittlerweile quasi Fachmann. Mithilfe des Werkzeugs und der kleinen Aluminium-Verbindungsstücke wird neu und alt verbunden, so dass wir langsam mit dem Quad vorfahren können. Nach einigen Reihen haben Jeff und ich ein gutes System entwickelt, bei dem wir uns jede Reihe abwechseln. Wo vier Drähte auf Rollen im Spiel sind, bleiben allerdings Knoten nicht aus: Schon bald müssen wir anhalten, weil sich ein Drahtseil nicht mehr abrollen möchte. Irgendwie bekommen wir es noch einmal entwirrt. Aber nicht immer: Von Zeit zu Zeit müssen wir auch mal gezwungenermaßen abschneiden und wieder neu verbinden. Der Job kostet uns deutlich mehr Zeit als gedacht – selbst wenn wir uns beeilt hätten, hätten wir wohl nicht weniger als eine Woche gebraucht, um die vielen Kilometer Stahl auszurollen. Doch unser Antrieb, schnell fertig zu werden, ist ohnehin klein: Mit jeder Reihe, die wir fertigstellen, kommen wir unvermeidlich dem ungeliebten Ausdünnen der Triebe näher. Wenigstens werden wir von unserer Sonderarbeit immer wieder von unserem Vorarbeiter George oder Manager Len für andere Arbeiten, also Sonder-Sonderaufgaben, kurz abgezogen. Einmal soll ich zum Beispiel mit Lens Geländewagen einen ein Kubikmeter fassenden Sack mit Dünger oder Ähnlichem von einer Scheune zu einer anderen Stelle auf dem Weinberg bringen. Dort soll der große, schwere Plastikbeutel von einem Bagger heruntergehoben werden. Ich klettere auf die Ladefläche des Geländewagens und befestige den Sack mit einem starken Riemen an der Baggerschaufel. Der Sack wird angehoben, dabei läuft der Riemen aber über die scharfe Kante der Schaufel. Der Riemen reißt, der Sack fällt mit einem dumpfen Schlag auf den Boden – hätte ich einen Meter weiter links gestanden, wäre ich unter dem Sack gelandet. Len wirkt genauso froh wie ich, dass nichts passiert ist. Denn Len ist ein sehr guter und fürsorglicher Boss! Er selbst arbeitete schon in Europa auf Weinbergen und weiß, dass für uns vor allem das Reisen im Vordergrund steht. Natürlich möchte er, dass seine Arbeit gut und schnell erledigt wird – er bezahlt uns schließlich. Allerdings hat er kein Interesse, dass uns die Zeit nicht gefällt und dass wir uns verletzen. In diesem Sinne sagt er „Thanks, Philip!" und schickt mich zurück zu Jeff und den Drähten. Als wir endlich damit fertig sind, haben wir uns schon in unser Schicksal gefügt. Triebe ausdünnen … Doch plötzlich gibt es noch andere Aufgaben, die zu erledigen sind: Ausbesserungsarbeiten bei den neuen Pflanzen, das alte Bewässerungssystem muss stellenweise ebenfalls geflickt werden und wir müssen die Drähte bei den alten Pflanzen überprüfen. Doch es kommt der Tag, der kommen musste, wo auch mich das Triebe Ausdünnen einholt.

Der Rest des Teams wechselt gerade den Abschnitt des Weinbergs und läuft dabei an mir vorbei. „Mitkommen", sagt der Vorarbeiter. Es hat mich also erwischt – ganz unspektakulär und in diesem Moment tatsächlich überraschend. Sofort bekomme auch ich meine eigene Reihe zugewiesen und versuche mir einen Überblick über Blätter, junge Mini-Trauben und Vogelnester zu verschaffen. Vogelnester? Ja, offenbar legen viele heimische Vogelarten ihre Eier in die Weinreben – wir versuchen zwar an ihnen vorbei zu arbeiten, aber oftmals ist dies kaum möglich. Dennoch finde ich mich überraschend schnell in die Arbeit ein und halte sofort mit den Langsamsten des eingespielten Teams mit. Nach zwei Tagen Ausdünnen verstehe ich Maria nur zu gut – es ist unglaublich langweilig.

Wein gefällig? Vineyard-Manager Len und Winemakerin Jen

Kurz vor Schluss unserer Arbeit auf dem Weinberg gibt es endlich die versprochene Weinverkostung – nach dem „Shoot thinning" haben wir die auch alle dringend nötig. An einem Freitagnachmittag nach der Arbeit trifft sich das gesamte Team vor dem kleinen Verkaufsräumchen. Von Winzer Jody, der für den Weinprozess zuständig ist, bekommen wir einiges erklärt. Auf dem Tisch stehen eine Flasche Riesling, eine Flasche Rosé und ein Pinot Noir – drei der fast 15 produzierten Weinsorten bekommen wir bei unsrem „Winetasting" angeboten, und das sind auch noch die drei billigsten des Sortiments. Eigentlich eine schwache Leistung, aber wir wollen uns nicht beschweren – sogar mir schmecken die Weine gut. Und ich habe, um ehrlich zu sein, kaum Erfahrung mit Wein(trinken). Nach den edleren Tropfen gibt es aber noch kühles Bier, das Len in einer großen Kühltruhe mitgebracht hat. Das gute neuseeländische „Speight's" frischt die trockene Kehle etwas auf. Was für ein Start ins Wochenende.

Doch es gibt noch eine weitere, gute Nachricht: Maria und ich haben beschlossen zwei Tage eher aufzuhören, als wir eigentlich müssten. Plötzlich geht damit unsere Zeit auf Terra Sancta ganz schnell zu Ende. Nach dem letzten Arbeitstag in der Sonne verabschieden wir uns von allen. Manche werden wir noch wieder treffen, andere nicht. Wir haben letztlich fast neun Wochen gearbeitet – acht waren bei Zusage des Jobs geplant, etwa sechs bevor wir nach Neuseeland kamen. Es reicht also völlig! Trotzdem haben wir auf dem Weinberg viele neue Freunde getroffen, wir haben Arbeiten verrichtet, die wir sonst nie kennengelernt hätten, und einen Arbeitsalltag erlebt, der uns wohl in unserem Leben nicht mehr begleiten wird: physisch harte Arbeit und das vierzig Stunden die Woche. Zum letzten Mal fahren wir mit unserem Van Eddie die staubige Schotterpiste entlang, vorbei an der kleinen Hütte für unsere Pausen, vorbei an dem großen Teich für die Bewässerung und schauen noch einmal auf die frisch gesetzten Pflanzen. Die ersten kleinen Triebe und hellgrünen Blättchen strecken sich in die Sonne Central Otagos – nächstes Jahr dürfen andere Backpacker diese trainieren und dann ausdünnen – viel Spaß. Wir biegen auf die Straße ab und fahren Richtung Farm, wo wir die letzten Wochen gelebt haben. Es geht entlang der zig Weinreihen. Wehmütig blicken wir noch mal zurück. Freude und traurige Gewissheit, dass die gesamte Reise langsam zu Ende geht, vermischen sich. Und was bleibt tatsächlich? Braune Haut von der vielen Sonne, muskulösere Oberarme, weniger Speck (ich habe in diesen neun Wochen sechs Kilo abgenommen) und viele Narben an den Armen von zurückschnackenden Drähten. Ach, im Nachhinein war es gar nicht so schlimm – Tschüss Terra Sancta!

Freizeit in Cromwell

Freizeitbeschäftigung: harte Farmarbeit. Trotzdem ein Erlebnis ...

Freizeit in Cromwell

Unsere neun Wochen Arbeit auf dem Weinberg Terra Sancta wären nicht diese einmalige Zeit gewesen, wenn das Rahmenprogramm nicht gestimmt hätte: Wir haben viele neue Leute kennengelernt, tolle Wochen auf der Farm verbracht und insgesamt diese einmaligen Erfahrungen mitgenommen. Es sind Erlebnisse, die teils eng mit der Zeit zwischen den Reben verflochten sind, aber sie sind ein so besonderer Teil der gesamten Reise und so umfassend, dass ich ihnen ein eigenes Kapitel widmen möchte. Außerdem nutzen wir tatsächlich die Wochenenden, um die restlichen, für uns noch unbekannten Gegenden der Südinsel zu erkunden.

Es ist unser erster Morgen zurück in Cromwell, nachdem wir am Abend zuvor über die Westküste und den Haast Pass zurückgekehrt waren. Am morgigen Montag wartet unser erster Arbeitstag auf dem Weinberg auf uns. Doch jetzt steigen wir unfreiwillig sofort ins Farmleben ein: Wir sind allein zu Hause, die Familie ist nach Christchurch verreist. Ich möchte gerade mit meiner Familie telefonieren, als durch die offene Terrassentür unseres Zimmers ein Huhn hereinschaut, dann kommt ein zweites und ein drittes. Na toll: Die Hühner sind los. Neun der zwölf Geflügeltiere, die ein weitläufiges Gehege neben dem Garten des Farmhauses haben, sind ausgebrochen. Vermutlich, weil sie seit zwei Tagen nicht mehr gefüttert wurden. Mama und Papa in Deutschland müssen jetzt warten. Maria und ich springen in unsere Schuhe und versuchen im Schlafanzug, die hungrigen Hühner einzufangen – gar nicht so einfach, wenn man das noch nie getan hat. Irgendwie schaffen wir es aber, die Tiere wieder auf die andere Seite des Maschendrahtzauns zu bugsieren. Vorsichtshalber gebe ich ihnen auch einige Schaufeln von dem Trockenfutter und sammele die Eier ein. Fast zwanzig Eier liegen unter der Holzklappe des Stalls. Es wird ein ei(n)seitiges und eihaltiges Frühstück. Genauso wie die nächsten neun Wochen: Im Schnitt legt das Dutzend Hühner am Tag etwa zehn Eier, die irgendwie von uns fünf Personen gegessen werden müssen. Gesund sind zwei Eier pro Tag vermutlich

Sohn Blake mit einer Pavlova.
Er wächst uns richtig ans Herz!

nicht – aber für einen echten „Bacon and Egg"-Fan, wie ich es bin, ist es das reinste Frühstücks-Paradies. Und wie gut sie schmecken, die Eier glücklicher Hühner im eigenen Garten …!

Ähnliches gilt für das viele Fleisch, das wir jeden Abend vorgesetzt bekommen. Maria und ich zahlen gemeinsam 200 Dollar pro Woche für unseren Raum, das Internet und auch das Essen. Es ist nicht schwer zu erraten, was für Fleisch es auf einer Schaffarm gibt. Richtig, Lamm. In allen Variationen essen wir fast täglich das sonst so teure Lammfleisch: Braten, Schnitzel und noch mal Braten. Selten – meist, wenn Maria und ich an zwei oder drei Abenden die Woche kochen – gibt es auch mal Rindfleisch. Alistair hält neben den 4500 Schafen auch um die 35 Rinder. Deren Hackfleisch schmeckt sehr gut und wird von uns gerne zu Bologneser Soße verarbeitet. Das abwechselnde Kochen klappt sehr gut: Für Alistair, Jackie, Blake und uns lässt es sich gut kochen. Die drei sind es allerdings gewohnt, sich sehr gesund und in überschaubaren Portionen zu ernähren – gerade für mich eine harte Probe. Ich brauche ein wenig Zeit, um mich daran zu gewöhnen – aber letztlich finde selbst ich mich mit Salat und zartem Lammfleisch als Hauptmahlzeit nach acht Stunden Knochenarbeit ab. Die Schüssel Eis zum Nachtisch ist dann aber umso willkommener.

Die Familie trägt stark dazu bei, dass wir uns so wohlfühlen: Neben abendlichen Gesprächen mit Alistair über Politik, deutsche Geschichte und Wirtschaft machen auch die Spieleabende viel Spaß. Das Leben mit Hiedi, dem Haushund, den vier Schäferhunden im engen Zwinger vor der Tür und den Hühnern im Garten bietet eine eigene und ganz besondere Atmosphäre. Dazu gehört auch das Quad,

Das Quad gehört auf der Farm dazu

das immer vor der Tür steht, mit dem ich die 300 Meter Auffahrt zur Straße fahre und die Mülltonne hinter mir herziehe, mit dem ich gemeinsam mit Blake zum nahen Bewässerungsteich einer Kirschplantage fahre um zu schwimmen oder mit dem ich auf den Hügel hinterm Haus fahre und zusammen mit Hund Hiedi die Aussicht genieße. Dank „Cairnmuir Station", wie die Farm heißt, treiben wir auch unsere Englischkenntnisse stark voran: Wir reden mit der Familie ausschließlich die Fremdsprache, und Maria und ich versuchen ebenfalls Englisch miteinander zu sprechen, sobald andere dabei sind.

Die „Big Fruits" von Cromwell kennt fast jeder Neuseeland-Urlauber

Auch sind ständig irgendwelche anderen, internationalen Gäste im Hause: Alistair nimmt weiter Wwoofer auf. Den Anfang machen gleich in der ersten Woche Chiara und Lena aus Limburg an der Lahn, Deutschland. Die beiden hatten wir mal in Christchurch beim Backpacker Car Market kennengelernt. Die Abiturientinnen haben Alistair auf unsere Wwoofing-Erfahrung und unsere Erzählungen hin angeschrieben. Wir verstehen uns gut mit den beiden Mädchen und verbringen die Nachmittage gemeinsam, wenn wir von der Arbeit wiederkommen. Weil die beiden aber Georgias Zimmer belegen und die 13-Jährige an vielen der Wochenenden aus dem Internat nach Hause kommt, müssen Lena und Chiara schon nach nur fünf Tagen weiterziehen. Sie verabschieden sich mit einer leeren Batterie ihres Vans – Alistair hilft ihnen dabei, den Motor zu starten. Auch die nächsten Wwoofer kommen aus unserem Heimatland: Julia und Martina sind aus Mecklenburg-Vorpommern und stammen selbst aus einer recht ländlichen Region. Dadurch haben sie einerseits schon Erfahrungen und stellen für Alistair gute Hilfen dar. Die beiden bleiben auf Cairnmuir Station für eine Woche, in der auch Maria und ich einiges mit den beiden Backpackerinnen unternehmen: Wir besuchen unter anderem die kleine Altstadt und auch die „großen Früchte" Cromwells. Die Altstadt, eine Ansammlung von kleinen, süßen Häuschen aus dem späten 19. Jahrhundert, lockt mit ein paar Lädchen und Cafés und vor allem dem Blick auf den blauen See. Wir kaufen uns eine Kugel Eis aus dem italienischen Restaurant und setzen uns in die Sonne auf den Holzsteg. Dort treffen wir zwei weitere deutsche Mädchen, die auf den ersten Blick kaum unterschiedlicher als wir sein könnten.

Auch die beiden sind Backpackerinnen, residieren aber nur in Motels anstatt auf Campingplätzen. Über Kontakte haben sie nun Arbeit auf einem Weinberg gefunden. „Für drei Wochen, aber die Kontaktperson geht jetzt nicht mehr ans Telefon", sagen sie enttäuscht. Für Backpacker ist so etwas bitter, aber es hilft nichts – man muss weitermachen. Die Mädchen wollen noch wissen, in welche Richtung man denn schöner um den See herumgehen kann und ziehen von dannen. Etwas verdutzt schlecken wir unser Eis zu Ende und gehen zur zweiten Attraktion Cromwells: Spricht man mit Neuseeland-Touristen, kennt üblicherweise niemand die 4000 Einwohner-Stadt Cromwell, was an sich schade ist. Fragt man dann aber nach den „big fruits" (große Früchte), weiß hingegen jeder Bescheid. Denn fährt man über den State Highway von Dunedin, Christchurch oder Wanaka nach Queenstown, kommt man an den mehrere Meter hohen Plastikfrüchten vorbei. Der Apfel, die Birne, die Aprikose und der Pfirsich sind über die Landesgrenzen hinweg bekannt. Und uns vier nutzen sie zu einigen lustigen Fotos, bevor wir uns noch das Cromweller Einkaufszentrum anschauen, das die Innenstadt bildet und einige kleine Läden beherbergt.

Die nächsten Wwoofing-Gäste bringen einen anderen Einfluss ins Farm- und Familienleben: Alejandro und Lilia kommen aus Chile und bleiben eine Woche bei uns. Für die Südamerika-begeisterte Familie sind die beiden Chilenen toll. Zwar sind Alejandro und Lilia schon deutlich älter als wir, aber es ist interessant, mit Menschen von einem ganz anderen Kontinent zu sprechen. Das Englisch der beiden ist noch ausbaufähig – sie lernen es aber auch erst seit sechs Monaten. Nämlich seit sie Chile verlassen haben. Wir bekommen von ihnen Eindrücke Südamerikas geschildert und auch dargeboten, wie die südamerikanischen Umgangsformen sind. Die beiden haben es momentan nicht einfach: Zwar hat Lilia ein Working-Holiday-Visum, mit dem sie auch arbeiten darf, Alejandro hingen hat keins der limitierten Visa bekommen. Die beiden wollen daher nach der Woche Wwoofing bei uns zu einer der vielen Plantagen, wo Lilia für eine Woche einen Job hatte.

Bald hören wir, um was es sich da handelte: Beide mussten sich für eine Woche in das dazugehörige Hostel einmieten. Während Alejandro die Tage unter dem Vogelschutznetz im Haus absaß, arbeitete Lilia auf der Plantage. Nach vier Tagen gab es allerdings keine Arbeit mehr – die Miete zahlten sie für die restlichen Tage aber trotzdem noch. Als wir das hören,

Wwoofer aus Chile: Lilia und Alejandro

wird uns noch mal deutlich, was wir für ein Glück auf Terra Sancta und mit der Unterkunft haben. Auch Alistair und Jackie finden Gefallen an den beiden Südamerikanern, so dass Alejandro und Lilia an unserer Stelle auf Cairnmuir Station einziehen werden. Also dann, wenn wir ohnehin Cromwell verlassen werden.

Können wir uns mit Alejandro und Lilia noch einigermaßen verständigen und zur Not einfach gemeinsam lachen, ist die Kommunikation mit den beiden Tschechen, die als Wwoofer kommen, nahezu unmöglich. Während der eine der beiden Freunde wenig Englisch spricht, kann sich der andere gar nicht verständigen. Und auch so sehen wir von den beiden Osteuropäern nicht viel: Die Freundin des einen ist auch in Cromwell, weswegen sich die beiden nach getaner Arbeit häufig Richtung Freundin und Bekannte verabschieden. Kurios ist jedoch, dass ich in Neuseeland, am anderen Ende der Welt, zum ersten Mal in Kontakt mit einem Tschechen komme – und das, obwohl das Land eigentlich relativ nah an meiner Heimat liegt.

Von den Wwoofern bekommen wir natürlich meist nur etwas mit, wenn wir von der Arbeit nachmittags nach Hause kommen oder wenn wir die Wochenenden zusammen verbringen. Wir erkundigen uns dann immer bei Alistair und den Wwoofern, was heute ihre Aufgaben waren und nehmen so weiter am aktiven Farmleben teil. Allerdings tauchen auch wir an drei Tagen noch einmal in die echte Landwirtschaft ein: Tailing steht an. Beim „Tailing" werden den wenigen Wochen alten Lämmern die Schwänze aus Hygienegründen abgeschnitten.

Unfreiwilliges Warten auf das Tailing

Schon lange, bevor diese Arbeiten anstehen, fragt Alistair, ob wir dabei helfen wollen. „Natürlich!" Wir nehmen uns drei Tage auf dem Weinberg frei und fahren dafür mit Alistair und einigen befreundeten Farmern auf den Berg.

Um vier Uhr klingelt der Wecker, keine halbe Stunde später geht es mit dem Geländewagen los Richtung Scheune, wo wir uns mit den anderen treffen. Mit dabei sind neben Alistairs Hunden auch Alejandro und Lilia, die in diesen Tagen ihren Wwoofing-Aufenthalt haben. Die Sonne geht über den Hügeln der Farm auf, als wir uns auf den Weg zum Tailing-Platz machen. Die Hunde bellen, das Brummen der starken Motoren scheucht die ersten Schafe vor uns her. Es

ist eine halbstündige Fahrt über schlechte
Farmwege, teils steil nach oben. Immer wieder müssen wir anhalten, Gatter aufstoßen,
um sie direkt wieder zu verschließen. Oben
wartet auf uns eine kleine Hochebene mit
beeindruckendem Blick auf den Rücken
der Remarkables bei Queenstown und auf
den Lake Dunstan und Cromwell unter uns.
Während wir Alistair dabei helfen, das mobile Zaunsystem vom Hänger zu laden und
aufzubauen, treiben einige seiner Kollegen
die erste Schafherde herbei. Mit jeweils einem langen Wanderstock und ihren Hunden
gehen – oder eher klettern – sie den steilen
Berg hinauf, um dann die Schafe von oben
zu uns herunter zu scheuchen. Wir sind gerade fertig mit Aufbauen, da warten schon die
Wollknäuel. Die Lämmer werden von ihren
Müttern getrennt: Die Muttertiere kommen

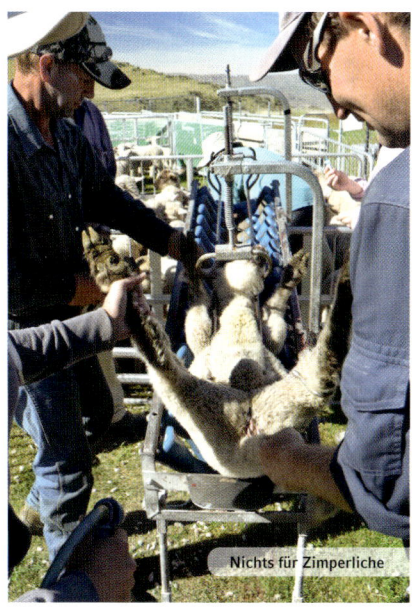

Nichts für Zimperliche

auf eine der angrenzenden Weiden, die Lämmer in ein kleines, wenige Quadratmeter großes Gehege. Sobald dieses voll ist, geht es erst richtig los. Wie am
Fließband arbeiten wir – und das schnell. Es müssen schließlich 2500 Lämmer
„bearbeitet" werden. Alejandro und ich fangen jeder eines der Lämmer und
versuchen, sie unter Kontrolle zu bekommen. Wild strampeln die Kleinen um
sich. Mehr schlecht als recht schieben wir sie auf dem Rücken auf eine Art
Rutsche. Sobald sie dort mit allen Vieren von sich gestreckt liegen, können sie
sich kaum noch bewegen. Zuerst wird in eines der Ohren – die Seite ist vom Ge-
schlecht des Lamms abhängig – die Ohrmarke von Cairnmuir Station gestanzt.
Die Tiere mähen laut. Schneidet sich das scharfe Metall in die Lammohren,
kreischt das Jungtier laut. Häufig treffen wir dabei eine Ader. Das Blut tropft
auf das Fell der Tiere und auf unsere Klamotten. Parallel dazu bekommt jedes
Lamm eine kleine Spritze gegen Krankheiten ins Ohr gestochen. Es ist wohl für
die Tiere das Harmloseste an dem ganzen Vorgang – doch Lilia, die die Sprit-
zen gibt, entschuldigt sich dennoch mit einem „Sorry" bei jedem der kleinen
Lämmer. Ob es den Schafen danach besser geht, ist fraglich. Zur Belustigung
der Farmer trägt es in jedem Fall bei.

Männliche Lämmer werden an diesem Tag auch noch kastriert: Einer der alten
Farmer, die helfen, klemmt die Hoden mit einem blauen Gummiring ab. Als
Letzter in dieser Reihe steht Alistair, der mit einer stumpfen, erhitzten Schere
die Schwänze abschneidet. Durch die Hitze sollten die Wunden direkt veröden,
was aber nicht immer klappt. Bevor die Lämmer wieder auf die Weide gelassen

Arbeiten wie am Fließband

werden, wird noch ein Desinfektionsmittel über die Wunde gespritzt. All das geschieht in wenigen Sekunden – es befinden sich teilweise vier Lämmer gleichzeitig auf der anderthalb Meter langen Rutsche. Die Lämmer schreien, strampeln um sich, das Blut pulsiert aus den Wunden. Der Geruch von angebranntem Fleisch und dem Kot der Tiere hängt in der Luft. Es klingt makaber, was es wohl ein Stück weit auch ist. Doch für zu viele Gedanken bleibt keine Zeit: Wir arbeiten nun mal gerade auf einer Farm, wo wir es mit Nutztieren und nicht mit Kuscheltieren zu tun haben. Würden die Schwänze nicht abgeschnitten, dann würden sie den Kot der Tiere auf der Wolle verteilen, und es könnten sich Maden hineinfressen. Die Wolle muss außerdem höchsten Qualitätsansprüchen genügen, da sie zur Kleidung der bekannten Merino-Firma „Icebreaker" verarbeitet wird.

Dieser Job ist unglaublich interessant und spannend. Von den alten, anderen Farmern lernen wir viel. Lediglich der Kampf beim Bändigen der Lämmer bleibt anstrengend. Die über zehn Kilogramm schweren Tiere strampeln wild um sich und rammen einem die kleinen Hörner in Brust und Gesicht. Hinzu kommt, dass ich meinen linken Arm kaum belasten kann: In den letzten Tagen war mir auf dem Weinberg ein Drahtende durch die Spannung direkt in das Ellbogengelenk gesprungen, wodurch sich wohl ein kleiner Bluterguss gebildet hatte. Aber für verweichlichte Töne ist hier oben auf fast 1000 Metern Höhe kein Platz – es geht also weiter. Mit elf Mann schaffen wir am ersten Tag 600 Lämmer und beenden den Arbeitstag schon um 13 Uhr – Maria und ich gehen anschließend noch für zwei Stunden auf den Weinberg Geld verdienen.

Die folgenden Tage sind beim Tailing nicht weniger Kräfte zehrend, sowohl für uns als auch für die Lämmer. Vor allem das frühe Aufstehen ist zermürbend. Am zweiten Tag regnet es kontinuierlich. Wir sind schon bald durchnässt. Erst als es fast schüttet, unterbrechen wir die Arbeit für eine Stunde. Wir kauern in den Geländewagen, versuchen, warm beziehungsweise trocken zu werden. Der letzte Regentropfen ist noch nicht versiegt, da geht es weiter. Am letzten Tag müssen wir die beweglichen Gehege wieder abbauen und zu einem anderen Platz auf der Farm bringen, wo die restlichen 300 Lämmer auf uns warten. Dort zeigen uns auch die alten Schäfer, wie früher kastriert wurde. Früher, das heißt bis vor etwa dreißig Jahren, als die blauen Plastikringe noch nicht benutzt wurden. Der Grund für die Kastration ist einfach: Alistair muss sicherstellen, dass sich nur die Tiere mit der besten Wolle weiter fortpflanzen – dazu hat er bereits Tiere aus den letzten Jahren ausgewählt. Peter, einer der anderen Farmer, zeigt uns also, wie man vor dreißig Jahren die Vererbung der gewollten Gene sicherstellte. Er nimmt den Hoden des Lamms auf der Rutsche in die Hand und wühlt mit den anderen Fingern in seiner Hosentasche. In einer Bewegung zieht er sein Taschenmesser hervor. Die Sonne blitzt in der sauberen Klinge. Mit dem Messer schneidet er den Hodensack auf, so dass die beiden Hoden in heller, schleimiger Form zu sehen sind. Und jetzt? Es kommt, womit wohl keiner gerechnet hatte: Er beugt sich vorne rüber und reißt mit den Zähnen die Hoden aus dem Sack. Breit grinsend guckt er uns an und spuckt die ehemals besten Stücke des kleinen Tieres neben sich ins Gras … Ehm, ja.

Es ist das erste Mal in diesen drei Tagen, wo selbst ich mir nicht sicher bin, was ich von dem gerade Gesehenen halten soll. Da sind auf der einen Seite die Farmer, die bei Wind und Wetter zu den Schafen müssen, ihr Leben lang nichts anderes machen und ihre Schafherde als Wirtschaftskapital ansehen –

Unter Farmern

mal überspitzt dargestellt. Auf der anderen Seite sind Tierschutzgedanken, die sicherlich in Deutschland und bei uns Stadtkindern ohnehin stärker ausgeprägt sind als auf neuseeländischen Hochlandfarmen. Mit einem faden Beigeschmack (kriegt hier eine ganz andere Bedeutung) ist es dennoch interessant zu sehen, wie sich die Farmarbeit in dreißig Jahren verändert hat. Und gleichzeitig bin ich froh, dass es heute die blauen Gummiringe gibt und vor allem, dass ich kein Lamm bin.

Das dreitägige Tailing endet mit einer abschließenden Runde auf der Terrasse des Farmhauses. Bei Bier für die Farmer gibt es einige Steaks und Würstchen vom Gasgrill. Dazu haben wir einige der 2500 Lammschwänze mitgenommen. Die alten Farmer zeigen mir, wie man die Wolle und die Haut abzieht, damit wir die Schwänze dann auf den Grill werfen können – es sei eine neuseeländische Delikatesse und wohl besonders bei den Maori, den Ureinwohnern, beliebt. Mariniert und gebraten schmecken die Schwänze tatsächlich gar nicht so schlecht. Die dünne Fleischschicht habe ich allerdings schnell abgeknabbert und orientiere mich daher auch gerne und ganz freiwillig wieder Richtung Würstchen – wer hätte gedacht, dass ich jemals die neuseeländischen Grillwürstchen etwas anderem vorziehen würde.

Wir haben die Tagesbilanz gezählt: über 700 Schwänze

Bei dieser Erfahrung gilt dasselbe wie für das meiste in unserer Zeit am anderen Ende der Welt: Planbar ist davon nichts gewesen. Wir haben einfach verdammt Glück gehabt, all das erleben zu dürfen. Missen möchte ich davon nichts – auch, wenn man beim Tailing anfangs seinen Ekel überwinden muss. Doch es hat sich auch in anderer Hinsicht gelohnt: Unsere Bezahlung bestand nämlich aus einem Helikopter-Flug über die Farm. Schon drei Tage bevor die eigentliche Arbeit mit den Schafen ansteht, landet der Helikopter im Vorgarten der Farm. Gemeinsam mit Alistair springen wir hinein, schnallen uns an und setzen den nötigen Kopfhörer inklusive Funkgerät auf. Der Pilot hebt auch sofort ab und fliegt in die Cromwell Gorge, entlang des Lake Dunstan über den Rand der Farm hinweg. Die Zähne klappern aufeinander von der Vibration der Rotoren. Für Alistair ist dieser Flug kein Vergnügen, sondern Arbeit pur: Er verschafft sich hierdurch einen Überblick, wo die einzelnen Schafgruppen verteilt sind. Trotz des arbeitsbezogenen Hintergrunds wäre es wohl eine Lüge, dass Alistair keinen Spaß am Helikopter findet. Als wir zwischen kleinen Büschen einige Tiere mit ihren Jungen entdecken, treiben wir sie mit dem Lärm und Wind des Helikopters den Hang hinauf. „Die gehen heute nicht mehr runter", so Alistair zufrieden. Am folgenden Tag wird er dann mit seinem Geländewagen möglichst weit heranfahren und die Schafe in Richtung Hochebene zum Tailing treiben. Zwar kann er mit dem Wagen ein gutes Stück fahren, aber er muss noch einige Kilometer laufen: Es ist für ihn eine etwa achtstündige Wanderung – und das zwei Tage in Folge, da wir beim Flug noch einen weiteren Herdenteil finden. Alles in allem ist er aber sehr zufrieden, denn es haben sich nicht viele Tiere verirrt. Der Flug ist deswegen schon recht schnell zu Ende. Wir fliegen noch über eine Weide und vermessen den Umriss mithilfe des GPS-Systems, bevor wir über die Kuppen wieder Richtung Farmhaus gleiten. Die Außenhülle des Helis vibriert, das Geräusch der Rotoren frisst sich in Bein und Bauch. In Steilkurven fliegen wir über Bergspitzen, schweben in den dahinterliegenden Abgrund hinein – toll. Für Maria und mich war der Flug gerade lang genug: Ich wäre gerne noch län-

Unser Lohn!

ger unterwegs gewesen. Maria hätte sich fast im Helikopter übergeben. Es war also so gerade eben richtig. Und wir haben endlich die gesamten 6500 Hektar der Hochlandfarm gesehen – und das sogar von oben.

Gemeinsam mit Alistair fahre ich an einem Abend während des Tailings nochmals los. Wir müssen eine riesige Herde Schafe aufspüren und schon einmal den nächsten Hang hinauftreiben. Andernfalls müssten seine Kollegen, die die Schafe zum Arbeitsplatz treiben, am nächsten Morgen mehrere Berghänge hinauf stapfen. Die 45-minütige Fahrt geht bergauf und wieder bergab, vorbei an großen Felsen, über steile und löchrige Farmwege und durch einige Gittertore hindurch. Die Farm kommt mir gigantisch vor und ist trotzdem für neuseeländische Verhältnisse nicht übermäßig groß. Unterwegs scheuchen wir auch Alistairs Rinderherde auf. Die Tiere rennen vor uns her, bis sie links im Gebüsch verschwinden. Zwei Jahre behält Alistair die Kühe, bevor sie dann zum Schlachter müssen. Zwei Jahre, in denen sie Gras fressen und dem Farmer nur wenig Arbeit machen – ein gutes Geschäft, wenn alle Vierbeiner überleben. Plötzlich hält Alistair an. Was ist los? Ich stiere blind in die Dämmerung hinein. Er hat seine Merino-Schafe schon längst gesehen, da weiß ich noch nicht mal, was los ist. Ich soll den Hang runter gehen und parallel zum Schotterweg laufen. Hä? Als ich schon dreißig Meter weiter unten bin, sehe ich auch endlich die wollenen Vierbeiner. Jetzt ergibt mein Auftrag Sinn. Ich unten, er oben und die Hunde irgendwo dazwischen, treiben wir die Tiere vor uns her. In ihrer Richtung beginnt ein weiterer Hang, gegen den wir sie treiben wollen, damit sie dann stattdessen links das Tal hinab flüchten. „Tschäuh. Tschuäh", rufe ich laut und rudere wild mit den Armen. Ha! Ich mache meinen Job gut, die Schafe rennen in die gewünschte Richtung. Stolz sucht mein Blick Alistair. Doch statt des Farmers sehe ich nur zwei der fünf Hunde neben mir ... Die Schafe sind wohl doch nicht wegen mir weggerannt. Denn in Wirklichkeit ma-

Cockpit Sicht

chen die fünf Hunde die Arbeit. Zum Schluss treibt Alistair nur mit einem der schwarz-weiß gescheckten Hunde die gesamte Herde in das gewünschte Tal hinein und dann den nächsten Hang wieder hinauf. Ich stehe beeindruckt neben ihm: Mit Pfiffen und Rufen dirigiert er seinen 200 bis 300 Meter weit entfernten Schäferhund. Die anderen Kläffer sitzen unruhig neben uns. Sie wollen auch viel lieber arbeiten, anstatt nur zuzuschauen. Die Merinos rennen, was ihre schlaksigen Beinchen hergeben. In der untergehenden Sonne scheint es, als flössen zig Wasseradern den nächsten Berg hinauf: alles Wiederkäuer und ihre Lämmer. Höchst eindrucksvoll!

Eine gewisse Faszination übt zunächst auch das Jagen in Cromwell auf mich aus. In Central Otago herrscht eine unglaubliche Kaninchenplage. Seit die europäischen Kaninchen um 1830 nach Neuseeland gebracht wurden, hat sich ihre Population prächtig entwickelt. Zunächst nur als Haustier und zum Essen gedacht, pflanzten sich die Tiere so sehr fort, dass sie bereits in den 1870er-Jahren zum ersten Mal eine Massenplage wurden. Denn in Neuseeland haben die Tiere keinen natürlichen Feind. und gerade die trockene Gegend Central Otagos bietet die perfekten ökologischen Gegebenheiten für die Tiere: Ein Weibchen bekommt bis zu fünfzig Junge – pro Jahr! Ein junges Kaninchen kann noch in seinem Geburtsjahr selbst Junge bekommen. Wer sich jetzt immer noch nicht vorstellen kann, wie es auf den Straßen zwischen Alexandra und Queenstown und zwischen Wanaka und Cromwell ausschaut, der sollte einfach mal bei Dämmerung vorbeifahren: Wo der Scheinwerferkegel auch hinfällt, neben der Straße ist alles voller Kaninchen. Man kann nicht selten an die zehn Stück auf einen Blick erkennen! Am folgenden Morgen kann man dann die Exemplare zählen, die die Nacht nicht überlebt haben und nun noch immer auf der Straße liegen. Es ist eine Plage, die vor allem (aber nicht nur) die Farmer beschäftigt. Zäune werden untergraben, Blumen und Kräutergärten abgefressen und das Gras von den braunen Langohren gemäht. Durchschnittlich vertilgen sieben bis zehn Kaninchen genauso viel Gras wie ein Schaf, heißt es auf der Internetseite des Department of Conservation. Es ist daher verständlich, dass Alistair regelmäßig einen Jäger, einen Kopfgeldjäger für Kaninchen, beschäftigt. Mit dem Quad oder dem Motorrad fährt dieser dann bei Nacht über die Farm und jagt mit hellen Scheinwerfern die Kaninchen. Denn im grellen Licht halten die Tiere inne und er hat genug Zeit, um anzulegen und abzudrücken. Auch für Nicht-Farmer ist die Plage ein großes Thema. Das Jagen ist zum Volkssport geworden, so wirkt es zumindest. Fast jeder scheint hier im ländlichen Bereich Otagos ein Jagdgewehr zu haben. „Ich schieße sie immer morgens aus dem Badezimmerfenster", sagt einer meiner Kollegen auf dem Weinberg. Die Kaninchen oder eher die Frage, wie man ihnen an den Kragen kann, sind ein ständiges Gesprächsthema unserer Pausen. Verständlich: Die Tiere sind natürlich auch für die Reben und gerade für die jungen Pflanzen ein großes Problem. Während wir im Schatten des Baumes sitzen und unsere Teepause genießen, schreien plötzlich alle los. „Run, Forest, run!!!" Was wie ein bekanntes Filmzitat klingt, soll den Hund unseres Winzers anfeuern, der gerade ein Kaninchen jagt. Leider ist Forest zu langsam oder zu blöd (die Meinungen gehen da auseinander), um den Hoppler zu fangen. Irgendwann schleppt er doch mal eines an – alle sind tierisch stolz auf den Hund, bis ich feststelle, dass das Kaninchen in Forests Maul schon mindestens drei Wochen tot ist. Ich hoffe nur, dass die Einheimischen nicht genauso auf die Kopfgeldjäger auf den Farmen hereinfallen. Unsere Hunde auf Cairnmuir Station sind jedenfalls deutlich erfolgreicher als Forest: Sie bringen fast täglich ein erlegtes Kaninchen nach Hause.

Doch zurück zum echten Kampf gegen die Plage. Man versucht wirklich alles, um diese irgendwie in den Griff zu bekommen: Gift, Hetzjagden oder „Scharfschützen" aus Helikoptern – teils werden sogar Prämien bezahlt für jedes mit einem Kopfschuss erlegte Exemplar. Es wirkt komisch, wie mit dem Leben von Tieren hier umgegangen wird. Der Hass, so kann man es fast bezeichnen, ist aber einfach so groß, die Plage so aussichtslos und die Schäden sind so enorm, dass keine Gedanken an Tierschutz „verschwendet" werden.

Auch ich begleite Alistair das ein oder andere Mal auf die Jagd. Mit Jagdgewehr oder der Shot Gun zieht er in die Hügel hinter dem Haus, Hund Hiedi treibt die Kaninchen aus dem Gebüsch und er zielt. Der Knall ist ohrenbetäubend, mein Gehör wirkt für einige Sekunden wie taub. Der Umgang mit der Waffe ist zwar auch in Neuseeland stark überwacht und der Erwerb von Lizenzen ist nicht leicht – dennoch geht man hier lockerer mit dem Thema um, als ich es von zu Hause gewohnt bin. Nichtsdestotrotz werden Vorschriften eingehalten und beachtet: Waffe und Munition werden auch hier getrennt voneinander im verschlossenen Schrank aufbewahrt. Manche der erlegten Kaninchen nimmt Alistair auch aus – Jackie macht dann aus dem Fleisch einen vorzüglichen Kaninchen-Pie mit Speck. Die Erklärungen, wie ein Kaninchen ausgenommen wird, sind höchst interessant. Es gibt uns dann wenigstens das Gefühl, das Tier sei für unser Essen gestorben – so, wie täglich Tiere beim Schlachter sterben. Nach vollbrachter Arbeit fliegen die Eingeweide im hohen Bogen ins Hühnergehege, wo sich das Geflügel um die Proteine streitet.

Fachgerechtes Ausnehmen gehört dazu

Ohne eine moralische Bewertung abgeben zu wollen oder über die Praktiken auf dem Land zu urteilen – faszinierend ist es allein, weil ich mir es so in Mitteleuropa nicht vorstellen kann. Auf mich wirkt dieser Umgang mit dem Tier als einem Objekt und nicht als Lebewesen zunächst merkwürdig. Man muss aber akzeptieren, dass es einfach eine andere Grundeinstellung ist als die, die uns in Deutschland meist von Politik und Gesellschaft vorgelebt wird. Zugegebenermaßen ergreift auch mich diese Wildwest-Romantik später noch, und Alistair bringt mir sogar bei, wie man ein erlegtes Kaninchen fachgerecht ausnimmt, kocht und isst.

In Bannockburn und auf Cairnmuir Station kommen wir aber auch noch mit anderen Tieren als (toten) Kaninchen und wolligen Schafen in Kontakt. Da sind natürlich die besagten Hühner direkt neben dem Haus, deren Eier ich jeden Morgen mit größtem Genuss vertilge. Ein großer Bestandteil der Familie ist auch Hund Hiedi. Der deutsche Jagdhund sollte eigentlich „Heidi" heißen, allerdings schrieb Blake damals den Namen falsch aus dem Internet ab – man war wohl generell auf der Suche nach einem deutschen Frauennamen. Warum bei der Suchmaschine ausgerechnet „Heidi" als erstes auftauchte, bleibt mir bis heute unerschlossen. Hiedi (oder Heidi) jedenfalls ist mit ihrem braunen, glatten Fell ein sehr sauberer Hund. Zum ersten Mal lebe ich mit einem Hund in einem Haus – es ist toll und viel besser als erwartet. Sobald ich rausgehe, stürmt Hiedi zur Tür und will mit. Sie begleitet mich zum Füttern der Hühner oder wenn ich eine Runde auf dem Quad-Bike drehe. Irgendwann erlaube ich ihr (zum Missfallen Marias), bei uns im Bett zu schlafen. Bislang hatte ich sie nämlich nachts immer zu Blake ins Zimmer getragen, der dann schon schlief. Nach fünf Wochen des nächtlichen traurigen Hundeblicks räume ich Hiedi eine kleine Ecke unseres großen Bettes ein. Sie schläft glücklich und friedlich ein, was sie aber nicht bleibt: Im Laufe der Nacht beansprucht der Hund immer mehr Platz vom Bett, vergräbt sich in der Bettdecke und kratzt an meinen Beinen. Am nächsten Morgen hat Hiedi einen beträchtlichen Teil von Decke, Matratze und Kissen ergattert. Maria und ich quetschen uns auf einer Hälfte zusammen, Hiedi streckt sich entspannt auf der anderen Seite aus … Das war es erst einmal für sie in unserem Bett. Doch im Verlaufe der Zeit lasse ich sie noch einige Male bei uns schlafen. Es klappt ganz gut, vielleicht auch dank meiner neuen Taktik:

Ich schiebe und trete einfach zurück! Nur eines Nachts will sie raus und klopft so lange an Scheibe und Tür, bis ich mich grummelnd aus dem Bett quäle. Solche Probleme machen einem die vier Schäferhunde nicht – denn sie dürfen gar nicht erst ins Haus. Die vier von Alistair selbst trainierten Hunde, zwei zum Wegscheuchen und zwei zum Herantreiben der Schafe, leben jeweils in einem Zwinger in der Nähe des Hauses. Außer einer kleinen Hütte bleibt den Tieren dort noch ein anderthalb Quadratmeter großer „Auslauf". Oder besser gesagt: Ein von Maschendraht umgebenes Stück ohne Dach und mit Ritzen im Boden, damit der Kot durchfallen kann. Die vier bellen laut, sobald man die Auffahrt hochfährt. Alistair nimmt sie fast jeden Tag mit auf die Farm, wo sie dann bei der Arbeit ihren Auslauf bekommen. Sie sind dann oft für mehrere Stunden unterwegs. Sonst übernehme auch ich diese Rolle manchmal: Ich springe dann aufs Quad, lasse die Hunde frei und fahre mit ihnen eine Runde über den Hof, brettere an dem Hühnergehege vorbei und bringe sie zum Rennen. Die vier und Hiedi folgen mir dann immer laut kläffend und haben sichtlich Spaß. In den letzten Wochen unseres Aufenthalts darf Rosi, die älteste Hündin in Alistairs Team, aber immer öfter draußen bleiben. Denn Rosi ist schwanger. Manchmal kommt sie abends einfach nicht wieder, bleibt über Nacht im Garten und in der Garage oder versteckt sich irgendwo im Haus, bis alle schlafen. Kurz vor un-serer Abreise gebärt sie fünf kleine Mini-Ausgaben ihrer selbst. Die Welpen sind so süß – am liebsten würden wir eines mitnehmen, der Plan wird aber schnell verworfen: Eddie bietet nicht genügend Platz. Mit verschlossenen Augen robben die vier über den Boden. Rosi wacht über ihre Kleinen, lässt uns sie aber streicheln. Bis vor vier Wochen war Rosi noch Leit-hund in Alistairs Crew, jetzt hat sie ihren Dienst fast getan: Sie muss die fünf Wel-pen nur noch aufziehen und darf dann ihren Lebensabend in einer Hütte am Haus verbringen. Von ihren Kindern will Alistair eines zum Schafe hüten trainie-ren. Die übrigen Welpen werden schon bald an andere Farmer aus der Region verkauft.

Hund Hiedi

Süß! Kleine Mini-Hunde

Dass ich mich in Cromwell sehr für die örtlichen Imker und die dazugehörigen Bienen interessiere, ist sicherlich meinem Hobby zu schulden. Schon seit meinem achten Lebensjahr bin ich selbst Imker, erst nur als Zuschauer, dann mit einem eigenen Volk und mittlerweile gehört mir ein ganzes Bienenhaus in Witten. Die Bienen konnte ich Mitte August ganz gut allein lassen: Sie sind ab dem Spätsommer ohnehin in Winterruhe, und ein befreundeter Imker hat einige Male vorbeigeschaut. Bei den vielen Fahrten über Cairnmuir Station fallen mir die zahlreichen Bienenkästen auf. Fast in jeder Kurve der staubtrockenen Farmwege stehen einige der Holzbeuten, wie man die Behältnisse mit den Waben nennt. Alistair stellt eines Tages den Kontakt zwischen mir und dem dazugehörigen Imker her. Ein Berufsimker, der nur wenige Kilometer von „unserem Haus" entfernt wohnt. Bei einem Besuch berichtet er mir, dass er etwa 1200 Völker hat. Mir steht der Mund offen. So viele Völker? Mir reichen zu Hause schon drei oder vier. Von Fiordland bis zum Lindis Pass und auch nach Osten und Westen verteilt, stünden seine Honigsammlerinnen – ein riesiges, ja fast gigantisches Gebiet. „Aber ich bin nur ein kleiner Berufsimker", meint der ältere Herr. Auf meine Nachfrage hin erklärt er, dass er und sein Schwiegersohn die Völker nur sehr selten besuchen. Einmal im Frühjahr, um die Völker mit den Honigräumen zu erweitern und dann noch zweimal, wenn der Honig geschleudert wird. Auch mir war schon aufgefallen, wie hoch die Holzquadrate hier aufeinander gestapelt werden. Teils anderthalb bis zwei Meter sind die Türme hoch, um die wild die braun-gelben Insekten herumsummen (zum Vergleich: In Deutschland stapeln wir nicht höher als einen Meter). Dadurch haben die Bienen genug Platz, um den Honig einzutragen. Eine Schwarmkontrolle gibt es hier offenbar auch nicht. Denn bei uns zu Hause überprüft der Imker in der Hochsaison alle paar Tage, ob das Volk in Schwarmstimmung ist, erweitert es, um dies zu verhindern oder zerstört die frisch gezogenen Königinnenzellen. Wenn wir Imker dies nicht täten, dann würde das Volk sich vermehren, spalten und ein Großteil der Bienen würde mit neuer Königin und viel Futter (Honig) verschwinden (dieser Prozess ist das „Schwärmen"). Doch in Neuseeland wird das in Kauf genommen, schon fast eingeplant. „Die Völker regeln sich damit selbst", sagt der Berufsimker. Faszinierend! Und tatsächlich sehe ich in den folgenden Tagen immer wieder große Bienentrauben an den Obstbäumen der Plantagen oder an den Weinreben sitzen. Oft erscheint bald ein Imker und fängt den Schwarm ein, um ein neues Volk zu gründen. Trotzdem müssen durch die etlichen Schwärme viele Bienen verloren gehen, die nicht wieder eingefangen werden können.

Der „Varroamilbe" – ein großes Leid der europäischen Imker – fallen in Deutschland jeden Winter fast ein Drittel aller Völker zum Opfer. Die Milben beißen sich in den Bauch der Biene und legen ihre Eier in die Bienen-Brut. Viele Völker werden so jeden Herbst stark geschwächt und überleben so den kalten Winter nicht. In Neuseeland ist dies ein neues Problem: Erst seit wenigen Jahren gibt es die Varroamilbe auch auf der Südinsel. Vorher kam sie nur von

Auckland bis Wellington vor. Jetzt müssen die südlichen Imker genauso gegen den Bienentod kämpfen – gewinnen können sie ihn nicht. Nur noch Stewart Island, die Insel ganz im Süden, ist heute varroafreies Gebiet. Ich merke, dass mein Gesprächspartner unsicher wird – jetzt kann ich trumpfen! War er bislang nur oberflächlich interessiert, hört er sich bei diesem Thema meine Ausführungen interessier-

Bienenschwärme gibt es viele auf den Weinbergen

ter an. Oder vielleicht auch nicht. Leider ist der Imker am Ende nämlich einer der wenigen Neuseeländer, die mich enttäuschen: Verabredet war, dass ich in den nächsten Tagen nochmals mehrere Stunden bei den Völkern verbringe, mitfahre und auch mitarbeite. Ich wollte gerne den Alltag eines Berufsimkers kennenlernen und dachte, gleichzeitig ihm auch helfen zu können. Er wirkte erfreut über meinen Vorschlag, ihn unbezahlt zu begleiten und ihn anschließend sogar für eine deutsche Fachzeitschrift zu interviewen. Allerdings meldet sich der Imker nicht mehr. Ich rufe ihn noch zwei weitere Male an, er beteuert sein Interesse und dass er meine Hilfe gut gebrauchen könne. „Ich melde mich morgen!", sagt er. Tut er aber nicht. Und so gehen die zehn Wochen in Cromwell letztlich zu Ende, ohne dass ich die Bienen im Kasten gesehen habe. Ich hatte bis dato begonnen zu glauben, dass man in Neuseeland nur nette Menschen trifft – fast so ist es auch, aber eindeutig nur fast.

An einem staatlichen Feiertag helfen wir dann aber stattdessen Jackie in ihrem Berufsfeld. Alistair betreut seine Merino-Farm nämlich ohne Mitwirkung seiner Frau (und hat dabei noch viel Zeit zum Golf spielen und Wasserski trainieren mit Blake). Jackie betreibt ihr eigenes Unternehmen: Ihr gehört die einzige Apotheke in Cromwell und so auch im Umkreis von wohl mindestens dreißig Kilometern. Man kann sich vorstellen, dass dieses Geschäft gut läuft – aber auch viel Arbeit mit sich bringt. Wir erklären uns daher bereit an einem Tag bei der Inventur zu helfen. Mit Jackie stehen wir für einige Stunden in der ansonsten geschlossenen Apotheke und zählen Tabletten. Lange Listen liegen vor uns nach denen wir die Medikamente suchen. Die einzelnen Pillen und Kapseln schütten wir in die neue Zählmaschine und notieren die ermittelte Anzahl. Kunden kaufen hier wohl nicht eine Packung, sondern die genaue Dosierung. In Neuseeland sind Apotheken aber keine reinen Medizinläden, sondern bieten noch viel mehr. Grund dafür ist, dass jeder Supermarkt zahlreiche Arznei-Produkte anbietet. Von Kopfschmerztabletten bis hin zu stärkeren Schmerztabletten, alles gibt es in Countdown, New World und Pak'n'Save (siehe Randartikel Shopping Seite 224). Neben viel Kosmetikware stehen in Jackies „Pharmacy" auch Geschenkideen und Dekorationsstücke. Links von uns hängt an der Wand ein auf alt gemachtes Holzschild, das Aspekte nennt, die für eine Freundschaft nötig sind. Humor, Vertrauen und Verständnis gehören beispielsweise zu den acht Punkten. Ich zähle weiter die grünen Tabletten vor mir. „43, 44, 45 ...", dabei denke ich weiter über das Freundschaftsschild nach. Werden wir am Ende unserer Zeit bei Jackie, Alistair und den Kindern auch so etwas wie Freunde sein? Noch haben wir acht Wochen – um froh zu sein, dass das Zusammenleben beendet ist, oder um traurig zu sein, dass wir Cromwell verlassen werden. Ist das möglich? Als knapp zwanzigjähriges Pärchen eine Familie als „Freunde" zu haben? Ich werde diese Frage weiter verfolgen (müssen) und bin gespannt auf die Antwort am Ende der Zeit.

Dass wir wenigstens in die Familienstrukturen hineinwachsen, zeigt sich am Abend der Sommerparty für Jackies Personal. Sie bittet uns um Mithilfe, die wir natürlich einbringen wollen. Es geht mit einem „Begleitservice" der harmlosen Art los: Wir sollen die Gäste in einem gemieteten Van abholen – letztlich steigen Maria und ich um 18 Uhr in das klapprige Wohnmobil der Familie. Einen Mini-Bus gab es offenbar so kurzfristig nicht mehr. Stattdessen also das Apartment auf Rädern, das deutlich größer und luxuriöser als Eddie ist. Mit den Gästen im Schlepptau schlüpfen wir gleich in unsere nächste Rolle: kellnern. Für Maria kein Problem – sie arbeitete ja sogar schon in Restaurants. Doch für mich ist es Neuland. Erfreulicherweise bleiben alle Gläser, Weinflaschen und Teller heil, und auch die Gäste verlassen erst spät die Terrasse, also genau genommen muss ich sie wieder zurückfahren. Interessant ist in diesem Fall der Ablauf des Abends: Jackie hat für ihre Mitarbeiterinnen eine Koch-Show organisiert. Der Koch und Wirt des kleinen „Bannockburn Cafés" und seine deutsche Frau erklären und brutzeln in der Küche mit Leidenschaft. Die Frauen schauen sich interessiert an, wie ein Gurke-Limetten-Cocktail entsteht, wie der Räucherlachs vorbereitet wird und wie das Dessert entsteht. Die beiden legen tatsächlich ein spannendes Programm auf die Platten. Doch die Herren der Schöpfung lassen sich (wenn überhaupt) nur kurz in der Küche blicken. Ansonsten sitzen sie draußen um den Tisch und trinken Bier. Rugby und Kaninchenschießen sind die Hauptthemen. Eigentlich war auch noch ein Tontaubenschießen geplant, was aber irgendwie in Vergessenheit gerät. Kaum sitzen die Frauen gerade mal mit am Tisch, ruft die Köchin mit schriller Stimme schon wieder zum Kochen auf. Die Männer brummen nur uninteressiert. Neuseeland eine Macho-Gesellschaft? Eine spannende Frage, über die man bestimmt gut eine Doktorarbeit schreiben kann. Meinem Empfinden nach trifft es gewissermaßen zu: Außerhalb der großen Städte treffen sich die Männer noch oft untereinander im Pub oder gehen zusammen Golf beziehungsweise Rugby spielen/schauen. Auch die Frauen scheinen sich häufig ohne Partner und Ehemänner zu treffen – beispielsweise, um im Club der nächstgrößeren Stadt das Tanzbein zu schwingen oder im Kreis der Freundinnen etwas zu trinken. Die Familien, die wir in den großen Städten kennengelernt haben, sind da schon europäischer eingestellt. Egal, ob Machotum oder übereifernde Emanzipation: Wer in neuseeländischen Familien die Hosen anhat, ist eindeutig individuell zu sehen!

Natürlich versuchen Maria und ich ebenfalls etwas an Eindrücken und Erlebnissen weiterzugeben. Blake Deutsch beizubringen, geben wir bald auf. Es ist einfach aussichtslos. Für mehr als bis zehn zählen, „Gute Nacht" und „Guten Morgen" ist der Elfjährige offenbar noch nicht bereit. Was dabei schade ist: Wir schaffen es in den zehn Wochen nicht, ihm unsere Sprache näherzubringen. Denn wenn er wollte, könnte er Deutsch lernen. Blake ist alles andere als dumm und für seine elf Jahre auch schon sehr weit. Trotzdem schaffen wir es erst ganz zum Schluss, ihm noch beizubringen, wie man sich vorstellt und sein Alter nennt. Immerhin ist zum Schluss das Interesse, uns in Deutschland zu besuchen, groß. Wohl auch, weil wir es schaffen, deutsche Bräuche in die Familie zu bringen.

Da sind natürlich unsere Erzählungen, die Bilder aus Europa und unsere Skype-Telefonate mit meinen Eltern, in die wir Blake, Jackie und Co einbinden. Bekanntlich geht Liebe aber durch den Magen – genau das ist auch unsere Taktik, um Interesse an Deutschland zu wecken: Mit Pfannkuchen zum Abendbrot anstatt zum Frühstück können wir bei Blake schon mal stark punkten. Das deutsche Jägerschnitzel schmeckt ebenfalls allen so gut, dass die Familie sogar von ihrer „Nur-einen-Teller-zum-Abendessen"-Unsitte abrückt. Und Marias Vollkornbrot, das sie einige Male backt, wird letztlich auch mit Begeisterung vertilgt. Spätestens in der Vorweihnachtszeit gelingt uns der endgültige Durchbruch: Am 6. Dezember kommt in Deutschland der Nikolaus. Also stellt auch Blake seinen Schuh vor die Terrassentür. Tagelang reden wir davon. Am Abend des 5. Dezember erzählt er stolz, dass nun auch all seine Klassenkameraden ihre Stiefel vor die Tür stellen wollten. Oha, da haben wir den Salat. Die Aufregung steigt, Blake malt extra noch einen Wunschzettel und nach dem Essen übernimmt er sogar den Abwasch. „Du musst schön artig sein, damit der Nikolaus kommt", bläue ich ihm ein. Und zack halten wir alle eine Schale Eis in der Hand, serviert vom Sohn der Familie. Als er dann im Bett verschwunden ist, fragen Jackie und Alistair ganz betreten, ob wir etwas für Blake besorgt hätten. „Nein, haben wir nicht", antworten wir – vermeintlich überrascht. Im Nachhinein tut es mir fast leid, dass wir der fürsorglichen Jackie damit vielleicht Probleme beim Einschlafen bereitet haben: Ein großer Nikolaus, kleine braune

Kugeln und einige Nüsse und Mandarinen finden sich am nächsten Morgen dann doch in Blakes Schuh. Na sowas. Wer war denn da nachts noch durch das Haus geschlichen? Vielleicht Hund Hiedi? „Der Nikolaus", klare Sache.

Lecker Vollkornbrot? Blake ist (noch) skeptisch

Wir stehen eine Viertelstunde nach Blake auf – die Süßigkeiten gehören da schon der Vergangenheit an, so schnell sind sie in Blakes Magen verschwunden.

Zur Vorweihnachtszeit gehören für uns auch Plätzchen dazu. Egal, ob wir am anderen Ende der Welt sind oder nicht: Als Alistair und Jackie in Dunedin sind und Tochter Georgia für die Sommerferien vom Internat abholen, veranstalten Maria, Blake und ich eine Mehlschlacht. Der Teig wird geknetet, ausgerollt und mit Metallförmchen malträtiert. Der Kampf dauert bis halb elf. Blake und auch wir müssten längst im Bett sein, aber was tut man nicht

Es weihnachtet beim Plätzchen backen

alles, um ein wenig Heimatgefühl zu verspüren. Goldbraune Engel, Sterne und Herzchen warten dafür dann in der nächsten Mittagspause auf uns – hmmm, lecker. Die Nachtschicht hat sich gelohnt.

Abgesehen von Farmarbeit, Jagderlebnissen und Plätzchen futtern gehorchen wir auch einige Male unserem Bewegungsdrang. Direkt am zweiten Arbeitstag auf dem Weinberg

hören wir vom „Touch Rugby". Eine abgewandelte Art des neuseeländischen Volkssport Rugby, die aber ohne harten Körperkontakt auskommt. Dafür ist „Touch", wie es genannt wird, aber deutlich laufintensiver. Es gibt, so hören wir durch die Weinreben hindurch, ein Turnier in Cromwell. Die angemeldeten Mannschaften tragen jeden Mittwoch ein Spiel gegen eine andere Mannschaft aus. Die Spieler kommen aus der Umgebung und die Teams spielen über den Sommer eine Liga aus. Auch unsere Vorarbeiter George und Kerri sind in einem solchen Team. Ein Team, das zufällig von Manager Len angeführt wird, hauptsächlich aus Weinbergarbeitern besteht und in diesen Tagen vor seinem ersten Auftritt steht. Was für ein Glück für uns, dass sich diese Truppe erst einmal selbst finden muss und noch unklar ist, ob Len genug Spieler rekrutieren konnte. Also werden auch Maria und ich eingeladen vorbeizukommen. Ohne die geringste Ahnung von Rugby-Regeln oder gar Touch-Rugby-Regeln lenken wir unseren Van an diesem sonnigen Mittwochabend zum öffentlichen Fußball- und Rugby-Platz in Cromwell. Es scheint, als sei die Hälfte der 4000 Einwohner auf dem Gelände. Der Parkplatz ist voll, überall sitzen Grüppchen, und auf drei Feldern rennen Männlein und Fräulein dem Ei hinterher. Schon am ersten Spieltag debütieren Maria und ich. Immerhin sind wir nicht die Einzigen, die scheinbar kaum einen Plan von dem haben, was wir gerade tun. Egal! Bald sind die ersten unserer Stammspieler vom vielen Rennen müde und plötzlich stehe ich auf dem Feld. Zwei Mal fünfzehn Minuten geht das Spiel, bei dem man nur nach hinten passen darf und sich im Ballbesitz nicht vom Gegner berühren lassen sollte. George passt mir den Ball zu. Ich renne nach vorne. „Touch", ruft da mein Gegenspieler und sprintet schon wieder zurück. Verdammt. Hilflos schaue ich zu George. Wild gestikulierend teilt er mir mit, dass ich den Ball einfach nur durch meine Beine zum Mitspieler hinter mir rollen muss – dieser wartet schon ungeduldig. Sofort rennt er wieder los, passt ab und George lässt sich mit Absicht berühren. Pro Angriff hat man fünf Spielzüge, also fünfmal die Chance berührt zu werden und den Ball durch die Beine zum Hintermann zu rollen. Einen von diesen Spielzügen haben wir noch. George bekommt wieder den Ball und rennt los. Er kann nicht nur gut Löcher auf dem Weinberg buddeln, sondern auch noch gut Touch spielen. Irgendwie schafft er es, sich durch die gegnerische Abwehrkette zu mogeln und legt den Ball in den fünf Meter langen Korridor. „Score!!" rufen die anderen aus unserem Team und applaudieren. Nur halb realisierend, was die anderen so erfreut, klatsche ich fröhlich mit und stimme in den Jubel ein. Am Ende gewinnen wir dieses Spiel – in erster Linie dank einer starken Leistung von George und Len, und weil Maria und ich am Anfang nur wenig Zeit auf dem Feld hatten. Doch es hat Spaß gemacht. Len hat an diesem Abend Bier mitgebracht. Neuseeländer trinken gerne und viel. Heute ist auch für mich ein kühles Bier nach dem anstrengenden Tag drin – Maria fährt Eddie nach Hause. Gemeinsam mit dem Rest unseres Teams sitzen wir unter einigen Fichten, lernen die anderen kennen und schauen den laufenden Begegnungen zu. Noch fällt es mir schwer, einer Unterhaltung zwischen Leuten mittleren Alters zu folgen. Zumal die Themen sich recht bald auf den Weinberg beschränken. Dank unserer Vorarbeiterin Kerri werden wir aber immer wieder in die Gespräche eingebunden – zumindest in Ansätzen. Diese Sozialisierung funktioniert aber in den folgenden Wochen immer besser. Denn Maria und ich sind seit diesem Mittwoch in unserer ersten Arbeitswoche fester Bestandteil des Touch-Rugby-Teams „May Contain Traces of Nuts" (kann Spuren von Nüssen enthalten), was auf die Allergie unseres Managers, Trainers und Mitspielers Len anspielt. Jeden Mittwochabend renne ich unermüdlich mit meiner Mannschaft in einer Reihe Richtung gegnerischen Korridor – egal, wie hart der Arbeitstag war: Eine halbe Stunde rennen geht bei mir immer noch so gerade irgendwie. Genau genommen brauche ich die Bewegung sogar, denn es ist einfach etwas anderes. Es ist Spaß. Ich fange die Pässe, spiele den Ball weiter und unterbreche die Angriffe der Gegner so gut es geht. Auch wenn ich nicht sonderlich gut bin, ich gebe mein Bestes und steigere mich kontinuierlich – nur einen Treffer erziele ich nicht. Nach jeder Partie fragt mich Alistair abends, ob ich getroffen habe. „Nein, aber es war knapp", ist meine Antwort. Jeden Mittwoch lacht er und weist mich auf die Regel hin, dass alle Männer ohne Treffer am Ende der Saison in Unterwäsche um den Platz rennen müssen. Ob es wahr ist oder nicht – ich weiß es nicht. Denn im letzten Spiel ist es endlich soweit: Steve (ein zweiter Steve in unserem Terra Sancta-Team) spielt recht gut und flink Touch und bricht durch die gegnerische Reihe. Die Spielzeit ist schon fast vorbei – noch immer habe ich nicht gepunktet. Steve, mein Kollege und Mitspieler, rennt mit dem Ball links von mir. Irgendwie sieht er, dass ich mitlaufe. Auf ihn kommt seitlich der letzte Gegenspieler zu. Im richtigen Moment passt er mir den Ball zu. Jetzt bloß das Ei fangen. Ich spüre die Noppen des Plastikballs in meinen Fingern. Geschafft! Glücklich renne ich weiter, vergewissere mich, dass ich auch wirklich im Korridor bin und lege den Ball aufs Gras. „Score!!" Mein erster Punkt. Das Team jubelt und ich freue mich vor allem über eins: keine Ehrenrunde in Unterwäsche. Zufrieden lasse ich mich auswechseln. Es ist mein letzter Spielzug nach acht Wochen auf dem Touch-Feld. Ein Sportturnier nur für den Spaß, das die Dorfgemeinschaft zusammenbringt und offenbar in

Und Touuuuch! Beim letzten Spiel mein erster Punkt

neuseeländischen Städten stark verbreitet ist. Das Bier mussten Maria und ich natürlich auch einmal spendieren, aber auch das lohnt sich: Die Unterhaltung klappt zum Schluss auch vom Englischen her deutlich besser.

Mittwochs vor dem Touch-Spiel treffe ich mich einige Male mit besagtem Kollegen und Mitspieler Steve zum Tennisspielen. Anders als in Deutschland hat in Neuseeland jedes kleine Dorf eine eigene Tennisanlage, die den Bürgern gehört. In größeren Städten sind diese wohl meist kostenpflichtig, berichtet Steve – doch in Cromwell stehen sie für jeden frei zur Verfügung. Ich leihe mir daher die alten Schläger von Alistair aus, kaufe ein Paar Filzbälle und treffe mich mit Steve. Wir schmettern das Gelbe übers Netz. Es macht richtig Spaß, mein Hobby mal wieder auszuüben. Leider fangen wir mit dem Spielen erst so spät an, dass keine Gelegenheit mehr für ein richtiges Match bleibt. An einem Abend habe ich meine Schläger zu Hause vergessen. Verdammt. Bin ich jetzt völlig umsonst die 15 Minuten in die Stadt gefahren? Meine Hoffnung liegt auf dem Tennistrainer, der ebenfalls auf den öffentlichen Plätzen seine Stunden gibt. Aus Erfahrung weiß ich, dass Trainer eigentlich immer ein Sammelsurium von Schlagwerkzeugen dabei haben – hier, am anderen Ende der Welt ist das anders. Der Lehrer hat nur einen Schläger dabei, seinen eigenen. Enttäuscht will ich mich schon zu Steve zurückwenden, da drückt mir der Trainer den Griff in die Hand. Er brauche ihn gerade nicht so dringend, sagt er und nickt mir aufmunternd zu. Unsicher schaue ich in die großen Augen seiner Schüler: Die kleinen Kinder, die im Tennissport noch nicht weit schlagen, lächeln schüchtern. Doch ein Trainer ohne Schläger? Er beharrt auf seinem Angebot, also bedanke ich mich und spiele eine Runde mit Steve. Diese Freundlichkeit, Offenheit und Selbstlosigkeit ist unglaublich und man würde sie – so meine ich wenigstens – in Europa nur selten finden. Für Maria übernehme ich einige Male die Rolle des Tennistrainers. Sie schlägt sich gar nicht schlecht für die ersten Male und es macht auch Spaß, sich mit Sport nach der Arbeit abzulenken. Bis zu den Australian Open ist es für Maria aber noch ein hartes Stück Arbeit (und für mich sowieso!).

Neu ist für Maria und mich auch Squash. Alistair und Jackie geben uns ihren Hallenschlüssel des örtlichen Vereins, ihre Schläger und einen Ball. Wir schließen die Tür zum Vorraum auf und werden von bayrischem Ambiente förmlich erschlagen: Deutschlandfahnen, blau-weiße Wimpel und ein Seppelhut sollten hier vor einigen Wochen Oktoberfeststimmung verbreiten. Spätestens jetzt wundert es mich nicht mehr, dass es schwerfällt, das Bild des bayrischen Klischeedeutschen aus den Köpfen der Neuseeländer zu bekommen. Mit dem Rücken zu den leeren Maßkrügen ist das Squash spielen allerdings doch noch ganz erträglich und sogar lustig. Wir haben das Clubhaus an diesem Samstagvormittag für uns allein und können somit den schwarzen Gummiball beliebig unprofessionell gegen die Wand pfeffern. Der Sport wird von den Vereinsmitgliedern in erster Linie im Winter betrieben, wenn auch die vier von Cairnmuir Station hier den Schläger schwingen. Im Frühjahr und Sommer mimen Blake und Georgia stattdessen Neuseelands Wasserski-Nachwuchstalente. Schon seit einigen Jahren trainieren die beiden fleißig über das Wasser zu gleiten und treten gelegentlich im Nationaldress des Kiwi-und-Farn-Landes bei internationalen Wettkämpfen an. Wer im Sport erfolgreich sein möchte, muss neben Geld vor allem sehr viel Zeit investieren – als Mitbewohner oder Untermieter (wie auch immer) profitieren Maria und ich davon aber mit: Zu Trainingszwecken zieht Alistair an mindestens vier Nachmittagen das Boot zum nahen See. In einer Scheune steht das PS-starke Wasserfahrzeug, das extra auf Wasserski ausgerichtet ist. In weniger als fünf Minuten sind wir mit Wagen und Anhänger am Wasser. Wir begleiten Alistair und Blake – Georgia ist meist unter der Woche im Internat in Dunedin – des Öfteren zum Steg. Vor allem nach den heißen und harten Tagen auf dem Weinberg ist das kühle Nass exakt die richtige Erfrischung. Es dauert zwar einige Zeit, bis ich mich tatsächlich zum ersten Mal in die 14 Grad kalten Fluten stürze, aber von diesem Nachmittag an springe ich mehrmals pro Woche. An einem besonders heißen und sonnigen Nachmittag bringt Alistair einen „Biscuit" mit – eine Art aufblasbare Schwimminsel. Diese zieht er hinter dem Boot her. Erst liege ich auf dem Gummiring zusammen mit Maria, dann mit Blake. Die Griffe schneiden sich in meine Finger. Die Sonne scheint grell. Wenn das Licht kurz mal nicht blendet, spritzt stattdessen Wasser in die Augen. Hart schlagen die Füße auf die harte Wasseroberfläche. Alistair zieht uns mit hoher Geschwindigkeit über den Seitenarm des Lake Dunstan, des Stausees, an dem Cromwell und die Farm liegen, und schleudert uns in die Kurven. Was für ein Spaß! Noch eine Runde, und noch eine Runde. Es kommt, was kommen muss: Die Wette, ob er es schafft, mich vom Ring zu schleudern. Ich liege auf dem Ring, klammere mich mit den Händen an den Griffen fest. Es kann losgehen, ich bin auf alles gefasst. Alistair zieht an – platsch. Nach nur zehn Metern schwimme ich prustend dem Motorboot hinterher. Alistair, Blake und Maria hören gar nicht mehr auf zu lachen. Trotzdem: Nichts wie zurück auf das Luftkissen. Noch einmal, jetzt weiß ich ja was kommt. Los geht's. Alistair beschleunigt, bremst ab, wirft mich über die Heckwelle, schneidet die Kurven ... Nach zweieinhalb Minuten bin ich noch immer nicht im Lake Dunstan untergegangen. Alistair setzt zu den entscheidenden Schwüngen an. Rechtskurve, Linkskurve. Ich habe sie eigentlich schon überstanden,

Biscuiting

da verliere ich doch noch den Halt. Wie ein gut gepflitschter Stein ticke ich über das Wasser und rotiere dabei wild um die eigene Achse. Mit dem linken Arm haue ich unheilvoll aufs Wasser. Es schmerzt. Als ich endlich eintauche, bin ich froh, dass keine Knochen gebrochen sind – nochmals Glück gehabt.

In der Scheune, wo das Boot sich von Blake und Georgias Trainingseinheiten ausruht, liegen auch zwei Kajaks. Als die Familie einmal für ein Wochenende verreist ist, nehmen Maria und ich uns die Paddelboote. Ich fahre Alistairs Geländewagen an die Scheune heran, lade die beiden Plastikschalen auf den Truck – nichts wie zum See. Dort steigen wir in die Boote. Ich habe zuvor noch nie in einem Kajak gesessen und weiß daher nicht, dass der Aufkleber „maximal 75 Kilogramm" auch maximal 75 Kilogramm bedeutet – wenigstens, wenn man trocken bleiben möchte. Es handelt sich bei den beiden Exemplaren nämlich um besondere Kajaks, weiß Maria zu berichten. Sie sind eine Art schwimmender Luftkissen und haben im Boden der Sitzaushöhlung Löcher, durch die sofort das Wasser quillt. Bei unserer Runde über den See bekomme ich daher einen nassen (und kalten) Hintern. Diese Erfrischung ist einige Wochen später willkommen, ja fast schon gewollt: Die Lufttemperatur hat sich in der Zwischenzeit deutlich nach oben geschraubt. Blake und ich paddeln über den Seitenarm des Sees und trainieren das Kentern. Irgendwann schieben wir die Boote auf den Steg und

gleiten von diesem aus in den See hinein: Bei mir taucht der Bug etwas weiter unter Wasser als beim elfjährigen Blake. Was für ein Glück, dass wir die Kajaks auch bei einer etwas missglückten Trainingseinheit der Kinder dabei haben: Jackie will mit den beiden Wasserski fahren. Maria und ich begleiten die drei. Jackie lässt das Motorboot ins Wasser rutschen und Georgia soll es zum Steg fahren – doch der Motor will

Am See verbringen wir viel Zeit

einfach nicht anspringen. Vom Wind wird das Boot aufs Land getrieben, aber weg vom Anleger. Georgia hat keine Badesachen an und stellt sich auch mit dem einzigen Holzpaddel eher ungeschickt an. Ich springe also ins Wasser und schwimme zu ihr, wo ich noch gerade rechtzeitig das Boot vom seichten Wasser am Ufer wegdrücken kann. Der Wind pustet zu stark, als das ich es schwimmend wieder Richtung Anleger oder Steg ziehen könnte. Hier im kalten Wasser hilft mir auch der sonst so starke Motor kein bisschen. Also bringt Blake die Kajaks, und mir gelingt es, das Boot – jetzt mit Georgia und Blake im Cockpit – zurückzuziehen. Jackie und Maria lachen sich an Land schlapp. Wir ziehen das Wasserfahrzeug gemeinsam auf den Trailer, da beginnt es zu schütten. Ein Wolkenbruch der besonderen Manier. Schnell hechten wir in den trockenen Wagen und fahren zurück zur Farm – es war ein Elektronikfehler, stellt Alistair später fest.

Erfreulicherweise funktioniert das Boot zwei Tage später wieder. Denn an den letzten Tagen unserer Zeit in Cromwell besorgt Alistair von Bekannten Wasserski für Erwachsene. Auch Maria und ich sollen jetzt ausprobieren, was die Kinder jeden Tag üben. An einem leider nur bewölkten Tag geben wir unser Debüt auf dem Tümpel. Im Neoprenanzug beginne ich: Mit einer Körperhaltung, die ich hier nicht beschreiben will, hänge ich wartend im Wasser. Der Griff, der durch das Seil mit der Stange im Boot verbunden ist, liegt in meinen Händen. Die Schiffsschraube beginnt sich zu drehen, die Leine geht auf Spannung. Ich will mich gerade aufrichten, da flutscht mir der Griff aus den Händen und ich liege wieder im Teich. Blake, Alistair und Jackie haben ihren Spaß, mich packt der Ehrgeiz. Zwei Versuche später stehe ich tatsächlich und fahre über das Wasser – der Sport geht deutlich mehr in Beine und Arme als gedacht. Vor allem am nächsten Morgen spüren Maria und ich die Folgen. Denn Maria hat es nach mir ebenfalls geschafft, auf dem Wasser Ski zu laufen.

Maria übt sich im Wasserski

Der See ist auch für die Zeit mit unseren Freunden zentrale Anlaufstelle. Unsere Freunde, das sind in erster Linie die Kollegen vom Weinberg. Teilweise gesellen sich aber noch weitere Backpacker hinzu: Jeder kennt noch jemand anderen, den er mitbringt. Am Ende unserer Zeit sind wir eine recht große und internationale Gruppe. Am meisten haben wir mit unseren direkten Mitarbeitern Jeff und Sandra zu tun und einem französischen Paar (Jean und Lea), das wir über die Briten Jeff und Sandra kennengelernt haben. Die vier leben zusammen in ihrem jeweiligen Van auf einem nahen Campingplatz. Mehrmals pro Woche treffen wir uns mit vielen anderen nach der Arbeit am See. Die Badehose wartet dann schon den ganzen Tag lang im Van, und nach dem Feierabend geht es direkt ans Wasser. Trotz der anstrengenden Arbeit kostet jeder Sprung ins Wasser erneut Überwindung. Der See ist einfach kalt. Erst mal in die Fluten eingetaucht, schwimmen wir möglichst schnell zu einer Bade-plattform. Eines Tages kommt eine Freundin von uns mit, die nur be-dingt schwimmen kann, wie sie selbst sagt. Sandra und ich ermutigen sie, es trotzdem zu versuchen. Wir verspre-chen bei ihr zu bleiben – schließlich kann sie ja wenigsten ein bisschen schwimmen. Die Chinesin stößt sich vom Boden ab und beginnt wild mit den Armen zu rudern. Wie in Zeit-

Spontanes Backpacker-Treffen nach der Arbeit

lupe verschwindet sie vor meinen Augen unter Wasser – der Boden ist für ihre Füße schon außer Reichweite. Mit einem Schritt bin ich bei ihr und ziehe sie schnell wieder an die Oberfläche. Offenbar kann sie noch nicht mal „ein biss-chen schwimmen". Trotzdem bleiben Sandra und ich bei unserem wohl etwas gefährlichen Plan und bringen unsere Bekannte zur Badeplattform. Jeder hält einen Arm und mit starkem Beinschlag machen wir uns auf den Weg. Nach den zwanzig Metern spüre ich meine Oberschenkel – langsam kommen auch Sandra und ich an unsere Leistungsgrenze, aber alles geht gut. Im Nachhinein war es grob fahrlässig, jemanden, der offenbar gar nicht schwimmen kann, hilflos in die Mitte eines Sees zu bringen. Doch auch der Rückweg – dann mit einem ausgeliehenen Schwimmbrett – geht glimpflich aus.

Nach einem der harten Arbeitstage müssen wir die anderen allein zum See ziehen lassen. Steve, der Festangestellte, hat Maria und mich sowie Jeff und Sandra zu sich eingeladen. Stolz zeigt er uns den einmaligen Blick über das Flussbett des Kawarau River. Ringsherum: Weinreben und Aprikosenbäume. Letztere versucht Steve momentan in seiner Freizeit durch Kirschbäume zu ersetzen. Wir setzen uns auf die Terrasse. Steve, der schon über 50 ist, bietet kühles Speight's und „ein echtes Corona" an – Bier gehört hier einfach dazu. Seine Frau gesellt sich mit zwei Tellern voller Snacks zu uns und wir reden über Bannockburn, die Arbeit und Neuseeland. Joel, Steves Sohn, kommt mit seiner Gitarre heraus. Der große Hund rennt bellend über das grüne Gras. Joel spielt „I hate" von Passenger. „I hate people in nightclubs", singt Joel. Die hohen Bäume an der Grundstücksgrenze rascheln im seichten Wind, die Sonne wirft Schatten aufs Gras – wer braucht da schon Diskos?

Mit unseren Freunden gehen wir nicht nur in Kneipen in Old Cromwell Town, wo wir uns gelegentlich einen der großen Burger gönnen, sondern machen auch noch Themenabende: Wir starten mit einer Crêpes-Party, die natürlich von den Franzosen Jean und Lea organisiert wird: Jean ermittelt den rechnerischen

Wert von 72 dünnen Pfannkuchen, die er braucht, um unsere 13 hungrigen Mägen zu füllen. Nach der Arbeit rührt er entsprechend viel Teig an. Jeff und ich machen uns noch über Jean lustig, weil er schon fast eine Wissenschaft aus dem Ganzen macht. Bald gibt er auf und zählt schon nach dem fünften Pfannkuchen nicht mehr mit. Zusammen mit Lea, die mit ihm auf einem anderen Weinberg arbeitet, steht der Franzose an diesem heißen Tag über zwei Stunden am Herd und backt Crêpes. Wir Gäste haben gut lachen: Frisch geduscht treffen wir erst zum Ende der Kochaktion ein, pünktlich zum Essen. Als der letzte Tropfen des blassen Teigs in der Pfanne brutzelt, zählen wir die Crêpes. Auf mehreren Tellern stapeln sich die Fladen – Crêpe Nummer 69,70,71! Jean hatte gut kalkuliert – nur ein Pfannkuchen fehlt. Die Überraschung ist groß, aber die Häme ebenfalls. Doch Jean gewinnt am Ende: Aus dem „Hinterhalt" holt er die letzte Crêpe aus der Pfanne. Nummer Zweiundsiebzig. Wahnsinn! Und die Crêpes schmecken auch noch richtig gut. Erst recht mit den vielen unterschied-

Crêpes-Party

lichen Füllungen, die jeder mitgebracht hat: Früchte, Schinkenkäserollen, Thunfischpaste und Obstsalat. Alles schmeckt vorzüglich und war sicherlich aufwendig in der Zubereitung. Mein geraspelter Käse fällt da etwas aus dem Muster, immerhin hatte ich noch Kräuter hinein gestreut.

Wir finden Gefallen an den internationalen Essens-Brauchtümern: Bald treffen wir uns auf einem anderen Camping-platz zu einem Abend des internationalen Essens. Die Neuseeländer bringen natürlich eine ihrer Pavlovas mit, eine Art neuseeländisches Nationalgericht, das hauptsächlich aus Zucker, Zucker und Zucker besteht. Ach ja: Die Früchte und Schlagsahne oben drauf sind natürlich nicht zu vergessen. Aber auf dem kleinen Campingtisch warten noch andere Leckereien: chilenische Backwaren, indischer Reis, italienische Spaghetti Bolognese und deutscher Nudelsalat. Die Stimmung ist gut, das Englisch plätschert mit den unterschiedlichsten Akzenten nur so dahin. Auch Jackie und Alistair erlauben uns, mal jemanden einzuladen: An Jeffs 27. Geburtstag kommt er daher samt Freundin Sandra und Jean und Lea nach der Arbeit zur Cairnmuir Station. Mit einem kühlen Getränk sitzen wir auf der Terrasse, lassen uns die Sonne ins Gesicht scheinen und essen schmatzend die Geburtstagskuchen. Wir sechs verstehen uns richtig gut. Die anderen geben Maria und mir das Gefühl dazuzugehören, was bei einem Altersunterschied von acht Jahren und mehr nicht selbstverständlich ist. Der Nachmittag verlangt eine Neuauflage, weswegen wir die vier noch einmal zu uns bitten. Diesmal sind auch die beiden anderen Deutschen und Wittener vom Weinberg (Marcel und Lisa) mit von der Partie. Maria und ich kochen an diesem Abend eines unserer neuen Leibgerich-

Unsere neuen Freunde besuchen uns auf der Farm

te: Nachos mit Fleischsauce und Sour Cream. Vor dem Essen zeige ich den anderen die Farm. Alistair, Jackie, Blake und Georgia sind heute Abend bei den Großeltern. Der Nachtisch beweist, dass die englische Küche doch etwas drauf hat – ein vorzügliches „Apple Crumble": Warme Früchte mit Streuseln überbacken und dazu Eis.

Viele unserer Arbeitskollegen und Touch-Rugby-Freunde treffen wir auch bei anderen Partys. Eine ist die Einweihungsfete einer Winzerin von einem Nachbarweinberg, die ebenfalls jeden Mittwoch mit uns Rugby spielt. Die Einheimischen bringen an diesem Abend alle Bier mit, selbstgebrautes Bier. Es scheint gute Tradition zu sein, dass die Studenten oder jungen Erwachsenen ihren persönlichen Trunk mixen und in neutralem Braunglas abfüllen. Diese Biere sind deutlich stärker als das Supermarkt-Gesöff. Sie kommen dadurch geschmacklich auch näher an das deutsche Bier in der Heimat heran. An diesem Abend dürfen wir auch „Killarabbit" probieren. Killarabbit wird in den Weinhallen von Terra Sancta, unserem Weinberg, gebraut und ist eine neue Marke. Der Malztrunk wird zu horrenden Preisen in ausgewählten Restaurants ange-

boten – er schmeckt tatsächlich vorzüglich. Der Name und das „blutbespritzte" Etikett spielen mal wieder unmissverständlich auf den bereits erwähnten Volkssport der Kaninchenjagd an.

Der mit Abstand tollste Abend ist allerdings der 6. Dezember. Schon seit zwei Wochen haben Jeff und ich zwischen Drähten, Nägeln und Reparaturen des Be-

Prost! Grillabend mit den Arbeitskollegen

wässerungssystems über unsere Grillparty philosophiert. Die Idee, da sind wir uns einig, ist klasse: Wir treffen uns abends mit unseren Freunden am See und braten Würstchen und Fleisch auf den öffentlichen Feuerstellen. Lediglich mit den Feuerstellen kann sich Jeff nicht so anfreunden. Er möchte unbedingt einen Gasgrill haben. Alistair bietet mir seinen „Strandgrill" an, einen ausrangierten Gasgrill. Dem Projekt steht also nichts mehr im Wege. In der Mittagspause sagen fast alle Kollegen zu und auch vom Touch-Team wollen einige vorbeischauen. Nachmittags fahren Blake und ich mit dem Quad samt Anhänger Richtung See und sammeln Feuerholz. Fast fällt alles herunter, so dass sich Blake hinten quer über das Holz legt. Vorsichtig bringen wir das trockene Gut zum Grillplatz direkt am Ufer. Die wenigen Autos, die uns auf der Straße überholen, verhalten sich ruhig – es ist nun mal eine ländliche Region, wo unangemeldete Quads auf der Landstraße keine Seltenheit sind. Dann möchten Blake und ich den Grill zum See bringen – doch wir finden keinen schrottreifen Würstchenbräuner. Wir suchen und suchen. Schauen in der Garage nach, in der Scheune und fangen wieder von vorne an. Irgendwann fällt Alistair ein, dass er ihn womöglich doch schon vor zwei Jahren entsorgt hat. Typisch Alistair. Enttäuscht schreibe ich Jeff eine SMS, dass wir wohl doch mit dem Feuerholz vorlieb nehmen müssen. Doch Alistair rettet mich: Ich darf seinen neuen Grill von der Terrasse zum See hinunter bringen. Jetzt sind Blake und ich wieder Feuer und Flamme. Wie heben den schweren, rollbaren Grillschrank auf den Anhänger und zurren ihn mit einem dünnen Seil fest. Über die Schotterzufahrt fahren wir auf die Straße, an den Weinbergen vorbei und kommen zum See. Am Ufer warten schon die anderen – ich habe noch nie so viele Personen auf einmal gesehen, die mich mit wahrlich offenem Mund entgeistert anstarren. „Ich habe schon viele Grills gesehen. So einen guten, wie du hier mit dem Quad bringst, haben die wenigsten Haushalte", sagt Jeff begeistert.

Jeder packt sein mitgebrachtes Essen aus: Würstchen, Fleisch, Hähnchenkeulen und (natürlich) eine große Pavlova. Gemeinsam mit Blake und Jean schüre ich das Feuer. Wir feiern nämlich gleichzeitig auch den Beginn der „Fire ban season" (Feuerverbots-Saison), die an diesem Tag startet. Von heute an darf bis Ende des Sommers nirgendwo in Central Otago ein offenes Feuer entzündet werden – noch nicht mal ein Lagerfeuer. Zu groß ist die Hitze im Sommer, zu trocken die Weiden und zu beängstigend die Vorstellung eines Flächenbrandes. Zwischen Feuer, Bier und Würstchen springe ich in den See und schwimme durch das kalte Wasser zur Badeplattform. Der Wind ist stark und kühl, was wohl mit ein Grund ist, dass mich keiner begleiten wollte. An diesem Abend entstehen nicht nur noch tiefere Freundschaften und viele Bilder, wie Jeff, Jean und ich übers Feuer springen, sondern auch viele Gespräche. Für den elfjährigen Blake muss dieser Abend wie ein Ritterschlag sein. Der krönende Abschluss ist dann, dass Maria und Sandra doch noch schwimmen wollen.

Abendstimmung über dem Lake Dunstan am Grillabend

Es ist schon längst dunkel, der Wind noch stärker geworden und die Wellen höher. Trotzdem ziehen sie sich um und auch Blake und seine mittlerweile dazugekommene Schwester Georgia sind sofort dabei. Da muss ich auch noch mal hinein! Gemeinsam überreden wir Jeff mitzuplanschen und stürmen ins Nass. Drei Minuten später stehen wir vor Kälte bibbernd auf der zugigen Badeplattform. Zurück an Land verläuft sich unsere Party langsam. Als Schlusslicht brechen Maria und ich auf: ich vorweg mit dem Grill auf dem Quad-Anhänger und hinter mir Maria – mit Eddie ersetzt sie meine Rücklichter, denn die funktionieren beim Quad schon seit Längerem nicht mehr.

Wir zählen Bannockburn und Cromwell – vor allem aber Cairnmuir Station – schon bald zu unserem Zuhause. Für mich ist diese Region der erste Ort außerhalb Wittens, an dem ich länger als drei Wochen geblieben bin. Da schlägt man, oder wenigstens ich, schnell Wurzeln. Briefe lassen wir uns daher auch an die Adresse von Jackie und Alistair schicken. Der erste Brief, der eintrudelt, ist für Maria. Von der gelben Postbox in Witten schafft er es in zwei Wochen nach Neuseeland, legt dabei tausende Kilometer zurück, wird vom Postboten in den richtigen Briefkasten gesteckt und geht dann auf dem Weg vom Kasten bis zu Maria verloren – was für ein Pech. Georgia holt an diesem sonnigen Tag die Post aus der Box, welche an einem Sammelpunkt für mehrere Häuser gute

500 Meter entfernt steht. Als sie in die Küche kommt, ist der goldene Umschlag weg. Einfach so. Irgendwo entlang der Kirschplantage, der Weinreben, auf der asphaltierten Straße oder dem geschotterten Farmweg, am Hühnergehege oder beim Hundezwinger – irgendwo dort ist er verloren gegangen. Maria ist traurig und begibt sich auf die Suche. Als ich eine halbe Stunde später mit dem Wagen in die Stadt möchte, sehe ich den Brief am Wegesrand liegen. Direkt neben dem Hühnergehege, nur zwanzig Meter entfernt vom Haus hatte Georgia ihn verloren.

Da alle Wege durch Cromwell führen (wenigstens einige wichtige der Südinsel), kommen auch Freunde von uns vorbei. So zum Beispiel Jan, Hannah, Jonas und Lennart, die wir vor Wochen im Backpacker Car Market in Christchurch kennen gelernt hatten. Sie stellen ihre beiden Vans für eine Nacht am See ab und campen dort wild. Zum Lagerfeuer fahren auch wir nachts nochmals zum Wasser und unterhalten uns bei selbstgemachtem Fladenbrot mit Käse. Nach drei Monaten Reisen haben wir alle viel zu erzählen. Eine Woche vor unserer Abreise besucht uns auch Laura mit ihrer Freundin Chantal. Laura ist eine Schulfreundin von mir aus Deutschland, die ebenfalls Work & Travel in Neuseeland macht – allerdings komplett anders: Die beiden haben sich ein Busticket gekauft, mit dem sie zu allen wichtigen Punkten fahren können. Sie müssen nur

Besuch in Cromwells „Altstadt"

Laura und Chantal aus Witten zu Gast bei uns in Cromwell

am Abend vorher über das Internet einen Platz reservieren und (pünktlich) an der Bushaltestelle stehen, die meist einfach zu finden ist – eigentlich gibt es meistens nur eine Haltestelle pro Stadt. Ein Busticket ist eine vergleichsweise günstige Art der Fortbewegung und Busunternehmen gibt es viele: InterCity und Nakedbus sind nur zwei. Doch für die geldsparende Reisealternative zahlt man einen gewissen Preis: Man kann nicht anhalten und schlafen, wo man möchte, und sieht so nur Orte und Sehenswürdigkeiten entlang der Busrouten. Um dies zu kompensieren, wwoofen Laura und Chantal viel an den verschiedensten, abgelegenen Orten. Da die beiden so viel wwoofen und dadurch kaum laufende Ausgaben haben, brauchen sie in ihrer viereinhalbmonatigen Reise auch nicht voll und gegen Bezahlung zu arbeiten – fast beneidenswert. Man merkt: ein Land, ein Ziel, aber zwei Reisen und zwei komplett unterschiedliche Herangehensweisen. Und von diesen gibt es für das Vorhaben „Work & Travel in Neuseeland" noch viele, viele mehr.

Mit Laura nutzen wir die wenigen Stunden, die wir gemeinsam in Cromwell bleiben, für eine Wanderung durch die wüstenartige Goldgräberlandschaft Bannockburns. Das Gras und die kleinen Büsche sind Mitte Dezember schon weitestgehend vertrocknet. Wir haben einen lohnenden Blick auf Cromwell, den gut gefüllten (Stau-)See Lake Dunstan und die Hügel unserer Farm – das hier ist momentan unser Zuhause.

Wundersame Wochenendreisen

Mittelerde pur – der Lake Wakatipu

Wundersame Wochenendreisen

Queenstown Gondola: Schnee im Frühsommer

Mehrfach nutzen wir die Wochenenden, um den Rest der Südinsel zu sehen. Ich tue mich damit vor allem in der zweiten Hälfte unserer Weinbergzeit zunehmend schwer: Mir gefällt das entspannte Wochenende in Cromwell, ich mag es, mich mit unseren Freunden zu treffen oder einfach nur auf der Farm zu bleiben. Gelegentlich arbeiten wir auch noch am Samstag. Allerdings brechen wir auch einige Mal auf und folgen unserem ehrgeizigen und kilometerfressenden Vorhaben. Unser erster Ausflug ist zusammen mit Jackie, Alistair, Georgia und Blake. Gemeinsam fahren wir im großen Familienauto nach Queenstown. Das Wetter ist schrecklich. Es regnet in Strömen, oben auf der Bergstation der Queenstown-Gondel schneit es sogar. Blake wirkt mit seinen kurzen Hosen etwas fehlgekleidet, was ihn aber nicht zu stören scheint. Bei der kleinen Eck-Bäckerei im ansonsten von Touristen überlaufenen Arrowtown testen wir unseren ersten Pie. Das Blätterteiggebäck schmeckt vorzüglich: „Hackfleisch mit Käse" ist sofort mein Favorit – keine Frage. Ärgerlich ist nur, dass wir in unser Pie-Leben direkt mit einem der besten Pies starten. Alles, was wir später testen, kommt an den Snack aus Arrowtown nicht mehr heran. Arrowtown selbst ist ein nettes, kleines Städtchen mit einer engen Gasse als Haupteinkaufs- und Flaniermeile. Neben Mode- und Schmuckgeschäften gibt es vor allem Essen- und Souvenirangebote. Auch ein kleines Kino wartet in dieser Straße. Wir schauen hier den ersten Film auf Englisch, den wir komplett und problemlos verstehen. Jetzt, nach zweieinhalb Monaten im englischsprachigen Ausland, verbuchen wir die ersten großen Sprachfortschritte. Allerdings hat Arrowtown dasselbe Problem wie eigentlich die meisten Städte Neuseelands: Es gibt keine Fußgängerzone und noch nicht mal eine 30er-Zone. Durch enge Straßen, voller Touristen oder anderer Leute, können Autos mit 50 km/h durchrasen – und das tun sie auch. Dies führt nicht nur zu einem erhöhten Verkehrsrisiko, sondern mindert den Verweilwert der Innenstädte gewaltig. Ein generelles Problem neuseeländischer Städte, das für mich absolut unverständlich ist. Denn auf der Landstraße erwischt einen bei 100 km/h Tempolimit schon sehr früh der Blitz der Dorf-Sheriffs, die gerne im Gebüsch liegen.

Queenstown ist eine der bekanntesten Städte Neuseelands. Die kleine Stadt zwischen der Westküste und Central Otago bietet Touristen Extremsport und eine tolle Lage am See. Neben dem Besuch mit unserer neuen „Familie" fahren wir noch zwei weitere Male in die Stadt am Lake Wakatipu: Die Sonne strahlt vom Himmel, die Schlange vor der Eisdiele „Patagonia" ist lang, der See zieht mit seinem tiefen Blau die Leute an die Seefront. Noch einmal fahren wir mit der Seilbahn auf den Hausberg und genießen den Blick: Der See liegt unter uns, und die gegenüberliegenden Berg- und Hügelketten strahlen in orangenem Braun und saftigem Grün. Über uns gleiten einige Paraglider hinweg. Natürlich erfüllen auch wir die obligatorische Fahrt auf der Luge – einer Mischung aus Sommerrodelbahn und motorlosem Kart. Richtig spaßig wird die Luge aber erst bei der zweiten Fahrt, wenn man quasi von der Autobahn auf die Rennstrecke wechseln darf. Dann warten engere Kurven, Buckel mit Sprüngen und dazu immer der einmalige Blick auf den See. Allerdings ist der abschüssige Parcours ein kurzer (und teurer) Spaß. Zum Abendbrot gibt es bei diesem Ausflug, den Maria und ich allein in Eddie bestreiten, einen der bekannten „Ferg-Burger". Das Ladenlokal ist leicht zu finden: Man folge einfach den Menschenmassen, bis man ein Fastfood-Geschäft mit Schlange davor und lauter Musik findet. Und nicht zu vergessen ist die Bestellnummer, die einen dazu berechtigt, sein Essen in „etwa zwanzig Minuten" – was dann fast dreißig sind – abzuholen. Doch allen „Fastfood"-Unannehmlichkeiten zum Trotz: Den Burger an der Promenade zu verspeisen und die letzten Sonnenstrahlen des Tages dabei zu genießen … das schmeckt nicht nur sehr gut, sondern macht auch noch richtig Spaß! Und – egal, ob Ferg-Fan oder nicht – der Besuch des Internetauftritts der Firma ist ein Paar Klicks am Computer wert.

Wer große Burger mag, der sollte auch das Ladenlokal von „Devil-Burger" besuchen. Das weniger bekannte, aber mindestens genauso leckere Konkurrenzunternehmen zwei Straßen weiter gibt es auch in Invercargill (was dann tatsächlich doch ein Grund sein könnte, die Stadt zu besuchen). In der Filiale in Queenstown bekommen wir an einem anderen Tag sogar noch einen Sitzplatz, was bei Ferg-Burger wohl trotz täglich 21 Stunden

Mal ein Rucksack mit genügen Platz!

Burgerverkauf undenkbar ist. Nach Gondel, Luge und Burger setzen wir uns also wieder in Eddie und fahren entlang des Sees Richtung Westen, Richtung Glenorchy. Wir passieren den „One Million Dollar View", wo man entlang der Felswand um eine Ecke kommt und sich einem plötzlich zum ersten Mal der gesamte See zeigt. Siebzig Kilometer weit von Queenstown entfernt am anderen Ende des Sees, in Kinloch, erreichen wir einen günstigen DOC-Campingplatz. Fünf Meter vom Van entfernt schwappen seicht die Wellen des Lake Wakatipu ans Ufer. Vor uns liegen viele Kilometer See, die Sonne lässt die Gebirgskette am anderen Ende erglühen, die ersten Sterne kündigen eine klare Nacht an. Und die Camper neben uns machen ein Lagerfeuer. Das ist Backpackerleben am anderen Ende der Welt. Genuss, Erholung und Faszination pur!

Leider schaffen wir es bei diesem Kurztrip nicht mehr, die „Glenorchy-Paradise Road" zu fahren. Die von hier aus noch etwa zwölf Kilometer lange Schotterpiste führt durch (teils ausgetrocknete) Furten und ist auch für nicht allradbetriebene Fahrzeuge machbar. Der Weg, so hören wir, führt wohl tatsächlich in ein landschaftliches Paradies – ein weiteres auf dieser unglaublichen Südinsel Neuseelands. Wir wandern stattdessen noch zum Lake Sylvan, der vom starken Wind aufgepeitscht wird. Eine einsame Aussichtsplattform ermöglicht die Sicht über den fast eckigen See. Wir sehen auf dem gesamten Weg, der bei einem weiteren DOC-Camping Platz beginnt, keinen weiteren Wanderer. Irgendwo hier, ebenfalls in diesem dunklen Wald, beginnt auch der Routeburn Track. Einer der neun Great Walks, bei dem man von hier aus über die Berge nach Fiordland hineinläuft. Die Wanderung ist mit 32 Kilometern vergleichsweise kurz – würde man mit dem Auto von Endpunkt zu Endpunkt fahren, wären das mehr als 300 Kilometer.

Hängebrücken vom DOC gibt es viele

Rees-Dart Track

Mitten durchs „Paradies" führt der Rees-Dart Track, eine vier- oder fünf-tägige Mehrtageswanderung in den Southern Alps. Mein Freund Clemens Post hat diesen Track gemacht. Aus seiner Sicht war es die schönste Wan-derung in Neuseeland – und er hat viele gemacht.

Schnee bedeckte Bergspitzen, barfuß durch Flüsse und die stille Schönheit der Gletscher – der Rees-Dart Track bietet viel, aber vor allem eines: Natur pur.

Los geht es am Muddy Creek Parkplatz, 20 Kilometer westlich von Glenor-chy. Clemens wird von seinem vorherigen Wwoofing-Gastgeber abgesetzt und wandert los. Vor ihm liegen 67 Kilometer in vier Tagen, leere Hütten und beeindruckende Landschaft. Auf der linken Seite steigen Steil die Wän-de des Mount Earnslaw an, rechts liegt ein kleines Seitental neben dem anderen. „Der Anfang ist relativ leicht", so Clemens. Er meint: Es geht nicht steil hoch. Denn mehrere Male kreuzt der Pfad über Brücken den Rees River. Ohne Querungshilfen muss er aber einige Mal durch kleinere Seitenbäche: „Die sind gute 50 Zentimeter tief", beschreibt der 24-Jährige. Mit dem Gepäck auf dem Rücken und den Schuhen in der Hand tastet er sich vorsichtig Schritt für Schritt durch das kühle Bergwasser. Die Sonne scheint warm herab, das Blau des Himmels lässt die Alpen nochmarkanter erscheinen. Es gibt hier in diesem langgezogenen Tal nur wenige Wegmar-ken. „Man sucht sich in den weitläufigen Feldern einfach den Weg", sagt Clemens. Wo der plätschernde Fluss zu tief ist, wartet eine wackelige Hän-gebrücke. Dann geht es weiter durch das lange Tal. Gelbe Blumen säumen den Wegesrand. „Wenn man die Arme ausstreckt und die Fingerspitzen die Blüten berührt – dann weiß man, wo sein Platz in der Natur ist", so Clemens fast ein wenig sentimental.

Die Nacht in der Shelter Rock Hut ist vergleichsweise komfortabel – bei Weitem nicht alle der 22 Betten sind belegt. „Ich hatte von meinen vorhe-rigen Gastgebern fertige, eingeschweißte Mahlzeiten bekommen", erinnert sich Clemens – das Essen und das Wetter waren wohl mit Grund für seine positive Gesamtbilanz dieser Wanderung. Etwa an der Shelter Rock Hut verlässt der Weg den Rees River und schlängelt sich den Snowy Creek hi-nauf.

Der Weg am folgenden Tag ist steil, die nächste Hütte ist nur zehn Kilome-ter weit entfernt, und doch gibt das Department of Conservation vier bis sechs Stunden Wanderzeit vor. Doch damit nicht genug: Clemens macht aus eigentlich zwei Tagen einen. Als er schon fast die Dart Hut erreicht hat, biegt er noch einmal rechts ab und macht sich an einen weiteren Anstieg. Doch die Anstrengung für diesen Abstecher, insgesamt sind das 14 zusätzliche Kilometer, lohnt sich: Vor Clemens liegt der Dart Glacier in seiner Wanne, in der er sich langsam ins Tal hinunter schiebt. „Das ist ein ganz besonderer Moment", so Clemens. Ehrgeizige Wanderer können an dieser Stelle noch drei weitere Kilometer laufen, so dass sie direkt an das Ende des Eises kommen. „Da gibt es keine Absperrungen wie beim Fox Glacier", sagt Clemens lachend. Einst war der Dart Glacier Teil eines riesigen Eissystems, das sich bis ins 135 Kilometer entfernte Kingston erstreckte – das war vor einigen hundert Jahren. Doch auch wenn das Eis heute nur noch ein kleiner Talgletscher ist, beeinflusst er das Klima der Gegend: Durch die kalte Luft liegt die Baumgrenze schon bei 900 Metern, anstatt bei den hier üblichen 1100 Metern. Davon profitiert auch Clemens: Der Blick auf die vielen Zweitausender und die weiteren Gletscher wäre mit Bäumen wohl weniger spektakulär.

In den vier Tagen trifft Clemens auch zwei Ranger vom DOC. „Die halten den Weg instand oder führen Statistiken über Pflanzen und Tiere." Denn auf der Route, die nahe der Grenze des Mount Aspiring National Park entlangführt, gibt es viele Vogelarten wie beispielsweise die Bergpapageien Keas oder „Shelducks" (Kasarkas).

Ein Wald unter Wasser wartet am letzten Tag auf Clemens. Früh brechen er und die wenigen anderen Wanderer von der letzten Unterkunft, der Daleys Flat Hut, auf. Einer der DOC-Ranger hatte sie vor einem Umweg gewarnt: Kurz zuvor hatte eine Schlammlawine den Dart River, der seit der Dart Hut parallel zum Weg verläuft, gestaut. Das Flusswasser hatte den eigentlichen Weg unbegehbar gemacht. Die Alternative: Ein schlammiger Trampelpfad durch den dichten Wald mit lediglich einigen pinkfarbenen Bändern zur Orientierung. „Als wachsen die Bäume aus einem Teich", beschreibt Clemens den Anblick des Wassers, welches sich um die natürliche Staumauer herum seinen Weg sucht.

Der Wittener beendet seine Tour bei strahlendem Sonnenschein am Ende der Paradise Road. In der Ferne zeichnet sich das Ufer des Lake Wakatipu ab. „Die Vögel zwitschern, der Wind weht durch die Bäume, und man hat schon lange keinen anderen Menschen mehr gesehen – da wird man eins mit der Natur", so Clemens. Eben mitten im „Paradies".

Vom Ziel des Tracks, dem Chinamans Carpark, wird Clemens übrigens von einem Taxi abgeholt. Verschiedene Unternehmen bieten Shuttle-Services

von und nach Glenorchy beziehungsweise Queenstown an. Eine kostspie-
lige, aber nötige Vorbereitung. Denn die Buchung bringt auch Sicherheit
mit sich – gerade, wenn man solche Wanderungen allein in Angriff nimmt.
Für die Hütten musste Clemens nicht extra zahlen: Er hat sich für seinen
gesamten Neuseeland-Aufenthalt einen Hüttenpass gekauft, mit dem er
für unter 100 Dollar ein halbes Jahr lang in allen DOC-Hütten, die nicht
an einem Great Walk liegen, übernachten darf. Das funktioniert ganz ohne
Reservierung, denn meist sind diese Wege weniger beliebt. „Und zur Not
hatte ich immer mein Zelt dabei", sagt Clemens Post grinsend.

Der Dart Glacier versteckt sich im Hinterland

Es geht zurück nach Queenstown, wo wir uns mit unseren Freunden aus
Cromwell, Jean und Lea, verabredet haben. Mit den beiden wollen wir „Disc
Golf" im Stadtpark ausprobieren – eine der wenigen kostenlosen Aktivitäten in
Queenstown (lediglich das Ausleihen der Frisbee-Scheiben in der Innenstadt
kostet fünf Dollar je Scheibe pro Person). Beim Disc Golf wirft man eine
Frisbee-Scheibe in einen Kettenkorb auf etwa einem Meter Höhe – Minigolf
in groß. Ich stehe zuerst auf der gepflasterten Abwurfplattform. Die Frisbee
soll um einen Busch herumfliegen und im achtzig Meter weit entfernten Korb
landen. Meine Idee: Mit Schnitt um den Busch herum und dann mit einem
zweiten Wurf in das Kettenbehältnis. Ich ziele und werfe. Die Scheibe gleitet
durch die Luft – und landet natürlich direkt in den Ästen des großen Busches.
Das war nix. Ich brauche von der Stelle, wo der Frisbee landete (oder besser:
hängen blieb), noch drei weitere Würfe, bis das weiche Plastik in den Ketten des
Korbes baumelt. Immerhin brauchen die anderen auch einige Versuche. Der
Parcours hat insgesamt 18 Körbe. Die einfachste oder beste Flugbahn ist bei
jeder Abwurfstelle auf einer kleinen Karte skizziert – die praktische Flugbahn

ist zumindest bei uns aber weit von der Theorie entfernt. Lediglich Jean scheint schon mal mit Frisbees gearbeitet zu haben. Uneinholbar liegt er vor dem letzten Korb auf Rang eins, und ich bin mit meiner derzeitigen Position zwei sehr zufrieden. Doch der 18. Korb macht alles kaputt: Mit einem einzigen Wurf komme ich sehr nah an das Ziel heran. Ich habe die Silber-Medaille eigentlich schon sicher – denke ich zumindest. Für die verbleibenden zehn Meter brauche ich letztlich neun (statt möglicher zwei) Versuche. Ich werde vierter, was für ein Ärger. Doch das Disc Golf ist eine klasse Freizeitbeschäftigung, die ich so noch nicht kannte. Auch in England und Deutschland gibt es bereits einige „Bahnen".

Jedesmal, wenn man von Cromwell nach Queenstown fährt, kommt man auch wieder an der Bungeeanlage der Kawarau Bridge vorbei. Als wir hier das erste Mal vorbeifuhren, hatten wir die Verrückten bewundert und gleichzeitig verurteilt – für uns war klar: Das machen wir nie. Tja – zwei Monate später spreche ich mit meinem Kollegen Jeff jeden Tag über das Bungee-Springen. Er hat sich selbst an einem der arbeitsfreien Wochenenden von der Kawarau Bridge gestürzt und damit eines der Ziele seiner Neuseeland-Reise abhaken können. Jetzt überlege auch ich. Es ist die Mischung aus Mutprobe und dem mit dem Sprung verbundenen Stolz, der mich reizt. Jeff und ich haben ein Gesprächsthema gefunden. Mal bin ich mir sicher, dass ich es wagen werde – zwei Stunden später erkläre ich mich wieder selbst für bescheuert und weiß, dass ich es nie machen werde. Maria hält sich aus all dem raus und bleibt ihrer Aussage treu: „Ich springe dort nicht hinunter!"

Drei Wochen lang geht das so, bis wir mit Jeff, Sandra sowie Jean und Lea nochmals nach Queenstown zum Disc Golf wollen. Es ist eines unserer letzten Wochenenden in Cromwell. Wenn ich springe, dann also dieses Wochenende. Am Abend davor bin ich sicher, dass ich nicht springen werde. Zu hoch die Brücke, zu teuer das Unterfangen. Eine Nacht später sieht wieder alles anders aus und ich ziehe direkt meine Badehose an. Denn wenn, dann möchte ich auch das volle Programm für den Preis: Mit Kopf unter Wasser. Als die Kawarau Gorge zum Gibbston Valley wird, steigt mein Adrenalinspiegel. „AJ Hackett Kawarau Suspension Bridge" lautet die Aufschrift auf dem Straßenschild. Der Parkplatz ist wie immer voll. Fest entschlossen gehe ich in das Bungee-Centre – eine Goldgrube für den Inhaber. Bevor ich bezahle und das Geld damit unwiderruflich weg ist, gehe ich noch einmal auf die Brücke und schaue hinunter. Es ist viel höher, als ich es in Erinnerung hatte. Meine Entschlossenheit scheint schon jetzt gesprungen zu sein – sie ist weg. Um Zeit zu gewinnen, gehe ich nochmals zur Toilette. Vor dem Spiegel steht ein Asiate, der sich sein nasses T-Shirt auszieht. Er ist wohl gerade gesprungen. „Hat es sich gelohnt?", frage ich ihn einfach. „Auf jeden Fall. Es ist total klasse und aufregend. Mach es", rät er mir. In Ansätzen ist sie wieder da, die Entschlossenheit. Der Wille, den man braucht, um alle vernünftigen Gedanken in die hinterste Ecke des Kopfes zu verdrängen. Bevor ich selbst weiß, was ich tue, bezahle ich, lasse mich wiegen, unterschreibe den Haftungsausschluss und gehe grinsend an Maria und unseren Freunden vorbei zur

Blick von der Brücke: irgendwie doch höher als gedacht

Brücke. Ist die hoch! Der Kawarau Sprung ist mit seinen 43 Metern einer der niedrigen Sprünge. Unter der Brücke fließt der Kawarau River hindurch, in dessen milchiges und reißendes Wasser man auf Wunsch eintauchen kann.

Während ich in den Gurt schlüpfe und die Bungee-Vorrichtung um meine Schienbeine gebunden wird, werde ich vom Personal vollgequasselt. „Nein, das ist mein erster Sprung." „Ja, ich bin ein bisschen aufgeregt." „Warum ich das mache? Gute Frage!!" Eintauchen möchte ich, so gebe ich an, bis zu den Schultern. Die beiden rechnen ein wenig herum und warnen mich: Ich sollte auf jeden Fall einen schönen Kopfsprung machen, denn sonst sei ich bis zur Taille nass. Klar, will ich einen Kopfsprung machen – es soll doch auch auf den Bildern gut aussehen. Ich weiß gar nicht, wie mir geschieht, aber plötzlich stehe ich auf dem hölzernen Sprungbrett. Links von mir winken Maria, Jeff und Lea. Sandra und Jean haben die Kameras gezückt. Für Fragen ist jetzt keine Zeit

mehr – und die Nerven dazu habe ich auch nicht mehr. Unter mir fließt das Wasser. Wie die zigtausend Springer vor mir soll auch ich in einige Kameras winken. Die Beats der lauten Musik nehme ich nur noch ansatzweise war. Im Freien auf dem dünnen Holzbrett zu stehen ist nochmals härter. Der Mitarbeiter, der in Steißbeinhöhe das Gummiseil hält, beginnt zu zählen:

„Scheeeeiiiiiiii ...!!"

„Five!" … „Four!" Mein Kopf arbeitet nicht mehr. „Three!" Mein Körper spult nur noch das zurechtgelegte Programm ab. „Two!" Ich gehe langsam in die Knie. „One!" Mein Körpergewicht verlagert sich nach vorne. „Bungeee!"…

Ich springe – nein, ich falle – nach vorne in die Tiefe. „Raaaaaaaaaeeeehhhr", schreit es vom Rand – Jeff unterstützt mich beim Schreien meines lauten „Scheeiiiiiii ...!!!". Ich fliege durch die Luft. Die Arme voraus, dem Wasser entgegen. „Mist, das Seil greift nicht", ist mein Gedanke. Ein Ziehen an meinen Füßen. „Ahh, doch. Das war das Seil." Ein Schlag in meinen Nacken. Ich spüre verwundert etwas an meinen Fingern. „Richtig, das Wasser", denke ich überrascht – meinen geforderten Touch down hatte ich ganz vergessen. Alles geht so schnell, ich werde von der Kraft des Gummibandes schon wieder hochgezogen und pendele aus. Benommen greife ich die lange Stange, die mir von einem Mann im Schlauchboot unter mir gereicht wird. Er zieht mich hinein. Geschafft. Noch ein Winken für irgendeine Kamera. Während meine Füße befreit werden, bekomme ich etwas erzählt, dass auch er Deutsche kenne. „Toll", antworte ich. Ehe ich mich versehe, stehe ich schon wieder am Ufer. Noch einen Blick hinauf zur Brücke und dann renne ich nach oben, wo Maria schon wartet. Mein Adrenalinwert ist gigantisch, mein Puls überholt sich selbst, so fühle ich wenigstens. Stolz wie Oskar werde ich von unseren vier Begleitern und einigen asiatischen Touristen beglückwünscht, als mich Maria ruft. Sie brauche die EC-Karte. Hä? Einige Augenblicke später ist alles klar: Maria will doch springen. Frauen. Während ich mich Wochen lang „fimmelig" mache, springt sie mal eben so dort hinunter. Und Maria springt wirklich. Als wäre es der Rand eines Schwimmbades, macht sie einen Kopfsprung in die Tiefe. Wahnsinn! „Ich habe einfach nicht hinunter geguckt", sagt sie später – so geht es natürlich auch. Weiter erzählt sie, dass sie es sogar nochmals machen würde, müsste sie nicht die 180 Dollar zahlen (plus weitere 40 Dollar für die Bilder). Für mich war der Sprung ein einmaliges Erlebnis – und dabei wird es wohl auch bleiben. Es hat mich sehr viel Überwindung und Nerven gekostet, trotzdem war es die Sache wert und eine echte Erfahrung. Nochmals muss es aber nicht sein – erst recht nicht in über 300 Meter tiefe Schluchten, wie beim höchsten Bungee der Welt. Als ich abends meiner Familie und Freunden die Bilder schicke, ist die Überraschung, oder mehr das Entsetzen, groß. Zwei Tage später realisiere ich langsam, was ich an diesem bewölkten Sonntagmittag eigentlich getan habe ...

Fährt man von Cromwell nach Nordwesten, kommt man nach fünfzig Kilometern am Ortseingangsschild von Wanaka vorbei. Direkt am gleichnamigen See liegt das „kleine Queenstown", wie es häufig bezeichnet wird. In der Tat geht es hier deutlich beschaulicher zu: Anstatt vieler Touristen-Unternehmen gibt es nur einen Bootsverleih, ein Rafting-Unternehmen und weniger Restaurants und Hotels. Zum Glück, denn so hat Wanaka viel mehr Charme. Wir verbringen hier eines unserer Wochenenden. Das Wetter ist gut, wir sonnen uns am Kiesstrand direkt gegenüber der Einkaufsstraße. Hier treffen wir auch Hannah, die wir vor Wochen in der Lodge am Milford Sound kennengelernt hatten. Bis hierhin waren wir immer wieder sporadisch in Kontakt geblieben. Hannah aus Darmstadt ist für elf Monate Au-pair in Wanaka und bringt gleich noch einige andere, deutschsprachige Jugendliche mit. Die Gruppe stellt wieder eine andere Art dar, Neuseeland nach dem Abi zu besuchen: Als Au-pair ist man lange am gleichen Ort, verdient ein bisschen Geld und findet feste Freundschaften. Mit diesen Freunden kann man dann im „Urlaub" das Land bereisen.

Wir genießen nun mit einem leckeren Eis den weiten Blick auf den See. Ein „Stand up"-Paddler fährt an uns vorbei. Vorne auf seinem Brett steht sein kleiner Hund – Idylle pur. Eine Wanderung auf den Hausberg, den Mount Iron, wird mit dem Blick über Wanaka und den See belohnt. Auf dem Weg nach unten spiele ich mit dem Autoschlüssel herum. Lasse ihn von Finger zu Finger gleiten und schleudere ihn am Ring um meinen Zeigefinger. Zack, rutscht der Ring ab und landet samt Autoschlüssel im Busch, genaugenommen: im Dornenbusch zwei Meter unterhalb des Weges. Verzweifelt arbeite ich mich abwärts, zwei andere Deutsche helfen bei der Suche. Ich gebe schon auf und klettere wieder rauf, da sehe ich ihn von oben an einem Dorn hängen. Was für ein Glück! Denn unser Ersatzschlüssel liegt in Cromwell. Ich fische ihn aus den Zweigen und bekomme den Metallstab sofort von Maria abgenommen – warum wohl?

Die Nacht verbringen wir auf einem Campingplatz der Stadtverwaltung in einem Nachbardorf Wanakas. Unter großen Nadelbäumen parke ich Eddie direkt neben dem Fluss. Wir suchen gerade etwas Brennbares für ein Feuerchen, da spricht uns eine Frau an. Wir wollten ja wohl kein Feuer machen, fragt sie forsch. „Ehm … doch! Genau das hatten wir vor", antworte ich. Sie entpuppt sich als eine Art (selbsternannte) Campingplatz-Aufseherin, sie droht dem Verantwortlichen am nächsten Morgen Bescheid zu geben. Feuer sei hier schließlich verboten und sie kontrolliere das. Nach einigen Versuchen, sie abzuwimmeln,

Ein entspannter Paddler in Wanaka

gebe ich auf und werfe die Äste zur Seite. Also kein Feuer heute Abend. Das offizielle Verbotsschild muss ich zwar erst noch suchen, aber Leute, die sich selbst für wichtiger halten, als sie wirklich sind, sind eindeutig kein deutsches oder europäisches Phänomen.

Am zweiten Wanaka-Tag machen wir eine kurze Fahrradtour: In einem Sportladen leihen wir uns zwei Mountainbikes aus, mit denen wir in westliche Richtung am Ufer entlang fahren. Unterwegs finden wir alte Ölfässer am Wegesrand mit einem Plastikeimer daneben. Ein Schild fordert dazu auf, die Blumen mit dem Wasser aus den Tonnen zu gießen. Wir finden die Idee klasse und folgen dem Aufruf sofort. So hilft jeder ein wenig, Kosten zu sparen und es außerdem im Sommer schön blühen zu lassen. Etwas später auf dem Rückweg nach Cromwell stoppen wir bei einem der vielen Obstläden. In der Obstregion Central Otago gibt es alle paar Kilometer Straßenverkäufe mit „Honesty Box" (Bezahl-Box). Die meisten sind momentan, Mitte Dezember, allerdings noch geschlossen. Erntezeit der Kirschen ist zum Beispiel erst um den Jahreswech-

Radeln am Lake Wanaka

sel. Einige der großen Läden haben aber das ganze Jahr geöffnet. In dem hallenartigen Schuppen gibt es alles: Äpfel, Kiwis, Säfte, getrocknetes Obst und vor allem viele Tellerchen zum kostenlosen Probieren – für Backpacker (mit großen Taschen und noch größerem Appetit) genau das Richtige.

Den südwestlichen Teil der Südinsel haben wir noch gar nicht gesehen und das, obwohl dort bekannte Städte und Sehenswürdigkeiten wie Dunedin, die Moeraki Boulders oder die Region der Catlins liegen. An einem verlängerten Wochenende nehmen wir uns Dunedin und die Otago Peninsula mit ihrer artenreichen Fauna vor. Von Cromwell geht es wieder entlang des Lake Dunstan, durch Clyde und Alexandra über den State Highway und Richtung Ostküste. Hier wird die wahre Dimension der Obstanbaugegend deutlich: eine Plantage neben der anderen. Wohin man schaut, sieht man nur die engmaschigen Netze über den Obstbäumen zum Schutz gegen Vögel. Hauptsächlich Kirschen werden an den vielen Verkaufsläden angeboten – aber auch Pflaumen, Äpfel, Eier oder Pfirsiche. Wir erreichen Roxburgh, wo der State Highway die Dimension einer dreispurigen Autobahn erreicht – mit dem Verkehrsaufkommen einer Anliegerstraße als Sackgasse. Die einzige Attraktion hier, wenigstens die einzig uns bekannte, ist der „Jimmy's Pie Factory Shop". Nahezu jeder Kiosk in Neuseeland bewirbt mit einem grünen Schild und orangener Aufschrift die Backwaren der mittleren Preis- und Qualitätsklasse. In Roxburgh werden die Pies, die überall in Neuseeland dann aufgebacken werden, produziert – in dem kleinen Lädchen kann man sie günstig und frisch kaufen. Den Pie essen wir auf einer Bank am anderen Rand der überbreiten Straße – ein schmackhafter Mittags-Snack, da gönnen wir uns gleich jeder noch einen.

Endlich an der Ostküste und am State Highway 1 angekommen, biegen wir nach Norden ab. Fünfzig Kilometer bis Dunedin – der landstraßenartige State Highway wird plötzlich zur Autobahn mit Linksfahrgebot. Zu spät sehe ich, dass es bergauf geht. Steil bergauf – zumindest für eine Autobahn. Jetzt ist es ohnehin zu spät: Links weist ein Schild auf die zulässige Höchstgeschwindigkeit von 100 km/h hin. Unser digitaler Tacho zeigt dreißig. An uns rasen die Autos nur so vorbei. Wir begehen gerade schon fast einen gefährlichen Eingriff in den Straßenverkehr. Ich trete das Pedal voll durch, Eddies Motor heult auf – trotzdem werden wir langsamer und nicht schneller. Spontan ziehe ich nach links und

„Broom"-Blüten zieren den Straßenrand des Highways

fahre auf dem Standstreifen bis zur Kuppe. Was in Deutschland strikt verboten wäre, interessiert in Neuseeland offenbar niemanden. Mühsam kämpfen wir uns voran und holen sogar einen anderen Van ein, der auch auf dem Seitenstreifen unterwegs ist. Endlich haben wir es geschafft, es geht wieder bergab. Doch es bleibt nicht bei diesem einen Anstieg: Auf der Otago Peninsula, die sich am südlichen Stadtrand Dunedins nach Osten ausstreckt, gibt es zwei Straßen: einen hochgelegenen Weg über die Berggipfel der Halbinsel und einen tieferen entlang des Wassers, der ins Stadtzentrum Dunedins führt. Zunächst nehmen wir die Bergstraße, die uns gewunden und kaum befahren durch grüne Hügellandschaften und vorbei an riesigen Pflanzen leitet. Wir halten bei der „Sandfly Bay" an – einer Bucht mit weitem und weißem Sandstrand. Der Name ist Programm, aber glücklicherweise nicht wegen der beißenden und von uns so sehr verhassten Fliegen, sondern wegen des feinen Sands, der uns vom Wind gegen die Füße schlägt. Weiß und ruhig liegt der Strand am blauen Meer – da wollen wir hinunter! Dafür müssen wir einen Abhang hinabrutschen. Der Sand spült um unsere Füße, das macht Spaß – später wird es zurück wohl in die Muskeln gehen. Weicher Sand, gelbe Blumen und ein müder Seelöwe erwarten uns auf Wasserhöhe. Ein Seelöwe? Ja, aber mit dem ist kaum etwas anzufangen, so schlafend, wie er dort liegt. Wir folgen der Aufforderung der Hinweisschilder und nähern uns ihm nicht. Unsere Aufmerksamkeit wird ohnehin von etwas anderem erregt: In der Mitte des Strandes baut sich eine lange Reihe von Menschen auf. Alle schauen auf etwas in der Mitte der Bucht – Pinguine! In 125 Meter Entfernung watscheln zwei Gelbaugenpinguine über den Strand. Als sie etwas bemerken, versuchen sie, so schnell es geht, wieder im Meer zu verschwinden. Sie watscheln los, stolpern fast über ihre kurzen Füße und rutschen die restlichen Meter auf den Bäuchen über die hereinschwappenden Wellen.

Sandfly Bay

Enttäuschung macht sich breit unter dem internationalen Publikum. Doch nach einigen Minuten kommen sie wieder heraus und starten einen neuen, zögerlichen Versuch, in die Dünen hinter dem Strand zu gelangen. Nach einigem Hin und Her schaffen sie es irgendwann und verschwinden.

Einen Abstecher zum bekannten Larnach Castle sparen wir uns. Die bisherigen Wochen in Neuseeland hatten uns deutlich gemacht, dass Häuser oder gar Schlösser aus europäischer Sicht meist unspektakulär – ja fast langweilig – sind. Unser nächstes Ziel ist daher das Royal Albatross Centre, ein Observatorium für Königsalbatrosse. Die Vögel mit einer Flügelspannweite von bis zu drei Metern kann man nur selten sehen. Die eindrucksvollen Tiere sind bekannt für ihre langen Flugdistanzen. Allerdings leben die Königsalbatrosse nur auf den neuseeländischen Inseln – und eben auf der Otago Peninsula. Denn hier lebt die einzige Festland-Kolonie der Welt. Die Lage der Aufzuchtstation oberhalb des Eingangs in die Bucht Dunedins wirkt mindestens ebenso imposant wie das Flugverhalten der Vögel. Der Eintritt kostet samt Führung fast 40 Dollar, was für uns eindeutig zu viel ist. Doch wir haben Glück, sehr viel Glück: An einem Aussichtspunkt rechts vom teuren Eingang kann man auf die Felswand blicken, wo die Königsalbatrosse ihre Nester haben. Aus der Ferne sehen wir einige der Groß-Flügler. Wir begutachten gerade ein kleines Möwenküken, das offenbar aus seinem Nest direkt neben der Plattform gefallen ist, da dreht einer der Albatrosse bei und steuert direkt auf uns zu. In nur wenigen Metern Entfernung fliegt er über uns hinweg und segelt aufs Meer hinaus. Die Kameras klicken wie wild. Scheinbar schwerelos gleitet dagegen der Albatros dahin. Die Flugshow stellt den finalen Höhepunkt eines ereignisreichen Nachmittags dar: Seelöwe, Pinguine und Königsalbatrosse.

In Dunedin können wir wieder auf eine unserer Anlaufstellen zurückgreifen. Die Familie war einst die Gastfamilie einer Bekannten von mir in Witten. Wir werden von Vater Wayne, Mutter Jo und Tochter Courtney herzlichst aufgenommen. Ich habe selten eine so freundliche, offene und anscheinend intakte Familie getroffen. Mehrere Stunden unterhalten Maria und ich uns am ersten Abend mit Wayne und Jo über Dunedin, Neuseeland, Europa und Deutschland. Es sind interessante Gespräche, die das gesamte Wochenende prägen.

Der Otago Farmers Market in Dunedin ist einer der bekanntesten Wochenmärkte Neuseelands – wir besuchen ihn am Samstagmorgen. Stand neben Stand reiht sich auf einem kleinen Platz an der Seite des Bahnhofs. Auch auf einer Hälfte des eigentlichen Bahnsteigs verkaufen Händler Pasteten, Obst, Käse und Schinken. Es wird eine Mischung aus Geschenkartikeln, Feinkost und frischen Lebensmitteln auf den vielen Tischen geboten. Der Geruch von frischer Ofenpizza überlagert (zum Glück) den Geruch des neuseeländischen Käses. Die Leute schieben sich gegenseitig durch die eigentlich breiten Gänge – nicht nur Touristen sind an diesem sonnigen Tag in die Innenstadt gekommen. An einer Ecke baut eine Band ihre Instrumente auf, am Stand daneben bekommt man kleine Stückchen Weißbrot mit unterschiedlichen Aufstrichen oder Ölen zum Dippen angeboten – in Neuseeland herrscht generell eine Kultur des Probierens und Abschmeckens. Nicht nur auf Märkten, auch in vielen Supermärkten gibt es immer wieder Kostproben. Auf eine solche hoffen wir im Laden der Schokoladenfabrik von Cadbury. Mindestens eine der in lila Papier verpackten Schokoladentafeln bewahren wir normalerweise an Eddies kühlstem Platz im Van auf: links unter dem Bett. Jetzt sind wir aber in dem kleinen Verkaufsraum des neuseeländischen Werks. Doch

zu naschen gibt es hier nichts – zumindest nicht umsonst. Eine ganze Wand voller Cadbury-Tafeln: Nuss, Marzipan, Vollmilch oder Karamell – vier Tafeln gibt es für zehn Dollar. Immerhin ist das ein Preis, den man nur selten im Supermarkt-Angebot bekommt.

Cadbury-Schokolade im Fabrik-Store

Die hellgrau vertäfelte Fassade und die Balustraden aus weißem

Kalkstein machen das Gebäude interessant. Der Bahnhof Dunedins ist das meistfotografierte Gebäude Neuseelands oder der südlichem Hemisphäre – die Aussagen gehen da auseinander. Unter dem blauen Himmel und mit den farbigen Blumen auf dem Grünstreifen davor wirkt das Gebäude tatsächlich wie aus einer anderen Zeit. Die neuseeländische Flagge weht auf der Turmspitze. Ein Dudelsackspieler sorgt für die musikalische Untermalung. Schottland-Stimmung am anderen Ende der Welt? Das passt in die Stadt an der Ostküste: „Dunedin" kommt vom schottisch-gallischen Wort für Edinburgh „Dùn Èideann". Und der Grund für das Interesse an diesem Bahngebäudes (neben der Architektur) ist auch einleuchtend: Es gibt schlicht nicht viele Bahnhöfe in Neuseeland. Die Eisenbahnlinien sind gerade auf der Südinsel rar. Der Bahnhof, erbaut im Stil der Renaissance, wurde im frühen 20. Jahrhundert eröffnet. Schon vor dem Bau war Dunedin ein wichtiger Ort in der Entwicklung der neuseeländischen Eisenbahn, die heute unter dem Namen „Kiwi-Rail" über die meist eingleisigen Trassen das Land durchzieht. Bis auf wenige Touristenzüge und den Personennahverkehr auf der Nordinsel werden hauptsächlich Warengüter auf der Schiene transportiert. Von besagtem Gebäude aus, hier im Südosten, startet unter anderem die Taieri Gorge Railway, die sich in mehrstündiger Fahrt bis Middlemarch im Inland der Südinsel kämpft. Neben tiefen Schluchten bietet sich dem Touristenauge wohl auch eine Fahrt entlang an steilen Hängen. Eine sehr lohnenswerte Fahrt, wie wir hören – allerdings für uns mit fast neunzig Dollar finanziell (und zeitlich) unmöglich. Dunedin bietet Besuchern viel, aber vor allem auch seiner Jugend: Das Octagon, ein Kneipen- und Club-Achteck, ist weit über die Stadtgrenze hinaus bekannt. Eigentlich hatten wir geplant, abends hier ein paar Drinks zu bestellen, doch wird leider nichts. Einmal, weil es bei unserer Gastfamilie einen Grillabend gibt, und außerdem wollen Wayne und Jo uns unbedingt das Taxi bezahlen, das können wir beim besten Willen nicht annehmen. Daher nutzen wir das Achteck nur, um die hier liegende Kunstgalerie zu besuchen. Der kostenlose Eintritt lohnt: Neben vielen Portraits, die in einem ansonsten leeren und weißen Raum alle an einer roten

Dunedin Hauptbahnhof: Leider fährt in Neuseeland kaum jemand Zug

Wand hängen, gibt es eine Ausstellung von großen Fotoinszenierungen. Sie zeigen allesamt trostlose Szenen: vergammelte Straßenzüge, verkommene Häuser, dunkle Wohngegenden. Außerdem findet sich in den Werken noch mindestens eine als eindeutig unglücklich dargestellte Person. Psychothriller in Bildern, der den Betrachter schnell bedrückt. Insgesamt bietet die Public Art Gallery eine gute Auswahl moderner Kunst – teils auch zum Anfassen und Spüren.

Zum ersten Mal seit Wochen sind wir in einer größeren Stadt (das überteuerte Queenstown mal ausgenommen). Dunedin ist also die richtige Gelegenheit, einen Abstecher in die Shopping-Malls zu machen. Leider ist selbst hier die Einkaufsstraße nicht autofrei, allerdings zu diesem Zeitpunkt ausnahmsweise schon: Die diesjährigen Uniabsolventen ziehen mit Familien und Bekannten in ihren langen schwarzen Gewändern durch die Stadt. Auf dem Kopf tragen sie die typisch amerikanischen „Doktorhüte". Angeführt wird der lange Fußmarsch von einer Gruppe Dudelsackspieler. Die Otago University, wie die älteste Hochschule Neuseelands heißt, prägt mit ihren über 20.000 Studenten das Stadtbild der zweitgrößten Südinsel-Stadt. Die zukünftigen Akademiker, darunter auch zahlreiche internationale Studenten, beleben nicht nur die gesamte Atmosphäre und besagtes Kneipenviertel Octagon, sondern natürlich auch den Campus. Diesen zeigt uns Wayne, als wir von unserem Innenstadtbesuch zurückgekehrt sind. Als Gastdozent kennt er sich vor allem an der medizinischen Fakultät aus. Die meisten der Unigebäude sind schon älter und wirken mit Türmen aus rauen Steinen ein bisschen wie die vornehmen Schlösser der englischen University of Oxford – die Betonung liegt aber auf „ein bisschen"! Mit Wayne steuern wir auch die bekannteste Attraktion Dunedins an. Wenigstens für Backpacker ist die Baldwin Street ein Muss und das nicht nur, weil es eine komplett kostenlose Attraktion ist. Trotz normaler Wohnhäuser ist die Baldwin Street aber keine ganz gewöhnliche Sackgasse: Die Bürgersteige sind gepflasterte Treppen, die Häuser stehen schräg zum Straßenverlauf. Die Baldwin Street ist die steilste Straße der Welt.

Besuch an der University of Central Otago

Von Freunden war uns vorher berichtet worden, dass viele Backpacker aller Nationen mit ihren alten Karren versuchen, die Straße zu bezwingen. Vergeblich. Und auch Eddie hätte es wohl nicht hinauf geschafft. Wir sind daher froh, dass uns Wayne in seinem Sportwagen hinauf chauffiert. Hinunter laufen Maria und ich den geteerten Verkehrsweg, der mit über 19 Grad Steigung (etwa 35 Prozent) tatsächlich einen extremen Neigungs-

Optische Täuschung oder die steilste Straße der Welt?

grad hat. Die Straße geht von einer Hauptstraße in einem Tal ab, deren Seitenstraßen generell sehr steil sind. Doch keine kann mit der Baldwin Street mithalten. Generell warten in Dunedin auf Autos, Motorräder und Backpacker-Vans etliche spritfressende Hürden – steile Straßen und Wege.

Unsere Stadtrundfahrt endet an Port Chalmers, quasi dem Pendant der Otago Peninsula. Auch dies ist eine Halbinsel, die zusammen mit der Peninsula den „Otago Harbour", den Hafen Dunedins, und die gesamte Bucht schützt. Hier ist es trotz blauem Himmel und weißem Sand mit türkisfarbenem Wasser sehr windig. Die Spitze der Landzunge bildet ein schmaler Pier. Die Wellen schlagen gegen die Flanken aus Stein, der Wind zerrt an unseren Jacken. Doch die Fahrt zum Ende der Bucht lohnt sich. „Wir haben hier schon einige Male Robben gesehen. Vielleicht haben wir Glück", erzählt Wayne. Und das haben wir: Zunächst sehen wir keine der grauen Wassertiere. Aber auf einem der großen Steine, die am Ende des künstlichen Piers liegen, sonnt sich eine Robbe. Begeistert machen wir Fotos und trauen uns nach und nach immer näher heran. „Ihr könnt es ruhig versuchen. Sie kann sich auf dem rauen Untergrund nur schlecht bewegen", weiß Wayne. Tatsächlich: Ich komme bis auf anderthalb Meter heran, bevor die Robbe das erste Mal unruhig grunzt. Schnell klettere ich wieder über die Steinbrocken zurück – auch wenn mich noch ein großer Fels von dem Tier trennt. Egal, eine wildlebende Robbe in nur anderthalb Metern Entfernung – wow!

Riesen-Robbe, nur einen Meter entfernt!

Am Abend wartet die angekündigte Grillparty auf uns. Wayne und Jo haben zwei befreundete Pärchen eingeladen. Eines der beiden bringt die zwölfjährige Tochter mit, die zufällig Georgia, die Tochter unserer Familie in Cromwell, aus der Schule kennt. Ein Beweisfoto für Montagmorgen ist Pflicht. Der Abend ist in mehrerer Hinsicht interessant: Einmal ist da die neuseeländische Grilltradition. Es gibt nur wenige Würstchen, die ohnehin mal wieder kaum schmecken. Sie sind einfach viel zu fettig und haben – laut Kiwis – kaum Fleischanteil. Dazu gibt es Steaks, einen Salat und etwas Brot. Eigentlich alles wie zu Hause, würde das Fleisch nicht auf einem Gasgrill zubereitet werden. Doch ich habe es mittlerweile aufgegeben, die neuseeländischen Männer in puncto Grill zu missionieren. Die Gespräche mit den uns noch unbekannten Freunden verlaufen zunächst gezwungen. Doch der Abend entwickelt sich noch zu einem lustigen Beisammensein von Jung und Alt.

Der nächste Morgen, schon unser letzter Tag in Dunedin und bei Wayne, Jo und Courtney, ist ein regnerischer und stürmischer Sonntagmorgen. Es ist der 1. Dezember und erster Advent – und Sommeranfang. Willkommen auf der Südhalbkugel, wo das Wetter aber dennoch besser sein dürfte. „Wenn so der neuseeländische Sommer ist, dann kann das ja noch lustig werden", sage ich an diesem Morgen resigniert zu Maria. Wayne und Jo geben sich trotzdem Mühe, uns einen einmaligen Tag zu bieten. Sie schlagen sich ausgesprochen gut dabei: Gemeinsam fahren wir in Kolonne Richtung Süden auf dem State Highway 1. Kurz vor der Abzweigung, wo wir später wieder zurück ins Inland nach Cromwell müssen, in Milton, zeigt uns Wayne seine Arztpraxis. Dort lassen wir Eddie stehen und fahren mit Waynes Wagen weiter. Die beiden wollen uns die Catlins zeigen. Die Catlins sind das in erster Linie landwirtschaftlich genutzte Gebiet zwischen Dunedin im Norden und Invercargill im Südwesten. Immer wieder piept es im Wagen, bis ich irgendwann nachfrage. Ein Radarwarngerät unter der Windschutzscheibe weist Wayne auf jeden Geschwindigkeitslaser hin. So einen hat zum Beispiel jeder mobile Streifenwagen, wie wir erfahren. Solche Geräte sind strikt verboten? In Neuseeland offenbar nicht. Würden wir nicht stets kaum über 90 km/h fahren, wäre so ein kleines Gerät sicherlich eine Anschaffung wert.

In den Catlins ist der Nugget Point unser erster Halt. Mit Wayne laufen Maria und ich den kurzen Weg bis zum Leuchtturm. Dieser warnt Kapitäne vor der zerklüfteten und felsigen Landzunge. Die Wellen peitschen gegen die Felsen. Unterhalb ruht sich eine Robbenkolonie von der Fischjagd aus. Zwischen Wolken, einzelnen Sonnenstrahlen und wenig blauem Himmel entsteht eines der schönsten Fotos dieser Reise. Die Catlins machen Lust auf mehr! Der nächste Höhepunkt bietet sich gleich in einer kleinen Bucht unweit des Nugget Point Lighthouse. Durch hohe Büsche gehen wir den schmalen Weg zu einem Verschlag, wo man Pinguine beobachten kann. Wir sehen keine, lediglich zwei große Seelöwen in der Ferne auf dem Kiesstrand. Enttäuscht machen wir uns auf den Rückweg. Da entdecken wir doch einige der Watschel-Freunde. Erst einen, dann zwei und zum Schluss zeigt sich sogar ein dritter Pinguin. Auf die

Distanz von unter fünfzig Metern zwar schwer zu sagen, aber es sind vermutlich wieder Gelbaugenpinguine, von deren Art es nur noch so wenige gibt. Dass wir um die Mittagszeit überhaupt welche sehen, ist höchst bemerkenswert: Man sieht die Pinguine meist nur, wenn sie morgens ins Meer wackeln oder wenn sie zum Abend hin wieder an Land stolpern.

Nugget Point: willkommen in den Catlins

Hier in den Catlins fallen uns auch zum ersten Mal junge deutsche Paare mit kleinen wenige Monate alten Kindern auf. Diese nutzen – so vermuten wir – ihre Elternzeit, um das Land fernab der Heimat zu bereisen. Später finden wir Gewissheit: Es gibt gar nicht mal so wenige Kleinfamilien, die in der jobfreien Zeit in einem kleinen schlichten Van – entweder so wie unserer oder etwas komfortabler in der gemieteten Version – Neuseeland bereisen. Clever oder verantwortungslos? Auch wir diskutieren darüber eine Zeit lang, eine Meinung muss sich jeder selbst bilden.

Auf dem Weg zu den Purakaunui Falls kommen wir mitten im Nirgendwo an einem kleinen, in grüne Hügel gebetteten Campingplatz vorbei, der mit seinem Fernsehanschluss und dem günstigen Preis wirbt. Auf unsere Frage, wer denn hier campe, antwortet Jo: „Im Sommer geht es denen bestimmt sehr gut." Es ist Sommeranfang. Es stürmt und tröpfelt die ganze Zeit. Weit und breit ist kein Camper zu sehen. Der Campingplatz sieht verlassen aus. Und die sollen hier Kunden finden? Wayne findet die Antwort seiner Frau so lustig, dass wir danach auf jeder grünen Wiese einen Campingplatz sehen, dem „es im Sommer bestimmt sehr gut geht." Situationskomik pur. Ein Witz nach dem anderen kommt von den beiden – Maria und ich können gar nicht mehr aufhören zu lachen. Diese eigentlich vollkommen fremden Menschen wachsen uns in weniger als 48 Stunden dermaßen ans Herz, dass es später schwerfällt weiterzufahren. Erst mal sind wir aber bei den Wasserfällen. Die Purakaunui Falls sind die nördlichsten in den Catlins, es gibt aber noch einige weitere. Ein Waldweg schlängelt sich durch regenwaldähnliches Busch- und Baumwerk. Die Purakaunui Falls sind

Sightseeing mit Jo und Wayne

nicht sonderlich hoch, dafür spült das Wasser aber über mehrere Stufen hinab. Laut plätschert es hinunter und strömt an uns vorbei.

In Owaka halten wir für ein Mittagessen. Die Mini-Ausführung eines Ortes bietet mehr als nur das Restaurant, das sich selbstbewusst „Catlins Café" nennt. Es gibt nicht nur ein Puppenmuseum, sondern auch die „Teekannen-Welt" (Teapot Land). Kleine Teekannen, große Teekannen. Teekannen aus Porzellan oder Teekannen aus Messing. Teekannen in weiß, Teekannen in Farbe. Ein Owakaner hat seinen gesamten Vorgarten mit den Behältnissen des neuseeländischen Nationalgetränks (neben Bier natürlich) versehen. Der Vorgarten ist zu einer kleinen, aber sicherlich sehr skurrilen Attraktion geworden. Wie sagte Asterix einst? „Die spinnen, die Briten", das gilt bestimmt auch für einige Kiwis. Wayne und Jo setzen uns anschließend wieder in Milton ab, von wo aus Maria und ich zurück nach Cromwell brausen. Mit viel Rückenwind und teils unglaublichen Geschwindigkeiten von 107 km/h (aber nur bergab) schaffen wir die 160 Kilometer in flotten zwei Stunden und zwanzig Minuten.

Das Teapot Land gehört zu den Kuriositäten des Landes

An einem anderen Wochenende fahren wir in Richtung Oamaru. Die Stadt zwischen Dunedin und Timaru liegt ebenfalls an der Ostküste. Wir kommen Freitagnachmittag erst spät los – um halb vier hatten Maria und ich eine Sonderaufgabe auf dem Weinberg bekommen, die uns bis fünf Uhr zwischen den Reben hält. Geschafft und müde fahren wir also los. Die erste

Nacht wollen wir in der Nähe der Moeraki Boulders verbringen, damit wir am nächsten Morgen dort den Sonnenaufgang sehen können. Den ins Auge gefassten DOC-Campingplatz erreichen wir im Dunkeln. Die Straße führt seit einer halben Stunde durch schwarzen Wald und an felsigen Klippen vorbei. Rechts und links sind immer wieder Stücke des Asphalts herausgebrochen. Kein Haus, kein Licht – nichts. Warum ist so eine Straße asphaltiert? In Neuseeland ist eigentlich keine Durchgangsstraße außer den Highways asphaltiert (wobei zumindest auf der Südinsel fast jede außerstädtische Durchgangsstraße ein Highway ist). Die Erklärung: Ein Schild am Eingang eines Steinbruchs warnt vor großen Lkw. Es fällt mir zusehends schwer, die Augen offenzuhalten. Fast düse ich dann auch an der Einfahrt zum Campingplatz vorbei. Noch gerade eben so biegen wir links ab, der Weg aus Betonplatten führt durch einen flachen Fluss. Wir wissen nun schon mal, weshalb man diesen Campingplatz laut DOC-Broschüre im Winter nicht ansteuern sollte. Der Weg, jetzt nur noch geschottert, zweigt ab. Der Scheinwerferkegel erleuchtet die dunklen Büsche nur fragmentarisch. Auf einem Schild steht „Please don't shoot our pig" (Bitte erschießen Sie nicht unser Schwein) – keine Sorge, wir geben unser Bestes, das Schwein leben zu lassen. Langsam fahren wir weiter. Noch eine Furt. Dann einen steilen, schmalen, schlaglöchrigen Anstieg hinauf und der kleine Wald lichtet sich. Auf dem dunklen Campingplatz steht niemand. Ah doch, zwei Autos hinten in der Ecke, sonst dunkle Schatten vom Mondschein. Maria will lieber weiter – auch mir ist hier nicht ganz wohl zumute. Wir wenden, lassen das Schwein leben und fahren wieder weiter. Ein Schild weist auf die Moeraki Boulders hin. Auf gut Glück biegen wir ab und finden einen Souvenirshop samt Restaurant und größerem Parkplatz vor. Keine Autos, kein Licht. Wir sind müde, erschöpft und hungrig – hier bleiben wir! Mit abgedunkeltem Licht köcheln wir unser Reisgericht, das für die Uhrzeit und unseren Gemütszustand viel zu aufwendig ist. Dann nichts wie ins Bett und beten, dass der Himmel gemäß dem Wetterbericht noch aufreißt. Denn morgen wollen wir als Erste am Strand sein: wenn die Sonne aus dem Meer auftaucht.

Drriuuh. Driuuh. Driuuh. Fünf Uhr dreißig, der Handy-Wecker holt uns mit seiner künstlichen Kreischmelodie aus dem Schlaf. Über uns sind keine Wolken, dafür dort, wo die Sonne in zwanzig Minuten aufgehen soll. Wir schnappen uns den gepackten Rucksack mit Brot und Cornflakes fürs Frühstück und gehen die Treppe zum Strand hinunter. Die Moeraki Boulders sind rundgewaschene Steine, die wie Kugeln im Wasser liegen. Die Gezeiten und Wellen haben in den letzten Jahrtausenden gute Arbeit gemacht. Einige wenige der über zwanzig Kugeln sind aufgeplatzt. Hier könnte man Urmel aus dem Eis nachspielen. Mit Kamera und Stativ bewaffnet warten wir auf den Sonnenaufgang. Zu unserer Überraschung kommt noch ein weiterer Schaulustiger, ein professioneller Fotograf, der sich mit seiner Ausrüstung halb ins Wasser stellt. Langsam arbeitet sich die Sonne hinauf, taucht uns, das Wasser und die mystischen Steinkugeln in ihr orangenes Licht. Leider verhindern die Wolken den ganz spektakulären Sonnenaufgang, aber die Kugeln sind auch so absolut einmalig: Teils reichen sie mir bis zur Brust, sind glitschig mit kleinen Löchern oder sogar bemoost. Nach über einer Stunde Fotos, Mystik genießen und noch mehr Fotos setzen wir uns auf einen Felsvorsprung oberhalb des Sandes und frühstücken. An so einem Ort, bei so einer Atmosphäre und fast ganz allein, schmeckt sogar der pappige Toast. Als wir zurück zu Eddie kommen, öffnet gerade der Souvenirshop. Wir haben nicht nur einen guten und günstigen Platz zum Campen gefunden, sondern uns auch die paar Dollar Gebühr zur Benutzung des Strandzugangs gespart. Die Moeraki Boulders sind einen Besuch in jedem Falle wert und zählen zu den Top-Attraktionen. Allerdings sollte man sich vorab über die Gezeiten informieren: Am schönsten sind die Felskugeln zu betrachten, wenn das Wasser noch um die Kugeln spült, also etwa zwei Stunden vor und nach der Flut.

Wer hat hier seine Murmeln verloren?

Das Gute am frühen Aufstehen: Man hat noch den ganzen Tag vor sich. Wir fahren den State Highway 1 nach Norden. In Oamaru ist an diesem Wochenende nicht nur bestes Wetter, sondern auch viktorianisches Festival. Die 10.000-Einwohner-Stadt ist unter anderem für ihre Steampunk-Szene bekannt (eine Bewegung, die futuristische Elemente mit viktorianischem Idealismus verbindet und diesen in Kultur und Mode auslebt). Noch wichtiger und auch interessanter ist aber das Ambiente der Gebäude im viktorianischen Stil. Oamaru, so empfinden wir bald, ist mit Abstand die ansprechendste, vielleicht sogar

Victorian Heritage Festival in Oamaru

schönste Stadt Neuseelands – eine Wahrnehmung, die sich auch in den letzten zwei Monaten unserer Reise nicht mehr ändern wird. Die Häuser aus dem 19. Jahrhundert, hauptsächlich gebaut mit dem weißen Oamaru-Kalkstein, stehen in der Innenstadt dicht an dicht. Besonders lohnenswert ist der Bau der ehemaligen National Bank, der die anderen vielen Gebäude noch übertrifft. Neben einer Verkehrsstraße gibt es noch eine weitere schmale Straße, deren „Breite so bemessen war, dass sie dem kleinstmöglichen Wendekreis eines Ochsenkarrens entsprach", erklärt unser Reiseführer, der Lonely Planet. Künstlerläden, Galerien, etliche Krimskrams-Künstler-Geschäfte oder Antiquitäten: In den alten Lagerhäusern findet man alles und nichts. Vielleicht gefällt uns die Stadt auf Anhieb so gut, weil die Innenstadt gesperrt ist. Denn Oamaru steht an diesem Wochenende wegen des viktorianischen Festivals Kopf. Sogar eine bunte Parade zieht durch die Straßen. Angeführt von einer großen Gruppe Dudelsackspieler, folgt alles, was Steampunk und viktorianische Tradition zu bieten haben oder was irgendwie dazu passt: große Dampfmaschinen-Traktoren, alte Hochräder, Oldtimer, aufwendige Kleider oder ein auf alt gemachter Feuerwehrwagen. Kaum ist der Abschluss, eine weitere Dudelsack-Band, vorbei, da kündigen die Dudelsäcke des Marschanfangs schon wieder die Rückkehr an. Mit viel Trara zieht die Prozedur erneut an uns vorbei.

Der Straßenrand ist voller Leute. Chinesisch, Deutsch, Italienisch, Englisch: Viele unterschiedliche Sprachen hört man aus der Menge der Zuschauer. Farbige Kleider, enge Korsetts und bei den Herren hohe Krägen und Mäntel. Die Mode des 19. Jahrhunderts sieht man nicht nur in der Parade: Eigentlich alle Einheimischen tragen in der Woche um das Festivalwochenende herum die Garderobe aus der Zeit von Königin Viktoria. Dazwischen sind immer wieder Asiaten – verkleidet als Gattin des Englischen Lords oder als Mitglied des britischen Parlaments. Die Verleihgeschäfte und Nähereien haben Hochkonjunktur. Vor allem die Chinesen leihen sich für das Wochenende die auf alt gemachten Kleidungsstücke aus und wandeln damit durch die Gassen. Es vermischt sich Tradition mit Schauspieltourismus – Spaß haben alle, ganz egal, ob es die vier Asiaten im Frack oder die beiden älteren Damen im aufwendigen Kleid sind, die mit dem modernen Smartphone telefonieren und dabei von einer Schar Touristen fotografiert werden. An diesem Wochenende sind die alten Hochräder in Oamaru besonders präsent, aber auch sonst kommen sie häufig im Stadtbild vor: Das ganze Jahr über werden günstige Kurse im Fahren der Räder aus der zweiten Hälfte des 19. Jahrhunderts angeboten. Der Spaß ist aber nicht ganz ungefährlich: Jeff, unser Freund vom Weinberg, ist dabei so jämmerlich gestürzt, dass er eine Woche nicht laufen konnte. Doch an diesem Wochenende werden ohnehin keine Kurse angeboten, denn ganz Oamaru ist schließlich in den Straßen unterwegs. Probesitzen können wir aber in der gut informierten iSite, wo das ganze Jahr über ein Exemplar ausgestellt ist. Direkt am Hafen Oamarus gibt es außerdem neben einem Spielplatz mit verrosteten Eisenbahnfahrzeugen ein übergroßes Hochrad, auf dem eine Statue von David Wilson sitzt. Das Kind der Stadt fuhr von November 2011 bis Februar 2012 von unten nach oben: Stewart Island war der südliche Reisestartpunkt, Cape Reinga das Ziel im Norden – und alle ehrgeizigen Qualen nahm Wilson im viktorianischen Outfit auf sich, inklusive Hütchen mit flauschigem Bommel.

Am Sonntag, dem dritten Tag des Festivals, ist die komplette Innenstadt für einen Markt gesperrt. In der Schlange vor dem Eingang werden wir eingestimmt – von Dudelsäcken. Zwischen den weißen Kalkstein-Häusern gibt es alles: geräucherten Lachs von Stewart Island (den Besitzer hatten wir schon vor Monaten auf unserer zweiten Wwoofing-Station in Waimate kennengelernt – Neuseeland ist einfach zu klein), Pizza, neuseeländische Pies und noch vieles mehr. Zum Beispiel ein aufwendiges Bühnenprogramm: Unterschiedliche Gaukler-Gruppen liefern sich einen Wettkampf. Sie hüpfen in bunten Kostümen mit Rasseln und Bimmeln an Beinen und Armen im Kreis. Sie singen, haken sich ein und klatschen sich gegenseitig ab. Auf der Bühne steht der vorläufige Höhepunkt an, der große Bart-Entscheid: Der längste und aufwendigste Bart gewinnt. „Und wie lange wächst dieser schon?", fragt die Moderatorin. „Oach, schon seit … gestern." Das Publikum lacht. Es ist ein Markt des Spaßes, der Künstler und des Feierns. Nicht alles hat etwas mit der viktorianischen

Zufällig treffen wir Sophie vom Weinberg, verkleidet im Stil der viktorianischen Epoche

Zeit zu tun. So komme ich mit einem der Marktverkäufer ins Gespräch. Anstatt mir etwas zu verkaufen, fragt er mich minutenlang zu meinem Geburtsdatum aus und will mir den weiteren Verlauf meines Lebens vorhersagen. „Dir steht eine große Zukunft bevor" – na immerhin. Irgendwie passt es doch ins Umfeld.

Auch die Steampunk-Szene präsentiert sich: Mit großen Weltraumwaffen und in Lederoutfits, wie sie einst Flugzeugpioniere trugen, laufen Jugendliche über

Maria markiert unsere Heimat: Witten

den Markt. Dazu Frauen auf Schuhen mit dicken Gummi-Absätzen, engen schwarz-roten Anzügen und knallroten Haaren. Sehen die Leute hier immer so aus? Eine Antwort finden wir darauf nicht. Allerdings lockt das Steampunk-Museum der Stadt, das man unschwer an der großen Dampflock vor dem Eingang erkennen kann, das ganze Jahr über mit Workshops. Was in Deutschland die Mittelalterfeste sind, stellt in Oamaru das viktorianische Festival dar. Ein Besuch lohnt sich aber auch an anderen Tagen. Zum Beispiel fährt der Dampfzug durch die Stadt und die Tür des Oamaru-Heritage-Radio-Senders steht immer offen. Hier ist man live dabei, wenn die (ebenfalls bereits historischen) Moderatoren die CDs und Schallplatten in das Programm ein-speisen. Wer will, kann auch gleich eine Stecknadel in seinen Heimatort auf einer Karte an der Wand pinnen: Witten treffen wir im Durcheinander von etlichen Nadeln fast.

Neuseeland ist auch für seine blau-türkis schimmernden Muscheln bekannt. Wie ein großes Ohr sehen die handflächengroßen Kalkstücke aus, die nicht nur von vielen Touristen als Schmuck gekauft werden. Auch die Maori verarbei-ten die Paua-Muscheln viel in ihrer Kunst und Architektur. Solche Muscheln wollen wir auch haben – aber umsonst und nicht für fünf Dollar pro Stück in der iSite. Denn wenn man weiß, wo man suchen muss, findet man Massen der toten Meerestiere. Wir machen einen Abstecher zur Mündung des Waitaki River. Von Julia und Martina, den beiden ostdeutschen Wwoofern auf unserer Farm in Cromwell, haben wir den Strand empfohlen bekommen. Mit einer SMS-Beschreibung machen wir uns auf den Weg. Wir finden den Aufgang zum Strand, ich „pack' die Badehose ein" und wir gehen die Düne hoch. Wer hier einen schönen Sandstrand erwartet, ist nicht allein. Auch Maria und ich werden überrascht von Kies-„Dünen" (oder eher einem Damm?) und dem kan-tigen und heißen Untergrund. Mit schwimmen oder entspannen ist hier wenig. Außerdem knallen die Wellen kräftig gegen den Kies. Immerhin finden wir tatsächlich einige Bruchstücke ehemaliger Paua-Muscheln. Wir suchen weiter, finden mehr und mehr Einzelteile, bis wir die erste intakte Schale finden. Und da liegt noch eine. Und noch eine. Schnell haben wir so viele, dass wir sie kaum mehr tragen können. Doch zum Auto will ich noch nicht zurück. An einer kleinen Bucht im Kies steht ein Pärchen und angelt. Ich kenne die beiden: Sie waren uns schon am Morgen bei den Moeraki Boulders und später mehrfach in Oamaru begegnet. Ein lustiger Zufall – jetzt will ich wissen, woher sie kommen. Doch ich muss enttäuscht feststellen, dass offenbar nicht alle Backpacker so offen und aufnahmefähig durch Neuseeland laufen wie ich. Die beiden Tschechen können sich nämlich nicht an uns erinnern beziehungsweise hatten keine Notiz von uns genommen. Schwach. Jedenfalls haben die beiden einen Job in Christchurch und nutzen, genauso wie wir, die Wochenenden, um zu reisen. Für drei Tage sind sie die über 250 Kilometer nach Süden gefahren – von dem Festival hatten sie ebenfalls zuvor nichts gehört. Wir trennen uns wieder. Ein bisschen enttäuscht bin ich schon, denn solche „Bekanntschaften" können sich leicht zu einem geselligen Abend mit Kartenspielen oder dergleichen entwickeln. Die beiden sind dafür aber, zumindest gemeinsam mit uns, nicht zu gebrauchen.

Auf der Suche nach Paua-Muscheln

Also setzen wir uns allein vor unseren Eddie und werden zu Künstlern. Bei einem der vielen Steinmetze in Oamaru hatten wir uns jeder ein (Abfall-)Stück des lokalen Kalksteins gekauft. Nicht nur die schmucken Häuser erstrahlen weiß, auch viele kleine und große Kunstskulpturen entstehen in den Werkstätten der Stadt. Hier sitzen wir jetzt in der Sonne, das Meer von dem großen Kieshaufen verdeckt, und wollen unsere Steine bearbeiten. Aber womit? Not macht erfinderisch: Wir suchen uns unterschiedlich raue und verschieden geformte Kiessteine vom „Strand" und machen uns damit an den weichen Kalkstein. Während wir schleifen, reiben und verzweifeln, wird die Sonne langsam von Wolken verdeckt. Wir unterbrechen unsere kreative Phase und fahren zurück nach Oamaru. Denn ein echter Höhepunkt des Städtchens wartet noch auf uns: die Pinguine. Es gibt hier zwei Arten der Seevögel. Die kleinen, unter vierzig Zentimeter großen Zwergpinguine (Blue Penguins) bekommt man am Rande der Innenstadt zu sehen. Allerdings hatte hier ein tüchtiger Geschäftsmann die Idee, eine Beobachtungsstation zu bauen. Seitdem, so bekommen wir gesagt, sieht man die flugunfähigen Tiere nur nach Bezahlung des Eintrittspreises. Denn dann sitzt man auf einer Tribüne in orangenem Licht, in dem die Pinguine die gaffenden Touristenscharen nicht sehen können, und beobachtet die gesamte Kolonie auf dem Weg zu ihrem natürlichen Schlafplatz. Als wir den Eintrittspreis von weit über zwanzig Dollar hören, wenden wir uns empört ab. Es ist einfach zu teuer und übrigens muss man noch mehr zahlen, wenn man einen Platz in den ersten Reihen haben möchte. Was wir noch nicht wissen: Wochen später, als wir nochmals nach Oamaru kommen, werden wir doch noch eine Chance bekommen, Zwergpinguine aus nächster Nähe zu erleben …

An diesem Abend geben wir uns allerdings mit den Gelbaugenpinguinen zufrieden. Wir treiben Eddie den steilen Hügel hinauf, an dessen Fuße Oamarus Innenstadt liegt, und fahren zum Bushy Beach. Vom Parkplatz aus gehen wir den Weg entlang bis zu den kleinen Beobachtungshäusern. Mehrfach weisen Schilder darauf hin, wie selten die Gelbaugenpinguine nur noch zu sehen sind, wie sensibel sie auf Menschen und Lautstärke reagieren und dass man auf keinen Fall nach 15 Uhr noch bis zum Strand hinunter gehen solle. Alle halten sich an die dunkelgrünen Schilder mit gelber Schrift des Department of Conservation (DOC). Bald tauchen die ersten Pinguine aus dem Wasser auf. Es ist 18 Uhr, die Sonne wirft langsam die letzten Strahlen in die Bucht. In großer Entfernung erkennen wir noch weitere der Watschel-Tiere. Wir gucken auf die Bucht und erfreuen uns an den wackelnden Pinguinen, als noch zwei weitere Objekte am Strand erscheinen – Menschen, genauer: Touristen. Und zwar mit einem aufgespannten Regenschirm? Das Unverständnis und die Empörung bei allen, die an den Aussichtspunkten stehen und sicherlich auch sehr gerne nah dran gewesen wären, sind groß. Und die beiden auf dem Sand? Die gehen einfach weiter. Natürlich rennen die Pinguine kurz darauf davon. Flüchten ins Meer oder in ihre Nester, die im Buschwerk auf der dem Wasser abgewendeten Seite des Strandes sind. Enttäuscht gehen wir etwas später zurück zum Wagen, die Pinguine lassen sich ohnehin erst mal nicht mehr blicken.

Von Oamaru bis Cromwell (SH 83 & 8)

Von Oamaru aus führt der State Highway 83 ins Inland und verbindet die Ostküste mit Omarama in der Mitte der Insel. Die Landstraße liegt parallel zur Hawkdun Range, deren grüne Hügel in hohe Berge der Southern Alps übergehen. Fährt man den Highway von Osten aus, passiert man bald einige Maori-Felszeichnungen – ich habe selten so viel Werbung um so etwas wenig Imposantes gesehen. Die Zeichnungen sind durch ein Metallgitter geschützt und nur schwer erkennbar.

Anders ist es mit den „Elephant Rocks" bei Ngapara. Auf dem weitläufigen, seicht geschwungenen Areal stehen unwirklich geformte Steinformationen in der Landschaft herum. Nicht grundlos wurden hier auch Szenen aus Andrew Adamsons Film „Die Chroniken von Narnia" gedreht. Bei Ngapara beginnt auch der Danseys Pass, der das Waitaki Valley (durch das der State Highway 83 führt) mit Naseby in Central Otago verbindet. Wir selbst fahren diesen Pass nicht, aber meine Internetrecherche im Nachhinein zeigt mir, dass dies womöglich ein Fehler war. Die Straße windet sich auf über 900 Meter hinauf, birgt den Bildern nach zu urteilen unglaubliche Panoramen und muss nahezu unbefahren sein. Allerdings ist die Schotterstrecke vermutlich auch

Die Elephant Rocks

nicht ganz ohne und sollte daher – aus Erfahrung – nicht leichtsinnig mit einem alten, klapprigen Van in Angriff genommen werden.

Fährt man den Highway weiter, wartet das Tal noch mit seinen blauen Stauseen. Der Lake Waitaki, der Lake Aviemore und der große Lake Benmore spielen nicht nur eine bedeutende Rolle in der neuseeländischen Energiegewinnung, sondern beherbergen auch reichhaltige Fischgründe. Die Lizenzen zum Fischen gibt es hier, wie auch für alle anderen Binnengewässer, in den iSites oder in den DOC-Büros. Zwischen Oamaru und Omarama gibt es nicht viel: Die wenigen kleinen Ortschaften fallen vor allem durch aufwendige Ortseingangsschilder auf, die man zwangsläufig mit florierendem Tourismus in Verbindung bringt, von dem wir aber nicht allzu viel sehen. Dafür gibt es an den Seen immer wieder öffentliche (und im Zweifelsfalle sehr günstige) Campingplätze, die womöglich im Sommer gut besucht sind.

In Omarama setzen wir den linken Blinker und fahren über den Lindis Pass und entlang dem Lake Dunstan nach Cromwell. Der Wegesrand ist gesäumt von bunten Feldern: „Vielblättrige Lupine" (auch Stauden-Lupine genannt) wächst im Frühjahr überall in Central Otago. Lilafarbene Blüten mischen sich mit pinkfarbenen, weißen und blauen. Teils stehen auch gelbe am Straßenrand. Die Wildblumen sind einfach wunderschön. Sie geben mit ihrer Farbenpracht der Region Otago ein ganz anderes Erscheinungsbild als das braune Gras kurz nach der Schneeschmelze.

Bunte Lupinen säumen den Weg

„Tschüss" oder „Auf Wiedersehen"
– Abschied aus Cromwell

Blick zurück

„Tschüss" oder „Auf Wiedersehen" – Abschied aus Cromwell

Auch das Wochenende in Oamaru geht schnell vorbei und so verbringen wir unser letztes Wochenende in Cromwell bei der Familie. Der Abschied ist nur noch wenige Tage entfernt. Wir beginnen uns wieder für das Leben im Van einzurichten (sowohl praktisch als auch mental). Die dicke Staubschicht auf der Karosserie von den vielen Schotterpisten spülen wir weg, das Bettzeug wird gewaschen, der Müll der letzten Wochen entsorgt. Auch Krümel wegsaugen schadet Eddie nach dreieinhalb Monaten auf Reisen nicht. An einem Abend entscheiden wir, wo wir Weihnachten feiern. Neben Alistair und Jackie waren wir auch von den Familien in Nelson, Dunedin und Christchurch eingeladen worden. Unsere Favoriten sind Cromwell oder Dunedin – doch aus Zeitmanagement-Gründen sagen wir in Christchurch zu, was sich im Nachhinein auch sehr gelohnt hat. Während der letzten Arbeitstage stellen wir die nächsten Reiseplanungen an. Seitdem wir die Zusage für den Terra Sancta-Job hatten, war die Idee gewesen, nach Ende der Arbeit über die Westküste Richtung Norden zu fahren und dann in der Mitte über den Arthur's Pass nach Christchurch zu kreuzen. Für die angedachte Route sprechen: Wir sehen die Westküste nochmals, fahren den wohl spannendsten Pass Neuseelands, den Arthur's Pass, und ich kann eine geführte Gletscher-Tour über den Franz Josef Glacier machen. Die großen „Aber": Wir müssen zusätzliche 450 Kilometer fahren, bei Regen bietet die Westküste kaum etwas (erst recht nicht in einem kleinen Van) und für die gesamte Strecke von über 700 Kilometer haben wir weniger als vier Tage bis Heiligabend. Wir schieben die Entscheidung so lange auf, wie es nur irgendwie geht. Einmal mehr beweisen Maria und ich, wie schlecht wir uns entscheiden können. Außerdem kommt es einem im Nachhinein sowieso immer falsch vor, da sich die Pläne eines Backpackers in den seltensten Fällen eins zu eins realisieren. Der Wetterbericht scheint sich genauso lange wie wir nicht festlegen zu wollen. Wir überlegen uns daher Alternativrouten: Über Oamaru entlang der Ostküste bis nach Christchurch. Oder noch einmal durch die Mitte entlang der wunderschönen Seen Lake Pukaki und Lake Tekapo. Letzteres schließen wir aus – das Wetter soll nicht berauschend sein und wir haben diese Strecke schon zwei Mal hinter uns gebracht. Wir machen es uns wirklich nicht einfach, aber da ich eigentlich eh nicht aus Cromwell weg will (mir gefällt es auf der Farm und in der Familie einfach zu gut), entscheiden wir uns gegen den früheren Abfahrtstermin, den wir für die Westküste genommen hätten. Letztlich soll es ohnehin regnen. Also geht es nochmals in unsere Lieblingsstadt Oamaru. Zum Glück: Am Tag, an dem wir ansonsten den Haast Pass Richtung Westküste hätten überqueren wollen, ist der Pass wieder wegen heftiger Regengüsse gesperrt. Und an dem Tag, an dem wir über den Arthur's Pass nach Christchurch gefahren wären, ist dieser wegen eines schweren Unfalls gesperrt.

Der Tag des Abschieds. Es regnet in Strömen in Cromwell – in dieser Form das erste Mal in zehn Wochen, so lange waren wir nämlich bei Jackie, Alistair, Blake und Georgia. Zum Abschied laden die vier uns zum Frühstück in ein kleines Café ein. Wir haben noch nicht gepackt und ich will auch eigentlich gar nichts davon wissen. In aller Ruhe nutzen wir noch mal die gute Internetverbindung und nähern uns dem Abschied. Zwar bietet Jackie an, dass wir noch einen weiteren Tag oder „gar bis Februar" bleiben sollten, aber meine Gedankenspiele werden von Maria sofort abgewürgt. Richtig so – irgendwie bringt es ja doch nichts. Wir tragen uns zum Abschluss ins Gästebuch ein, kommen uns dabei sogar ein bisschen in die Haare – die Nerven liegen einfach blank. Um vier Uhr – mittlerweile scheint die Sonne – gibt es dann keine Ausreden mehr. Es ist soweit: Der Abschied ist da. Alistair war vorher schon zum Golfspielen verschwunden, so dass wir nur mit Jackie, Blake, Georgia und Hund Hiedi in unserem Van die wenigen Meter zum Zwinger der Arbeitshunde fahren. Noch einmal die Welpen streicheln. Noch einmal die Kaninchen beobachten, wie sie in die Löcher rennen. Noch einmal Hiedi kraulen. Dann der Abschied. Nette, herzliche Worte. Fest drücken wir Jackie und die Kinder. Jackie, Maria und Georgia können die Tränen nicht unterdrücken. Hiedi jault leise. Es ist Zeit, in den Van zu steigen. Winkend und hupend fahren wir die Einfahrt hinunter. Noch einen Blick auf das Haus, auf Cairnmuir Station und seine Hügel. „It is a 'See you' and not a 'Good-bye'", ist mein letzter Satz. Es tut weh, richtig weh, wegzufahren. Diese Tage in Cromwell kamen für mich der Erfüllung eines Kindheitstraums nahe. Die Zeit war so einmalig, so besonders und so aufschlussreich. Zu wissen, dass es so etwas nie mehr in genau dieser Art geben wird, ist schmerzhaft. Auch wenn wir nochmals zurückkommen würden: Es wird anders sein.

Noch einmal geht mir das Schild aus Jackies Apotheke durch den Kopf, das aufzählt, welche zwischenmenschlichen Komponenten es zum Entstehen einer Freundschaft braucht. Humor, Vertrauen und Verständnis standen da unter anderem – die nötigen Zutaten waren definitiv vorhanden, ob der Kontakt erhalten bleibt? Wie ihre eigenen Kinder habe Jackie uns gesehen, sagte sie in den letzten Tagen mal. Ich kann nicht sagen, ob Alistair und Jackie für uns wie Freunde oder Eltern geworden sind. Vielleicht werde ich das in einiger Zeit sagen können. Sicher ist aber, dass wir in Kontakt bleiben wollen und ich mir fest vorgenommen habe, nochmals zurückzukommen ... irgendwann. Es fängt wieder an zu regnen, wir biegen auf die Hauptstraße ab. Den Lindis Pass kämpfen wir uns (mit uns selbst) hinauf. Spätestens in Omarama, wo wir uns wieder über den State Highway 83 nach Osten wenden und Cromwell und Cen-

Doch noch mal abbiegen? Nein, es geht weiter!

tral Otago endgültig den Rücken zukehren, habe ich mich aber mit dem Abschied von „Cairnmuir Station" abgefunden. Die Reise geht weiter, viele Erlebnisse warten noch in den nächsten fünf Wochen – yes, back on the road!

Oamaru gefällt uns beim zweiten Besuch genauso gut wie beim ersten. Wir gönnen uns einen Kinobesuch – es war mit dem Abschied aus Cromwell und dem vielen Dauerregen ein trister Tag. Der Kinosaal ist klein, genau genommen winzig: Ganze zwölf Sessel, die auch in einem geschmacklos eingerichteten Wohnzimmer hätten stehen können, bieten den Gästen Platz. Doch Gäste gibt es in dem Film „Mr. Morgan's Last Love", der übrigens eine deutsche Produktion ist, ohnehin keine. Wir sitzen allein in dem Mini-Kino. Anschließend fahren wir nochmals zu dem überteuerten Pinguin-Centre wo man ja, wie bereits berichtet, Zwergpinguine bei der abendlichen Rückkehr in ihre Nester für viele, viele Dollar beobachten kann. Hoffnungsvoll, dass wir vielleicht auch, ohne zu bezahlen, welche sehen können, parken wir etwas abseits. Es ist zehn Uhr und bereits dunkel. Die meisten der kleinen Vögel sollten schon aus dem Wasser sein. Wir haben tatsächlich Glück: Ein Blue Penguin kommt aus den Steinen der Mole, watschelt über den Bürgersteig und bleibt am Straßenrand stehen. Als gehe er sicher, dass kein Auto kommt, wartet er und rennt erst dann, den Schnabel weit nach vorne gestreckt, los. Ist das süß! Wir schauen den Steindamm hinunter, an den ruhig die Wellen schwappen. Dort unten auf den Steinen sitzen noch weitere, kleine Pinguine. Ohne einen Cent auszugeben, sehen wir an dem

Blue Penguins for free!

Abend über acht Zwergpinguine, und das knappe fünfzig Meter abseits der Touristenmassen. Genial! Jetzt geht es uns viel besser. Wir fahren aus der Stadt hinaus und steuern einen Campingplatz bei Kakanui, etwa 15 Kilometer südlich von Oamaru, an.

Auf dem Platz hatten wir schon bei unserem ersten Aufenthalt eine Nacht verbracht. Das kostenlose Gelände der Stadtverwaltung ist super: An einer kleinen Steilküste parken wir Eddie für die sehr frische Nacht. Das Geräusch der seichten Brandung spült uns in den Schlaf. Vom Gefühl her sind wir gar nicht im Sommer: Es ist so kalt, dass wir sogar beide unseren eigenen Schlafsack hervorkramen – und das am 22. Dezember. Am nächsten Morgen gesellen sich Jeff und Sandra zu uns. Die beiden Briten vom Weinberg wollen für Weihnachten nach Süden und sagten sofort zu, mit uns eine Nacht auf diesem Campingplatz zu verbringen, als wir sie noch in Cromwell danach fragten. Mittlerweile, also einen Tag nach unserer Abreise, haben wir auch zahlreiche Nachrichten von Georgia und Blake bekommen. Mit Freude lesen wir die netten Worte. Das gilt auch für Jackies Kommentar auf unserer Wwoofing-Seite im Internet. Unsere allererste Woche, die schon zweieinhalb Monate zurückliegt, hatten wir als „Angestellte" auf Cairnmuir Station verbracht. Jetzt, nach unserer endgültigen Abreise, schreibt uns Jackie Folgendes: „Es war eine spezielle Erfahrung für jeden von uns auf unterschiedliche Weise. Diese beiden jungen Leute werden Ihre Erwartungen in jedem Zusammenhang übertreffen. Wir durften ihre Gastgeber für verschiedenste Farm- und Gartenarbeiten sein. Zehn Jahre weiter, da bin ich mir sicher, wird man diese beiden jungen Leute in extrem erfolgreichen und internationalen Positionen sehen. Heiterkeit, Freundlichkeit, Rücksichtnahme und Aufmerksamkeit (sie sind in jedem Fall gut erzogen worden) sind alles Begriffe, die mir zu ihnen einfallen. Es ist kein 'Tschüss', sondern ein 'Auf Wiedersehen' – bis zum nächsten Mal. Maria und Philip, danke, dass ihr ein wertvoller Teil unserer Familie wart." Jetzt bin ich mir sicher: Es scheinen einige Kriterien des Freundschaft-Schildes aus Jackies Apotheke erfüllt worden zu sein …

Mit Jeff und Sandra schauen wir uns nochmals Oamaru an, besuchen den Farmers Market und gehen einkaufen – am Abend wollen wir nämlich ganz „weihnachtlich und traditionell" grillen. Es ist der 22. Dezember 2013 und wir stehen bei Sonne im Meer. Jeder von uns trägt eine der typischen Nikolausmützen, die Wellen – um ehrlich zu sein, mit etwa 14 Grad ziemlich kalt – spülen uns um die Füße. Freundschaft, Sonne, Neuseeland. So will man sein erstes Weihnachten auf der Südhalbkugel verbringen!

Merry Christmas!

Wie schon beim Graben von Löchern auf dem Weinberg, beim Bungee in Queenstown oder beim Baden im kalten See: Jeff und ich stacheln uns immer gegenseitig an. Es wundert also kaum, dass wir fünf Minuten später bis zum Hals im kalten Pazifik stehen. Die Wellen schlagen

Lässt einen der Grill im Stich, sorgt man eben anders für gute Laune ...

gegen unsere Rücken, eine Gänsehaut überzieht unsere Körper – brrr, ist das kalt. Es ist Zeit wieder herauszuwaten, eine „Dusche" unter dem kalten Strahl Regenwasser am Toilettenhäuschen und dann nichts wie in die trockenen Klamotten. Hätte man doch jetzt ein warmes Wohnzimmer, heißen Tee und vorgewärmte Kleidung … haben wir aber nicht. Immerhin ist der Tee nach langem Kochen über der Gasflamme fertig. Wir parken unsere beiden Toyota Hiaces um, so dass sie uns einigermaßen vor dem kühlen Wind schützen, der vom Meer aus über die Klippe fegt. Es funktioniert nur so lala. Leider ziehen langsam die angekündigten Regenwolken heran. Wir brechen also schon vergleichsweise früh die Speight's-Bierflaschen an. Um fünf plagt uns der Hunger. Wenn man vorher so weit draußen im Meer war, darf man auch schon am späten Nachmittag den Grill anzünden. „Grill", das bedeutet in unserem Fall eine kleine Alu-Schale mit zehn Stückchen Kohle. Ein Einmal-Grill. Unsere Würstchen und das Fleisch brauchen ein bisschen länger als über einem kräftig heizenden Holzkohleofen. Immerhin schmecken sie am Ende besser als auf den neuseeländischen und britischen Gasgeräten. Eine echte Überraschung: Die neuseeländischen Würstchen kommen uns mittlerweile fast genießbar vor. Der Hunger und die zeitliche Distanz zu echten, deutschen Grillwürstchen machen es wohl möglich. Zu fettig sind sie aber trotzdem noch. Richtig schmackhaft sind dafür die spanischen Chorizo, die es im Kühlregal gibt. Diese Chicken-Wings und ähnliche Schweinereien samt typisch labbrigem Toast essen wir in Kakanui oberhalb des weißen, leeren Strandes. Lediglich die Hoffnung auf ein Feuer am Strand wird letztlich vom Regen ausgelöscht. Viel zu früh verschwinden wir daher an unserem letzten gemeinsamen Abend in den jeweiligen Vans – Backpacker leben nun mal mit dem Wetter.

Immerhin scheint am folgenden Tag wieder die Sonne. Ein Frühstück mit Blick über den pazifischen Ozean ist ein Muss. Wir bauen unsere Campingtische auf und warten auf die Pfannkuchen, die Jeff zirkusreif durch die Luft schleudert – und wieder fängt. Mit Sirup, Butter und Zucker schmecken die dünnen Exemplare sehr gut und sind wohl auch genauso ungesund. Danach müssen wir uns

So wacht man gerne auf: Blick vom Kakanui Campground

erst mal in der Sonne am Strand entspannen, wo schon früh am Morgen einige Surfer aus der Umgebung auf den Wellen reiten. In Oamaru trennen wir uns endgültig von Jeff und Sandra. Gemeinsam haben wir in den letzten Wochen etliche Stunden auf dem Weinberg verbracht und auch viele in der Freizeit. Zum Abschluss statten wir einer Käsefabrik einen Besuch ab. Der strenge Geruch steigt mir in die Nase. Die „Whitestone Cheese Factory" bietet eine gute Auswahl heimischen Käses und anderer Feinkostprodukte. Spontan bestellen wir eine Probierplatte für uns vier. Die fünf Sorten schmecken gut – nur den Schimmelkäse mag ich nicht. So eine Häppchenplatte als Snack zwischendurch, kann ich nur empfehlen. Eines der (teuren) Stückchen Käse möchte Maria gerne mitnehmen, was wir auch tun. Doch generell fängt mit dem Reisen auch wieder das Sparen an. Wir haben eine ehrgeizige Finanzkalkulation aufgestellt, damit wir mit dem verdienten Geld bis zur Abreise auskommen. Am härtesten wird wohl das Lebensmittel-Budget einzuhalten sein: maximal 100 Dollar (60 Euro) wollen wir zusammen in sieben Tagen für Essen ausgeben.

Nach Norden verlassen wir Otago auf dem SH1. Das Ziel ist wieder mal: Christchurch. In Timaru machen wir Päuschen und essen den Käse auf Brot. Ein Schild direkt neben uns erklärt die Verhaltensregeln bei einem Tsunami – es ist eine ausgesprochen entspannte Pause. Erfreulicherweise bricht jetzt gerade keine Riesenwelle über die Stadt herein. Daher erleben wir den bekannten Rosengarten stachelig und farbenfroh. Der Duft ist eine Wohltat nach dem vielen Käse. Hier, zwischen den unterschiedlichsten Rosenarten, findet im November das „Timaru Festival of Roses" statt. Ansonsten bietet das „große Oamaru", wie die drittgrößte Stadt der Südinsel genannt wird, noch einige Attraktionen.

Zum Beispiel ein Museum über die Felsmalereien der Maori. Aus deren Sprache kommt auch der Name „Timaru", was Zufluchtsort bedeutet. Und das, obwohl es laut unserem Lonely Planet hier bis 1839 keine feste Siedlung gab. Erst in diesem Jahr erbauten zwei Australier eine Walfangstation auf dem Boden der heutigen Stadt.

Wir fahren weiter, denn wir wollen noch rechtzeitig einen weiteren Factory-Shop erreichen: Der „Cookie Time"-Laden kurz vor Christchurch steht wieder mal auf unserem Plan. Leider sind wir etwas zu spät, bekommen die nötigen Kekse für die Heimat aber später von Freunden mitgebracht. Wir enden an diesem Abend mal wieder auf unserem Parkplatz in New Brighton. Am Abend vor Heiligabend ist hier kaum etwas los. Lediglich ein Van steht zwischen den weißen Markierungen. Dieser alte, blaue Wagen stand hier bislang immer, wenn auch wir da waren. Ein ausländischer Bauarbeiter? Ein Christchurcher, der beim Erdbeben sein Haus verlor? Definitiv kein Backpacker, denn der Mann sieht schon älter aus.

Als wir die Großstadt an der Ostküste das letzte Mal sahen, war das, bevor wir unseren Job aufnahmen. Wir fühlten uns damals wohl, fast heimisch, in dem vom Erdbeben und den Bauarbeiten noch immer stark gezeichneten Christchurch. Jetzt, nach über zwei Monaten zwischen dem kleinen Cromwell und dem spärlich bevölkerten Bannockburn, zwischen Farmland und Weinbergen, zwischen Lake Dunstan und Kawarau River, jetzt stößt uns Christchurch ab. Jeder der 350.000 Einwohner, den wir auf den Straßen sehen (hier wohnt fast die Hälfte aller Südinsel-Bewohner), wirkt deprimiert und deprimierend auf uns. Die Leute schlurfen über die welligen Bürgersteige. Die Autos stehen im Stau. Es herrscht „Großstadtbetrieb" bei Sumner und Avonhead und zwischen Brighton und Hornby. Wie wir hier feststellen, liegt diese Stimmung nicht nur am Vorweihnachtsstress. Es zeigt viel mehr, wie sehr Maria und ich, aus der Metropole Ruhr, einer Region mit fünf Millionen Einwohnern, stammen, uns umgewöhnt haben. Es dauert 24 Stunden, bis wir uns in die Stadt-Stimmung einfinden.

Am Heiligen Abend morgens in New Brighton am Strand in einem Van aufwachen – es kann schon jetzt kein normales Weihnachten mehr werden. Es ist der 24. Dezember 2013. Wir stürzen uns in einer Shopping Mall in das Weihnachtsgetümmel. In Neuseeland ist kurz vor knapp genauso viel los wie in Deutschland – nur dass hier jeder in kurzer Hose herumrennt. In der Innenstadt, die mit ihren zerstörten Häusern und leergeräumten Plätzen auch an den Festtagen zu Christi Geburt trostlos aussieht, kommt uns ein Student mit einer Nikolausmütze entgegen. „Merry Christmas!" ruft er und drückt jedem von uns ein Stückchen Schokolade in die Hand. Überrascht, aber erfreut nehmen wir den

Schoko-Nikolaus gerne an. Nachmittags kommen wir bei Gary, Fiona, Adam und Matt an. Es ist die Familie, bei der wir auch schon die ersten Wochen unserer Reise verbracht hatten und die sich zwischendurch immer wieder telefonisch gemeldet hat. Wir parken Eddie in der schmalen Auffahrt vor dem kleinen, typisch neuseeländischen Häuschen. Gleich tragen wir unsere

Heiligabend und es will keine Stimmung aufkommen – warum bloß nicht?

Sachen zur Schlafstelle. Unser früherer Raum, das Spielzimmer mit einer großen Couch, ist schon für das Weihnachtsessen umgerüstet. Da aber Paul, der Austauschschüler aus Kiel, seit einigen Tagen wieder zurück in Deutschland ist, können wir in sein altes Zimmer. Das Kämmerchen erinnert mich stark an Harry Potters Raum bei seinem unliebsamen Onkel und der Tante – lediglich die Treppe fehlt (und natürlich der böse Onkel und seine Frau). Aber auch so gehören die zwei Nächte in dem neunzig Zentimeter breiten Bett nicht zu den komfortabelsten der Reise. Wohlbemerkt: Wir teilen uns die neunzig Zentimeter. Die Alternative wäre Eddie gewesen, aber dort müssen wir schließlich die nächsten fünf Wochen noch genügend Abende verbringen.

Würden wir zu Hause am späten Nachmittag des Heiligabends in die Kirche gehen, sitzen wir nun bei 25 Grad auf der Veranda in der Sonne. Eine befreundete Familie ist zu Besuch, Gary wirft Würstchen und Fleisch auf den Grill. Verrückte Stimmung – für uns ohnehin keine festliche. Sehr interessant sind die Erzählungen des befreundeten Ehemanns: Er ist für die Landebahn des Christchurcher Flughafens verantwortlich. Er sorgte also dafür, dass alles frei von Unkraut und ebenerdig war, als wir am 29. August hier landeten. Es ist ein netter Abend im Kreise dieser zwei Familien. Deutlich besser als das, was Kiwis üblicherweise an Heiligabend machen: saufen, feiern, saufen. Ich weiß nicht, ob es für die meisten Neuseeländer gilt, aber zweifelsohne nutzen viele diesen Termin, um mit ihren Freunden in den Pub zu gehen oder um sich am See mit einigen Six-Packs zu treffen. Eine Entweihung des Festes? Möglich. Andererseits fehlt die Tradition einfach. Wir gehen sogar in die Kirche: Gary und Fiona sind religiös und nehmen uns mit zur Christmette. Dem Christentum gehört die Hälfte der neuseeländischen Bevölkerung an. Etwa 55 Prozent gaben ihre Zugehörigkeit zum Christentum bei der letzten Volkszählung 2006 an. Damals sagten aber auch über 30 Prozent, dass sie konfessionslos seien –

eine vergleichsweise hohe Zahl. Sogar die meisten Maori sind Christen. Sie wurden nach der Ankunft der Europäer nach und nach missioniert. Gary und Fiona sind also ebenfalls Christen, und zwar Katholiken. Mit ihnen bin ich das erste Mal in der Mitternachts-Messe. Adam, Matt und der älteste Sohn Clayton sind auch dabei. Ich habe keine Ahnung, ob katholische Gottesdienste immer so ablaufen oder ob es etwas Neuseeländisches oder Britisches ist, aber

Bescherung in Neuseeland

das Niederknien, das Bekreuzigen, die flotten Songs samt Chor und das Formelle im krassen Gegensatz dazu sind spannend zu beobachten – als evangelischer Christ bin ich andere Weihnachtsandachten gewohnt. Mitten in der Nacht kommen wir zu Fuß wieder zu Hause an – Maria und ich machen, gemäß der deutschen Tradition am Heiligen Abend, unsere eigene kleine Bescherung. Sie fällt bescheiden aus, aber wir sind übereingekommen, dass wir unser gemeinsames Geld lieber für andere, reiseorientierte Dinge ausgeben.

Es ist der erste Weihnachtsfeiertag, an dem die Neuseeländer feiern. Schon seit Wochen sind die Wohnhäuser geschmückt – teils mit kitschigen Glitzergirlanden oder wild blinkenden Lichterspielen. Auffällig sind die vielen Anspielungen auf weiße Weihnachten: Kunstschnee um den Baum herum, Schneekristalle an den Fensterscheiben oder weißer Filz in den Schaufenstern. „Merry Christmas" haben wir uns zwar schon nach dem Gottesdienst am Abend zuvor gewünscht, aber heute morgen ist es fast stimmungsvoller. Die Großmutter kommt vorbei und wir sitzen um den grünen (Plastik-) Tannenbaum herum. Andere Familien haben aber auch echte Bäume – nur hier eben nicht. Eine Weihnachts-CD läuft im Hintergrund. Es gibt Frühstück neben dem Baum. „Siiilent night. Hoooly night." Die Geschenke warten, auch auf uns. Nacheinander öffnet jeder eins der Päckchen. Von meinen Eltern habe ich per Post Socken und eine kleine Weihnachts-Deko bekommen. „All is calm, all is bright", tönt es. Jackie und Alistair schenken uns Icebreaker-Shirts. Die teuren Merino-Sachen hätten wir uns nie leisten können oder wären dafür viel zu geizig gewesen. So kommen wir in den Genuss der weichen, geruchsresistenten Wäsche, bei deren Produktion wir zwei Monate lang immer wieder mitgeholfen haben. Bei Marias Jäckchen kann man mit einem Code die Herkunft zurückverfolgen: Leider sind die Fäden nicht von Cairnmuir, aber von anderen nahen Stations. Icebreaker-Wolle wächst ausschließlich auf den Farmen der neuseeländischen Südinsel. „Round you virgin, mother and child." Von Marias Eltern bekommen wir einen Papp-Weihnachtsbaum für Eddie und ein Buch mit festlichen Geschichten. „Holy infant so tender and mild." Wir sind in diesem Moment weit

Alles bereit für die Weihnachtsgäste

weg von zu Hause, aber gedanklich doch nah. Vielleicht auch, weil wir nach dem Aufstehen mit unseren Familien telefoniert hatten. Die Familie „zerreißt" das letzte Geschenkpapier. „Sleep in heavenly peace." Von uns bekommen die Jungs jeder einen großen Cookie. Alle Geschenke sind ausgepackt. „Sleeeeep in heaaavenlyy peaaace…" Schlaf in himmlischer Ruh?? Der Tag geht jetzt erst richtig los! Der Tisch wird eingedeckt, die Getränke kalt gestellt. Wir erwarten zwanzig weitere Gäste – vornehmlich ebenfalls afrikanische Auswanderer, die

flüchteten, als sich die politische Stimmung auf dem Kontinent vor zwanzig Jahren änderte. An drei Tischen sitzen wir wild durchmischt. Gary spricht ein paar Worte, dankt, dass wir alle beisammen sind und wünscht uns Frohe Weihnachten. Mittlerweile hat jeder sein kleines Party-Bonbon neben dem Teller mit einem Mini-Knall zerrissen. Darin waren Papierkronen. Der gelbe, orange oder rote Kopfschmuck sitzt nun auf unseren Köpfen. Es wird gelacht, gequatscht und gegessen: Schinken, Salate, Steaks, Brot. Das Essen ist reichlich und doch fehlt der festliche, der besondere Charakter, den das Essen bei uns zu Hause an Heiligabend immer hat. Wenn man mit so vielen Personen mehrere Stunden füllen will, braucht man Programm: Daher gibt es eine große Spielrunde. Wir werden in zwei

Gary verteilt den Festschmaus

Teams aufgeteilt. Maria und ich sind in Team Schwarz. Sohn Adam zeigt zu Beginn Lupenbilder und wir müssen erraten, was zu sehen ist. Dann gibt es ein Quiz: „Wo waren die letzten olympischen Winterspiele?" „Vancouver", erinnere ich mich. Das ist ein Punkt für uns. Es gibt verschiedene Spielrunden. Weil das Wetter heute so ist, als feierten wir in Deutschland (es ist nass und kühl), verzichten wir auf die Außenspiele. Am Ende verliert Maria, und somit mein Team, knapp – ärgerlich! Denn jetzt darf Team Rot zuerst die Geschenke auswählen. Das große Finale ist nämlich ein Riesencracker: Unzählige Stunden hatte Gary in den Bau des Bonbons mit zwei Seilen zum Auseinanderreißen, in dem kleine Geschenke warten, gesteckt. Gehalten werden die beiden Teile an der Sollbruchstelle von 75 Mini-Böllern, die beim Reißen knallen sollen. Leider hat Gary diese zu gut verarbeitet: Die Seile an den Enden reißen ab, das Bonbon bricht nicht. Die Knallerei bleibt weitestgehend aus. Im Bonbon waren kleine Präsente, über die sich nun alle hermachen. Jeder bekommt eines. Die Kleinigkeiten sind alle fein und säuberlich eingepackt: Es gibt Nützliches und Schrott. Maria bekommt zum Beispiel eine Campingtasse – nützlich. Ich bekomme Babyschuhe, Größe 12 – Schrott (wenigstens für mich). Der erste Weihnachtstag endet im Kreis unserer Gastgeber mit einem Film und viel übrigem Essen – nach der späten Christmette am Abend zuvor ein angenehmer Ausklang.

Am zweiten Weihnachtsfeiertag geht es endgültig gen Norden. Der „Boxing Day", wie der 26. Dezember im Englischen genannt wird, ist in Neuseeland ein Tag zum Einkaufen. Die Geschäfte sind offen, bunte Schilder locken mit „Boxing Day Sale". Man hat das Gefühl, halb Christchurch quetscht sich durch die Westfiled Riccarton-Mall, eins der größten Einkaufszentren Neuseelands. Wir machen uns also auf Richtung Picton. Von dort aus wollen wir in fünf Tagen auf die Nordinsel übersetzen. Wir haben somit nur wenig Zeit, um uns den nördlichen Teil der Ostküste und die Marlborough Sounds, in denen Picton liegt, anzuschauen. Wir haben Glück, dass es am Abend des Boxing Day endlich für zwei Stunden aufhört zu regnen – so können wir immerhin in Ruhe draußen essen. Für unsere erste Nacht auf komplett unbekanntem Terrain haben wir uns einen Campingplatz der Stadtverwaltung an der Mündung des Huron River ausgesucht. Wir sitzen vor Eddies Schiebetür auf unseren grünen Campingstühlen und machen uns über Fionas Essenspaket her. Zum endgültigen Abschied hatte sie uns eine ganze Tüte mit den verschiedensten Leckereien und Snacks mitgegeben. Das Laub der niedrigen Bäume über uns raschelt im Wind. Nudelsalat mit Schinken vom Weihnachtsschmaus gibt es für uns an diesem Abend. Nur wenige Meter weit entfernt, nur durch die blickdurchlässigen Sträucher von uns getrennt, fließt der breite Fluss gemächlich entlang. Laut schallt die Brandung des Pazifischen Ozeans zu uns herüber – die Wellen schlagen nur 100 Meter weit weg gegen die Küste.

Warum für einen Campingplatz bezahlen, wenn es auch so geht?

Der State Highway 1 schlängelt sich weiter nach Kaikoura. Wir hatten bislang immer viel Gutes über die angeblich so wunderschöne Stadt mit ihren bekannten Walbeobachtungs- und Delfintouren gehört. Einige hundert Meter vor der Küste fällt der Meeresboden steil und tief ab, wodurch an dieser Stelle nährstoffreiches und planktonhaltiges Wasser an die Oberfläche gespült wird – ein ideales Frühstücksbuffet für die Wale. Das Wetter ist bei unserem Kaikoura-Besuch aber kaum das Richtige, um für über 100 Dollar pro Person eine Waltour zu machen. Die Angebote zum Schwimmen mit Delfinen sind ohnehin schon ausgebucht. Es ist nass an der Ostküste: Es regnet in Strömen und das pausenlos. Von der schönen Küste sieht man wenig, weswegen wir nur durch die Innenstadt laufen, die unter anderem durch eine öffentliche Toilette mit Videoüberwachung auffällt – aufgrund von starkem Vandalismus vor über drei Jahren. Ansonsten gibt es süße Läden, die von Deko-Accessoires über Kleidung bis zu Büchern fast alles bieten, und eine überteuerte Bäckerei mit nur bedingt schmeckendem Pie. Alles in allem bleiben uns Kaikouras glanzvolle und attraktive Seiten irgendwie verborgen. Da wir schon ab 16 Uhr nichts mehr zu tun haben, verbringen wir den langen Abend daher mit Aussortieren der Fotos. Uns ist klar, dass wir niemandem 10.000 Bilder zeigen können. Es ist eine mühselige Arbeit, die aber erledigt werden muss. Wir enden beim Kartenspielen auf dem Bett: Wir spielen das Spiel „Looser and King", das wir in Cromwell gelernt haben. Mit von der Partie ist auch „Gabor". Da unser Spiel zu zweit schnell langweilig wird, teilen wir auch an eine imaginäre Person einen Stapel aus. Das Blatt des dritten Spielers kommt in einen Schuhkarton: Gabor.

Zwischen Kaikoura und den „Fjorden des Norden" stehen am Highway nach einer langgezogenen Kurve plötzlich zahlreiche Autos am Straßenrand. Interessiert halten auch wir an und schauen, was es zu sehen gibt: Bestimmt fünfzig Surfer stehen mit ihren Brettern im kalten Wasser und reiten auf den Wellen. Diese bauen sich hier schon früh auf und laufen dann parallel zum Ufer in eine Bucht hinein – offenbar perfekt zum Surfen: relativ hohe Wellen, die erst spät brechen. Auffällig ist, wer hier surft. Kaum einer der Wassersportler erfüllt das Image des blonden, braungebrannten „Sunnyboys" der französischen oder australischen Küsten. Im Gegenteil: es sind hauptsächlich Männer, die ihre Körper in Neoprenanzügen verstecken. Und das nicht nur, weil das Wasser so kalt ist: Manche von ihnen könnten fast meine Großväter sein. In Neuseeland ist Surfen eindeutig mehr (Volks-)Sport als Image – sehr sympathisch!

Einige Kilometer weiter weisen Schilder auf eine Robbenkolonie hin. Ohne Probleme zähle ich weit über hundert von den Wassertieren auf den Felsen – darunter auch viele Jungtiere. Dennoch stelle ich fest, dass wir ein Stück weit abstumpfen: Konnten wir vor wenigen Wochen die Blicke von wildlebenden Robben kaum abwenden, so sind sie jetzt kaum noch spektakulär. Zu oft haben wir schon Kolonien gesehen, die es hier anscheinend überall gibt. Im Regen erreichen wir Blenheim mit seinen unzähligen weiten Weinbergen. Das Problem dabei ist aber, dass wir neun Wochen selbst zwischen den Reben gearbeitet haben. Jetzt können wir keine mehr passieren, ohne den Entwicklungs- und Arbeitsstand zu analysieren. „Die müssen aber noch viele Triebe ausdünnen" oder „Die sind aber schon weit gekommen hier" – immerhin wird einem so bei der vielen Fahrerei nicht langweilig. Blenheim als Stadt ist zwar nicht besonders schön, vor allem nicht, wenn die Wolken tief hängen, aber es bietet alles. Sogar einen günstigen Pak'n'Save etwas außerhalb!

Shopping

Das Einkaufen in Neuseeland ist ein Thema für sich: Gerade Lebensmittel sind meist recht teuer. Zu Beginn unserer Reise dachten wir, dass es uns nur teuer vorkommt, weil wir vorher noch nie unser Geld für Essen ausgeben mussten – aber die neuseeländischen Preise liegen schlicht über denen in der europäischen Heimat. Es gibt nur wenige reguläre Ausnahmen: Die heimischen Früchte beispielsweise sind zur Erntezeit für wenige Cents zu bekommen. Die aus Deutschland bekannten Einkaufsketten gibt es nicht: Countdown und New World sind die Marktführer in Neuseeland. Beide Läden bieten auch Hausmarken an, die günstiger sind. Mindestens einen der beiden Vollsortimenter gibt es eigentlich in jeder Stadt, wobei vom Gefühl her eher ein New World zu finden ist.

Der mit Abstand preisgünstigste Laden ist „Pak'n'Save", der ebenfalls zur New-World-Kette gehört. Die Kette bietet das Pendant zum deutschen Discounter, ist im Vergleich aber noch immer teurer. Die Produkte der Eigenmarken „Budget" und „pams" gibt es in den gelben, lagerhallenartigen Pak'n'Save-Läden auch, aber für einige Cents weniger als in New World. Während es in den genannten Läden auch Frischetheken gibt, gibt es im „Four Square" keine Theken. Die Four Square-Läden gibt es in fast jeder kleinen Stadt; sie gehören ebenfalls zur New World-Kette. Jedes Four Square-Produkt findet man daher auch bei Pak'n'Save und New World, aber nicht umgekehrt. Four Squares haben ein viel kleineres Sortiment und dieses ist teurer. Der Preis ist wohl der abgelegenen Lage dieser Läden geschuldet. Fleisch, Käse und Milchprodukte gibt es in den kleinen Ladenlokalen normalerweise nur abgepackt.

Komplementiert wird das Lebensmittel-Angebot von kleinen, privaten „General Stores", häufig einer Mischung aus Kiosk, Lebensmittelladen und Tankstelle. Diese Tante-Emma-Lädchen sind meist in größeren Dörfern, wo sich kein Four Square lohnt. Außerdem gibt es noch kleinere Ketten, wie „fresh choice", und reine Alkohol- und Obstläden. Normalerweise haben die großen Läden übrigens sieben Tage die Woche geöffnet – lediglich um die Weihnachtsfeiertage ändern manche Geschäfte die Öffnungszeiten. Während die kleinen Läden schon gegen sechs Uhr schließen, gibt es teilweise Countdowns und New Worlds, die bis Mitternacht die Kunden beglücken.

Als sparsamer Reisender sollte man immer nach den großen „Saver"- oder „Sale"-Schildern schauen. Bei den Angeboten kann man häufig gute Schnäppchen machen. Solche Angebote gibt es ständig in allen Läden. Unser bester Deal: 2,25 Liter Cola für 99 Cent (60 Euro-Cent).

Für Backpacker ist es zunächst schwer, ein (Einkaufs-)System zu entwickeln: Auch wir haben einige Tage gebraucht, bis wir herausgefunden hatten, wie es am besten geht. Denn Kühlmöglichkeiten hatten wir keine, so dass wir Alternativen nutzten: Margarine statt Butter, Milchpulver statt Milch, H-Sahne statt Sahne. Andere Produkte wie Nudeln und Soße kauften wir auf Vorrat. Käse hält sich erfreulicherweise einige Tage – auch ohne Kühlung. Anders ist es mit Fleisch: Wir haben nur Fleisch gekauft, wenn wir es am selben Tag essen konnten. Häufig gab es für Fleisch aber ohnehin keine Mittel in unserem Lebensmittelbudget von 60 Euro pro Woche. Da die abgepackten Portionen häufig zu teuer oder zu groß sind, stiegen wir irgendwann fast ausschließlich auf Schinken um, den es an der Frischetheke gibt. Günstiges und effektives Einkaufen haben wir zeitweise auf die Spitze getrieben: Hühnchen aus der Dose gibt es billig in den verschiedensten Geschmacksrichtungen – eine der Sachen, die ich nicht vermisse. Für Backpacker gilt: Was auf den Tisch kommt, wird gegessen. Denn Verschwendung wird zum Fremdwort. Nicht verzweifeln, man kann auch mit bescheidenen Mitteln lecker kochen! (siehe „Campen und Essen", Seite 108)

Ein eigenes Thema sind die Getränke – Flüssigkeit ist wichtig, und man sollte immer genügend dabei haben! Das Kuriose: Süßgetränke sind im Laden fast billiger als eine Flasche Mineralwasser. Die Kiwis trinken einfach kaum Sprudelwasser. Stilles Wasser gibt's aus der Leitung. Das günstigste Blubber-Wasser gibt es von Budget bei Pak'n'Save für knapp einen Dollar (für 1,5 Liter). Allerdings kann man in der Tat bedenkenlos das Leitungswasser trinken, das wir daher immer in unserem 20-Liter-Kanister und in alten Saftflaschen mitnehmen. Frisches Leitungswasser bekommt man an jeder „Dump-Station" und an vielen Tankstellen. Doch Vorsicht: Das Wasser der DOC-Campingplätze sollte man sicherheitshalber abkochen oder filtern.

Dank des guten Wechselkurses kann man in Neuseeland viele Hosen, T-Shirts und Pullis einkaufen (die man hinterher natürlich irgendwie auch in den Rucksack bekommen muss) – vor allem zum Schlussverkauf gibt es so manches Schnäppchen. Die meisten europäischen Marken und noch weitere gibt es in den Innenstädten der Großstädte oder in den Einkaufszentren außerhalb. Außerdem haben viele Städte Secondhand-Shops, die oft von der Heilsarmee („The Salvation Army") betrieben werden. Auch wenn

Im Warehouse gibt es wohl wenig, was es nicht gibt

man die Ideologie nicht vertritt, kann man hier für wenige Dollar (meist unter fünf Dollar) gute Kleidungsstücke erstehen, die sich zumindest als Arbeitsklamotten sehr gut eignen.

Von Kleidung über Camping-Ausstattung und Lebensmittel bis zu Krimskrams: Alles gibt es im Warehouse. In den großen Lagerhallen stapelt sich die nach Fabrik stinkende Billigware bis unter die Decke. Doch für Backpacker ist es ideal: Ob Teller und Besteck für den Van, Sonnenhüte für den Weinberg oder Kissen fürs Bett – es gibt nichts, was es nicht gibt. Vor allem kaufen wir hier immer das Gas für unsere Gaskocher.

Die Geschäfte der Marke „The Warehouse" gibt es auch schon in kleineren Städten; sie sind trotz der vermutlich negativen Wirkung für kleine, örtliche Geschäfte sehr nützlich. Der Haken: Es sind alles asiatische 08/15-Ware.

Immer auf die Angebote achten!

Übrigens: Jeder größere Supermarkt bietet neben Lebensmitteln und Drogerieartikeln auch Medikamente. In jedem Fall gibt es immer Schmerztabletten. Wer fachgerechte Beratung will, sollte allerdings zu einer der Apotheken („Pharmacy") gehen. Die Angestellten haben üblicherweise auch von vielen Krankheiten Ahnung, so dass man sich einen teuren Arztbesuch sparen kann.

Die „Fjorde" des südlichen Nordens

Wanderung bei suboptimalem Wetter

Die „Fjorde" des südlichen Nordens

Wohnwagen self-made

Die Marlborough Sounds, die sich nördlich von Blenheim befinden, präsentieren sich uns mit tief hängenden Wolken und häufigen Schauern. Die Straße geht hoch und direkt wieder herunter. Linkskurve folgt Rechtskurve, dann wieder links – und immer so weiter. Die Straße schlängelt sich entlang den Hängen. Die fjordähnliche Landschaft im Norden hat mit der Küste im Süden wenig gemeinsam. Ist Fiordland wild, rau und weitgehend unerschlossen, sind die Marlborough Sounds begrünt, weniger hoch und nicht annähernd so steil. Außerdem finden sich hier viel mehr (Ferien-)Häuser, Campingplätze und Privatboote auf dem sehr ruhigen Wasser. Apropos Wasser: spektakuläre Wasserfälle? Fehlanzeige. Dennoch gefällt mir die Landschaft von Picton im Osten bis Havelock im Westen (und noch drum herum) auf Anhieb viel besser: Es gibt weniger Touristen, es ist natürlicher, authentischer. Es sind hauptsächlich Neuseeländer, die hier Urlaub machen. Natürlich gibt es auch die Backpacker und Mietvan-Touris, aber sie sind hier fast schon in der Unterzahl. Nach einer Kurve sehe ich plötzlich ein Haus hinter der nächsten Ecke verschwinden. Ein Holzhaus auf dieser Straße? Als wir näher kommen, sehen wir, dass dort jemand einen Lkw mit einer Art großem Gartenhaus, zweistöckig, versehen hat. Wohnmobil Marke Eigenbau. Von Rußpartikelfilter scheint der alte Truck aber noch nichts zu wissen. Hier oben im Norden gibt es unzählige Campingplätze des DOC. Manche sind nur mit Boot oder zu Fuß zu erreichen, andere ganz normal mit dem Auto. Im „Cowshed Bay Campground" finden wir einen der schönsten Rastplätze unserer Reise. Mit Glück ergattern wir noch einen Stellplatz direkt am Wasser, wo wir parken und unseren Tisch nur drei Meter vom Wasser entfernt aufstellen. Cowshed Bay liegt am Queen Charlotte Track, einem wohl wunderschönen drei bis fünf Tage langen Wanderweg über die Spitzen und durch die Täler der Sounds. Das Wasser strahlt türkisblau in der doch existierenden Sonne (wir hatten nach drei Tagen Dauerregen daran bereits gezweifelt). Würde man nicht den Unterschied zwischen Ebbe und Flut erkennen, wüsste man kaum, dass es sich um Meer handelt – so ruhig ist das Wasser. Einen Schritt nach dem anderen gehe ich voran. Nach zwanzig Metern geht mir das Salzwasser gerade mal

bis zum Bauch. Ich stoße mich in das kalte Nass hinein und schwimme einige
Züge: Was für eine Erfrischung nach drei Tagen ohne Dusche.

Der 30. Dezember 2013 ist unser letzter Tag auf der Südinsel Neuseelands. In
einer Smartphone-App haben wir von einer Fünfstundenwanderung auf den
höchsten Gipfel der Region gelesen – die Kommentare und Bewertungen lassen
einem keine Wahl: Man muss einfach auf den kaum bekannten Mount Stokes
mit seinen knapp 1200 Metern klettern. Die Aussicht soll sich lohnen, lesen
wir. Ein Blick zum Himmel an unserem letzten Tag macht aber klar, dass eine
solche Wanderung heute nur wenig Sinn macht: Die Wolken hängen tief und
es ist kühl – immerhin regnet es nicht. Bei unserem Plan B, einer Wanderung
zu einem Aussichtspunkt des Queen Charlotte Track, enden wir ebenfalls im
Nebel, sind klatschnass vom doch einsetzenden Regen, und zu allem Überfluss verstauche ich mir den Fuß. Irgendwie ungünstig. Wem für den gesamten
Queen Charlotte Track die Zeit oder die Motivation fehlen, so wie uns zumindest Ersteres, der sollte sich wenigstens die Zeit für den Queen Charlotte Drive
nehmen. Die Landstraße klappert viele Punkte mit schönem Ausblick ab und
endet in Picton.

Die Marlborough Sounds

Picton. So, wie das Eingangstor zur Südinsel, hatten wir uns auch Milford
vorgestellt: ein kleines Städtchen mit gewachsenen Strukturen und netten Touristenangeboten. Hier gibt es nicht nur schöne Cafés, sondern auch öffentliche
Duschen. Für je zwei Dollar lassen wir uns das warme, ja sogar heiße Wasser

die Rücken herunterlaufen. Auf diese geniale öffentliche Einrichtung kamen wir durch einen Hinweis aus der iSite. Von jetzt an werden wir immer danach fragen. „Public showers" sind eine gute Möglichkeit, die teuren, kommerziellen Campingplätze zu umgehen und sich dennoch ab und an zu waschen. Insgesamt haben wir viel zu wenig Zeit für die Marlborough Sounds eingeplant. Lediglich das schlechte Wetter rechtfertigt, dass wir nur die wenigen Stunden hier oben verbracht haben. Dennoch möchte ich gern von zwei Begegnungen berichten: Nach einem Tag voller Nässe von oben enden wir für die letzte Nacht auf der Südinsel an einem günstigen DOC-Campingplatz im Matsch. Wir hängen unsere nasse Kleidung über die Sitze, versuchen den Wagen zu lüften, ohne Sandflies hineinzulassen und kochen anschließend. Aus Langeweile spreche ich zwei Backpacker an. Die Belgier Baptiste und seine Freundin sind für nur drei Wochen in Neuseeland, bis sie wieder zurück zu ihren Jobs in Europa müssen. Zusammen verbringen wir im Schein von zwei Kerzen den Abend mit Kartenspielen. Es ist ihr letzter Abend in ihrem Miet-Van, was für ein Vorteil für uns. Denn am nächsten Morgen schenken sie uns all ihre übriggebliebenen Vorräte: Kerzen, Fertigsuppen, Salatsauce, Klopapier. Finde ich dieses offene und unbedarfte Beisammensein schon toll, ist das, was wir nachts vor der Toilette erleben, noch besser: Bevor wir ins Bett gehen, bahnen Maria und ich uns den Weg durch die schlammige Wiese Richtung Klohäuschen (beziehungsweise versuchen wir es). Auf der „Reise" treffen wir auf ein weiteres Pärchen, das dasselbe vorhat, sowie einen einzelnen Jungen.

Nachdem die Notdurft getätigt ist, warten wir auf den jeweils anderen von uns – dabei stehen wir alle gemeinsam im Dunkeln und schauen nach oben in den Sternenhimmel. Während wir in der Kälte vor diesem Plumpsklo-Häuschen stehen, entsteht ein Gespräch. Wir unterhalten uns fast eine Stunde: Das Pärchen kommt aus Stuttgart, der Junge aus Island. Die Reise, unsere Herkunftsländer, die Neuseeländer und der Sternenhimmel – alles Themen des nächtlichen Wortwechsels auf Englisch, der Sprache, die hier alle(s) verbindet. Wir trennen uns nach dem ausführlichen Gruppengespräch. Ich weiß jetzt einiges über die eigentlich Fremden, ich habe ein Bild von ihren politischen Ansichten, ihrer Herkunft, ihren Reisezielen. Nur wie sie aussehen, da tappe ich komplett im Dunkeln …

Zwischen Picton und Wellington auf der Nordinsel pendeln täglich mehrfach die Autofähren. Die Unternehmen „Bluebridge" und „Interislander" bedienen die Route, wobei Bluebridge aus unerfindlichen Gründen deutlich günstiger ist (wir zahlen zusammen unter 250 Dollar). Der Preis ist für uns das ausschlaggebende Argument, mit dieser Reederei die „Brücke zu schlagen". Außerdem verlor ein Schiff aus der Interislander-Flotte vor kurzem seine Schiffsschraube, die anschließend aus der Tiefsee geborgen werden musste. Das Boot, das daraufhin aus der Seenot gerettet werden musste, fiel für mehrere Monate aus – und der Imageschaden dürfte auch nicht ganz unerheblich sein. Wir sind auf dem Schiff, stehen auf dem Oberdeck und schauen noch einmal auf die Südinsel, bevor wir durch die langen Meeresarme hinaus zur Cook Strait schippern.

Hinter uns liegen vier ereignisreiche, einmalige und wunderbare Monate. Auf den Straßen des Südens sind wir 12.000 Kilometer gefahren und haben letztlich deutlich mehr Zeit als die ursprünglich angedachten zehn Wochen zwischen Bluff und Nelson verbracht. Wir empfanden diese Zeit fast ausschließlich positiv. Zurück lassen wir viele Freunde und spannende Orte. Die Erinnerungen nehmen wir mit und hoffen, dass sie noch einige Zeit so präsent bleiben. Jetzt geht es also auf die Nordinsel: weniger Fläche, mehr Menschen – es muss einfach anders sein! Nicht selten wurden wir von Bewohnern der Südinsel vor dem nördlichen Pendant und seinen Bewohnern gewarnt. Ich habe fast ein bisschen Angst. Denn sowohl das Auswärtige Amt warnt vor Autoaufbrüchen bei Backpacker-Vans als auch eine Radio-Meldung verunsichert: In Whakatane, im Norden der Nordinsel, wurden an Weihnachten zwei deutsche Backpacker in ihrem Zelt von einheimischen Jugendlichen geweckt, zusammengeschlagen und fast bis zur Unkenntlichkeit entstellt. Zwar hatten die beiden Work & Traveler unseres Alters ihr Zelt, so lesen wir später in den Zeitungen, in der Innenstadt neben einem Skaterpark aufgeschlagen, aber dennoch ist es eine unschöne Geschichte ... Im Nachhinein lässt sich aber sagen, dass die Nordinsel und ihre Bevölkerung zwar tatsächlich ganz anders sind als die Südinsel. Doch Grund zur Sorge oder Enttäuschung hatten wir definitiv nicht. Vor uns liegen fünf weitere Wochen Reiseerlebnisse und –abenteuer.

Das ist Urlaubsfeeling – „Fjorde" der anderen Art

Von der Hauptstadt gen Norden

Wellington, Stadt mit Metropolen-Flair

Von der Hauptstadt gen Norden

Die felsigen Klippen und sanften Hügel der Marlborough Sounds verschwinden hinter uns am Horizont. Fährt man mit der Fähre in Richtung Nordinsel, sieht man, wie lang die Meeresarme wirklich sind. Zahlreiche abgelegene Punkte erreicht man nur über kilometerlange Schotterwege – manche Punkte nur mit dem Boot. Kaum ist die Südinsel verschwunden, werden die Konturen der Nordinsel klarer. In der Ferne zeichnet sich die Felswand ab, an deren Rückseite die neuseeländische Hauptstadt liegt: Wellington schmiegt sich an eine weitläufige Bucht. Klappernd rollen wir mit Eddie über die Rampe aus Stahl und stehen zum ersten Mal auf dem Boden der Nordinsel.

Die Stadt gefällt mir auf Anhieb. Vom Erscheinungsbild her, mit großen Gebäuden und den bekannten Geschäften, wirkt die Stadt wie eine (kleine) internationale Metropole. Diese Wahrnehmung könnte natürlich auch daran liegen, dass ich seit Wochen kein Haus gesehen habe, das wesentlich mehr als fünf Stockwerke hatte. Doch egal, ob Realität oder Fehleinschätzung: Wellington ist weit davon entfernt, eine Weltstadt zu sein – aber vermutlich ist es genau das, was den ihr eigenen Charme ausmacht, der mir so sehr zusagt. Wellingtons Innenstadt besteht im Wesentlichen aus zwei Hauptstraßen. Diese sind so übersichtlich, dass man ständig denselben Menschen begegnet. Darunter sind vor allem Deutsche, fast schon zu viele Landsleute! Weiterhin hat man den Eindruck, dass die Bürgersteige nach 17 Uhr hochgeklappt werden: Es ist einfach kaum noch etwas los, die Läden schließen teilweise schon.

Campen in der Auffahrt

Es ist schwer, in der Nähe des Zemtrums einen günstigen Campingplatz zu finden. Man könnte auch sagen: Wenn man legal „parken" will, ist es unmöglich. Wir haben aber Glück und dürfen in der Auffahrt zum Haus von Jackies Schwester campen (wieder so eine Sache, die sich einfach ergibt, die unplanbar ist). Die Verwandtschaft unserer Familie in Cromwell ist momentan im Urlaub. Als wir ankommen, entpuppt sich besagte „Auffahrt" als eine schmale und schräge Einfahrt zwischen zwei Nachbarhäusern. Obwohl es nicht der ungestörteste und bequemste Platz ist (man rutscht nachts durch die Schräge schlicht aus dem Bett heraus), nutzen wir ihn gerne als Basis. Wir sind ohnehin tagsüber immer unterwegs.

Die Zeit in Wellington verbringen wir kaum allein: Geplant waren von vornherein Treffen mit Clemens, einem Freund aus der Heimat in Witten, und mit Marcel und Lisa, unseren deutschen Kollegen vom Weinberg. Lisa und Marcel treffen wir gleich am ersten Abend zufällig in einem Supermarkt – ein gutes Beispiel dafür, wie provinziell Wellington mit seinen knapp 400.000 Einwohnern (das ist wohlbemerkt die Einwohnerzahl inklusive der Menschen, die in der Umgebung wohnen) tatsächlich ist. In diesem Supermarkt wird nichts dem Zufall überlassen: Jeder Apfel liegt genau auf dem anderen, keine

Mit Clemens, Marcel und Lisa kochen wir im Hostel

Möhre liegt quer und keine Dose steht in zweiter Reihe. Anscheinend nach dem Motto „Wenn es keine Arbeit gibt, dann schaffen wir welche", erheben die Angestellten dieser New World-Filiale das Einsortieren der Ware zur Kunst. Der New World ist also nicht nur bei starkem Hungergefühl einen Besucht wert! Mit Clemens, Lisa und Marcel verbringen wir die nächsten Tage und Abende. So treffen wir uns zum Beispiel im Hostel der beiden, wo wir gemeinsam kochen und Karten spielen.

Wellingtons Innenstadt liegt zwischen der Bucht samt Hafen und einem steilen Hügel. Man könnte hier ein atemberaubendes Feuerwerk über dem Hafen oder den höher gelegenen Stadtteilen erleben. Doch in Wellington hat Neujahr nichts mit lauter Pyrotechnik und bunter Knallerei zu tun. Die Information, das Feuerwerk sei für ein Familienpicknick am ersten Januar gestrichen worden, halten wir zunächst für einen Scherz. Vorfreude (und Hoffnung) sind daher, als wir den Silvesterabend im zentral gelegenen Hostel verbringen, trotz der Ankündigung vorhanden. Die Aufenthaltsräume des Hostels sind voll, überall hört man Deutsch aus den Mündern der vielen Jugendlichen. Und wir sind offenbar nicht die einzigen „Hausfremden": Wir warten vor der öffentlichen Toilette beim Essbereich, als jemand vorbeikommt und auf Deutsch fragt „Warum geht ihr nicht hoch? Da sind doch auch Klos." Daraufhin einer der Mitwartenden, ebenfalls auf Deutsch. „Ich bin hier noch nicht mal Gast!" „Ich auch nicht", sagt ein Dritter. „Und ich auch nicht." Alle lachen. Kurz vor zwölf bewegt sich dann alles zum Hafen. Der Countdown verliert sich irgendwie in einem ungleichmäßigen Zählen auf Deutsch. Es ist schon längst Neujahr, da startet die erste Rakete, grüner Funkenregen, Jubel der Feiernden. Die Hoffnung auf ein spektakuläres Feuerwerk wird jedoch enttäuscht: Ich zähle in den folgenden fünf Minuten ganze sieben einzelne Raketen, die aus irgendwelchen Straßenzügen abgefeuert wurden. Schade.

Dennoch feiern wir bis weit in die Nacht im Kneipenviertel Wellingtons. Dank der Zeitverschiebung sind wir als eine der ersten Menschen dieses Planeten im Jahr 2014. Ein Grund mehr, um diese Nacht lang und laut werden zu lassen – lediglich für einige Ausländer nicht: Sie haben das absolute Alkoholverbot in der Innenstadt missachtet. Die Polizei nimmt die Personalien auf. Im Laufe des Abends treffen wir noch eine weitere Wittenerin, Charlotte ist eine Freundin von Maria. Die Überraschung ist tatsächlich riesig. Wir wussten zwar voneinander, dass wir in der Region sind, aber dass wir uns bei diesen Party-Massen über den Weg laufen, ist Zufall.

Wellington eine winzige Hauptstadt, die diesem Status nicht gerecht wird? Auf keinen Fall! Ich kann mir keine authentischere Hauptstadt für Neuseeland vorstellen. Wellington ist eine internationale Stadt von Welt und doch weit, weit weg von London, Berlin oder Sydney.

Dem Wellington-Besucher bietet sich aber noch deutlich mehr als eine Jugendherberge und kostenlose Nachtclubs am Silvesterabend. Allen voran muss da das „Te Papa Tongarewa" genannt werden. Das Nationalmuseum ist nicht nur kostenlos und riesig, sondern auch höchst interessant. Im Te Papa Tongarewa, kurz Te Papa, was in etwa „Sammlung deiner Schätze" bedeutet („Papa" steht für das „Gefäß", in dem die Schätze aufbewahrt werden), wird Neuseeland, seine Geografie, seine Flora und Fauna, seine Menschen und vieles mehr dem Besucher nahegebracht. Es beginnt schon vor dem Gebäude: Über eine Treppe gelangt man in einen Raum unter dem Vorplatz, wo man sich das Fundament des Baus anschauen kann. Zwischen Beton und Beton stecken dicke Gummiblöcke. Sie sollen das große Gebäude vor Erdbeben schützen. Das gigantische Haus ist eines von wenigen wichtigen Bauwerken, das so vor den Schäden durch Eruptionen geschützt wird.

Im Inneren gelangt man zuerst zu einer großen Landkarte. Abwechselnd leuchten die Regionen Neuseelands in der interaktiven Bodengrafik auf. Stellt man sich auf eins der Quadrate, zum Beispiel das über Wellington, leuchtet an der Wand ein Bildschirm auf, der Fotos und Fernsehsequenzen zur Gegend zeigt. Die Satellitenaufnahme erstreckt sich über den ganzen Raum – nebenan geht es hochmodern weiter: mit einer Wand, in die jeder Bilder und Filme vom USB-Stick einspeisen kann. Mit Infrarot-Fernsteuerungen zieht man die Objekte über die lange Bildschirmfläche und kann sie verändern, zusammenschneiden und vergrößern. Unser Land, unser Gestaltungsspielraum. Das soll wohl die Aussage dieser Multimedia-Attraktion für Jung und Alt sein. Die Geschichte der Maori, die Einwanderung der Europäer oder die vielfältige Tier- und Pflanzenwelt. Es gibt im Te Papa so viel zu sehen, dass wir insgesamt acht Stunden darin verbringen und immer noch nicht ganz durch sind. Das kostenlose Museum lässt sich gut durch einen Audio-Guide auf Deutsch für nur fünf Dollar erschließen.

Ein Muss: das interaktive Museum Te Papa Tongarewa

Bei den großen Skeletten der Wale und Delfine liegt in einer gelblichen Flüssigkeit ein Tintenfisch. Das fast vier Meter lange Exemplar wurde vor wenigen Jahren von einem Fischer- und Forschungsschiff vor der neuseeländischen Küste aus dem Wasser gezogen. Ein ausgesprochen seltener Fund. Nach Untersuchungen und Proben der Wissenschaftler sind die rötlichen Tentakel und der dazugehörige Körper nun im Te Papa zu bestaunen. An dieser Stelle ließen sich mit Leichtigkeit noch zig weitere spannende Exponate oder Angebote beschreiben. Kurzum: Ein mehrstündiger Aufenthalt in diesem Museum gehört nicht nur dazu, er ist ein absolutes Muss!

Für Naturliebhaber ist der Botanische Garten der Hauptstadt empfehlenswert. Dieser liegt am durchaus nicht ganz flachen Hang direkt oberhalb der Innenstadt. Möchte man nur bergab durch die Pflanzen aus nah und fern laufen, wartet die Standseilbahn Wellingtons, um die Besucher hinauf zu befördern. Auch wir reihen uns in die lange Schlange für die rote Bahn ein, die die Innenstadt mit der Spitze des Botanischen Gartens und dem Stadtteil Kelburn verbindet. Wir haben Glück und müssen nur zehn Minuten anstehen – die Schlange kann aber auch deprimierend lang sein, wie wir am folgenden Tag sehen. Doch es lohnt sich: Der Blick über die Stadt ist einmalig, die Blumen blühen in den ver-

Wellington: Botanic Garden

schiedensten Farben, die Farnbäume geben noch einmal das Gefühl, im südlichen Fiordland zu stehen.

Auf unserer Wellington-Agenda steht auch noch das neuseeländische Parlamentsgebäude, das ebenfalls mit dicken Gummipolstern gegen Erdbeben ausgestattet ist. Außerdem bekommen wir hier einen lohnenswerten Eindruck vom politischen Neuseeland. Das Land ist vor allem sehr stolz, das erste Land mit Frauenwahlrecht gewesen zu sein. Und das schon im Jahr 1893. Bislang hatten wir in Wellington drei Tage lang Sonne pur, es herrschte Shorts- und T-Shirt-Wetter. Doch jetzt, während wir uns anderthalb Stunden über die Politik des Kiwi-Landes informieren, regnet es aus Kübeln. Zumindest ist es hier drinnen trocken. Wir lernen, dass das Parlament aus nur einer Kammer (dem House of Representative) besteht, es eine Mindest-

Das „Beehive" ist das neuseeländische Parlament

zahl an Maori-Abgeordneten geben muss und die britische Queen das Staatsoberhaupt ist. Es schüttet vor den Toren des Parlaments. Ich renne durch die Fluten, werde platschnass und hole den Wagen ab. Dieses wechselhafte, neuseeländische Wetter, tsss …

Bei den Sturzbächen macht es kaum Spaß, draußen zu sein. Wir schauen uns daher die „Weta Caves" an: ein kleines Museum des neuseeländischen Filmstudios, das Avatar, den Hobbit und vor allem die Trilogie „Der Herr der Ringe" produziert hat. Wir sind keine Filmfans, haben „Der Herr der Ringe" noch nicht mal komplett gesehen (ja, ein Stück weit ist das peinlich) – aber die Filme gehören mittlerweile einfach zu Neuseeland, oder eher Neuseeland zu den Filmen? Klar ist jedenfalls, dass die „Der Herr der Ringe"-Filme Neuseeland eine große touristische Aufmerksamkeit bescherten. Wir fahren in den Vorort Miramar, wo das Museum direkt neben dem unspektakulär wirkenden Studio ist. Vor der Tür stehen einige Orks in Lebensgröße herum. Im Museum warten Vitrinen mit Original-Filmrequisiten. Die silberne Waffe aus „District 9", die übergroßen Füße aus „Avatar" oder die Kluft von einigen „Der Herr der Ringe"-Darstellern. Klingt aufregend? Ist es aber kaum: Denn Weta versucht hauptsächlich, mit dem dazugehörenden Souvenirshop Geld zu verdienen. Der Schlange an der Kasse nach zu urteilen, funktioniert das Konzept. Man muss wohl echter Fan sein, um sich für die anderthalb Mini-Räume begeistern zu können. Tut man dies, dann kauft man vielleicht auch einen der Ringimitate, nach dem Gollum in Mittelerde giert. Das Stück Schmuck kostet allerdings knapp 4000 Dollar. Wie gesagt, man muss ein echter Fan sein.

Wie? Die Hobbits waren nur Kostüm?!

In den vier Tagen City-Urlaub entstehen unsere Pläne für eine der großen Wanderungen. Clemens, der Freund aus Witten, erschließt sich Neuseeland zu Fuß. In seinem Rucksack hat er nur das Nötigste und Leichteste. Er hat in den letzten Wochen schon viele Hüttentouren auf der Nordinsel gemacht. Die Städte zwischendurch erreicht er per Anhalter. Auch Maria und mich reizte schon vorher das Tongariro Alpine Crossing – die bekannteste Tageswanderung Neuseelands. Clemens Berichte locken aber auch darüber hinaus. Wir haben uns durch das Auslassen dieser längeren Wanderungen einiges verwehrt: Die Great Walks oder andere Mehrtageswanderungen müssen ein Erlebnis sein. Mit Lisa und Marcel zurren wir erst mal das Tongariro Alpine Crossing fest. Termin und Planung für die Tageswanderung durch die Vulkanlandschaft stehen. Zufällig laufen uns in Wellington auch Jan und Hannah in die Arme, die zwei Tage nach uns auf die Nordinsel übergesetzt hatten. Wir kennen die beiden noch vom Backpacker Car Market und später besuchten sie uns mit ihren zwei Freunden in Cromwell. Da Hannah demnächst Besuch aus Deutschland bekommt, sagt Jan spontan zu, uns beim Tongariro Alpine Crossing zu begleiten. Die Vorfreude ist groß! Jetzt haben wir noch drei Tage, um in die Region Taupo zu fahren und uns auf die fast 20-Kilometer-Strecke vorzubereiten.

Wellington kann mir noch so gut gefallen – nach vier Tagen habe ich erst mal wieder genug vom Stadtleben. Wir verlassen die Hauptstadt in nordwestlicher Richtung. Kaum sind die ersten Straßenkilometer außerhalb der Hauptstadt zurückgelegt, erleben wir einen Kulturschock: Auf dem State Highway ist in der

Gegenrichtung Stau!! Seit der A40 auf dem Weg zum Flughafen in Deutschland hatten wir keine Autoschlange mehr gesehen – willkommen auf der Nordinsel. „Beeindruckt" fahren wir die Westküste entlang Richtung Norden. Die Landschaft ist fast langweiliger als der Stau – groß dafür die Vorfreude auf das wirklich Neue: die Vulkanlandschaft der Insel. Doch bis wir Mount Ngauruhoe, White Island und Taupo erreichen dauert es noch einige Tage. Zuerst steuern wir einen weiteren landwirtschaftlichen Betrieb an: Schon zu Hause hatten wir eine junge Neuseeländerin kennengelernt, deren Eltern und Großeltern eine Farm besitzen. Sophie, das Mädchen, ist leider im Urlaub, als wir vorbeischauen. Ihre Großeltern sind dafür mindestens genauso herzlich und laden uns ein, die Nacht zu bleiben. Zunächst einmal bekommen wir aber eine ausführliche Führung über den Hof. Keine Schafe, kein Hochland – es ist eine komplett andere Art von landwirtschaftlichem Betrieb als unsere Cairnmuir Station in Cromwell: Direkt am State Highway 1 liegt die über 8000 Hektar große Milchfarm. Die weiße Flüssigkeit der 2500 Kühe wird jede Nacht von den großen Fonterra-Tanklastern abgeholt. Fonterra ist das größte Milchunternehmen Neuseelands, seine Lkw begegnen einem überall im ganzen Land. Jede Farm, die ihre Milch an den Konzern weitergibt, ist an den fünfstelligen Nummern zu erkennen, die an den jeweiligen Einfahrten zum Hof stehen.

Natürlich gibt es dann auch ein Glas reine und frische Milch zum Abendessen am kleinen Esstisch. Erfrischung pur! Schmeckt die Milch aus den neuseeländischen Läden aus irgendeinem mir unerfindlichen Grund wie deutsche H-Milch, so ist diese mit der normalen aus der Heimat zu vergleichen – nur frischer und noch leckerer als die deutsche! Außerdem begleite ich den alten Bauern zum Kühe melken, was in der hochmodernen Anlage natürlich fast ausschließlich maschinell funktioniert: Die Tiere laufen in ein Karussell, wo ein Mitarbeiter die Saugnäpfe auf die Zitzen setzt. Während die Vierbeiner fressen, saugt die Maschine die Milch ab. Ist der Euter leer, fallen die Saugnäpfe von allein ab und die Kuh darf nach einer kompletten Runde im Karussell wieder hinauslaufen. Jeden Morgen und Nachmittag das gleiche. Dank der Gastfreundlichkeit von Sophies Großeltern sind wir aber nicht nur um neue Erfahrungen reicher, sondern haben uns auch eine Nacht auf einem teuren Campingplatz gespart. Unsere Reiseplanung und das Budget sind und bleiben knapp, so dass solch unerwarteten Möglichkeiten mehr als willkommen sind.

Am nächsten Morgen fällt die Entscheidung: Wir machen noch einen Great Walk! Maria und ich haben unsere nächsten vier Wochen bis zur Abreise Richtung Heimat durchdacht. Zeitlich und von der Lage her passt der Lake Waikaremoana Walk ideal in die verbleibenden Wochen. Marcel und Lisa sowie zwei weitere Freunde von uns sind auch dabei – wir sind also eine ganze Wandergruppe. Jetzt müssen wir nur noch dringend die Campingplätze und

Hütten entlang der Route buchen. Sind diese nämlich ausgebucht, gibt es keine Wanderung. Eigentlich sollte jedes DOC-Büro oder jede iSite die Buchung durchführen können. Allerdings erleben wir hier wieder einige Paradebeispiele für schlecht informierte und unorganisierte Touristeninfos. Letztlich finden wir aber einen fähigen Ansprechpartner in der iSite von Taumarunui und reservieren uns die letzten Schlafplätze in der Hütte. Glück gehabt. Auf den Campingplätzen ist noch genug Platz. Wir werden also eine Nacht unter festem Dach und zwei unter der Zeltplane verbringen.

Voller Vorfreude steuern wir auf den Mount Taranaki zu. Der Bilderbuch-Vulkan (wegen seiner spitzen Form im ansonsten völlig flachen Umland) ist schon von Weitem sichtbar. Wir lenken Eddie auf ihn hin. Der Mount Taranaki (oder Mount Egmont) muss ein einmaliges Panorama bieten! Für die mehrstündige Besteigung, die sich lohnen soll, haben wir leider ohnehin keine Zeit, aber wenigstens von Nahem wollen wir ihn sehen – klappt aber auch nicht: Wir werden Zeugen eines extremen Wetterumschwungs. Vor diesen werden in Neuseeland gerade Wanderer immer wieder gewarnt. Aus 100 Kilometern hatten wir noch freie Sicht auf den Berg. Bei unserer Ankunft hängt er komplett in dicken Wolken. Die Hoffnung, die eingeplanten Kurzwanderrouten lägen über der wabernden Masse, werden enttäuscht und kurz darauf sogar noch weggeschwemmt oder besser: weggespült. Ein Wolkenbruch ohnegleichen, plus starker Sturm. Mist. Unsere Pläne minimieren wir auf einen kurzen Gang durchs Nass zu den Dawson Falls. Unsere Stimmung ist „bedröppelt" und unsere Klamotten triefen vor Wasser. Der DOC-Ranger erlaubt uns zwar auf dem Parkplatz samt öffentlicher Toilette zu campen, warnt aber, dass am nächsten Morgen die Straße möglicherweise von umgestürzten Bäumen blockiert sein könnte. Na toll, erst das Wetter und dann entpuppt sich unser Campingplatz als unangenehmer und gegebenenfalls unerreichbarer Parkplatz. Die Bäume neben dem Wagen biegen sich stark in einer kräftigen Böe. Nein, das ist zu riskant. Wir fahren die moosige und schmale Straße wieder hinunter. Rechts und links stehen dicht an dicht Farnbäume und alte Waldriesen – immer wieder spaltet sich die Straße und die Fahrspuren teilen

Regen im Regenwald? Der ist nass!

Baumfarne am Forgotten World Highway

sich um einen großen Baum herum. Die Böen greifen neben dem Laubwerk auch Eddie an. Durch den Regen orientieren wir uns nach Osten und fahren den State Highway 43, den „Forgotten World Highway".

Eine Straße, die dem Namen nach durch eine verlassene und vergessene Welt führt, ist eine Rarität. Vor allem, wenn man bedenkt, dass der Forgotten World Highway auch von offizieller Seite so genannt wird. Bis Douglas, der vorerst letzten Ortschaft, sind noch einige Autos unterwegs, dann kommt anscheinend nichts mehr. Die nächste Tankstelle liegt in fast 150 Kilometern, aber zumindest spritmäßig sind wir auf der sicheren Seite: Wir hatten in Stratford aufgetankt. Es kann also losgehen. Die bemooste Asphaltdecke kreuzt immer wieder die Gleise einer Schmalspurbahn. An den Bahnübergängen warnen eingeschweißte Papierschilder vor Schienenverkehr. Züge, Autos oder gar Menschen sehen wir hier aber weit und breit beim besten Willen keine. Sogar Schafe oder Kühe fehlen auf den meisten Feldern. Der Highway führt durch grüne Hügel, entlang an steilen Tälern und verlassenen Häusern. Im Halbdunkeln und bei leichtem Regen ist der Weg unheimlich, mystisch und schön zugleich. Auf der Camping-App ist nach 35 Kilometern ein Platz markiert. Fast brettern wir an der Einfahrt, die in einen schmalen Schotterweg mündet, vorbei. Einzelne alte Hütten stehen am Rand, die trotzdem einen merkwürdig intakten Eindruck machen. Ein Spielplatz links, das Licht einer im Wind schaukelnden Laterne rechts. Gepflegt und verlassen zugleich. Das Ambiente erinnert an einen Thriller oder an einen Dokumentarfilm über Einrichtungen von SED oder Stasi in der DDR. Egal womit man es vergleicht – schlafen wollen wir hier nicht. Lieber fahren wir weiter in die Dämmerung hinein.

„Welcome to the Republic of Whangamomona", lautet die Schrift auf einem roten Schild am Straßenrand. Hä? Wo sind wir denn hier gelandet? In Whanga-momona sollte doch der nächste Campingplatz sein … In dem kleinen Ort ist das Hotel das Herz der Häuseransammlung – bestimmt zwanzig Autos stehen vor der Tür. Wir biegen rechts ab Richtung Campingplatz. Von den 170 Einwohnern (laut Lonely Planet) leben anscheinend nur noch wenige hier: Zehn Häuser säumen den Straßenrand der einzigen Nebenstraße. Über die Hälfte dieser Wohngebäude ist verlassen und heruntergekommen. Der Campingplatz liegt im Dunkeln. Neben einem Haus erahnen wir noch eine Hütte mit einem Pferd daneben. Eine Rezeption oder ein Licht sehe ich nicht. Maria bleibt vor dem Tor in Eddie, während ich mir den Platz mal anschaue. Mein Anruf vor zwei Stunden – da hatten wir zuletzt Handy-Empfang – war nur von einem Band beantwortet worden. Neben der Tür in der Hütte ist ein Schlitz zum Geld einwerfen, das Haus ist verschlossen. Immerhin sehen die Toiletten, die offenbar auch die öffentlichen Toiletten des Dorfes sind, sauber aus. Hinter einer Hecke stehen sogar drei Zelte, in einem leuchtet Licht. Die französische

Am Forgotten World Highway

Familie verrät mir, der Besitzer sei mit den anderen Campern ins Hotel gegangen, um ein paar Bier zu trinken. „Gegen das schlechte Wetter." Na, das klingt ja schon fast wieder menschlich. Mit einem weiteren Backpacker-Pärchen, das gerade ankommt, entscheiden wir uns, über Nacht zu bleiben. In der Mini-Küche ohne Ausstattung brutzeln wir uns ein einfaches Abendessen. Auf das Dach prasselt laut der Regen. Leider gibt es auf dem Areal nur einen Tisch, dieser steht draußen und ist nur halb überdacht. Wir wollen gerade zurück in den Van, da kommt der Besitzer aus der Hotelbar zurück. Er hat eindeutig seinen Beitrag gegen das schlechte Wetter geleistet! Angetrunken gibt er uns sogar noch Rabatt für die Nacht, weil wir jung und Deutsche seien. Auch gut. Jetzt sind auch die anderen Camper-Gäste wieder zurück. Die drei Deutschen haben wohl in den letzten Stunden im Hotel für unseren Rabatt gesorgt. Leider können wir uns nicht revanchieren: Den beiden Radfahrern können wir nicht den Regen abstellen und dem einzelnen „Hitchhiker" können wir keine Mitfahrgelegenheit anbieten. Es ist aber auch eine lustige (und vielleicht nicht die beste) Idee, den „Forgotten World Highway" per Anhalter zu befahren ...

Trotz noch immer starkem Regen lassen sich am nächsten Morgen wieder mehr Menschen und Tiere blicken. Nach einer Kurve schaut mich plötzlich ein kräftiger Bulle an. Das Rindvieh steht mitten auf der Straße und ist, soweit ich das sehen kann, allein unterwegs. Wenige Kilometer weiter erwartet uns noch eine Kuh. Vielleicht könnte man hier mal Familienzusammenführung betreiben und die beiden begründen eine Herde? Naja, nicht unser Problem. Denn ich muss mich voll auf die Straße konzentrieren: Beim nächtlichen Regen sind überall große Gesteinsbrocken oder kleine Schlammlawinen auf die Straße gespült worden, zwei Drittel der Fahrbahn sind teilweise von braunem Schlamm und Steinen verdeckt. An einigen Stellen ist der Highway abgerutscht, teils wohl

Der Highway löst sich langsam auf

schon vor Monaten: Unauffällige Plastikmäuerchen sollen vor der fehlenden Straßenhälfte warnen. Die Straßenpflege hat hier wohl jemand vergessen. Am Ende der Welt darf natürlich auch ein Regenwald nicht fehlen. Dieser ist genau auf halbem Wege zwischen Taumarunui und Stratford: Der Asphalt weicht grobem Schotter – und das für einige Kilometer. Rechts stürzt ein Wasserfall

Das duftet: eine Lavendel Farm

die steile Talwand hinab. Überall tropft Wasser von den langen Blättern der Farnbäume. Plötzlich kommt sogar Gegenverkehr, dem wir ausweichen müssen, was aber bei den drei Autos problemlos klappt.

Bei schönem Wetter ist der State Highway 43, der „Forgotten World Highway", in jedem Fall, da lege ich mich fest, eine Reise wert. Ein echter Geheimtipp auf der Nordinsel: Die Mystik, die Einsamkeit und die Distanz zur Zivilisation fernab der meisten Touristen, ist reizvoll. So reizvoll, dass ich nur empfehlen kann, den Umweg auf sich zunehmen. Und mir erschließt sich letztlich auch noch, was es mit der „Republic of Whangamomona" auf sich hat: Ende der 1980er-Jahre wollte die örtliche Verwaltung die Grenzen der Kommunen verlegen. Whangamomona hätte dann plötzlich zu einem anderen District gehört. Aus Protest riefen die Einwohner des Dörfleins am „vergessenen Highway" ihre eigene Republik aus, die „Republic of Whangamomona" eben. Seitdem findet alle zwei Jahre ein Fest am Gründungstag statt, zu dem über zweitausend Besucher kommen. Eröffnet wird dieses vom aktuellen Staatsoberhaupt. Präsident ist im Moment die Schildkröte „Murt Kennard", die den Spitznamen „Murtle the Turtle" trägt. Interessierte können sich außerdem für 3,50 Dollar einen Pass in besagtem Dorfhotel ausstellen lassen. Wem die Paar Dollar-Münzen zu viel sind, kann sich auch einfach einen Stempel in den echten Pass geben lassen. Durchgedreht oder einfallsreicher politischer Protest? Es ist in jedem Fall eine bemerkenswerte Idee, die das „middle of nowhere" alle zwei Jahre belebt.

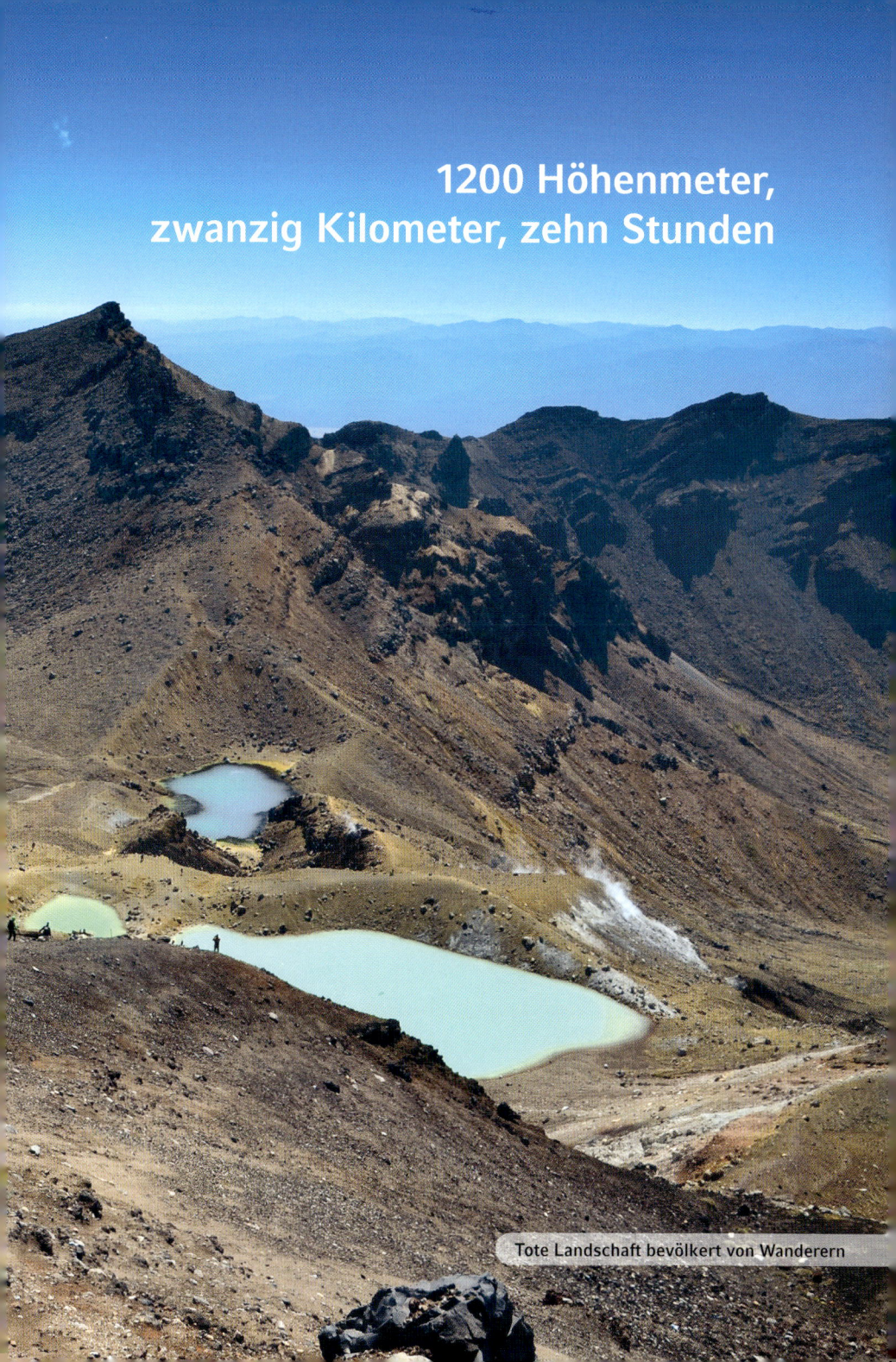

1200 Höhenmeter,
zwanzig Kilometer, zehn Stunden

Tote Landschaft bevölkert von Wanderern

1200 Höhenmeter, zwanzig Kilometer, zehn Stunden

Das Tongariro Alpine Crossing ist eine der beliebtesten Tageswanderungen Neuseelands, vielleicht sogar der Welt. Die 19,6 Kilometer lange Wanderung muss gut geplant sein: Höhe, Wetter und An-und Abtransport sind Faktoren, die man möglichst abklären sollte, bevor es losgeht. Wir treffen uns mit Marcel, Lisa und Jan auf einem DOC-Campingplatz in der Nähe des einen Endpunktes, der Mangatepopo Road. Die Wanderung führt von der Westflanke des hohen, spitzen Vulkans, dem Mount Ngauruhoe, Richtung Nordflanke und Lake Taupo. Da der Tagesabschnitt eine Etappe der Tongariro Northern Circuit-Wanderung ist, die zu den neun mehrtägigen Great Walks zählt, sind die 19,6 Kilometer kein Rundweg. Diese Begebenheit nutzen viele Unternehmen, um

Warten auf die Toilette – leider in der Sperrzone

ihren Shuttle-Service von Parkplatz zu Parkplatz oder vom Hostel zur Wanderung und wieder zurück zu horrenden Preisen anzubieten. Dabei spielen ihnen noch die allgemein bekannten Gerüchte über zahlreiche Autoaufbrüche an den Parkplätzen in die Hände. Die Angst geht um, die Einheimischen wissen das zu nutzen: Dreißig Dollar pro Person muss man mindestens für den Transport (teils inklusive „Security-Parkplatz") einplanen. Das ist uns deutlich zu teuer! Wir wollen daher unsere drei Wagen beim Start, an der Mangatepopo Road, abstellen. Denn diese Seite des Crossings soll sicherer sein, so hören wir. Auf der anderen Seite leben einige Maori-Stämme. Der Plan sieht vor, dass Marcel nach der Wanderung den Bus nehmen, uns mit seinem Pkw einsammeln und uns zurück zu den Vans bringen wird.

Am Abend vor der Tour ist der Campingplatz maßlos überfüllt. Die Wanderung war die letzten Tage wegen Regen gesperrt – für morgen sagt der Wetterbericht Sonnenschein voraus – sprich: Alles, was wandern will, läuft mit uns. Früh, schon um halb sechs, geht es daher los. Zuerst frühstücken wir am Parkplatz mit Blick auf die umliegenden Vulkane. Es ist bitter kalt, knapp über null Grad, und das im Hochsommer. Die Rucksäcke sind gepackt, die warme Kleidung tragen wir am Körper. Um sieben Uhr dreißig nehmen wir den gut ausgebauten Track in Angriff und arbeiten uns voran. Ein Schild erklärt, wie wir uns bei einer plötzlichen Vulkaneruption verhalten sollen: nach oben schauen und ausweichen. Das Gestrüpp ist trocken, auf dem Boden liegen rote Steine. Überall plätschert Wasser und doch ist die Landschaft schon hier karg und leblos. Rechts von uns tauchen die ersten Sonnenstrahlen den kegelförmigen Ngauruhoe in gleißendes Licht. Der Vulkan, der dank seines einzigen Lavalochs diese spitze Form hat, thront mit seinen 2291 Metern über uns. Obwohl der Feuerspucker mit etwa 2500 Jahren der jüngste unter den Vulkanen im Tongariro National Park ist, ist er der bekannteste: In der „Der Herr der Ringe"-Trilogie macht Regisseur Peter Jacksons den Ngauruhoe zum Schicksalsberg. Der Anstieg ist hart und steil. Eine Holztreppe folgt der anderen, über uns wartet der Gipfel. Und dann die Erkenntnis: Wir kommen gar nicht ganz hinauf. Denn um auf die eigentliche Spitze zu steigen, muss man weitere drei Stunden einplanen – ohne genauen Weg sucht man dann wohl nach Halt in den Massen aus Schutt und Geröll. „Zwei Schritte rauf, einen runter", hatte unser Freund Clemens in Wellington gesagt.

Wir entscheiden uns dagegen. Denn wir haben auch viel zu viel Gepäck für eine Tageswanderung dabei. Während wir Kleidung und Verpflegung in unseren großen Rucksäcken schleppen, begegnen uns andere in Straßenschuhen und nur bewaffnet mit einer Fantasy-Karte. Dieses Stück Papier zeigt nicht etwa Höhenmeter und Wegverlauf, sondern die Namen und Spielorte von „Der Herr der Ringe". Hat man vor lauter Film-Wahn überhaupt noch ein Auge

Erloschene Vulkane sehen anders aus

für diese atemberaubende Landschaft? Für den kilometerweiten Blick ins Land hinein? Oder für den schneebedeckten Mount Ruapehu, der mit 2797 Metern im Winter Skifahrer beherbergt und im Sommer zu Wanderrouten einlädt? Clemens, der den Great Walk machte und diesen um drei weitere Tage verlängerte, verbrachte am Fuß des Ruapehu Weihnachten in einer Hütte – allein. Zweifelsohne bietet sich der Nationalpark, der bereits 1887 eröffnet wurde und zuvor von den Maori an die Europäer mit der Bitte, die Natur zu schützen, übergeben wurde, für Grenzerfahrungen an. An unseren Hosen und Jacken zieht der eisige Wind. Rechts von uns sieht man ein Loch, aus dem einst die Lava des Mount Tongariro quoll. Wir sind mittlerweile auf den ältesten Vulkan gestiegen, der zuletzt 2012 ausbrach. Damals spuckte der Tongariro plötzlich Asche und Gestein und verpasste mit seinem Qualm den Flughäfen der Umgebung eine Zwangspause. Mit uns fünfen sind noch etliche andere Wandersleute unterwegs. Keine Frage: Es ist zu voll an diesem Montagvormittag. Man stolpert fast über des Vordermanns Hacken. Mit Blick auf die türkisfarbenen Schwefelseen rutschen wir vorsichtig einen Abhang aus feinem Geröll hinunter. Es qualmt aus irgendwelchen Löchern und Schlitzen, direkt neben dem Wasser. Unter der Erde höre ich es brodeln und kochen – ganz real und nicht in irgendwelchen Blockbustern der Filmgeschichte. Dazu der ekelige Schwefelgestank. Und wieder dieser Blick bis weit in die Ebenen der Nordinsel hinein. Auf jeden Aufstieg folgt ein Abstieg – nach zwölf Kilometern schmerzen die Füße und Schultern vom Rucksack schon ordentlich, aber es geht weiter. Rechts vom Weg, einen Hügel weiter, qualmt es wieder stark. Ist das ein anderer Vulkan oder immer noch derselbe? Was hier was ist, lässt sich schwer sagen. Eine Farce ist aber in jedem Fall das Warnschild „Vulkanische Zone. Bleiben Sie nicht stehen", das direkt vor einer Wanderhütte steht. Durch das Dach der Hütte schlugen

beim letzten Ausbruch 2012 große Felsbrocken, durchlöcherten das darunter stehende Hochbett und liegen dort bis heute – vermutlich zur Abschreckung. Die Wanderhütte und das Gebiet drumherum sind seitdem gesperrt. Doch neben dem Holzhäuschen stehen auch die Plumpsklos, die sich damit ebenfalls in der verbotenen Zone befinden. Möglicherweise würde man sich tatsächlich wegen des Schwefelgestanks und der potenziellen Gefahr nicht lange aufhalten, wären die Toiletten nicht die ersten seit 15 Kilometern. Aber nicht vergessen: in keinem Fall stehen bleiben – wenn die Blase nur nicht so drücken würde ...
Die letzten Kilometer verlaufen unterhalb der Baumgrenze durch den Wald. Der Weg ist schmal und kurvenreich, so dass man nur schwer die Langsameren vor sich überholen kann. In der langen Schlange verlieren wir uns gegenseitig und finden erst wieder kurz vor Ende bei der Überquerung einiger Bäche zueinander. Der Weg ist hier kein Weg mehr. Der ursprüngliche Pfad befindet sich in einer weiteren Risikozone und ist teils weggespült. Die Alternativroute führt ebenfalls durch Wasserströme, die trockenen Fußes nicht zu überqueren sind. Was machen jetzt wohl diejenigen, die nur Straßenschuhe tragen? Finden diese auf ihrer „Der Herr der Ringe"-Filmkarte wohl eine Alternativroute? Man weiß es nicht. Ich bin jedenfalls froh, dass ich mit meinen Wanderschuhen problemlos im seichten Bach stehen kann und dabei trockene Füße behalte. Nach acht Stunden erreichen wir das Ende: 19,6 Kilometer und etwa 1000 Höhenmeter bergauf sowie 1200 Höhenmeter bergab liegen hinter uns. Sie haben uns geschlaucht. Während wir uns ausruhen dürfen, muss der arme Marcel unter den vielen Shuttlebus-Unternehmen das richtige finden. Unser Plan geht auf und eine Stunde später fährt jeder in seinem eigenen Wagen über die buckelige Schotterpiste vom Startpunkt Richtung State Highway und dann nach Turangi.

Schicksalsberg oder doch nur Mount Ngauruhoe?

Wildes Wasser zwischen
mächtigen Vulkanen

Auf den Stromschnellen des Tongariro Rivers

Wildes Wasser zwischen mächtigen Vulkanen

Das Wildwasser-Rafting ist einer der neuseeländischen Extremsportklassiker. Im dicken Schlauchboot Wasserfälle hinunterstürzen – das reizt auch uns. In Turangi, am südlichen Ende des Lake Taupo, entscheiden wir uns für das Unternehmen „Rafting NZ", das mehrfach zum besten Rafting-Unternehmen Neuseelands gekürt wurde. Die Eigentümer sind Einheimische und maorischer Abstammung, genauso wie viele der Guides. Noch in der Basis kleiden wir uns mit Neoprenanzug, Schwimmweste und Helm ein. Unsere Tour findet auf dem Tongariro River statt – teils mit Blick auf die Vulkane des gleichnamigen Nationalparks. Mit den Booten auf dem Hänger werden wir und 25 weitere Hobby-Rafter zum Startpunkt gebracht. In jedem Gummiboot: fünf oder sechs Risikofreudige, die paddeln, und ein Steuermann, der die Anweisungen gibt. Unser Aufpasser ist Owen, der uns durch die 52 folgenden „Rapids" (Stromschnellen oder Mini-Wasserfälle) steuern soll. Er kann auch zu fast jedem der Strudel- und Schaumkronen etwas erzählen. Nach den ersten Wasserrutschen wird mir klar: So richtig gefährlich sind die Rapids der Stufe drei und vier nicht. Schade eigentlich. Denn alle Rapids oder Rafttouren sind mit einem Schwierigkeitsgrad versehen: Unser Fluss entspricht der Stufe drei und vier, die stärkste ist Stufe fünf. Mit zwei weiteren Booten sind wir schon durch eine der harmlosen Stellen geglitten, da überschlägt sich das Schlauchboot hinter uns. „Back! Back! Back", brüllt Owen. Sofort müssen wir alle zurückpaddeln. Owen wirft seine Rettungsleine aus – ein grober Schnitzer der Lenkerin hatte zum Kentern geführt. Sie selbst sitzt schon wieder auf dem umgestülpten Raft und zieht ihr Team aus dem Wasser. Sobald klar ist, dass alle heil sind, fangen die anderen Guides schon an zu lachen und machen Scherze. Jeder ist gerettet, niemand verletzt. Gemeinsam drehen sie das Boot um und es kann weitergehen. Immerhin kommt so ein wenig Aufregung in die Sache. Unter den 52 Rapids sind auch einige schwierigere, schnellere und spannendere – mit Abstand das Beste wartet aber zur Halbzeit und zwar neben dem Fluss: Wir legen am Ufer an und bewegen uns laufend in einen kleinen Bach hinein, der in den Tongariro River mündet. Halb schwimmend, halb kletternd kommen wir zu einem sechs Meter hohen Wasserfall, an dessen Rand ein Seil hängt. Meine Finger krallen sich in das feuchte Bandgeflecht. Die Fußspitzen bohren sich in Einkerbungen der rutschigen Felswand. Ich stelle mich an die Kante vor dem Wasserfall, hole tief Luft und springe. Als würde ich in einem Whirlpool landen, treiben mich die vielen Luftblasen direkt wieder an die Oberfläche, die Schwimmweste tut ihren Rest. Neben mir sorgt der Wasserfall, der hart in den „Whirlpool" schlägt, für lautes Getöse. Allein für diesen Sprung hat sich die gesamte Tour gelohnt.

Zwei Stunden Rapids ohne zu kentern

Doch auch die letzten Rapids der insgesamt vier Stunden langen Tour sorgen für einen positiven Gesamteindruck. Allerdings würde ich beim nächsten Mal nach einem Raft der Stufe 5 suchen – bei Rotorua und bei Tauranga, beides weiter nördlich, muss es solche Wasserschnellen geben. NZ Rafting bietet eine solche Tour ebenfalls an.

Der Lake Taupo ist der größte Süßwassersee des Landes und ist ein Kratersee – der darunterliegende Vulkan ist einer der wenigen Riesenvulkane unseres Planeten. Der bekannteste der Riesenvulkane ist wohl der, der unter dem Yellowstone National Park in den USA liegt. Vor etwa 1800 Jahren brach der Taupo zum vorerst letzten Mal aus. Damals flogen Asche und Bimsstein in gewaltigen Mengen durch die Luft, bedeckten wohl große Teile der Nordinsel. Die damalige Taupo-Eruption wird als der größte Ausbruch der letzten 5000 Jahre geführt. Außerdem notierten damals die Chinesen und die Europäer ungewöhnliche Himmelsverfärbungen bei Nacht sowie farbintensivere Sonnenuntergänge. Diese Beobachtungen werden auf den Vulkanausbruch am anderen Ende der Welt, in Taupo, zurückgeführt. Seitdem brachen nur die umliegenden Vulkane, zum Beispiel im Tongariro National Park, aus. Und das ist auch gut so: Wenn der über 600 Quadratkilometer große Kratersee über Nacht zu einem brodelnden und speienden Vulkan würde, hätte das mit Sicherheit böse Folgen für die Region, die Nordinsel und das ganze Land. Irgendwann, so kann man erwarten, werden in Taupo wieder die Steine fliegen und die Lava fließen. Doch jetzt genießen wir lieber erst mal die Aussicht über den See auf die Gipfel von Mount Ruapehu und Mount Tongariro. Das kleine Städtchen Taupo ist zu einer Touristen-Hochburg geworden – im Gegensatz zu Rotorua

Hinter dem Lake Taupo ragt die Vulkanlandschaft des Tongariro National Park hervor

stinkt es hier nicht an jeder Straßenecke nach Schwefel. Weiterhin lockt der See Angler und viele andere Touristen. So kann man zum Beispiel auch hier (genauso wie an etlichen anderen Orten in diesem Land) mit einem Fallschirm aus einem Flugzeug springen – in Taupo soll es aber tatsächlich am günstigsten sein. „Dafür ist der Sprung eine Massenabfertigung", sagt uns ein Bekannter. Die Tandemspringer stürzen sich mit Gurten am zahlenden Kunden befestigt aus der Maschine, machen ihre Scherze während der Landung; kaum den Boden unter den Füßen, grinsen sie noch einmal in die Kamera und dann geht es wieder ab nach oben mit dem nächsten Touristen. Und auch der steht wieder vor seiner ganz persönlichen und exklusiven Mutprobe – diese Beschreibung erinnert mich stark an den Bungee-Sprung von der Kawarau Bridge in Queenstown. Etwas ganz Ähnliches gibt es übrigens in Taupo ebenfalls, aber das reizt uns jetzt nicht mehr allzu stark.

Stattdessen wollen wir den „Hot Water Beach" besuchen. An einem Teilabschnitt des Seeufers soll eine heiße Quelle warmes Wasser in den See spülen und dabei zum Entspannen einladen – kostenloses, warmes Bad und das ganz natürlich? Das klingt nicht nur in Backpacker-Ohren reizvoll. Leider finden wir trotz längerem Suchen den Strandabschnitt nicht, wobei wir da offensichtlich die Einzigen sind: Unsere Bekannten und Freunde hier in Neuseeland haben ihn alle gefunden. Vielleicht hatte er bei unserem Besuch gerade eine Erkältung? Allerdings wäre es zugegebenermaßen das erste Mal, dass ich von einer „Hot Water Beach Cold" höre. Wir haben uns wohl einfach zu ungeschickt angestellt. Doch damit noch nicht genug Frust am ersten Taupo-Tag: Der Mechaniker im Backpacker Car Market hatte beim Autokauf gesagt, dass die Vorderbremsen noch etwa 10.000 Kilometer mitmachen würden. Diese haben wir mittlerweile mit Eddie auf State Highways, kleinen „Landstraßen" und Schotterpisten zurückgelegt und wollen sie daher hier in Taupo überprüfen lassen. Es ist nicht die beste Idee, zu einer Toyota-Vertragswerkstatt zu gehen. Nicht, weil der Service schlecht ist, sondern weil man nicht nur den Mechaniker bezahlt, sondern auch die Dame am Empfang, die uns mit wichtigem Gesichtsausdruck mehrfach darauf hinweist, dass wir im Wartezimmer Platz nehmen sollten. Ich bin doch nicht beim Arzt? Zu einem solchen hatte ich nämlich vorher schon gehen wollen, wegen einer Entzündung am Fuß. „Das kostet 85 Dollar, nur damit Sie zum Arzt gehen dürfen", hatte mich die Arzthelferin informiert. Ich solle doch vielleicht erst zu einer Apothekerin gehen und so das Geld sparen, meinte sie freundlich. Tatsächlich kam ich auch mit dem Neun-Dollar-Produkt (inklusive Beratung) der Pharmazeutin gut zurecht.

Doch ich war bei unserem kostspieligen Toyota-Händler stehen geblieben. Eddie wird hochgehoben und ein Mechaniker nimmt die Reifen ab: Unsere hinteren Bremsblöcke sind nicht nur fällig, sie sind schon längst überfällig. Dasselbe gilt auch für die darunter liegenden Bremsscheiben. Kostenpunkt 200 Dollar – nur für die Blöcke. Wir lassen diese zähneknirschend erneuern, schließlich macht es auch drei Wochen vor Ende unserer Reise keinen Sinn, ohne Bremsen zu fahren. Sorgen machen uns allerdings die weiteren Diagnosen des serbischen Mechanikers: löchriger Kühler, drei Riemen sind kurz vor dem Zerreißen, Bremsen bremsen nicht mehr und das Kugellager der Lenkung sieht auch nicht mehr toll aus – Letzteres hatten wir doch erst vor vier Monaten beim Wagenkauf für 150 Dollar auswechseln lassen? Doch vor allem wollen beziehungsweise müssen wir Eddie in drei Wochen verkaufen. Momentan klingt es eher so, als müssen wir jemanden dafür bezahlen, dass er unseren Van nimmt. Der Mechaniker: „Ich würde euch dafür keine 2000 Dollar geben", sagt er – verdammt, wir hatten von an die 5000 Dollar Einstiegspreis geträumt. Immerhin hat die Vertragswerkstatt die passenden Bremsbeläge vorrätig und wir können nach zwei Stunden weiterfahren. Trotz der langen Mängelliste entscheiden wir uns nur für die 200 Dollar für die Bremsbeläge. Der Werkstattchef, selbst anscheinend seit Jahren unter keinem Auto mehr gewesen, macht uns in seinem weißen Hemd mit Krawatte aber Mut: „Ihr wollt den Wagen in drei Wochen verkaufen? Dann steckt da jetzt nichts mehr rein. Macht die Bremsen und gut ist." Hoffen wir, dass Eddie (und vor allem die Motorriemen) die folgenden 3000 Kilometer und drei Wochen noch durchhalten …

Unser Reisebudget reagiert empfindlich auf solche ungeplanten 200-Dollar-Reparaturen. Zwar haben wir einen Puffer einkalkuliert, weil uns Eddie mit seinem fortgeschrittenen Alter immer einen Strich durch die Rechnung machen kann, aber es sind insgesamt noch vier Wochen bis zum Abflug. Allerdings stelle ich bei mir selbst eine interessante Wandlung in der Denkweise über Geld fest: Hatte ich bisher jeden Cent umgedreht und auf die Ausgaben geachtet, werde ich immer spendabler. Ich merke, dass wir mit dem Geld eigentlich hinkommen müssten, und generell, dass wir vermutlich nicht mehr so schnell die

Das gefüllte Becken der Aratiatia Rapids

Chance haben werden, so viel zu erleben – auch deswegen die Ausgaben für das Rafting, den Great Walk und noch weitere Erlebnisaktivitäten, die noch warten.

Die gute Nachricht am nächsten Tag: Taupo bietet noch mehr als eine teure Toyota-Werkstatt. Eine der bekanntesten und ältesten Touristen-Attraktionen Neuseelands zum Beispiel – die Huka Falls. Das Spektakel erinnert eher an einen langgezogenen Kanal, durch den das Wasser zwischen zwei Felswänden hindurchschießt, als an einen Wasserfall im eigentlichen Sinne. Dennoch bricht sich die Sonne in Regenbogen, die flüssigen Massen tosen laut. Das Klicken der vielen Kameras ist bei all dem Wasser kaum zu hören. Wasser spielt in Taupo und der gesamten Region eine entscheidende Rolle. Etliche Kubikliter bekommen wir auch bei den Aratiatia Rapids zu sehen. Einst floss das Wasser hier ohne Pause durch die lange Schlucht, als wollte es niemals stoppen – der längste Fluss Neuseelands, der Waikato River, speiste die Stromschnellen Tag und Nacht, 24 Stunden an sieben Tagen die Woche, sprich: immer! Doch der Mensch erkannte das Potenzial und erbaute ein Kraftwerk inklusive Staudamm, das seitdem seine Tore nur zur vollen Stunde um zehn, zwölf und 14 Uhr für fünf Minuten öffnet. Sind die Aratiatia Rapids also die meiste Zeit eine leere Schlucht, schießt das Wasser nur noch zu besagten Uhrzeiten die Felsen entlang. Zusammen mit anderen Schaulustigen warten wir gespannt und bohren unsere Blicke in die Betonmauer. Eine schrille Hupe ertönt. Geht es los? Nichts geschieht. Noch mal die Tröte, diesmal länger und quietschender in meinen Ohren. Dann öffnet sich das Tor und wir sehen das Wasser hervorquellen. Bei uns, weiter unterhalb, kommt es aber erst nach über zwei Minuten an – in Form eines Rinnsals. Der Grund: Das Wasser muss erst einige natürliche Becken auffüllen, bevor es sich mit seinem vollen Volumen in die Schlucht ergießen kann. Diese Begebenheit nimmt dem Ganzen ein wenig die Spannung und ist meiner Meinung nach der traurige Versuch, die menschliche Zerstörung eines Naturspektakels zu vertuschen.

Außerdem liegen zwischen State Highway 5 und SH 1 noch einige Thermalfelder, aus denen es dampft und brodelt – gegen Eintrittsgeld sind diese bestimmt nett anzusehen, allerdings müssen wir Prioritäten setzen und diese liegen, was Thermalwunder angeht, in Rotorua. Außerdem buchen wir schon jetzt ein Delfinschwimmen an der Nordküste für die letzten Tage unserer Reise. Nach den vielen Vulkanen entscheiden wir uns leider gegen den kostspieligen Besuch von „White Island", dem aktivsten Vulkan Neuseelands, der gleichzeitig die einzige aktive Vulkaninsel des Inselstaats ist. Die 200 Dollar pro Person erscheinen uns zum jetzigen Zeitpunkt einfach verhältnislos, Whakatane (Startpunkt der Tour) liegt weit von unserer Route ab und wir haben schon zu viele Vulkane gesehen – viele Argumente, denen lediglich unser Bauchgefühl gegenübersteht. Doch jetzt ist die innere Entscheidung gefallen, der Plan steht und zwar ohne White Island.

Nach diesen relativ schwierigen Entscheidungen, die aber irgendwie getroffen werden müssen, warten auf uns am letzten Abend die absoluten Highlights der 23.000-Einwohner-Stadt Taupo. Erst besuchen wir Acacia Bay, wo wir in der Sonne auf einer Wiese liegen und lesen. Als die Sonne hinter den Hügeln verschwunden ist und außer den Enten niemand mehr bei uns ist, holen wir unseren Camping-Kocher. Auf einem Picknicktisch am See machen wir Pfannkuchen. Schon mal Pfannkuchenteig vor dem Anbrennen gerettet und gleichzeitig die Zutaten gegen die Enten verteidigt? In Acacia Bay gibt es diese Möglichkeit. Als die Sonne hinter den Hügeln verschwindet, fahren wir zum „Spa Thermal Park". Tagsüber sollen sich die Leute in dem öffentlichen Park nur so tummeln, jetzt, im Dunkeln, ist kaum etwas los. Wir parken Eddie am Straßenrand kurz vor der Schranke, die nach Sonnenuntergang kein Fahrzeug mehr zum Parkplatz lässt. Wir gehen zum Park, über die Straße läuft ein Possum, aus dem

Baum tönt ein weiteres. Das Ziel: die Schnittstelle eines heißen Baches und des kalten Wassers des Waikato River. Nach dem Flop am Hot Water Beach sind unsere Erwartungen jetzt entsprechend gering. In Badesachen klettern wir die Steine hinunter und lassen uns ins Wasser gleiten. Es ist tatsächlich angenehm warm. Mal schwimmen wir leicht,

In das Dunkle geknipst: Entspannung im heißen Wasser

dann krabbeln wir – nur mit dem Kopf darf man nicht unter Wasser kommen, da sonst Bakterien durch Mund, Nase und Augen eindringen können, die Hirnhautentzündungen verursachen. Je näher wir zum plätschernden Wasser des

Baches rutschen, desto heißer wird es. Wie eine Massagedusche klatscht das Wasser direkt aus dem Bach auf meine Schultern. Länger als ein paar Minuten halte ich es hier nicht aus, so heiß ist es, also robbe ich lieber wieder weiter Richtung Waikato River, wo das Wasser kühler ist (weil besser durchmischt). Um uns herum entspannen sich noch weitere: Franzosen, Neuseeländer, Deutsche, Engländer – wir alle sitzen einfach in der kostenlosen, heißen Badewanne. Zehn Meter vor uns sieht man im Mondschein die Strömungskonturen des Flusses. Der Bach plätschert hinter uns laut in einen Mini-Pool aus Steinen. Ich lasse mich rückwärts ins Wasser gleiten und zähle die Sterne über mir. Es sind Tausende, zu viele, um sie zu zählen, und der heiße Dampf verschleiert mir ohnehin immer wieder die Sicht. Über zwei Stunden sitzen Maria und ich in der natürlichen Therme. Leute kommen, Leute gehen. Fremde reden miteinander, Freunde quatschen und lachen zusammen. Dennoch sind es nicht zu viele Menschen und keiner stört den anderen. Taschenlampen blitzen, wenn überhaupt, nur kurz auf – ich könnte hier Stunden verbringen. Sich entspannen, alles vergessen und doch nachdenken.

Wir verlassen Taupo in Richtung Lake Waikaremoana für unseren Great Walk. In Neuseeland ist man gut beraten, so denken wir, vom schlechtesten Wetter auszugehen – sprich Dauerregen. Im „Warehouse" kaufen wir uns gelbe Regenponchos zur Unterstützung unserer Jacken. Eine Gummihose finde ich leider nicht, hoffentlich regnet es nicht zu stark. Hier, im letzten großen Supermarkt bevor es losgeht, kaufen wir auch die Nahrung: Auf unserem Einkaufszettel steht trockenes und leichtes Essen. Nudeln mit Sahnesaucenpulver, Haferflocken zum Frühstück, Milchpulver für den Tee. Lediglich ein Glas Pesto und ein wenig Obst landen im Einkaufswagen – und natürlich das Hühnchen aus der Dose …

Zum nordöstlich liegenden Lake Waikaremoana führen zwei Routen: Eigentlich spricht alles für den 100 Kilometer längeren Weg über den SH 5 via Napier. Marcel und Lisa, die gleichzeitig mit uns in Taupo waren, entscheiden sich für diesen Weg. Denn die andere Strecke ist zwar deutlich kürzer, führt dafür aber quer durch den Te Urewera National Park über den State Highway 38 und ist auf 115 Kilometern geschottert. Wir entscheiden uns für den State Highway 38: Wir haben mittlerweile viel „Gravel"-Erfahrung und ein State Highway als Schotterpiste kann schon nicht so schlimm sein. Mit Lisa und Marcel wollen wir uns an einem DOC-Campingplatz treffen, wo auch unsere beiden anderen Freunde hinkommen wollen und von wo aus wir am nächsten Morgen die Wanderung starten werden. Wir machen uns also auf den Weg und steuern Murupara an – laut Karte die letzte Stadt für die nächsten fünfzig Kilometer. Wie schon in Milford Sound und Whangamomona fallen wir wieder auf den Schabernack herein. Murupara besteht aus einigen heruntergekommenen Häusern, geschlossenen Läden und einem Four Square-Supermarkt mit Gittern vor den Scheiben. Auf den Straßen sind einige Maori-Jugendliche. Die Jalousien der winzigen Polizeiwache sind heruntergelassen. Vorurteile? Ja, vielleicht. Doch wir sind oft genug vor dieser Gegend im Nordosten gewarnt worden. Zähnekni-

Die Schotterpiste des State Highway 38

schend fülle ich den Tank auf – 15 Cent pro Liter mehr als üblich kostet dieser. Naja, es sind ja noch drei andere Ortschaften auf der Strecke. Es hätte mir klar sein müssen, dass es nicht besser wird. Zurück auf die Straße! Diese war zwar bislang nur schwach befahren, dafür aber in sehr gutem Zustand – das macht Mut. Kurz nach Murupara zerstört ein Schild alle Hoffnungen. „Windy and Unsealed Road for 115 Kilometers". Oha! Aber es gibt kein Zurück mehr. Sofort steigt die Straße an, die Kurven werden enger. Das ungeteerte Stück lässt auch nicht lange auf sich warten. Unser Gedanke, ein State Highway müsste in einem guten Zustand sein, wird uns schnell von den Schlaglöchern und tiefen Bodenwellen aus den Köpfen geschlagen. Immer tiefer dringen wir in den Te Urewera National Park vor. „Te Urewera heißt übrigens verbrannter Penis", liest mir Maria aus dem Reiseführer vor. Ja klasse! Es ist eindeutig ein Urwald, in dem wir uns gerade befinden. Lange sehen wir kein weiteres Auto. Kilometer für Kilometer arbeiten wir uns auf Ruatahuna zu, eine Ortschaft auf halber Strecke. Mitten im Nirgendwo sitzen auf einer Wiese direkt neben der „Straße" (oder dem ihr Ähnlichen, auf dem wir uns vorbewegen) zwei kleine Kätzchen. Maria will aussteigen, nähert sich ihnen in gebückter Haltung und mit ausgestreckter Hand. Während die eine liegen bleibt, kommt die andere sogar zu uns. Plötzlich sehe ich einige unnormal große Wespen, die auf den offenbar kranken Tieren sitzen. „Zurück", rufe ich. Maria springt wieder in den Van und noch mit offener Tür fahre ich los.

Es wird noch unheimlicher: Ein verlassenes, einsames Haus am Rand – daneben ein verrosteter Wagen. Der Te Urewera National Park ist übrigens der größte Schutzpark der Nordinsel. Hier lebt der Maori-Stamm der Ngai Tuhoe, die einzige Ureinwohner-Gruppe, die nie den Vertrag von Waitangi unterschrieb. Der Vertrag von Waitangi ist die gegenseitige Versicherung der Maori und Europäer, einander Respekt entgegenzubringen und das Gesetz zu respektieren. Vor den Ngai Tuhoe waren wir auf der Südinsel – und auch noch auf der Nordinsel – immer gewarnt worden. Jetzt tuckern wir mitten durch ihr Stammesgebiet, auf einer zig Kilometer langen Schotterpiste, in einem Wagen, dessen Riemen jederzeit reißen kann. Handyempfang für den Fall der Fälle? Nein, warum auch?! Üblicherweise fährt man hier ja nicht her, so wenigstens unser Gefühl in diesem Moment. „Brach." „Brach." „Brach." Wieder einige üble Bodenwellen. Wir erreichen Ruatahuna, was tatsächlich nicht der Ort ist, an dem ich gerne leben würde. Eine Ansammlung von Häusern, ein „General Store" mit zwei Zapfsäulen für Sprit. Aus Interesse fahren wir die kleine Auffahrt zur „Tanke", um nach dem Spritpreis zu schauen. Die beiden Säulen sind so alt, dass sie noch nicht mal eine Preisanzeige haben, außerdem fehlt der einen ohnehin der Zapfhahn und die andere macht mit ihrem Rost auch nicht mehr den besten Eindruck. Wir fahren an drei Jugendlichen vorbei. Zu dritt nehmen sie die Hälfte der Straße ein – des State Highways wohlbemerkt. Einer zieht eine unschöne Fratze. Schnell weiter. Wie gut, dass wir noch in Murupara getankt hatten. Nebenbei bemerkt: Ich wünsche mich schon fast wieder dorthin zurück. Immerhin ist die Straße in Ruatahuna asphaltiert. Die zwei Kilometer harter Untergrund waren eine nette Abwechslung, die aber schnell vergessen ist. Kühe und Pferde laufen hier wild herum – immerhin ohne Wespen. Sie machen eigentlich einen gesunden Eindruck, werden von ihren Besitzern offenbar einfach nicht eingezäunt. „Cattle Stops", das sind die Gitter im Boden, über die Schafe, Kühe oder Pferde nicht gehen können, gibt es hier auch keine. Zu allem Überfluss fängt es auch noch an zu regnen, ja an zu schütten. Die Straße schwimmt unter uns teils schneller, als wir fahren. Die letzten Häuser, die wir an diesem Tag sehen, sind klein und heruntergekommen und fallen durch sehr, sehr viele Autos im Vorgarten auf. Teils sind diese verrostet, andere sehen noch fahrtauglich aus – viele sind Vans, die in Neuseeland meist von Backpackern gefahren werden … Im Regen treiben wir Eddie noch zwei weitere Stunden durch die engen Kurven auf der rutschigen und schlechten Schotterpiste, bis wir endlich den See und damit auch den Campingplatz erreichen. Wir haben es geschafft, jetzt fehlen nur noch die anderen vier. Marcel und Lisa kommen eine halbe Stunde später an, die anderen beiden am Abend um zehn Uhr über die-

Alte Autos neben trostlosen Hütten

selbe Strecke, die wir genommen haben. Sie hatten von Pferden auf der Straße, gruseligen Häusern und schlechten Straßenverhältnissen nur wenig gesehen. Oder Julius und Luisa, wie unsere beiden Freunde heißen, die wir einst im australischen Outback kennengelernt hatten, sind einfach abgebrühter. Ich möchte diese Strecke jedenfalls nur ungern nochmals fahren. Und währen der Regen kräftig auf Eddies Dach prasselt, ist meine Lust auf den Great Walk bis auf den Nullpunkt gesunken. Hoffentlich stimmt wenigstens der zuletzt sehr positive Wetterbericht für die nächsten Tage. Frierend falle ich in einen unruhigen Schlaf. Die Vorfreude muss erst noch wiederkommen.

Die Ngai Tuhoe am State Highway 38

Es ist eine raue Gegend, durch die der State Highway 38 führt. Eine Gegend mit beeindruckendem Regenwald. Im Te Urewera National Park wohnen hauptsächlich Maori, die fast 100 Kilometer ab von jeglicher Zivilisation und noch weiter von größerer Infrastruktur zu Hause sind. Der State Highway, also diese Schotterpiste in schlechtem Zustand, ist ihre einzige Verbindung nach außen, fast zu einer anderen Welt. Auf Maria und mich wirkt diese Szenerie unheimlich, unwirklich und abweisend – und das trotz der einsamen und schönen Natur. Meine Beschreibungen und Empfindungen, die ich versucht habe möglichst real niederzuschreiben, sind zweifelsohne düster und kritisch, sie entsprechen eben meiner Wahrnehmung. Doch was maße ich mir an, so über diese Menschen zu urteilen? Ich habe keine Ahnung, wie sie wirklich leben, wie sie sind oder was sie tun. Mit Sicherheit kann ich sagen, das wird uns auch später noch bestätigt, dass die Bewohner von Ruatahuna und den umliegenden Häusern nicht viel zum Leben haben. Sie sind im Vergleich zu uns und zu den meisten Neuseeländern echte Überlebenskünstler. Wirtschaft gibt es hier keine, und der Tourismus am Lake Waikaremoana wirft wohl auch nichts ab. Also was machen solche Menschen den ganzen Tag? Vielleicht jagen oder sich selbst versorgen. Dass Gesetze und gesellschaftliche Regeln in solchen Regionen, fernab jeglicher staatlichen Kontrolle, als Erstes missachtet werden, ist naheliegend. Aber Kriminelle oder böse Menschen sind die Frauen und Männer mit ihren Kindern hier deswegen noch lange nicht. Es ist schwer zu sagen, wie das alltägliche Leben im Te Urewera National Park tatsächlich aussieht. Und um ehrlich zu sein: Ich möchte es auch nicht testen, auch wenn die meisten Bewohner hier offen und freundlich sein könnten. Die Aussage eines Einheimischen hat mich nachdenklich gemacht: „Ich würde keiner jungen Backpackerin raten, allein per Anhalter über den State Highway 38 zu fahren." Der Grund dafür: Die Gefahr, dass etwas passiert, bestehe und als Folge würde der Ruf der Gegend leiden und die Touristen ausbleiben. „Doch gerade den Tourismus brauchen wir. Er ist die Chance der Gegend." Und zu dieser gehören die groben Steine des State Highway 38 genauso wie die verwunschenen Bäume des Te Urewera National Park – und auch die Maori der Ngai Tuhoe. Diesen wird bald übrigens die Leitung des Nationalparks übertragen, ein Novum, das von Vertrauen zeugt (auch wenn die Skepsis auf allen Seiten groß ist).

Verwunschener Regenwald
und traumhafter See –
Lake Waikaremoana

Im Farnwald des Te Urewera National Park

Verwunschener Regenwald und traumhafter See – Lake Waikaremoana

Rainbow to Paradise

Um halb sieben wachen wir auf. Die Nacht über war es bitterkalt. Habe ich genug warme Sachen dabei? Immerhin sind Regen und Wolken verzogen. Es sind also nicht die schlechtesten Bedingungen für unseren Viertage-Gang durch den Regenwald. Während Maria mit Marcel, Lisa, Julius und Luisa frühstückt, breche ich schon auf. Der Plan: Ich fahre mit Eddie zum Endpunkt der Wanderung, wofür ich noch um die Hälfte des großen Sees herum muss. Von dort aus werde ich das Wassertaxi für 50 Dollar nehmen, das mich fast am Anfang des Wanderweges absetzt. Die anderen fahren mit ihren Wagen zum Beginn des Wanderweges und lassen ihre Pkw dort am Parkplatz stehen, wir treffen uns am Anlegepunkt des Wassertaxis. Nach den vier Tagen zu Fuß werden wir dann gemeinsam in unserem Van wieder zu ihren Wagen fahren, da Eddie beim Taxiunternehmen bleibt und dieses mich auch wieder abholen wird. Ich muss also deutlich eher los, denn vor mir liegen noch einige Kilometer des State Highway-Schotters. Ohne eine genaue Vorstellung, wie weit das Wassertaxi wirklich entfernt ist, setze ich mich auf den samtenen Fahrersitz. Lieber bin ich zu früh beim Taxi als zu spät, denn das Boot fährt nur einmal am Tag. Ich gebe Gas, treibe Eddie in die Kurven. Während ich von Kurve zu Kurve brettere, wische ich gleichzeitig die Scheibe frei – der Wagen ist noch feucht von der Nacht. Mit 60 km/h, viel zu schnell für Schotterkurven, rase ich über den State Highway. Mehrfach bricht das Heck aus – im letzten Moment bewahre ich unser Schätzchen von 1988 (und mich) vor dem Straßengraben.

Wir hatten vorher lange überlegt, was wir machen, falls wir uns verpassen oder ich auf der Straße eine Panne habe. Zu einer Lösung kamen wir nicht – kurz: Es muss alles klappen. Denn ohne Handyempfang lässt sich nicht kommunizieren. Doch alles geht gut, rechtzeitig, genau genommen sogar zu früh, komme ich am Big Bush Holiday Park an. Der Campingplatz betreibt auch das Wassertaxi und bietet gleichzeitig auch den einzigen Shuttle-Service zum See hin an. Ich werde bereits erwartet. Das Kuriose ist, dass ich an diesem Ende des Sees (so ziemlich am entlegensten Platz unserer Reise) wieder Netzempfang auf dem Handy habe – zum ersten Mal seit 200 Kilometern. „Der Energiekonzern hat das für seine Mitarbeiter eingerichtet", erklärt mir Kerry, der Besitzer des Service-Campingplatzes. Ihm liegt viel an der Region, an dem Great Walk, an den Touristen und an den Einwohnern hier. Nicht nur aus finanziellen Gründen: Seit 19 Jahren ist er tagaus, tagein im Te Urewera National Park und kümmert sich um die Sorgen der Wanderer. „Tausende und Abertausende" habe er schon auf den Track geschickt und hinterher wieder eingesammelt. „Die Wanderung kann schnell zu einem Albtraum werden", sagt Kerry. Falsche Vorbereitung, falsche Ausrüstung, falsche Herangehensweise. Gute Planung sei daher wichtig – und da kommt er ins Spiel. Mit seinen Mitarbeitern plant er für die Touristen auf Anfrage hin das gesamte Abenteuer: von der Anreise über die Hüttenbuchung beim DOC bis hin zur Abreise. Es soll schließlich bei einem Abenteuer bleiben und nicht im „Horror" enden. Dabei geht es ihm vor allem um das Image. Wenn jemand hier eine schlechte Erfahrung mache, wird das weitererzählt und die Touristen blieben aus, so Kerrys Einschätzung. Er hat Tipps auf Lager, wie man mit den öffentlichen Verkehrsmitteln anreisen muss, um passende Anschlüsse zu bekommen und nicht unnötig Zeit zu verlieren. „Einfach nachfragen." Kerry ist ein guter Mann, offen, hilfsbereit. Man merkt, er kommt von hier und liebt den Wald, die Region, diesen See. So schnell bringt ihn nichts aus der Ruhe. Nur, wenn Backpacker wild campen, dann habe er Angst, dass ihnen vielleicht doch etwas passiert und sie sich so ihre große Reise versalzen – und, dass wieder das Image leidet. „Die dürfen alle umsonst in ihren Vans bei mir auf dem Big Bush Holiday Park campen", sagt er. Verdienen tut er dann wohl mit dem Wassertaxi.

Mir ist der auf seine Art urige Kerry jedenfalls auf Anhieb sympathisch. Und außerdem bin ich froh, dass jemand weiß, wann ich losgehe und theoretisch wieder ankommen soll.

Nahezu das einzige Boot: das Wasser-Taxi

Kerry bringt mich und vier weitere Wanderinnen zum Bootsanleger. Die zwei großen Antriebe des Schlauchboots heulen auf, das Boot prescht los. Die Wasseroberfläche kräuselt sich leicht. Außer dem Brummen der Motoren herrscht Stille. Obwohl der Lake Waikaremoana verwinkelt und verschnitten ist, können wir geradeaus von Ableger bis Anleger fahren. Das

Wasser spritzt mir ins Gesicht, die Sonne trocknet die Tropfen schnell. Oh ja, das werden tolle vier Tage. Als „Drop off"-Punkt (Absetzstelle) dient ein großer Stein, zu dem uns der „Matrose", ein junger Maori, wohl der Sohn des Kapitäns, mit einem Enterhaken heranzieht. Die vier Frauen, darunter eine Deutsche, die seit einigen Jahren in Auckland lebt, wandern los. Ich setze mich auf eine Bank und schaue zu, wie das Boot 15 Wanderer, die gerade nach vier Tagen die Tour beendet hatten, einsammelt. Dass wir gegen den Wanderer-Strom laufen würden, war schon vorher klar: In der Info-Broschüre wird einem der Weg aus der anderen Richtung vorgeschlagen, allerdings hätte es dann keine freien Bettenplätze am entsprechenden Tag gegeben. Das Boot tuckert wieder davon und fährt aus meinem Blickfeld. Der See und ich versinken in der Stille. Die Wasseroberfläche kräuselt sich leicht. Natürlich fange ich nach einigen Minuten an zu zweifeln. Habe ich die anderen verpasst? In diesem Fall würden wir den Tag getrennt laufen und uns beim ersten Campingplatz treffen. Nach zwanzig Minuten höre ich Stimmen. Sind sie das? Ja, das sind sie …! Doch aus dem Busch tauchen vier Fremde auf. Die drei Jungs und das eine Mädchen sind Israelis. Ich frage, ob sie vielleicht meine Freunde gesehen haben? „Nein", die Antwort. Gerade die drei Jungs sind auffallend sportlich. Ich erfahre, dass die Israelis meist nach ihrem Wehrdienst ins Ausland gehen. Offenbar werden sie beim israelischen Militär ziemlich gedrillt. Mit Freude stelle ich mehrfach während unseres Neuseelandaufenthalts fest, dass die jüngste Generation der Israelis genauso offen ist, wie wir es sind. Von historisch geprägter Distanz oder gar Feindlichkeit ist nichts zu spüren. Die vier sind schon seit einer halben Stunde weg, ich warte immer noch auf meine Gruppe. Um mich herum zwitschern Vögel, ich schaue auf den See hinaus. Die Wasseroberfläche kräuselt

Das seichte Wasser des Lake Waikaremoana

sich noch immer leicht – kein Boot, kein Mensch, nichts. Zehn Minuten gebe ich uns noch, da höre ich wieder Geräusche. Kurz darauf taucht erst Julius' grinsendes Gesicht auf, dann Luisas und dann auch Marias, Marcels und Lisas. Offen gesagt: Ich bin erleichtert. Es kann also endlich richtig losgehen.

Der Weg schlängelt sich durch das Dickicht, vorbei an Farnen, Bäumen und anderen heimischen Pflanzen. Teils ist das Wasser direkt neben uns, mal ist es etwas weiter weg – in Reichweite ist es allerdings immer. Auf meinem Rücken lasten etwa 18 Kilogramm Gepäck. Wir haben nicht nur Kleidung und Verpflegung (inklusive drei Liter Wasser) dabei, sondern auch ein Zelt und eine Iso-Matte. Der Great Walk rund um den Lake Waikaremoana ist dem Höhenprofil in der Broschüre nach nicht sonderlich anspruchsvoll. Auch die 46 Kilometer in vier Tagen scheinen locker zu schaffen (und sind es letztlich auch). Lediglich der dritte Tag, bei dem auf uns zwölf Kilometer Strecke und über 600 Höhenmeter bergauf warten, klingt anstrengend. Den Berg, den wir dann erklimmen werden, sehen wir schon jetzt bei jedem Schritt: Er wartet auf der anderen Seite des Sees, seine Klippen fallen steil zum Wasser hin ab. Doch das ist Zukunftsmusik: Wir haben beim Buchen der Übernachtungsstellen bewusst den ersten Tag kurz gehalten und erreichen schon gegen 16 Uhr den Campingplatz an der Waiharuru Hut. Direkt am See schlagen wir unsere Zelte auf der Rasenfläche in einem Dreieck auf. Bevor wir uns die Zeit mit Kartenspiel und Kniffel vertreiben, nehmen wir ein Bad im kühlen Lake Waikaremoana. Sehr kühl trifft es wohl eher – erfrischend ist es allemal. Nachdem wir nacheinander abgetaucht sind, kloppen wir einige Runden Karten, bevor wir die Gaskocher und die kleinen Campingtöpfe hervorkramen. Marcel und Lisa treiben es jeden Tag mit ihren Mahlzeiten auf eine beneidenswerte Spitze. Sie haben einfach nach dem Milford Track und dem Abel Tasman Walk schon genug Erfahrung und wissen, was sich alles „leicht" mitschleppen lässt. Marcel, Julius und ich ziehen los und suchen Holz. Die letzten Tage war es meist recht trocken im Urwald des Te Urewera National Park – wir werden also fündig. Denn das vom Ranger an der Hütte gelagerte Holz reicht nicht lange aus. Bei den lodernden Scheiten kommen wir mit einem schwedischen Pärchen ins Gespräch. Sie sind nur kurz in Neuseeland für eine Hochzeit, haben daher nicht viel Zeit für den Great Walk und wandern die 46 Kilometer in nur zwei Tagen und zwei Nächten – am nächsten Morgen wollen sie um neun Uhr das Wassertaxi nehmen (das zwölf Kilometer entfernt anlegt). Relativ früh, aber lange nachdem die Sonne hinter den bewaldeten Hügeln versunken ist, krabbeln wir alle in unsere Zelte. Mitten in der Nacht wache ich auf und schlüpfe für einige Minuten aus meinem Schlafsack, krabble sogar aus dem Zelt. Über mir funkeln Millionen von Sternen, der Mond taucht die Umgebung in ein seichtes Schimmern. Leichtes Schnarchen tönt aus einem der umliegenden Zelte. Ich gehe die wenigen Meter zum Seeufer. Pffiii. Pffiii. Pffiii. Einige Vögel schreien durcheinander. Ist das der Ruf eines Kiwis? Angeblich soll man das nachts hier hören können. Zwei schwarze Schwäne schwimmen über den See. Die Atmosphäre ist einmalig – nur die Temperatur verhindert, dass ich noch länger draußen bleibe.

Zelten direkt am Seeufer

In aller Ruhe – so gegen acht – luken wir an unserem zweiten Tag aus den Zelten hervor. Unsere erste Nacht unter Stoffbahnen war ganz gut. Die Iso-Matte (vor allem Marias) ist zwar deutlich dünner als die Matratze in Eddie, aber das Zelten hat dafür seinen ganz eigenen Charme. Auch die anderen vier haben anscheinend gut geschlafen. Nach Porridge (Haferschleim) mit Milchpulver schnallen wir die Rucksäcke auf und es geht weiter. Dieser Tag sollte ebenfalls einfach sein – das Höhenprofil läuft in der Broschüre eben und endet auf der gleichen Höhe, wie die Etappe anfängt. Nicht eingezeichnet ist allerdings das viele Auf und Ab des häufig steilen Wegs. Es sind etliche Höhenmeter, die uns überraschen. Immerhin entschädigen immer wieder die Blicke auf das dunkle Grünblau des Sees und die verwunschenen Farnwälder. Immer wieder nähern wir uns dem See – sind wir jetzt endlich am Campingplatz? Nein, nur eine weitere wackelige Hängebrücke führt uns über einen Seitenarm. Irgendwann kommen wir müde und geschafft auf dem zweiten Campingplatz an. Der Korokoro Campground liegt an keiner Hütte und bietet daher außer einem dringend reinigungsbedürftigen Plumpsklo und einem kleinen Unterstand mit Regenwasserpumpe nur seine grüne Wiese. Auf dem Gras steht neben unseren Zelten auch noch ein weiteres. Die Mutter der

Mit Gepäck gehen auch kleine Steigungen in die Beine

fünfköpfigen Familie kommt bald zu uns und will unsere Buchungsquittung sehen. Sie wandern ebenfalls den Great Walk, müssen aber keine Gebühren für die Unterkunft zahlen, sondern stattdessen die Buchung der anderen Wanderer überprüfen – eine sehr interessante Möglichkeit, die sonst so teuren Great Walks günstig zu erwandern. Außerdem ist sie mit einem schicken DOC-

Namensschild ausgestattet und hat ein Funkgerät dabei, mit dem sie sich vom Ranger den aktuellen Wetterbericht durchgeben lässt. Der Tag war härter als erwartet, wir können unsere festen und schweren Wanderschuhe nicht mehr sehen. Trotzdem wollen wir unbedingt noch einen Extraweg zu den Korokoro Falls machen. Ein Bild von diesem mystischen Ort ziert das Cover der Great-Walk-Broschüre. Vielleicht können wir uns dort auch „duschen"? Denn unser Campingplatz liegt leider nicht direkt am See, sondern nur an einem kleinen Seitenarm. Wir entscheiden uns, in Flipflops zu laufen. Für Julius keine Besonderheit: Er läuft lässig den gesamten Weg in den Plastik-Latschen. „Wander-Flipflops" nennen wir sein Mode-Schuhwerk bald.

Über einen schmalen Trampelpfad gelangen wir zum Wasserfall. Einen breiten Bach müssen wir kletternd überwinden. An einem Seil hangeln wir uns von Stein zu Stein. Nach einer halben Stunde durchs Unterholz sehen wir den Wasserfall. Senkrecht fällt das Wasser gute 25 Meter hinab. Es sieht wundervoll aus, wie aus einem Film. Der Wasserfall schlägt kalt und mit großer Kraft auf den Boden – und auf unsere Schultern. Denn wir nutzen die Chance tatsächlich, um zu „duschen". In Badehose folge ich Maria und Luisa und wage mich in das frische Nass. Ein einmaliges Erlebnis!

Wie im Paradies: Naturdusche Korokoro Fall

Der dritte Tag. Er soll der schwerste werden: Über 600 Höhenmeter warten auf uns, es geht teils nur gerade nach oben. Alle schweren Lebensmittel sind aufgebraucht, die Wasservorräte auf ein Minimum reduziert. Der Aufstieg zum „Bluff" kann kommen, und er kommt. Der Weg windet sich bald nach oben, teils müssen wir klettern. Es sind bis zu einem Meter hohe Stufen zu überwinden – mit den noch immer schweren Rucksäcken eine Herausforderung. Immer wieder treiben wir uns an. Schritt für Schritt, Päuschen für Päuschen. Das Trinkwasser wird langsam knapp, der See ist schon viele Meter unter uns und auch außer Sichtweite – hoffentlich haben wir es bald geschafft. Unser Ziel ist die einzige Hütte, die wir gebucht haben: Die Panekire Hut trotzt fast am höchsten Punkt Regen und Sturm und bietet den Wanderern Bett (wenn sie nicht gerade alle ausgebucht sind) und Dach überm Kopf. „Keine Ahnung, wie weit es noch ist", muss ich zugeben. Das Höhenprofil ist zu ungenau und nach der schlechten Erfahrung vom Vortag will ich mich ohnehin nicht mehr auf die Broschüre verlassen. In dem dichten Wald – vor uns der Berg, hinter uns das Tal – haben wir ziemlich die Orientierung über die Distanz verloren. Und sind wir jetzt schon seit drei oder seit vier Stunden unterwegs? In Wirklichkeit sind wir schon viel weiter als gedacht. Ein einsamer Jugendlicher, ein deutscher Backpacker, kommt uns entgegen. „Eine halbe Stunde noch bis zur Hütte", verrät er uns. Das macht Hoffnung. Tatsächlich: Bald zeichnet sich das Dach der Panekire Hut durch das Astwerk ab. Drumherum zerrt der Wind an allem, was nicht fest ist. Einige Kinder, die mit ihren Vätern ein sehr cooles Ferienabenteuer (den Great Walk) machen, werfen Schilf über die Klippe: Es wird vom Wind in die Höhe katapultiert und fliegt über die Hütte hinweg. Wir ergattern unsere Wunschschlafplätze. Julius, Luisa, Maria und ich klettern ganz nach oben und nehmen die vier obersten Matratzen des dreistöckigen Hochbetts. Wie in einer Jugendherberge? Vielleicht das Schlafen, ansonsten wird uns für die 32 Dollar pro Person wenig geboten. Zwei Schlafsäle mit insgesamt 28 Betten mit dünnen, einfachen Matratzen. Okay, wir hatten nicht wirklich irgendwelchen Komfort erwartet, aber wenigstens Feuerholz und Kerzen hätte man doch für den Kamin und die Wachsstängelhalter erwarten können? Glücklicherweise haben wir genug Klopapier dabei – denn auch das fehlt hier, genau wie auf allen anderen Plumpsklos entlang der Route. Doch die rustikale und niedliche Hütte ist alternativlos. Hier oben gibt es keine Campingplätze – Zelte würden ohnehin wegfliegen. Im Regenwasser kochen wir auf unserem Gaskocher die letzten Nudeln mit Pesto. Im Schein der einzigen Kerze und einiger Taschenlampen spielen wir noch bis spät in die Nacht Karten. Am Tisch neben uns sitzen zwei Paradebeispiele für schlechte Vorbereitung: Die Armen dienen leider unserer Belustigung. Sie haben jeder zwölf Eier und einen Toastlaib mit sich auf den Berg geschleppt. Die Eier wollen die deutschen Medizinstudenten je-

Der Aufstieg ist geschafft!

den Morgen und Abend zusammen mit dem Kilo Käse, den jeder in seinem Rucksack hat, vertilgen. Der Hunger dürfte jedenfalls nach der Anstrengung mit solchem Gepäck groß sein. Immerhin bekommen sie von einigen Wanderern noch Klopapier für ihre verbleibenden drei Tage geschenkt. „Gute Planung ist wichtig", hatte Kerry vom Big Bush Holiday Park gesagt – recht hat er. Bevor die beiden später im Wald verloren gehen, organisieren wir ihnen und noch zwei weiteren Wanderern nach unserer Rückkehr die Rückfahrt mit dem Wassertaxi …

Mit Julius stehe ich vor der Tür der Panekire Hut. Drehen wir uns um, sehen wir am Horizont die Ostküste bei Gisborne. Der Pazifische Ozean ist deutlich zu erkennen, wir hätten uns so eine Sicht nie erträumen lassen. In die andere Richtung, aus der wir gekommen sind, erstreckt sich der Lake Waikaremoana mit seiner dunklen blaugrünen Farbe unter uns – der Bluff, wie der Fels genannt wird, ist fast 600 Meter über dem Meeresspiegel. Ein Wahnsinnsblick bis weit in die Nordinsel hinein. Der Te Urewera National Park liegt uns in diesem Moment anscheinend zu Füßen. Hinter den Ufern des Sees beginnen die scheinbar unendlichen Wälder mit dunkelgrünen Bäumen, in denen Teils Kiwi-Aufzucht-Programme laufen. Wir können uns an der Aussicht kaum sattsehen. Die Sonne versinkt irgendwo hinter den Hügeln. Der Himmel leuchtet rot, orange und dann kehrt Dunkelheit ein in den See, in die Wälder. Unheimliche Stille, die mit einem unbeschreiblichen Gefühl von Einsamkeit, Selbstlosigkeit und Natur vermischt ist. Ist die Sonne einmal verschwunden, ist kein Licht mehr zu sehen. Der Wind zerzaust mir die Haare.

Wir verlassen als Letzte die Holzhütte. Es ist unser vierter Tag, an dem auf uns der Abstieg durch den Wald mit seinen fauligen und flechtenbehangenen Bäumen wartet. Diese wackeln, nur wenige Meter von dem mehrere hundert Meter tiefen Abgrund entfernt, unheilvoll im starken Sturm. Über Nacht hat es sich zugezogen, der Nebel wabert um uns herum. Der gestrige Genuss des Fernblicks wird durch verzweifeltes Starren in die zwanzig Meter entfernte Wolkenwand ersetzt. Spät, aber noch gerade rechtzeitig, reißt die Wolkendecke über dem See doch noch kurz auf und die Sonne lässt das Wasser erleuch-

ten. Die letzte Tagesetappe von knapp vier Stunden geht schnell herum. Wir sind alle froh, als wir Onepoto Bay und damit den Endpunkt der Wanderung erreicht haben. Anhaltender Regen setzt ein.

Und dann riss die Wolkendecke auf

Die Wanderung war eine tolle Erfahrung! Viel zu spät habe ich realisiert, wie einzigartig die Möglichkeit ist, sich Neuseelands Natur „per pedes" zu erschließen. Der Lake Waikaremoana Walk ist lohnenswert, er ist schön und verwunschen. „Er ist anders als die anderen Great Walks – er ist magisch", bestätigt mir auch Jean Hiscoke, Mitarbeiterin des Department of Conservation in Rotorua. Und die Aussicht vom Panekire Bluff sei ein Eine-Million-Dollar-Blick, „eine der schönsten Aussichten auf der Nordinsel" – recht hat Frau Hiscoke, die die Wanderung schon mehrfach gemacht hat (auch bei Regen). Sie lobt außerdem noch viele andere Kurzwanderungen im Nationalpark. Sehr reizvoll muss der einstündige Weg zum Lake Waikareiti sein, einem kleinen, einsamen See mit nahezu klarem Wasser, so die DOC-Frau. Mit einem kleinen Boot könne man dann auf eine unerschlossene Insel rudern. Das und noch vieles mehr gebe es am „Lake … ähm … ähm", wie sie häufig nach Lake Waikaremoana und Te Urewera National Park gefragt werde. Uns bleibt leider keine Zeit für andere Wanderungen oder Unternehmungen in der Region. Nachdem Kerry mich endlich – eine Stunde zu spät – auf meinem Fußweg Richtung Big Bush Holiday Park eingesammelt hat, fahren wir alle gemeinsam in Eddie wieder zum Startpunkt unserer Wanderung an der Hopuruahine Suspension Bridge. Es ist wohl typisch, dass ausgerechnet jetzt auf dem State Highway 38, weit weg von jeglicher Zivilisation, ein Streifenwagen um die Kurve geschossen kommt. Er ist aber zu schnell wieder verschwunden, als dass er uns einer allgemeinen Verkehrskontrolle oder dergleichen unterziehen könnte. Als wir an der Suspension Bridge und dem Parkplatz ankommen, ist klar: Es waren vier gelungene Tage. Jetzt kann ich Marcel und Julius auch sagen, dass Kerry im Gespräch erwähnt hatte, dass auf diesem Parkplatz ab und zu Wagen aufgebrochen würden. Jäger sähen die Wagen und wüssten, dass diese dort für vier Tage stünden … Doch auch die beiden Pkw sind heil.

State Highway 38 – über diesen geht es auch wieder zurück. Obwohl mir die Strecke zu risikoreich ist, folgen Maria und ich der Rüttel-Route. Ausschlaggebend war, dass Julius und Luisa mit uns zusammen nach Rotorua fahren wollen. Zu viert, in zwei Autos, traue ich mich nochmals die lange Strecke durch den Nationalpark zurück. Vier Stunden später, mit den letzten Tropfen Benzin in Julius' Tank, erreichen wir Rotorua. Damit folgen wir unserer geplanten Strecke und lassen die Ostküste der Nordinsel aus Zeitgründen und mangels wichtiger Anlaufpunkte rechts liegen – immerhin haben wir den pazifischen Ozean ja schon vom Panekire Bluff aus gesehen.

Die Ostküste: Täglich grüßt der Sonnenaufgang

Jedes Land hat seine weniger besuchten Regionen – auf der neuseeländischen Nordinsel ist das die Ostküste. Die vielen Kilometer Küstenlinie zwischen Cape Kidnappers, südlich von Napier, und dem East Cape, dem nordöstlichsten Punkt, bieten einsame und schöne Buchten. Fährt man von Süden nach Norden, kommt man zunächst nach Napier – der architektonischen Vorzeigestadt der Nordinsel. Die Gebäude im Art-déco-Stil sind die große Attraktion der 60.000-Einwohner-Stadt. „Das ist ganz nett, sieht aber ein wenig wie Movie World aus", quittiert mein Bekannter Marcel Hainke.

Aber immerhin gefällt ihm die Stadt besser als die meisten anderen Städte Neuseelands. Er will zusammen mit Lisa Schönhoff die Ostküste abfahren, wozu Maria und ich bei unserem straff geplanten Rundreiseprogramm bedauerlicherweise keine Zeit mehr haben.

Lohnenswerter seien da schon eher die Buchten zwischen Gisborne und dem nordöstlichsten Punkt der Insel. Poverty Bay, Waihau Bay oder Waipiro Bay – eine schöner als die andere. Vor allem der lange Betonsteg in der Tolaga Bay blieb Marcel in bester Erinnerung. Einst legten am Steg die kleinen Frachtschiffe an, dann brach die Wirtschaft in dieser Region endgültig zusammen. Seitdem verfällt der Pier langsam. Trotzdem ist er heute die ein(zig)e echte Touristenattraktion der gesamten Region. „Viele nennen den Steg ‚Die Brücke zum Horizont' – es stimmt!", erzählt der 25-jährige Marcel begeistert. Blaues Wasser, blauer Himmel, Sonnenschein. Als wäre man in der Karibik oder gestrandet im Paradies. Denn das ist der Name eines BBH-Hostels („Stranded in paradise", Tokomaru Bay), das Marcel empfehlen kann. Bei einem guten Standard habe man direkten Blick in die beeindruckende Bucht. Und nicht zu vergessen: Im Osten geht die Sonne auf. „Das ist auch auf der Südhalbkugel nicht anders", so Marcel schmunzelnd. Folglich kann man jeden Morgen bei gutem Wetter wunderbare Sonnenaufgänge bewundern. „Die Sonne taucht aus dem Meer", schwärmt der Wittener.

Doch an der Ostküste ist nicht alles so strahlend wie mancher Sonnenaufgang: Die Wirtschaft liegt am Boden, kaum Touristen kommen hierher und die Gegend hat einen schlechten Ruf. Häufig waren Maria und ich davor gewarnt worden, in die nordöstliche Spitze der Nordinsel zu fahren. „Campt dort vor allem nicht wild", hieß es dann immer. Und warum? Wegen der Maori. In den wenigen Tagen, die Marcel und Lisa an der Ostküste unterwegs waren, haben sie nichts Negatives erlebt. Insgesamt ist die Gegend aber sehr verlassen. „Die Städte sind Western-Dörfer", meint Marcel, der sich durchaus eine höhere (Maori-)Kriminalität vorstellen kann. „Wohl auch, weil es so menschenverlassen ist, hat man nicht das Gefühl, dass man hier so touristenfreundlich ist wie anderswo in Neuseeland", sagt Marcel vorsichtig. Er möchte niemandem zu nahe treten, keine Gerüchte anheizen. Er rät daher: „Man sollte einfach für die Reise grundsätzliche Standards beachten und nicht leichtsinnig werden."

Oder sich einfach den Sonnenaufgängen hingeben – diese müssen tatsächlich wunderschön sein. Vor allem mit der Atmosphäre des East Cape Lighthouse: einsam und verlassen im Nirgendwo, allein mit dem Pazifischen Ozean.

Schwefeldunst und prächtiges
Farbenspiel: Rotorua

Besonderes Farbenspiel mitten in der City von Rotorua

Schwefeldunst und prächtiges Farbenspiel: Rotorua

Rotorua will das Queenstown der Nordinsel sein. Für mich ist es die Jauchegrube des Landes: Überall stinkt es wegen der Schwefelgase nach faulen Eiern. Als wir ankommen, ist unser Hunger nach vier Tagen Wandern mit leichter Kost jedoch so groß, dass wir uns von unseren Nasensignalen nicht das Abendessen vermiesen lassen. Wir kaufen für ein Burger-Essen ein, brutzeln auf einem Campingplatz das Fleisch und belegen es mit allem, was drauf passt (und noch mehr). Schon lange nicht mehr floss mir das Wasser so im Mund zusammen wie beim Anblick dieser großen Burger samt dem Haufen Pommes, den Julius und ich günstig vom nächsten Fish & Chips-Shop geholt hatten. Ein Festmahl.

Der Redwood Forest Whakarewarewa

In Rotorua kann man viel Geld lassen: Rafting, Bungee, Fallschirmsprung, Mountainbike und noch mehr teure und spaßige Angebote. Zum Beispiel hat die 70.000-Einwohner Stadt genauso wie Queenstown eine Gondelbahn (vom selben Anbieter) mit einer Luge-Sommerrodelbahn. Für Wanderungen in verschiedenen Längen eignen sich die Wege um den Lake Tarawera herum oder im Redwood Whakarewarewa Forest. Unter den langen, dicken Bäumen gibt es nicht nur zahlreiche Wege und aufwendige, fast kunstwerkartige Toilettenhäuschen, sondern auch mindestens ein interessantes Pflanzengewächs: Aus einem umgestürzten Baum sind neue Bäume senkrecht in die Höhe gewachsen. Verblüfft stehen wir um dieses Gewächs herum und versuchen, es zu verstehen. Kostenlos sind auch die Government Gardens, die zwischen Innenstadt und Redwood

Forest liegen. In dem ziergartenartigen Park liegt auch das Rotorua Museum, das im ehemaligen Badehaus untergebracht ist. Dieses Gebäude wurde 1908 im Tudor-Stil erbaut.

Wer sich schon für einige Tage dem beißenden Schwefelgeruch Rotoruas aussetzt, sollte aber auch wenigstens eines der vielen vulkanischen Angebote wahrnehmen. Es gibt verschieden teure Geysire oder Thermalfelder. Neben einigen Massageangeboten oder heißen Schwimmbädern zur Entspannung lockt auch fast jeder Campingplatz, jedes Motel und jedes Hotel mit seinem eigenen heißen Pool – davon sollte man sich aber nicht den Kopf vernebeln lassen, die Wanne muss nicht sonderlich spektakulär sein. Kostenlos und jedem zugänglich ist hingegen der Kuirau Park nahe dem Stadtcenter. Der kleine Stadtpark besteht aus einem dampfenden Kratersee und blubbernden Matschlöchern. Laut Lonely Planet brach der Vulkan unter diesem Park 2003 plötzlich aus und überzog die umliegenden Bäume mit einer dicken Schlammschicht. Jetzt muss man ein wenig suchen, um die interessantesten der umzäunten Löcher und Attraktionen zu finden. Immer wieder entstehen auch neue blubbernde Mini-Krater. Mitten auf dem Weg ist zum Beispiel nur notdürftig ein kleines Loch abgesperrt, aus dem heißes Wasser wild hervorquillt. Sieht man hier schon einiges, was die vulkanische Landschaft bietet, bekommt man bei den vielen kostenpflichtigen Angeboten wohl noch mehr geboten, so unsere Hoffnung. Daher besichtigen wir trotz des stolzen Eintrittspreises von 32,50 Dollar pro Person das Wai-O-Tapu Thermal Wonderland etwas südlich von Rotorua. Wir gönnen uns damit nicht nur den teuren Eintritt, sondern auch die volle Schwefel-Dröhnung. Um Punkt viertel nach zehn soll im Wunderland der Lady Knox Geysir ausbrechen – tut die alte Dame auch. Allerdings hilft ein freundlicher Mann nach, indem er kurz vorher einen Beutel Chemikalien in den kleinen Krater wirft. „Selbstverständlich natürlich abbaubar", sagt er noch und wirft den Seifenersatz hinein. Durch die kleine Unterstützung stellt das Management sicher, dass der Geysir auch wirklich jeden Tag zur besten Uhrzeit, nämlich dann, wenn viele Touristen bezahlt haben, ausbricht. Sonst würde das nur unregelmäßig alle paar Tage passieren. Ich bin mir nicht sicher, ob Lady Knox wirklich die angekündigten 21 Meter erreichte, aber sie spuckt ordentlich. Faszinierender sind definitiv die Schwefelseen, wie der „yellow lake", der in neongrün-gelber Farbe in einem Krater liegt. Wir folgen dem trockenen und sandigen Weg durch das Wai-O-Tapu. Überall dampft oder blubbert es. Heißes Wasser zischt laut aus Erdlöchern. Vor uns zieht dichter Qualm über den Weg. Er kommt aus einer großen Pfütze, die unter den wabernden Schwaden kaum zu erkennen ist: An die siebzig Grad sollen an der Wasseroberfläche sein – am Rand ist das Gestein rot, orange und gelb. So etwas haben wir vorher in der Tat noch nie gesehen. Und auch an anderen Stellen spürt man, wie lebensfeindlich der Schwefel und andere Naturreaktionen sind: Wie in einer Salzwüste sieht der Boden teils aus

Qualm und Schwefel im Wai-O-Tapu-Wonderland

und das, obwohl überall Wasser fließt. Mit am beeindruckendsten ist jedoch das Schlammloch, das außerhalb des privaten Bereiches liegt und damit öffentlich zugänglich ist. Fast einen Meter hoch spritzt der braungraue Schlamm, wenn wieder Luftblasen oder andere Gase an die Oberfläche kommen. Überall bilden sich Ringe in der dickflüssigen Masse. Blop, blop, blop. Dieser Matsch wird auch unter dem Namen „Rotorua Mud" als Kosmetikprodukt verkauft.

Einer der Wai-O-Tapu-Besucher ist zufällig auch Jan, unser Freund, den wir zuletzt beim Tongariro Alpine Crossing gesehen hatten. Er fährt seitdem allein über die Nordinsel – abends kommt er daher auch zu unserem Campingplatz: dem kostenlosen Parkplatz an den Okere Falls. Immer wieder tragen Kajakfahrer und Rafter ihre Boote hier aus dem Wasser, beladen mit ihnen ihre kleinen Autos und fahren wieder zum Anfang des Wildwasserbachs – um bald darauf wieder unten anzukommen. Die Okere Falls scheinen einer der beliebtesten Wildwasser-Orte der Region zu sein. In den Wasserfällen ist auch der angeblich höchste kommerziell genutzte Wasserfall: Über sieben Meter stürzen die Rafting-Schlauchboote in das darunterliegende Becken. Tatsächlich ist der große Bach oder kleine Fluss (das liegt im Ermessen des Betrachters) sehr reißend – so reißend, dass Schwimmen lebensgefährlich wäre. Wir wollen uns trotzdem am Rand waschen. Jan und ich klettern in das kalte Wasser, das in Ufernähe einige natürliche Pools ausgewaschen hat. Dort legen wir uns hinein und beobachten die Strömung, die keinen Meter von mir entfernt alles mitreißt, was ihr in den Weg kommt. Wieder so ein genialer Moment, der anschließend durchs Abendessen vervollständigt wird: Zusammen mit Julius und Luisa, die nach wie vor bei uns sind, und Jan genießen wir selbstgemachte Currywurst mit den leckersten Pommes seit Langem. Die goldenen Kartoffel-Stangen hatten wir vorher von der

Beim Zorb geht es in großen Kugeln den Hang hinunter

einzigen Pommesbude in der Umgebung geholt. Wir verabschieden uns hier am nächsten Morgen zwischen dem nördlichen Ende des Kratersees, Lake Rotorua, und dem sehr flachen Lake Rotoiti von Jan, Julius und Luisa und besuchen noch eine letzte Touristenattraktion: Der Zorb ist ein großer Ball mit einer luftgefüllten Hülle, in dem man einen Hügel hinunterrollt. Die Firma hat neben dem Hang in Rotorua noch drei Grasflächen in den USA. Entstanden ist die Idee aber hier in Neuseeland – trotzdem wirkt das gesamte Unternehmen leicht unprofessionell und das, obwohl es (wie eigentlich alles hier) ein teures Vergnügen ist. Ich steige zusammen mit Maria und einer guten Portion Wasser in den großen Luftballon. Die Schranke öffnet sich und wir rollen los. Es braucht keine ganze

Deutscher Abend mit Currywurst und Bier

Umdrehung des Luftballs und wir liegen auf dem Rücken: Übereinander, nebeneinander, untereinander, aufeinander. Das Wasser verteilt sich überall. Viel zu schnell ist der Spaß vorbei – lustig war es trotzdem. Es gibt verschiedene Parcours. Am besten gefällt mir der „Drop", wo man durch Kurven muss und eine steile Stelle „herunterfällt". Dann ist es aber genug der kostspieligen Aktivitäten in Rotorua, wir lenken Eddie Richtung Norden nach Tauranga, wo wir schon seit Langem das Delfinschwimmen vorgebucht haben. Hoffentlich wird das so gut, wie es vielversprechend ist.

Bay of Plenty und gelber Qualm auf White Island

Lebensfeindliche Oberfläche des Inselvulkans White Island

Bay of Plenty und gelber Qualm auf White Island

Camping an den McLaren Falls

Tauranga, die Schnittstelle zwischen dem Urlaubsziel Coromandel und dem Ferienparadies Bay of Plenty, lockt mit über 30 kostenlosen DOC-Camping-plätzen – denkste: Nicht einer ist für Wagen ohne Chemietoilette und eigene Wasserversorgung. Die einzige Alternative für uns sind die McLaren Falls. Auch hier wird am Wochenende geraftet, bis es keine Stromschnellen mehr gibt, denn der Wasserdurchlauf wird mit einem Stautor gesteuert. Ist gerade nicht Samstag, fließt der Bach mit wenig Wasser über die hohen Felsplatten und stürzt hinter ihnen in einem kleinen Strahl herunter. Wo das Wasser auf-kommt, haben sich mal wieder kleine Tümpel gebildet, in die dann die ein-heimischen Jugendlichen springen (etwa vier Meter hoch), oder sie klettern auf die einspurige Autobrücke und lassen sich von dort herunterfallen (etwa acht Meter hoch) – mit Sicrhcit ist dies ziemlich gefährlich. Zwei Kurven weiter ist der Campingplatz. Der McLaren Falls Park ist ein großes, grünes und verwinkeltes Areal der Stadtverwaltung. Zwischen den Seen führt eine kleine Straße zu mehreren Grasflächen auf unterschiedlichen Höhen. Auf dem Rasen darf man überall campen, in den Wäldern liegen viele Wanderwege. Die Nacht kostet nur fünf Dollar, die am nächsten Morgen vom Ranger eingesammelt werden. Es ist einer der Plätze, wo man freiwillig noch mehr bezahlen würde.

Die Schafe rennen blökend über die Wiese, die Hühner picken im Gras und die Enten schnattern auf dem nahen Tümpel. Manche der Campingbereiche haben Gasgrillanlagen, andere einen schönen Blick und unserer bietet eine Dusche. Sogar eine Dusche mit unbegrenzter, kostenloser Warmwasserversorgung. Es ist die erste Dusche seit mehreren Tagen – wir genießen sie natürlich besonders. Die McLaren Falls liegen eine halbe Stunde außerhalb von Tauranga, weshalb wir am Abend vor dem Delfinschwimmen nochmals per Telefon nachhören wollen, ob die Tour am nächsten Morgen tatsächlich stattfindet. Die Sonne scheint, kaum Wolken sind am Himmel zu sehen. Der Wind pustet mir leicht durch die Haare – und den Taurangern wohl durch die Segel. Denn wegen der angeblich starken Böen wird unsere Ausfahrt und damit auch das Schwimmen mit den Meeressäugern abgesagt. Gerne könnten wir aber in zwei Tagen mitfahren, sagt man mir. Die Enttäuschung ist groß. Immerhin können wir jetzt ausschlafen.

Wieder mal wurden unsere Pläne durchkreuzt – diesmal wirklich ganz ohne unsere Schuld. Wir denken über einen Alternativplan nach. Es dauert nicht lange, bis wir fündig werden: White Island! Anstatt in Tauranga auf die Tour zu warten, buchen wir uns spontan für den übernächsten Tag in Whakatane ein. Ursprünglich hatten wir uns schon vor Tagen aus Kostengründen gegen den Vulkan entschieden, aber das Geld reicht wohl bis zum Ende der Reise, und außerdem ist das Motto unserer Generation nicht umsonst: „Man lebt nur einmal". Ohne Rücksicht auf das Geld – wenige Tage vor unserer Abreise – starten wir Eddie Richtung Bay of Plenty und White Island.

Da wir noch einen Tag bis zur Tour Zeit haben, nutzen wir die freien Stunden für Eddie: Uns bleiben noch zweieinhalb Wochen bis zur Abreise, sprich eine Woche, bis wir beginnen, unseren liebgewonnenen Van zu verkaufen. In Tauranga fahren wir zu einer Werkstatt und wollen versuchen, eine neue TÜV-Plakette (WOF) zu bekommen. Die aktuelle ist zwar noch zwei Monate gültig, aber es kann nicht schaden, dem Käufer eine neue anzubieten. Nach der Diagnose in Taupo, als wir die Bremsen haben wechseln lassen, erwarten wir eigentlich nicht, den neuen WOF-Nachweis zu bekommen. Daher lassen wir für 50 Dollar nur eine Inspektion machen. Der Vorteil: Fällt der Wagen bei dem Test durch, darf er weiter gefahren werden, weil kein offizieller WOF-Check gemacht wurde. Dafür müssten wir bei Bestehen nochmals 50 Dollar zahlen, um dann die gültige Untersuchung machen zu lassen. Wir haben richtig getippt: kein WOF für Eddie. Das Kugellager der Lenkung muss raus und die Bremsen weichen 28 Prozent voneinander ab. Insgesamt maximal 800 Dollar Reparaturkosten, meint der Mechaniker. Schade. Den neuen Käufer müssen wir wohl etwas anflunkern, um den Wagen loszuwerden. Die Aushänge und Schilder mit fettem „FOR SALE" drucken wir jedenfalls mit altem WOF-Datum aus. Dazu nutzen wir die Bücherei, die im Gegensatz zu den meisten anderen Buchausleihen in Neuseeland nur negativ durch ihr irrsinniges Drucksystem auffällt. Es würde an dieser Stelle zu lange dauern, das System zu erklären – selbst vor Ort habe ich zehn Minuten und viele Münzen gebraucht, um es zu durchschauen. In den kommenden Tagen wollen wir Eddie auch auf die Internetplattform „gumtree.co.nz" einstellen, wo man von seinem alten CD-Spieler bis zum Wohnhaus alles verkaufen kann.

Doch noch brauchen wir unseren Wagen und steuern ihn Richtung Osten. Von Tauranga bis weit hinter Whakatane erstreckt sich die Bay of Plenty, eine Mischung aus Paradies, Karibik und Touristen-Wahnsinn. Es wimmelt auch jetzt, außerhalb der Ferien, nur so von Gästen. Anders als in vielen Gegenden sind dies aber vor allem neuseeländische Urlauber, die ihre Füße in den weißen Sand des kleinen Städtchens Mount Maunganui graben. Der Berg markiert das westliche Ende der Bucht, die 250 Kilometer lang ist. Surfer, Badeurlauber oder Restaurantliebhaber – es scheint, als käme jeder auf seine Kosten. Bei blauem Himmel geht es weiter nach Te Puke, der Heimat der meisten Kiwis. Damit ist natürlich nicht eine Menschenfabrik gemeint, sondern die vielen Kiwi-Fruchtplantagen. Die kleinen Früchte mit den kurzen Härchen baumeln noch an den Zweigen, die wie bei einem niedrigen Rosengang über die Gassen zwischen den Pflanzen gebunden sind. Ein Kiwi-Museum mit einer übergroßen

Leider sind diese Kiwis noch nicht ganz reif

Frucht vor der Tür entpuppt sich als ein langweiliger und teurer Souvenir-Shop. Selbst die asiatischen Touristen interessieren sich nur für das Eis mit Fruchtgeschmack, das spricht Bände …

Wir erreichen einen kleinen DOC-Campingplatz einige Kilometer vor Whakatane. Der Matata Camping Ground liegt bei dem gleichnamigen Örtchen und wird nur von einer schmalen Reihe Dünen vom Meer getrennt. Als wir um vier Uhr ankommen, ist es schon sehr voll und wir bekommen den letzten Stellplatz, der vor Wind und Sonne ein wenig geschützt ist. Ab zum Meer! Mit Badeklamotten und unseren Camping-Handtüchern aus Mikrofaser gehen wir zum Strand. Die Brandung ist wegen des heftigen Winds, der wohl das Delfinschwimmen tatsächlich unmöglich gemacht hätte, sehr stark. T-Shirt aus, Flipflops in den Sand, und ich renne ins Wasser. Gott, ist das kalt! Die erste Welle reißt mich von den Füßen, die zweite drückt mich unter Wasser. Prustend komme ich wieder zum Stehen und renne genauso schnell, wie ich hinein bin, wieder heraus. Das war es für heute mit meinem Schwimmen. Vom Strand aus sehen wir in der Ferne die Konturen einer Insel. Ist das White Island, die Vulkaninsel? Wir werden es morgen erfahren. Wir liegen noch ein wenig in der Sonne am Strand und

Camping macht erfinderisch – Test der Dusche

gehen dann zurück zu Eddie, wo auf der Fläche neben uns ein silberner Wagen steht. Das könnte doch Marcels und Lisas Toyota sein? Unsere beiden Freunde sind nach dem Great Walk vor fünf Tagen Richtung Osten über Gisborne gefahren und dann die Küste entlang. Eigentlich waren wir davon ausgegangen, die zwei vom Weinberg erst (wenn überhaupt) in Auckland wiederzusehen. Sie kommen bald aber tatsächlich angestapft – was für eine Überraschung. Es wird ein netter Abend und wir haben sogar ganz unverhofft jemanden zum Kartenspielen gefunden. Vorher teste ich aber, kurz vor Ende der Reise, unsere Camping-Dusche. Seit dem Autokauf lag diese unter dem Bett in einer Kiste. Ich fülle unsere grüne Plastik-Spülwanne mit Leitungswasser auf und stelle das Ganze für einige Minuten in die Sonne. In der Zwischenzeit krame ich das Schlauchsystem hervor, verbinde die Pumpe mit dem Zigarettenanzünder und stecke den Ansaugkopf ins Wasser. Eddies Motor an und auf Knopfdruck spritzt das Wasser aus dem Duschkopf. Genial! Wieso habe ich das nicht schon eher benutzt? Mitten auf dem Campingplatz dusche ich das Salzwasser ab.

Und noch ein ganz persönliches Highlight darf ich an diesem Abend erleben: Nach wochenlangem Suchen empfange ich zum ersten Mal einen deutschen Radiosender mit meinem kleinen Weltempfänger. Das blaue Mini-Radio, inklusive Taschenlampe und Handy-Lader, hatte mein Vater mir noch am Tag der Abreise mitgebracht. Immer wieder war ich seitdem auf der Suche nach deutschsprachigen Worten durch die Frequenzen gegangen – außer Englisch und asiatischem Durcheinander hatte ich aber nie etwas gehört. Heute, in der Dämmerung, nutze ich unsere Autoantenne als Verstärker und empfange das Ende einer deutschsprachigen Nachrichtensendung. Ein österreichischer Sender, der anscheinend nur seine 20-Uhr-Infos auf der langen Welle ausstrahlt. Egal, ein echtes Erfolgserlebnis. Ich hätte es mir natürlich auch von vornherein einfacher machen können und die deutschen Frequenzen im Internet nachschauen können – hinterher ist man immer schlauer. Aber so habe ich deutsche Meldungen an einem Ort hören können, wo es noch nicht einmal ein Handynetz gibt.

Der Wind hat sich gelegt, die Sonne scheint schon wieder – perfektes Wetter für eine ganz besondere White Island Tour. Es gibt nur einen Anbieter für die Erkundung per Boot, aber es lohnt sich. Die „Pee Jay IV" liegt bereits vor Anker in der schmalen Hafeneinfahrt von Whakatane. Die Matrosen in lila-weiß-gestreiften Shirts begrüßen uns beim Betreten des Bootes. Ready for cast off! Wir legen ab und machen uns auf die fünfzig Kilometer lange Bootsfahrt über den pazifischen Ozean. Anderthalb Stunden dauert die Fahrt bis zum Vulkan, den wir vom Festland nur schwach erahnen können. Die Besatzung erzählt und beantwortet Fragen. Kapitän Paul kommt auf das Oberdeck hinauf. Er will mir gerade etwas über die Geschichte des Unternehmens erzählen, als er nicht mehr auf meine Fragen reagiert, sondern nur noch an mir vorbei aufs Meer starrt. Was hat er denn? Er rennt die Treppe hinunter zum Unterdeck und reißt das

Delfine begleiten uns nach White Island

Ruder hart backbord. Wir durchschneiden die Wellen, die Gischt spritzt hoch, bis Paul das Tempo drosselt. Jetzt sehe ich es auch: Vor uns schwimmt ein großer Schwarm Delfine. „Lasst uns mal sehen, ob sie mit uns spielen wollen", sagt der Käpt'n über das Mikrofon. Die Tiere springen um uns herum aus dem Wasser. Sie schwimmen neben dem Bug her, als wir wieder Fahrt aufnehmen. Wir alle stehen mit offenen Mündern und voll begeistert an der Reling. Die Sonne spiegelt sich im blauen Wasser. Der Rücken der Meeressäuger reflektiert die Strahlen ebenfalls. Da sind wilde Delfine nur zwei Meter entfernt von mir im klaren Wasser. Ich kann mich gar nicht satt sehen. Warum werden wir denn wieder schneller? Ach klar, wir sind ja wegen des Vulkans hier, fällt mir wieder ein – es war ein tolles Extra. Auf White Island muss es recht windig sein, sagt Kapitän Paul. Sonst könnte man den aufsteigenden Dampf sehen. Doch es ist windstill bei unserer Ankunft. Die Mannschaft der Pee Jay IV wirft den Anker aus und setzt uns mit einem Schlauchboot über. Vorher waren wir mit Helmen und Gasmasken ausgestattet worden, denn der Vulkan ist der aktivste Neuseelands. Außer den Besatzungen von zwei Helikoptern ist die Insel leer. Ich ziehe mich an dem verrosteten Geländer eines schmalen und verbogenen Metallstegs an Land. Später erfahre ich, dass dieser zu der ehemaligen Schwefelfabrik gehört, die hier einst betrieben wurde. Da aber immer wieder ganze Belegschaften – vermutlich durch Eruptionen oder, wie 1914, durch eine Erdlawine – über Nacht von der Bildfläche verschwanden und sich der Schwefelabbau so weit vor der Küste nicht rechnete, begrub man 1933 die Vorstellungen eines erfolgreichen Abbaus und stellte die Arbeiten nach mehreren Pausen endgültig ein. Von der Fabrikhalle ist seitdem nicht mehr viel übrig geblieben. Lediglich die Mauern stehen noch und die Maschinen sind stark verrostet. „Hier korrodiert alles", sagt unser Führer Hayden Inman. Sein Rucksack oder die Reißverschlüsse ihrer Jacken seien spätestens nach einem halben Jahr reif für die Mülltonne. Und das, obwohl er und seine Kollegen nur drei Stunden täglich (oder noch weniger) auf dem Vulkan sind. Schuld ist der besagte Schwefel, der die gesamte Oberfläche mit einer gelben Schicht überzogen hat. Sobald wir ein wenig weiter Richtung Krater gehen, beißen sich der Qualm und die Gase in unseren Atemwegen fest. Der Schwefelgestank. Die flache Luft. Wir husten, vergeblich: Es helfen nur einige Züge durch die Gasmasken. Überall qualmt und brodelt es. „Nicht vom Weg abkommen", lautet die Anweisung. Denn die Kruste könne nur wenige Zentimeter dick sein und nachgeben – dann lande man in einem heißen Schlammpool. Rechts von uns liegt ein Felsbrocken, etwa so groß wie zwei Basketbälle. Dieser sei erst bei der letzten kleinen Eruption hierhin geflogen. Diese sei Ende November, also vor sechs Wochen, gewesen. Es wirkt surreal. Die gelbe Oberfläche. Felsiger Boden, keine Pflanze, kein Zeichen von Leben. Theoretisch kann sich dieser mondoberflächenartige Ort jeden Moment in das reinste Höllenszenario verwandeln. Die letzte große Eruption fand auf White Island im Jahr 2000 statt, die aktuelle Aktivitätsphase begann im August 2012. Seitdem verändert sich die Struktur des Kraters fast täglich. „Neuerdings qualmt es mehr dort drüben", sagt unser Guide Hayden und zeigt auf die andere Seite des Loches, in dem sich vom Regen ein kleiner Kratersee mit schlammig-milchigem Wasser gebildet hat. Von den ursprünglich drei Lavatrichtern ist nur noch dieser übrig – die anderen beiden wurden von diesem einfach begraben. Aus Sicherheitsgründen darf man nicht direkt an die Kante, aber Hayden geht für einige private Fotos doch heran. Für das Verfassen dieses Buches darf ich mitkommen und auch einen Blick ins Innere werfen. Auch die Wissenschaftler machen ständig mit vier automatischen Kameras Bilder und zeichnen die seismischen Aktivitäten auf. Außerdem kommen sie alle

Qualmende Löcher gibt es hier viele

paar Wochen hierher, erklärt mir Hayden. Er, beziehungsweise seine Stimmbänder und seine Lunge, brauchen eine kleine Pause, weswegen er an seine Kollegin Amy abgibt. In den letzten Wochen haben die Forscher die Aktivität der Insel auf Stufe eins oder zwei eingeordnet. Auf „geonet.co.nz" kann man sich die Livebilder und die Veränderungen jederzeit anschauen. Wir setzen unseren Gang fort und kommen an einem der zwei Insel-Bächlein vorbei. Das Wasser schmeckt bitter und hat einen Schwefelbeigeschmack. Igitt, aber trinkbar ist es wohl. Die gelb-orangene Kruste leuchtet in der intensiven Sonne stark. Der Wasserdampf zischt überall aus Löchern in der trockenen Kruste. Auch als wir zurück auf die Pee Jay IV gebracht wurden, hören wir noch das Zischen und Fauchen des mehreren hundert Grad warmen Wassers und seiner Gase auf der Insel. Mit Blick auf die höchste Erhebung der Insel, den über 300 Meter hohen Mount Gisborne, essen wir unsere Sandwichs aus dem Lunchpaket. Einige Teilnehmer springen in das

Der Krater auf White Island – jeden Moment könnte der Vulkan wieder Gestein spucken

Bizarrer Anblick fast fünfzig Kilometer vor der Küste

klare Meereswasser zwischen Boot und Insel. Was für eine Gelegenheit, nur ich Vogel habe meine Badehose vergessen – ich könnte in die Luft gehen, so ärgere ich mich. Doch für schlechte Laune ist keine Zeit, da Paul die Motoren wieder startet und wir um die Insel herumschippern. Von der Rückseite ist diese sogar mit verwachsenen Bäumen versehen. Direkt am Ufer sehen wir einige große Fischschwärme. Paul hat ein Auge dafür. Auf der Rückfahrt schläft die Hälfte der Touristen. Der Wellengang ist deutlich höher als zuvor und es schaukelt. Rechts von uns springen fliegende Fische aus dem Wasser und begleiten uns einige Meter, bevor sie wieder abtauchen, um erneut Schwung zu holen. Und auch die größte Hoffnung wohl jeden Gastes an Bord wird nicht enttäuscht: Noch einmal begleiten wir für einige Minuten einen Schwarm Delfine. Denselben wie vorhin? Ich weiß es nicht. Schließlich erreichen wir wieder die Hafeneinfahrt, die von Wairakas Statue bewacht wird. Die Maori-Frau gab Whakatane einst den Namen, als sie ein abgetriebenes Paddelboot, ein Waka, voller Frauen wieder zurück ans Ufer ruderte – und das, obwohl Frauen damals bei den Maori ein solches Waka nicht steuern durften. Diese Geschichte soll sich vor etwa 800 Jahren abgespielt haben. Noch nicht ganz so lange steht die metallene Figur Wairakas auf der Steinmole und blickt Richtung Stadt. Ich bin sehr froh, dass wir uns dieses Erlebnis nicht haben entgehen lassen. Es war einfach perfekt, nur die Wale, die die Tour manchmal aufspürt, sind uns entgangen. Man kann nun mal nicht alles haben.

Weite Strände, blaues Meer: Coromandel

Sonnenaufgang über Coromandel, dem Lieblings-Urlaubsort der Neuseeländer

Weite Strände, blaues Meer: Coromandel

Die Karangahake Gorge

Bevor wir nach Auckland fahren, wartet noch die Coromandel auf uns. Eine große Halbinsel, die ein weiteres Ferienziel der Nordinsulaner ist. Wer sich in Neuseeland etwas auskennt, dem wird auffallen, dass wir uns damit auch die Westküste, Hamilton und die sehr bekannten Glowworms der Waitomo Caves entgehen lassen. Wir mussten uns aus Zeitgründen für eine Route entscheiden und haben dafür viele und die wichtigsten Ziele gesehen – aber eben nicht alle. Die Höhlen von Waitomo haben wir uns bewusst entgehen lassen, da wir schon etliche hellblauleuchtende Punkte in Charleston auf der Südinsel gesehen hatten. Jetzt wartet also nur noch Coromandel. Im Rückspiegel erscheint ein weißer Backpacker-Van. Es ist Jan in seinem Mazda, mit dem wir uns gemeinsam die Peninsula anschauen wollen. Doch wir kommen gar nicht erst bis dorthin, ohne schon vorher anhalten zu müssen. Die Sonne fällt schräg in eine enge Schlucht, durch die sich neben dem State Highway 2 ein kleiner Fluss schlängelt. Der Wald ist dicht und am Rand des Wassers leuchten die Blätter der Farnbäume in saftigem Grün. Die Karangahake Gorge ist ein mystisches Tal, das direkt neben der Straße verschiedene Wanderungen bietet. Da es ein altes Minengebiet ist, kann man überall alte Bergwerke, Zuglinien oder Fabrikhäuser erkunden. Unser Weg führt uns durch einen der alten Eisenbahntunnel. Schnurgerade verläuft er einen Kilometer lang durch den Berg, im spärlichen Licht kann man die vielen Pfützen nur erahnen. Das Wasser tropft überall herunter. Es ist kühl und moderig – Belüftung gibt's natürlich nicht.

Wenige Kilometer weiter auf dem State Highway liegt Paeroa, wo die Straße nach Coromandel abzweigt. Bei „Paeroa" sollte bei Neuseeland-Besuchern aber noch mehr klingeln – oder eher sprudeln? Braun sind die Flaschen mit dem gelben „Lemon & Paeroa" (L&P)-Aufkleber, gefüllt mit der original neuseeländischen Limonade. Man muss L&P einfach probiert haben, den Geschmack zu beschreiben bringt nichts. Entweder man liebt das Getränk, oder … eben nicht. Obwohl es in diesem Städtchen „L&P Cafe", „L&P Bar", „L&P Burger" und so weiter gibt, wird der Sprudel hier schon lange nicht mehr produziert. Auch wenn es meines Wissens Lemon & Paeroa leider nur in Neuseeland zu kaufen gibt, gehört die Marke schon seit Jahren zum internationalen Coca-Cola-Konzern.

Man muss es einfach mal probiert haben

Da es ansonsten in Paeroa anscheinend nichts zu sehen gibt (und auch das bisher Genannte nicht allzu spannend ist), biegen wir rechts auf den State Highway 25, der uns nach Thames führt. Die Coromandel ist in erster Linie für ihre Attraktionen an Meer und Strand bekannt, trotzdem kann man an der Ostküste kaum ins Meer. Zu rau, zu wild sei die Küste. Nix mit baden oder am Strand liegen. Aus Frust kaufen wir uns zwei Liter Schoko-Eis und löffeln die Box gänzlich aus. Doch statt weißem, weiten Strand bietet die südwestliche Ecke der Halbinsel den Coromandel Forest Park. Eine (was auch sonst?) Schotterstraße windet sich in die dicht bewaldeten Hügel hinein. Entlang der Bäche und des Weges liegen nicht nur zahlreiche Wanderwege, sondern auch an die zehn DOC-Campingplätze. Beim Department of Conservation kommt hier auf der Peninsula und auch woanders in den Haupturlaubsregionen des Landes der wirtschaftliche Sinn durch: Das DOC nimmt dreist zehn Dollar für einen einfachen Campingplatz, statt der sonst üblichen sechs Dollar (oftmals sind die Basic Campgrounds sogar kostenlos). Naja, wir müssen uns mit den zehn Dollar pro Person wohl abfinden. Im Forest Park muss die Wanderung auf die höchste Erhebung am Ende des Tals, die Pinnacles, besonders lohnenswert sein. Wandert man die anstrengende, aber schöne Strecke, ist wohl das letzte Stück des über 700 Meter hohen Berges besonders schwer: Man muss sich die letzten Meter mit Leitern und festmontierten Seilen erklettern, so hören wir von Freunden. Das Wetter ist an den folgenden Tagen leider zu schlecht, als dass wir die Pinnacles besteigen könnten. Eine Nacht in der Pinnacles Hut ist allerdings günstiger „Luxus": Für 15 Dollar die Nacht gibt es Gaskocher und sogar solch unverschämte Extras wie kalte Dusche und Licht – was hätten wir für eine solche Ausstattung beim Great Walk in der Panekire Hut gegeben? Andererseits verliert es dann auch seinen Charme.

Von unserem DOC-Campingplatz, den wir auf einen Tipp aus dem örtlichen Kauaeranga Visitor Centre hin gewählt haben, machen wir einen Gang zu einem Aussichtspunkt. Der Blick beschränkt sich auf viele Baumwipfel, darunter wohl einige Kauri-Bäume, und eine Stromleitung über unseren Köpfen – immerhin haben wir ein paar Kalorien verbrannt. Dann geht es aber endlich schwimmen. Eine etwas breitere Stelle des Kauaeranga River erscheint uns geeignet, wir legen uns auf eine Sandbank in die Sonne und planschen bald im Nass. Gegenüber unseren Handtüchern ist ein Felsvorsprung, den man erklettern kann und der sich als gute Absprungstelle eignen dürfte. Jan und ich klettern hinauf und stürzen uns hinunter. Zunächst etwas zögerlich, dann aber doch mit Freude springen wir nacheinander die gut viereinhalb Meter in das klare, aber leicht moosige Wasser. Natürlich hatten wir vorher ausgetestet, ob das Wasser auch tief genug ist – wenn man weit genug abspringt, ist es aber mehr als ausreichend. Unser zweiter Tag auf den Coromandel verschreiben wir gezwungenermaßen

Schwimmen im Kauaeranga River

dem Wasser, dem Regenwasser. Denn der Wetterbericht lag leider richtig, und es nieselt oder schüttet den ganzen Tag. Wir nutzen die Zeit sinnvoll und sind die ersten in der Bücherei von Thames. Da wir neun Wochen in Cromwell arbeiteten und Geld verdienten, haben wir auch Steuern bezahlt. Diese wollen wir uns jetzt zurückholen. Die Inland Revenue, wie die zuständige Behörde heißt,

will es einem übers Internet einfach machen, macht es aber nur kompliziert. Mehrere Stunden und vier fälschlich ausgefüllte Steuererklärungen später gebe ich auf. Noch einmal drucke ich das IR3-Formular aus und rufe die Hotline an. Es dauert eine Viertelstunde, bis ich endlich den richtigen Sachbearbeiter an der Strippe habe. Ich lasse die arme Frau nicht mehr in Ruhe, bis sie mir alle nötigen Werte ausrechnet hat und ich sie einfach nur eintragen muss. Zwei Monate später bekommen wir Post nach Deutschland: Von den über 700 Dollar Steuern, die Maria und ich jeweils bezahlt haben, bekommen wir jeder 150 Dollar wieder und nicht, wie in Internet-Foren zuvor gelesen, fast alles.

Nach der arbeitsintensiven Papierschlacht für die Steuererklärung lassen wir den Abend bei Pizza auf dem Tapu Creek Campervan Park ausklingen. Selbstgemachte Pizza wohlbemerkt! Auf unserer Smartphone-App hatten wir diese Schlafstelle gefunden und die vielen positiven Kommentare zum Pizzaofen gelesen. Thunfisch, Schinken und Käse haben wir in Thames gekauft. Der Wind fegt durch den Unterstand, wo eine Picknick-Bank und der Ofen stehen. Der Regen peitscht auf das Dach. Alle nötigen Zutaten liegen vor uns auf dem Tisch. Wobei ... Stopp ... Oh nein, wir haben die Hefe für den Teig vergessen.

Thames ist über dreißig Kilometer entfernt, und im neun Kilometer entfernt liegenden Tapu gibt es nur einen kleinen „General Store". In der Hoffnung, sie hätten dort vielleicht wenigstens Backpulver, werfe ich Eddie nochmals an und fahre nach Tapu. Und tatsächlich, es gibt im kleinen Tante-Emma-Laden nicht nur Backpulver, sondern auch Trockenhefe. Das Verfallsdatum ist zwar schon abgelaufen, aber das macht ja nichts – wahrscheinlich hatten Gäste des Campingplatzes schon öfter diese wichtige Zutat vergessen, so dass sich die Hefe im Sortiment lohnt. Der Sturm nimmt zu und hilft beim Abnehmen des Weihnachtsschmucks von den Bäumen, was Ende Januar ohnehin überfällig ist – man beachte: Wir haben Hochsommer! Es ist gar nicht leicht, das Feuer in dem Ofen, Marke Eigenbau aus Backsteinen, zu schüren. Zwar ist das Holz trocken, aber der Wind bläst jedes Feuerchen gleich wieder aus. Anderthalb Stunden später lodern die Flammen dann endlich und wir schieben die erste Pizza in das kleine Gewölbe. Nach einigen Schwierigkeiten mit dem Wenden und der ungleich verteilten Hitze haben wir es geschafft. Vorsichtig ziehen wir den belegten Fladen heraus und teilen ihn auf. Wahnsinn, ist das lecker! Zwar reichen die Zutaten nur gerade eben so, aber das selbstgemachte italienische Na-

tionalgericht ist überwältigend. Mit Schinken und Ananas oder Pilzen und Schinken – es ist einfach vorzüglich. Mit dem letzten Rest Teig machen wir dann noch Pizzabrötchen für das Mittagessen am nächsten Tag.

Jan versucht sich als Pizzabäcker

Dieses Mittagessen gibt es in Coromandel Town. Bei „Coromandel Smoking" kaufen wir uns einige Stücke geräucherten Fisch. Selbst mir als keinem großen Räucherfisch-Fan schmeckt die lokale Spezialität. Das Wetter hat sich auf der Halbinsel noch immer nicht sonderlich gebessert, so dass wir schon früh am Waikawau Bay Campground ankommen. Es ist eine neue Dimension von DOC-Campingplatz: Über 300 Zelte finden auf der großen Rasenfläche mit zahlreichen Toiletten und Plumpsklos Platz. Die Zufahrt ist mit codierten Schranken gesichert und es gibt einen kleinen Laden inklusive Rezeption. Der Strand lädt zu gemütlichen Nachmittagen ein – wenigstens, wenn der Wind nicht gerade so bläst. Denn im Sturm brechen die Zelte um uns herum nacheinander zusammen. „Brauchen Sie Hilfe?" bieten wir an. Ich habe selten so frustrierte und ratlose Neuseeländer gesehen. Hilfe kommt hier zu spät, die Nacht verbringen sie im Wagen. So wie wir. Draußen entspannen ist heute nicht möglich. Also kochen wir zu dritt gemeinsam in Eddie und spielen dann Karten. Alle unsere

Aussicht über Coromandel Town

Klamotten haben wir auf die Fahrersitze gepackt, so dass Jan im Fußraum vor dem Bett knien kann und Maria und ich auf dem Bett Platz finden. Später verziehen sich dann sogar noch die Wolken. Jan ist in seinem Van, Maria und ich legen uns auch schlafen. Aus dem Seitenfenster sehe ich die vielen Sterne. Es ist unsere vorletzte Nacht mit dem Blechdach über dem Kopf. Die Zeit auf der Straße neigt sich langsam dem Ende zu. Doch bevor es nach Auckland und zu hoffentlich zahlungsfreudigen Wagenkäufern geht, warten noch anderthalb Tage Coromandel auf uns. Diese trotz aller Wehmut zu genießen ist gar nicht einfach. Morgen werde ich Eddie bei „gumtree" einstellen und auf einige Anfragen hoffen – wir haben noch zehn Tage bis zum Abflug. In dieser Zeit dürfen wir uns entweder über einen Geldsegen freuen oder verkaufen Eddie mit etwas Verlust … Stopp! Ich wollte die letzten Stunden auf der Halbinsel doch noch genießen. Mit meinem Weltempfänger neben mir und den Böen draußen schlafe ich ein und werde erst von der Sonne am nächsten Morgen geweckt.

Unser letzter kompletter Tag auf Reisen, unser letzter Tag in Eddie und unser letzter Tag auf Coromandel – wir sind endlich an der Ostküste mit ihren weiten, schönen Stränden angekommen und peilen den New Chums Beach an, den man nur zu Fuß erreicht. Wir packen daher Badehose und Handtücher ein und machen uns auf den Weg – nach fünfzig Metern ist Schluss: Im Weg ist ein kleiner Fluss, der hier ins Meer mündet und daher nur bei Niedrigwasser oder Ebbe passiert werden kann. Eine Alternative wäre, hindurch zu schwimmen, aber mit Kamera, Lesebüchern und Handtüchern entscheiden wir uns dagegen. Jetzt stehen wir also hier, vom Salzwasser in unseren Möglichkeiten stark eingeschränkt. Doch es ist ein Klagen auf sehr hohem Niveau: Liegt links von uns der Fluss mit dem Weg über Steine zum New Chums Beach, ist rechts von uns ein anderer Strand. Kein Mensch ist hier. Der Himmel blau, der Sand weiß und das Meer türkis. Vor dem Sand strotzt eine fels... aber begrünte Insel den Wellen des pazifischen Ozeans. Hier ist es also auch „ganz nett". Wir werfen Handtücher in den Sand und gehen zum Wasser. „Ich bin Erster", rufe ich und sprinte los. Jan erreicht natürlich vor mir das Nass, aber das macht gar nichts: Platz ist an diesem Strand für alle definitiv genug da. Der Ozean ist auch Ende Januar noch kalt, aber eine halbe Stunde stürzen Jan und ich uns gegen die brechenden Wellen – ja, wie kleine Kinder. Doch es macht Spaß. Der Wasserstand ist mittlerweile etwas gesunken. In Badehose gehe ich durch den Fluss und führe eine „Machbarkeitsstudie" der Überquerung durch. Hm, das Salzwasser reicht mir bis zur fiktiven (da ich meine Badehose meist ohne trage) Gürtellinie. Das ist wohl vorsichtig möglich! Wir nehmen den Gang durchs Nass in Angriff. Lägen am Boden nicht große, runde Steine, durch die man leicht das Gleichgewicht verliert, wäre alles kein Problem. Doch so wanken wir nacheinander durch den sieben Meter breiten Strom und balancieren über unseren Köpfen die Taschen und unsere Kleidung. Immerhin gibt es kaum Strömung. Ich habe es fast erfolgreich geschafft, da rutsche ich doch noch weg. Mit meiner Kamera in der rechten und dem Handtuch in der linken Hand rudere ich wild durch die Luft. Ich neige mich gefährlich nach rechts, sehe das Kamera-Equipment schon auf dem Wasser schwimmen. Im letzten Moment mache ich einen Schritt nach vorne und bringe mich – halb wankend, halb fallend – auf das „rettende Ufer". Geschafft! Kamera und Handtuch sind noch trocken, also kann es weitergehen.

Weite weiße Strände an Coromandels Ostküste

Eine halbe Stunde dauert der Weg zum Strand. Er führt über dicke Steine, die bei Flut unter Wasser stehen. Die Brocken bohren sich teils schmerzhaft in unsere nackten Fußsohlen. Über einen kleinen Hügel erreichen wir New Chums Beach. Vor uns liegt der weitestgehend leere Strand. Die Bucht ist eingekesselt von steilen Felsen. Nur Felsen, Strand und Meer – kein Haus, kein Boot. Es ist wie in der Karibik (glaube ich, ich war noch nicht dort). Eine fantastische

Kulisse. Lediglich vom Gang ins Meer werden wir zunächst von einer dicken Schicht von Wasserpflanzen und fischlaichartigem Schleimzeug abgehalten. Albern? Haben wir nicht in letzter Zeit unter Wasserfällen geduscht und im reißenden Fluss gebadet? Richtig – es wäre doch ein Scherz, wenn wir jetzt schlapp machten. Nichts wie rein in die Brühe! Jan und ich rennen wieder los – diesmal spüre ich als erster die Gischt an den Beinen, dann spritzt mir das Wasser ins Gesicht (oder war das der Fischlaich?) und die nächste Welle haut mich voll um. Als ich prustend wieder auftauche, liegt Jan neben mir im seichten Wasser und lacht. Zwischen uns sind Millionen von Schwebeteilchen. Wie gesagt: Wir vermuten Algen und Fischlaich. Der Rückweg wird deutlich einfacher als der Hinweg. Das Meer ist mittlerweile weit weg, bleibt also nur noch der Fluss. Wir stellen uns darauf ein, die frischen Shorts nass machen zu müssen. Fehleinschätzung: Der „Fluss" ist plötzlich nur noch ein winziger Bach, der uns bis zum Schienbein geht – es war wohl vorhin mehr Meer (als Fluss.)

Morgen werden wir in Auckland ankommen. Morgen wollen wir damit anfangen, den Wagen potenziellen Käufern zu zeigen. Daher stellen wir in der Bücherei von Whitianga Eddie nochmals ins Internet. Whitiangas Bücherei bietet wie viele (aber nicht alle Bibliotheken) WLAN-Zugang. Unser Einstiegspreis für Eddie: 5200 Dollar – runtergehen können wir immer noch, und wir haben ja noch alle Zeit der Welt bis zu unserer Abreise – also fast, denn eigentlich sind es nur noch zehn Tage. Whitianga ist ein nettes Städtchen, das aber komplett dem Tourismus verfallen ist. Während man an anderen Orten auf der Nordinsel und in vielen Gebieten auf der kompletten Südinsel einen Tourismus vorfindet, der mit eigenem Charme unperfektioniert wirkt, ist es hier von A bis Z durchgestylt. Kostenlose Campingplätze gab es hier höchstens vor zwanzig Jahren einmal, jetzt zahlt man für alles. So etwas wollen wir eigentlich nur ungern sehen, denn dafür brauchen wir nicht nach Neuseeland zu kommen. Dennoch müssen auch wir zu den beiden Top-Reisezielen von Coromandel: Cathedral Cove und Hot Water Beach. Weil wir erst gegen 18 Uhr in Hahei, von wo man zur Cove kommt, ankommen, ist der Parkplatz des Besuchermagneten leer. Wir gehen den halbstündigen Weg bis zu diesem natürlichen Gewölbe – eine unwirkliche Szenerie: Über Jahrtausende hat das Wasser einen großen, dreißig Meter langen Tunnel in den Stein gefräst. Eine riesige Wölbung liegt über uns, das Rauschen der Wellen tönt herein und wir sehen die Brandung auf der anderen Seite an den Sandstrand schlagen. Es wundert kaum, dass neben uns Hochzeitsfotos geknipst werden. In der kleinen Bucht stehen weitere Felsen, die von unten langsam untergraben und ausgehöhlt werden – sie sehen aus, als hätte man einen Sandberg gebaut, der von der hereinkommenden Flut langsam abgetragen wird. Neben der Cove fällt ein Wasserfall herunter, eine kleine Höhle beherbergt einen Krebs und die letzten Sonnenstrahlen tauchen die Bucht in ein warmes Licht. Wir rennen durch den Sand, springen durch die Luft. Es ist einer dieser vielen Plätze, für die wir zu wenig Zeit haben, an dem man sich einfach in den Strand setzen müsste, um das Spektakel zu genießen.

Auf dem Rückweg wollen wir noch bei einer anderen Bucht vorbei, einem bekannten Schnorchel-Platz. Jan hat Schwimmhose, Taucherbrille und Schnorchel dabei

Kleine Maria vor der großen Cathedral Cove

und lässt sich über den großen Felsbrocken ins Wasser sinken. Brrr, muss das kalt sein. Ohne Sonne und um die Uhrzeit hätte ich keine Lust, ins kalte Wasser zu steigen. Maria und ich sitzen daher am Rand und verfolgen das kleine Plastikröhrchen, das aus den ruhigen Wellen ragt. Maria hat ziemlich Schmerzen, denn sie hatte vorher ein fast unmögliches Kunststück vollbracht: Sie hat sich von einer Hummel in den Arm stechen lassen. Irgendwie hat sie Pech, denn sie war schon in Cromwell einmal aus dem Nichts gestochen worden, damals allerdings von einer Biene. Plötzlich klingelt mein Handy: Unbekannte Nummer. In gebrochenem Englisch will jemand Eddie sehen – ein Franzose, den wir auf den nächsten Tag vertrösten. Das fängt vielversprechend an! Und auch am späten Abend vibriert mein Telefon nochmals. Wieder ein Interessent. Jans ganzes Interesse am Schnorcheln wurde an diesem Abend übrigens von den Wellen weggespült: Lediglich (oder immerhin) zwei Rochen hat er über den Meeresboden wuseln gesehen.

Diesen späten Abend verbringen wir nicht, wie geplant, auf einem der teuren und kommerziellen Campingplätze, sondern beenden unsere Camping-Ära in Eddie zünftig und diesem letzten Abend angemessen. Kurzfristig haben wir uns dazu entschieden, die „only selfcontained" (nur mit eigenem Abwassertank)-Schilder gekonnt zu übersehen und auf dem Parkplatz bei Cathedral Cove zu schlafen. Als wir unseren Tisch und die Stühle aufbauen, stehen noch zwei andere Vans auf dem Asphaltplatz – drei Stunden später, als wir gerade mit Spülen fertig sind, kommt Backpackervan Nummer elf, „selfcontained" ist davon höchstens einer. Wir sitzen auf unseren Stühlen und spielen so lange Karten, bis man dem anderen wegen der Dunkelheit vertrauen muss, dass er gerade tatsächlich ein Ass abgelegt hat – ohne nennenswerte Lichtquellen ist es eben unter klarem Sternenhimmel ziemlich dunkel. Jedenfalls zu dunkel um

Karten zu spielen. Um zehn geht es ins Bett, da der nächste Morgen wartet: Der Sonnenaufgang ist früh, aber er lohnt sich. Direkt aus dem Meer kriecht langsam der Feuerball hervor. Kleine Inseln werfen ihre Schatten. Der Himmel brennt, die Wolken glühen. Rot, orange, gelb. Wie so oft weiß ich nicht, ob ich still genießen soll oder jede einzelne Entwicklung fotografisch festhalten soll.

Beim Wild-Campen erlebt man die besten Momente!

Neben uns steht ein deutsches Ehepaar. Die beiden reisen einige Monate über die verschiedenen Kontinente und führen uns jetzt zum Hot Water Beach. Denn seinetwegen sind wir extra so früh aufgestanden – nach unserer ziemlich kalten Hot-Water-Beach-Erfahrung in Taupo (richtig, wir hatten ihn nicht gefunden) wollen wir dem Thema eine weitere Chance geben. Wir richten uns an diesem Morgen nach den Gezeiten, da man das warme Wasser nur bei Ebbe erreichen kann – sonst rollen die Wellen direkt über die Quellen hinweg. Die Parkplätze sind um halb sieben noch leer. Wir gehen mit einem Kartoffeleimer zum Buddeln über den Sand und finden bald die Stelle, wo schon drei andere Leute im Sand liegen. Denn das erwärmte Wasser quillt hier aus dem Boden und läuft über den Strand ins Meer. Gräbt man in den Sand ein großes Loch, füllt sich dieses von unten mit dem hereinlaufenden Wasser, so dass ein natürlicher Pool entsteht. Sofort rammt Jan den Eimer in den Boden, ich schaufele mit meinen Händen den Sand zur Seite. Die kleinen Körnchen graben sich in meine Nägel. Die Fingerspitzen brennen, so heiß ist der Sand hier! Unser Loch, unser Becken, hat am Ende etwa sechs Quadratmeter und ist gute dreißig Zentimeter tief. Wir legen uns ins Wasser, angenehm am Oberkörper, viel zu heiß an den Füßen! Mit der Zirkulation klappt es noch nicht so: Die Füße sind näher an der Quelle. Durch vorsichtige Bewegungen versuchen wir, das Wasser besser zu durchmischen, dabei rutscht der Sand am Rand wieder rein. Tja, heiße Füße oder buddeln? Ich entscheide mich fürs Weitergraben. Zweieinhalb Stunden liegen Jan und ich in unserem Loch, schauen den Neuankömmlingen bei ihren Bagger-Versuchen zu und amüsieren uns über die, die das System nicht verstehen und irgendwo ein Loch entstehen lassen (um dann an neuer, wieder falscher Stelle das nächste auszuheben). Manche Gruben liegen direkt am heißen Bach und sind daher unglaublich heiß. Jan und ich liegen dort Probe und halten es keine zwei Minuten aus. Auch wenn man nur auf die feuchte Strandoberfläche auftritt – man verbrüht sich direkt die Füße. Denn das Wasser, das von einem heißen Stein unter dem Strand erhitzt wird, hat an der Oberfläche eine Temperatur von über siebzig Grad! Leider kommt die Sonne nur selten durch die Wolken hindurch – und trotzdem habe ich am Abend einen Sonnenbrand an den Schultern, ein Beispiel, wie intensiv die Strahlung in Ozeanien ist. Trotzdem ist diese Zeit entspannt, sehr entspannt. Jan und ich liegen im Nass, zwischendurch rennen wir in die kalten Wellen, dann schnell zurück in unseren heißen Mini-Pool. Irgendwann erreichen die Wellen der Flut auch unser Loch. Es ist Zeit zu gehen und zu frühstücken. Das letzte gemeinsame Frühstück, das letzte Frühstück unterwegs und vor allem das letzte Frühstück in Eddie. An Eddies Rückscheibe klebt ein „For Sale"-Schild. Maria und ich sind traurig. Unausgesprochen hängt es im Raum: Das Ende dieser Reise. Wir putzen den Wagen schon mal ein wenig und räumen ihn auf, was dringend nötig ist. Dann trennen wir uns von Jan und steuern Auckland an. Wir verlassen Coromandel und fahren auf den State Highway. Die Straße ist stärker befahren. Die Straße wird breiter. Plötzlich sind wir auf einer stark befahrenen Autobahn, was in Neuseeland eindeutig lebensgefährlich ist: Die Neuseeländer können einfach nicht auf „Schnellstraßen" fahren. Links oder rechts, ganz egal – es wird einfach überall und gleichzeitig überholt – ich verstehe jetzt, warum man sich für Höchstgeschwindigkeit 100 km/h entschieden hat, es ist besser so! Es dauert nicht lange, da stehen wir im ersten Stau seit Monaten. Willkommen in der Anderthalb-Millionen-Metropole Auckland.

Kampf gegen den Sand am Hot Water Beach

Auckland – Good Bye Eddie!

Auckland – Good Bye Eddie!

Autofahren in einer Großstadt ist für sich genommen anspruchsvoll, im vierspurigen Linksverkehr zu fahren fordert mir aber sogar nach 14.000 Kilometer auf der falschen Straßenseite nochmals einiges ab. Egal, wir kommen unfallfrei durch und fahren direkt in die Innenstadt. Beim Fischmarkt, so hören wir, kann man nicht nur in der Kurve Hamer Street/Brigham Street direkt am Meer campen (wohl so halblegal wie in Christchurchs New Brighton), sondern in dieser Ecke kann man auch kostenlos parken. Die Angler werfen ihre Köder ins Meer, der Sky Tower überragt mit seinen 328 Metern die City. Die Sonne scheint, die weißen Jachten setzen sich vom blauen Himmel ab. Entgegen allen bisherigen Berichten gefällt uns Auckland auf Anhieb richtig gut.

Mit unseren „For Sale"-Steckbriefen ziehen wir los auf der Suche nach Jugendherbergen. In jedem Hostel pinnen wir den Zettel an die Wände, teils haben die Herbergen nur eine Mappe, wo wir unser Angebot hineinlegen können. Für den späten Nachmittag haben wir uns mit dem Franzosen, der am Vortag angerufen hatte, verabredet. Gemeinsam mit seiner Freundin treffen wir uns am Wagen. Die beiden wirken interessiert und offen. Ist das die Möglichkeit, Eddie gleich zu Beginn für 5200 Dollar, so hatten wir ihn nämlich bei „gumtree.co.nz" eingestellt, zu verkaufen? „Hier habt ihr die Zentralverriegelung und so könnt ihr das Bett aufklappen", ich rede mich richtig in Fahrt. Diese will der junge Franzose zum Test zunächst nicht machen. Keine Erfahrungen im Linksverkehr. Irgendwann überrede ich ihn doch, eine Runde zu drehen. Er wirkt begeistert von unserem Wagen, seine Freundin ist da verhaltener. Überhaupt ist die Sprachbarriere ein Problem, trotzdem wollen sich die beiden bis zum nächsten Abend bei uns melden. Auch wenn wir noch genug Zeit haben, den Wagen zu verkaufen und es unsere ersten Interessenten sind, bin ich die folgenden 24 Stunden tierisch nervös. Ich kann nicht schlafen, warte ständig auf den Anruf – er bleibt natürlich aus. Der Verkauf ist

Auf der Suche nach einem würdigen Eddie-Käufer

meinem Empfinden nach noch belastender als der Kauf des Wagens: Man hat einfach einen Großteil seines Kapitals auf vier Rädern mit Beulen und Rost vor sich stehen und weiß, dass man nur noch einige Tage hat, bis die Karre weg sein muss, weil man dann selbst weg ist. Immerhin verbringen wir diese Zeit nicht auf dem Campingplatz oder in einer Herberge, sondern bei einem Couchsurfer Host. „couchsurfing.com" ist ein Internetnetzwerk, in dem Leute ihr Sofa oder ein Bett fremden Menschen kostenlos anbieten. Junge Reisende nutzen seit einigen Jahren diese Möglichkeit immer häufiger, um günstig einen Schlafplatz in fernen Städten und Ländern zu finden. Noel, unser Gastgeber, wurde uns allerdings von unseren Freunden Julius und Luisa, mit denen wir gemeinsam den Great Walk gemacht haben, empfohlen. Die beiden hatten nach ihrer Ankunft in Neuseeland zunächst selber Noels Sofa benutzt und wohnten später zur Untermiete, weil sie in Auckland arbeiteten. Jetzt fahren wir also durch die Vororte der Stadt und suchen das richtige Haus. Nummer 90, 92, 96 – und wo ist die 94?? Schon mal mit einem großen Van auf einer Hauptstraße mit Wohnbebauung gewendet? Ich schon ...! Beim dritten Versuch entdecken wir die kleinen Ziffern der Nummer 94. Wir biegen in die schmale Einfahrt ab und klopfen vorsichtig an die Glastür. Das letzte Mal hatten wir so eine Situation in Waimate – bekanntlich endete es damals im lästigen Ästesammeln beim deutschlandhassenden Wwoofing-Host. Doch jetzt, in Auckland, werden wir herzlich willkommen geheißen. Neben Noel und einem jungen Untermieter empfangen uns noch zwei französische Couchsurfer, die erst vor zwei Tagen in Neuseeland gelandet sind.

Eine harte Couch im engen Wohn-/Essbereich wartet wohl auf viele Couchsurfer. Wir aber richten uns auf einer Matratze ein und haben sogar ein eigenes Zimmer. Noel ist damit einverstanden, dass wir drei oder vier Tage bleiben – dann haben wir wohl Eddie verkauft und können mit einem Mietwagen noch Northland, die Region nördlich von Auckland, erkunden. Der Plan kann noch so gut sein: Erst mal muss Eddie weg – so leid uns das tut. Noel, einer der offensten, selbstlosesten und freundlichsten Menschen (dazu später), denen ich bislang in meinen zwanzig Lebensjahren begegnet bin, unterstützt uns: Wir saugen den Wagen vor der Tür, waschen das Zubehör in seiner Spüle, nutzen das Internet und sind zum Abendessen eingeladen – Noel bekocht uns nicht einmal, nicht zweimal, sondern noch etliche Male mehr. Gegenleistung? Ist nicht erwartet und noch weniger erwünscht. Dennoch steige ich mit Noel zusammen auf das Dach des Hauses seines Sohns, um ihm beim Streichen zu helfen. Drei Stunden krabbeln wir über das wellige Blechdach und pinseln. Ich versuche, möglichst nicht nach links zu schauen, denn da geht es drei Stockwerke tief gerade hinunter. Zwar hatte ich vorher schon mal gestrichen, aber noch nie auf einer dünnen und abschüssigen Schicht Blech. Eine weitere Erfahrung hier in Neuseeland.

Auf unsere Online-Inserate und die ausgelegten Zettel meldet sich leider keiner mehr. Vorsichtshalber sind wir nun mit dem Preis schon auf 4800 Dollar heruntergegangen, trotzdem: vorerst nichts (zumindest nicht von Freitagmorgen bis Samstagmorgen). Unsere Hoffnung liegt auf den Automärkten: Auch in Auckland gibt es einen Backpacker Car Market (der „Backpacker Car World – Auckland Car Market" heißt), aber dieser hat mit dem in Christchurch nicht viel gemeinsam. Er ist teurer, hat einen schlechteren Service und der Ruf ist schrecklich – traut man den einheitlichen Internetkommentaren, sollte man als Backpacker-Käufer und -Verkäufer auf jeden Fall einen großen Bogen um den Car Market herum fahren (oder eben gehen, wenn man erst noch ein Auto sucht). Auckland bietet aber auch noch zwei Car Fairs, Automärkte, auf denen Verkäufer ihre Wagen anbieten und zu denen potenzielle Käufer kommen. Wir fahren daher am Samstagmorgen zum ersten von den beiden Veranstaltungen Aucklands, die für einige Stunden am Wochenende an festen Plätzen stattfinden. Für den „Auckland City Car Fair" (6 West Street) zahlen wir dreißig Dollar und parken Eddie zwischen anderen Vans. Stehe ich gut so? Ist genug Platz, um Eddie zu präsentieren? Das sollte alles passen … Ich mache gerade den Motor aus, da kommt ein Herr und macht die Seitentür auf. Er guckt kritisch und öffnet Marias Beifahrertür. „Can I help you?", frage ich. Er guckt sich prüfend den Wagen an und antwortet mit Verzögerung: „How much?" Es stellt sich heraus, dass er ein Händler und auf der Suche nach Wagen ist, die er dann zum Anfang der nächsten Reisesaison mit ordentlichem Gewinn verkaufen kann. Nach längerem Drängen nennt er mir ein Angebot. Letztlich hätte er unseren Toyota für 3300 Dollar mitgenommen, was aber für uns zu diesem Zeitpunkt noch vollkommen inakzeptabel ist.

Uns gegenüber stehen – zufällig – Marcel und Lisa, die ihren Pkw verkaufen wollen. Die beiden haben wenig Interessenten, kaum jemand schaut sich den silbernen Toyota an. Bei uns und den weiteren Backpacker-Vans schauen einige potenzielle Käufer vorbei. „Man kann auch drinnen kochen – dafür ist genug Platz", preisen wir auf Deutsch und Englisch an. „Zu groß", „zu alt", aber vor allem „zu teuer" sind meistens die Reaktionen. Bei Marcel und Lisa läuft es noch schlechter: Sie haben noch nicht einmal die Gelegenheit, ihren Wagen zu bewerben. Doch auch wir können uns nicht über zu viel Andrang beklagen und die wenigen lassen sich nicht vom angenehmen Schein der Sonne umstimmen. Kurz: Der erhoffte Ansturm ist eher ein Lüftchen. Wir stehen uns die Beine in den Bauch und unterhalten uns mit den anderen Anbietern. Konkurrenten? Nein – Leidesgenossen. Die drei Wagen um uns herum gehören ebenfalls Deutschen. Unsere Karren unterscheiden sich deutlich von den vielen der verkaufenden Händler. Während unsere Vans authentisch nach Reise aussehen, sind die der Händler poliert, die Reifen gefettet – unter der Oberfläche vermutlich ein Haufen Schrott. Zumindest lässt sich das bei einem Preis von nur 2000

Dollar für einen Van mit großer Sicherheit sagen. Einige fallen auf die Typen, die mindestens genauso schmierig sind wie die Reifen, herein und machen eine Testfahrt. Dann lassen sie den Toyota Estima noch vom „unabhängigen" Mechaniker testen – dieser wiederum macht den Eindruck, als hätte er noch nicht mal einen Führerschein, geschweige denn die Befähigung, ein Auto zu testen. Es ist einfach das Gesamtgefüge, das bei uns das Gefühl weckt, dass man diesen Leuten nicht trauen sollte. Dass vermutlich der Fair-Organisator, der Mechaniker und die Händler anschließend alle gemeinsam in einem Pub ein Bierchen trinken gehen. Sie stehen nun mal jeden Samstag hier – die Reisenden sind nur einmal hier und verschwinden danach irgendwo in den Tiefen des Landes. Konkrete Erfahrungen habe ich hier allerdings nicht gemacht, so dass ich niemandem abschließend davon abraten kann.

Ein junger Backpacker neben uns hat seinen ersten Interessenten und zeigt ihm nun schon seit einer Dreiviertelstunde den Van. Plötzlich steigen die beiden in die alte Rostlaube und brausen davon. „Jawoll! Euch noch viel Erfolg" ruft er aus dem Fenster. Der Käufer war gar nicht erst bis zu unserem Eddie gekommen, sondern war bei dem Wagen des Sachsen hängen geblieben. Tja, jetzt stehen noch ein Hamburger Pärchen und ein Berliner neben uns – und natürlich Lisa und Marcel. Während die ersten Verkäufer schon wieder frustriert wegfahren, bleiben wir noch. Die Hoffnung stirbt bekanntlich zuletzt. Plötzlich kommen auch zu Marcel und Lisa die ersten Kunden des Tages. Eine Stunde später haben sie ihren Wagen verkauft. Manchmal braucht es einfach nur diesen einen Glückstreffer. Unsere Hoffnung bleibt also vorerst am Leben. Während die beiden Hamburger ihren Wagen zwei Tschechen vorstellen, zeigt uns der Berliner eindrucksvoll, was wir die letzten Monate für ein Glück hatten: Er steckt seinen Van-Schlüssel in Eddies Schloss und kann problemlos die Tür entriegeln. Doch damit noch nicht genug: Genauso einfach bekommt er auch den Motor gestartet. Übrigens: Sein Wagen ist ein Mazda ... richtig! Eddie ist ein Toyota! Unsere Schlösser sind anscheinend so ausgelutscht, dass sie fast jeden Schlüssel nehmen. Immerhin klappt es nicht bei den anderen Türen. Für meinen nächsten Van, Baujahr 1988, werde ich mir eine Lenkradsperre kaufen! Neben uns verkaufen jetzt auch die Hamburger ihren Estima. Unsere Hoffnung, die so lange durchgehalten hat, müssen wir letztlich doch noch begraben – enttäuscht verlassen wir den Parkplatz, mit Eddie. Auf diesem Car Fair war nicht viel los, aber ein paar Karren wurden schon verkauft. Egal! Der Vormittag hatte auch einiges Gutes an sich: Einmal haben sich noch zwei weitere Leute per Mail auf unsere Online- und Jugendherbergs-Werbung gemeldet. Und zweitens haben wir uns mit den Hamburgern angefreundet. Jonas und Vanessa, zwei Studenten, die nach ihrem Auslandssemester in Brisbane noch einige Monate durch Neuseeland gereist sind, wollen ebenfalls noch nach Northland reisen. Sollte es uns also gelingen, den Wagen beim morgigen zweiten Automarkt loszuwerden, wollen wir gemeinsam einen Mietwagen nehmen und uns für einige Tage nach Norden verabschieden. Es ist also alles geplant und bereit für die letzten acht Tage in diesem Land – nur den Eddie müssen wir noch immer auf seine nächste Reise schicken.

Jeden Sonntag findet der „Ellerslie Car Fair" etwas außerhalb des Zentrums statt. Größer, teurer, und viel mehr Interessenten tummeln sich wöchentlich von neun bis zwölf Uhr zwischen den Massen von Gebrauchtwagen. Als Käufer wird man hier unter Garantie fündig und für Verkäufer ist die Chance wenigstens deutlich größer als auf dem Markt vom Vortag. Es geht schleppend los beziehungsweise eigentlich gar nicht. Nur wenige Leute schauen sich Eddie ernsthaft an. Völlig verzweifelt holen wir unsere Camping-Stühle hervor und setzen uns vor die Stoßstange. Als wir uns gerade mal die Beine vertreten, kommt ein Mann und nimmt einfach auf unserem Stuhl Platz. „Ehm … Excuse me?", frage ich vorsichtig. Er ist einer der bereits erwähnten Händler. Er wolle sich einfach nur mal hinsetzen. Sein Auto steht gegenüber. Habe ich das gerade richtig verstanden? An Dreistigkeit ist dieses Exemplar von dreistem Schleimbeutel (wie wir die Händler und ihre Verkaufsmaschen nennen) wohl kaum zu überbieten. „Der vertreibt uns alle Backpacker", schimpft Maria. Erfreulicherweise springt der Mann plötzlich auf und rennt rüber zu seinem Wagen – offenbar hatten Kunden seinen Wagen ins Auge gefasst. Und bei uns? Da ist immer noch tote Hose. Immerhin vibriert in meiner Jeanstasche mein Handy: Eine E-Mail aus Australien. Der Absender schreibt, er sei ein Gebrauchtwagenhändler und wolle unseren Toyota Hiace herüberschiffen lassen, um ihn dort zu verkaufen. Er biete uns dafür den gewünschten Preis an, eine Speditionsfirma würde den Wagen dann direkt bei uns abholen. Einerseits klingt das interessant, andererseits auch zu gut und zu problemlos, um legal und ernst gemeint

Auf dem Ellerslie Car Fair findet jeder eine Karre

zu sein. Ich halte den „Ozzie" an der langen Leine (es sind schließlich 2000 Kilometer bis zum australischen Festland). Zwar möchte ich nur ungern sein Angebot annehmen und unsere Adresse in Auckland herausgeben, aber es ist ein Plan B und außerdem kann ich die E-Mail vielleicht noch anderweitig nutzen … Ich kann! Endlich kommen die ersten richtigen Interessenten vorbei. Mit einer Checkliste lassen sich die beiden Kanadier Eddie zeigen. Curtis und Chrissy sind nett, sogar auf einer Wellenlänge mit uns. Plötzlich weiche ich von meinem Plan, die technischen Tücken zu verschweigen, ab und erzähle ihnen auch von den zwei oder drei uns bekannten Mängeln. „Mit einigen Investitionen haben wir gerechnet", sagt Curtis. Das klingt gut! Das klingt sogar sehr gut – und es wird noch besser: Es stellt sich heraus, dass die Kanadier schon am Vortag mit uns per Mail Kontakt aufgenommen hatten und ich ihnen Bilder zugeschickt hatte. Sie sind interessiert. Ja, sie wollen den Wagen sogar. Wäre doch gelacht, wenn wir diesen Fisch nicht an den Haken bekämen!

Unser Preis liegt mittlerweile bei 4600 Dollar. Mit dem australischen Angebot in der Hinterhand brauchen wir davon auch nicht mehr weit abzurücken. Curtis stimmt zu, soweit ein Test beim Mechaniker positiv ausgeht. Gegen so einen Check auf Herz und Nieren – also Motor und Abgase – habe ich nichts einzuwenden, zumal der Käufer üblicherweise die Kosten trägt. Mit noch besserem Gewissen könnten wir Eddie wohl gar nicht übergeben. Eine Stunde später gibt der Kfz-Fachmann grünes Licht. Wahnsinn. Maria und ich hatten mit einer ellenlangen Mängelliste gerechnet. Lediglich das Öl müsse gewechselt werden, sagt der nette Herr im professionellen Outfit von einer richtigen Werkstatt. Wir haben es geschafft! Wir einigen uns mit Chrissy und Curtis auf 4500 Dollar Verkaufspreis, organisieren den beiden eine Rückfahrgelegenheit in die Innenstadt und sind glücklich! Eddie dürfen wir noch zwei Tage behalten, bis sie alles mit ihrer Bank geklärt haben. Jeglicher Druck, jede Last fallen von mir ab. Eddie ist verkauft! Schneller als erwartet, problemloser als erhofft und teurer als erträumt.

Die Zeit, bis Eddie endgültig den Besitzer und seine Fahrer wechselt und bevor wir mit Jonas und Vanessa, den beiden Hamburgern, nach Northland aufbrechen, nutzen wir in Auckland: Wir haben Glück. Es ist Anniversary Weekend, das Wochenende der Feier zur indirekten Gründung Aucklands und Neuseelands. Von Donnerstag bis Montag herrscht in der Metropole Ausnahmezustand. Die eine Hälfte der Bewohner ist über das verlängerte Wochenende in den Urlaub gefahren. Der Rest und etliche Touristen dazu schieben sich durch die Straßenzüge und entlang der Promenade. Nicht nur die bekannte „Auckland Anniversary Day Regatta", die größte Eintages-Segelregatta der Welt, steht auf dem Programm. Am Fischmarkt wird eine riesige Bühne aufgebaut, neben dem Hafeneingang gibt es ein Meeresfrüchte-Festival mit Musik und ansprechendem Essensduft, und an verschiedenen Plätzen der Innenstadt findet ein Straßenkünstler-Festival statt. Vor allem Letzteres begeistert Maria und mich sehr: Dem „International Buskers Festival" dienen sieben unterschiedliche Orte in der City, die die Artisten aus der ganzen Welt zur Bühne machen. Der australische Künstler „Scooby Circus" jongliert und balanciert auf einer

Italienische Straßenkünstler

dünnen, drei Meter langen Stange. Nebenbei bringt er noch Jung und Alt zum Lachen. Es sind die besten der Besten, die nach Auckland gekommen sind. Aus Italien kommt das Duo „Nanirossi". Zu quietschender Clowns-Musik schleudert der kleine Mann seine Partnerin durch die Luft, hebt sie hoch und lässt sie über seinen Rücken laufen. Das Publikum ist begeistert, der Eingang zum Einkaufszentrum aussichtslos verstopft. Die Mischung aus Akrobatik und Comedy fesselt alle Anwesenden – gut für Nanirossi, denn am Ende füllt sich ihr Korb mit viel Kleingeld und zahlreichen Scheinen: die einzige Einnahmequelle der Künstler, so sagen sie wenigstens. Mit dem Buskers Festival wird einem nicht langweilig. Artisten aus Mexiko, den USA, Neuseeland, Japan und noch weiteren Länder faszinieren Aucklander, Neuseeländer und Reisende. Wie gesagt, wir haben Glück: Auch das Wetter spielt mit. Anstelle der für die Region typischen starken Winde oder Schauer haben wir zehn Tage lang Sonne pur.

Wir nutzen das Wetter und wandern mit Noel, den beiden Franzosen und zwei weiteren deutschen Couchsurfern, die für eine Nacht bei uns sind, durch den Wald etwas außerhalb. In Sichtweite der Westküste laufen wir. Allerdings ist der Wald selbst hier – keine zwanzig Kilometer von der Stadtgrenze der Millionenmetropole entfernt, so undurchdringlich dicht, dass man das Meer

Sommer, Sonne, Albernsein am Piha Beach

lange Zeit nicht sieht. Die alten Bäume sind von Moos und anderen Pflanzen überwuchert. Manuka-Bäume stehen am Wegesrand. Wir sind in der Nähe des bekannten Piha Beach unterwegs. Irgendwann öffnet sich uns der Blick auf das weite Marschland unterhalb des Wanderweges.

Aucklands City besteht in der Tat hauptsächlich aus unspektakulären 08/15-Gebäuden. Allerdings gibt es auch einiges zu tun, wenn gerade kein Buskers Festival oder kein Anniversary Weekend ist: Allen voran die Kunstgalerie, die sowohl kostenlos als auch die größte des Landes ist. Hier ist für jeden etwas dabei – und man muss noch nicht mal sonderlich an Kunst interessiert sein: Moderne und alte Kunst ist gleich auf mehreren Etagen ausgestellt. Mindestens genauso sehenswert ist das Bauwerk, in dem Gemälde und Statuen präsentiert werden. Wasserspiele, Lichtinszenierung und große, weite Fenster setzen das warme Braun des Holzes gekonnt in Szene. Es wundert daher nicht, dass der Erweiterungsbau, der sich perfekt an das alte Gebäude inklusive Glockenturm anschmiegt, eine hochdekorierte Architektenleistung ist: Die Art Gallery ist „World Building of the Year 2013".

Unweit des Kunstzentrums liegt der Albert Park, wo vor allem Studenten auf dem saftigen Grün der Wiesen liegen. Einige beeindruckend verzweigte Bäume spenden Schatten. Die Äste wachsen vor allem in die Breite, ein paar von ihnen stützen sich selbst am Boden ab, indem sie neue Wurzeln sprießen und diese wieder Richtung Boden wachsen lassen – es entsteht ein verschachteltes und verwachsenes Astgeflecht. Unabhängig davon bietet Auckland wirklich gleich mehrere schöne Parks. Die „Auckland Domain" wartet nicht nur mit dem prunkvollen Kriegsmuseum auf, sondern auch mit den Wintergärten. Wendet man sich vom Blick über die Innenstadt und den Yachthafen, den man von den Stufen vor dem Museum aus hat, ab und geht zu den Gewächshäusern, riecht man schon bald den Duft der Blumen. Blaue, rote, lilafarbene und gelbe Blü-

Traumhafte Blumen in den Wintergärten von Auckland

ten – wohin man schaut. In den Wintergärten sieht man vor lauter Blüten die Pflanzen nicht mehr. Lediglich die neuseeländischen Farne sind in ihrem tiefen Grün zwischen dem Farbenmeer nicht zu übersehen. Anschließend kaufen wir uns nebenan ein fruchtiges Eis. Die Eispreise sind in Neuseeland allerdings schmerzhaft: Unter fünf Dollar für eine Kugel (das entspricht etwa drei Euro) lässt sich meist nichts machen. Und wir sprechen hier üblicherweise nicht von gutem italienischem Eis, wie man es von zu Hause kennt.

An unserem letzten Abend mit Eddie verlassen wir nach dem Essen Noel und die anderen und fahren zum „One Tree Hill". Im nächtlichen Auckland habe ich komplett die Orientierung verloren – irgendwie führt uns Maria aber mit Karten zum Ziel. Als wir in den Park abbiegen, stehen plötzlich Schafe auf der Straße. Mitten im urbanen Leben hält die Stadt Tiere in dem abgezäunten Areal. Langsam fahren wir über die „Cattle Stops" (Metallgatter im Boden, die die Tiere vom Überqueren abhalten) und folgen der Straße bis ganz nach oben. Wir sehen ein wahres Lichterfest. Millionen Häuser, der Sky Tower, Ampeln und anderes Blinken – Auckland liegt uns zu Füßen. Wir sehen das Flackern, das pulsierende Leben dieser Stadt ganz abstrakt und doch so real vor uns. Im Hintergrund verschluckt die schwarze Nacht des Meeres und des neuseeländischen Hinterlandes den Horizont.

Wir verabschieden uns langsam von der Einsamkeit der letzten Wochen und auch von Eddie. Am Nachmittag war uns noch das Herz in die Hose gerutscht: Unsere Käufer reagierten nicht auf Anrufe und SMS. Reichten die 300 Dollar Anzahlung doch nicht? Erst deutlich später meldeten sich die beiden – wir hatten offenbar die falsche Handynummer aufgeschrieben. Doch damit nicht genug: Am Abend vor der Übergabe funktioniert die Zentralverriegelung plötzlich nicht mehr. Haben die „Einbruchsversuche" des Berliners auf dem Car Fair nun doch etwas kaputt gemacht? Zusammen mit Noel schraube ich die gesamte Fahrertür auf und inspiziere noch in der Dämmerung die Technik. Umsonst, wie sich später zeigt: Das Problem liegt bei den nur dürftig isolierten Kabeln, die wir dann voneinander trennen und mit gutem deutschen Gewebeband fixieren – zwar ist es auch nur eine provisorische Lösung, aber sie wird definitiv Eddies letzte Nacht in unserem Eigentum überstehen. Damit ist Eddie nun bereit für die Übergabe, so dass wir am nächsten Tag einem glücklichen Curtis und einer zufriedenen Chrissy den Schlüssel in die Hände drücken können. Die Kanadier haben mit der Bank alles geregelt, bekommen noch ein paar gutgemeinte Tipps (zum Beispiel den Kauf einer Lenkradkralle …). Dann verabschieden wir uns von ihnen und vor allem von unserem liebgewonnenen Van. Wir sind mehr als zufrieden mit dem Verkaufspreis: Trotz aller Reparaturinvestitionen haben wir nur knapp 300 Dollar Verlust gemacht, und wie viele Übernachtungskosten wir uns dank dem Toyota Hiace „Super Custom Limited" gespart haben, ist gar

nicht zählbar. Unser Schätzchen wird nun von den beiden auf seine nächste Neuseelandreise mitgenommen.
Auf dem Weg zur Übergabe
hatten wir noch die 270.000-
Kilometer-Marke geknackt.
Insgesamt haben wir Eddie
damit fast 14.000 Kilometer
über die Straßen der beiden
Inseln gefahren – unglaublich! Wir wünschen unseren
sympathischen Nachfolgern

Maria fährt Eddie zur Übergabe

alles Gute und wenige Reparaturen, (was nicht ganz klappt, denn für den
nächsten TÜV müssen sie fast 1000 Dollar investieren, wie sie uns später berichten). Traurig und glücklich zugleich schauen wir Eddie hinterher, wie er
davonrollt. Da fährt er hin, unser erster eigener Wagen. Viele Tage und Stunden haben wir in Eddie verbracht, viele Straßen befahren und noch mehr Orte
besucht. Lustigerweise können wir unseren Wagen auch in Zukunft über die
neuen Medien verfolgen.

Vermutlich sind wir auch gerührt, weil uns dieser „Abschied" unmissverständlich klar macht, dass unsere eigene Reise zu Ende geht – nur noch fünf Tage
haben wir, bis unser Flieger abhebt. Doch für Sentimentalität bleiben nur wenige Minuten: Es wartet Northland – und zwar sofort!

Vier Personen, fünf Tage,
1000 Kilometer: Northland

Eine Wand aus Sand: Die Giant Dunes bei Cape Reinga

Vier Personen, fünf Tage, 1000 Kilometer: Northland

Für fünf Tage brauchen wir also einen fahrbaren Untersatz, um uns gemeinsam mit Jonas und Vanessa, den Hamburger Studenten, die verbleibenden Quadratkilometer nördlich von Auckland zu erschließen. Ein Mietwagen ist teuer, klein und kurzfristig schwer zu bekommen – wir haben allerdings Glück: Noel, bei dem wir noch immer wohnen, bietet uns seinen „Ersatzwagen" an. Ein Geländewagen, ein Allradantrieb, ein Bastlerfahrzeug. Was für ein Angebot! Mit einem gutmotorisierten Wagen die letzte Schleife drehen? Und das auch noch ganz umsonst – da sage ich nicht nein. Noel bietet uns den Wagen nicht an, weil er übermäßig reich wäre. Nein, er freut sich einfach, dass er uns helfen kann. „Ich brauche den Wagen doch momentan nicht." Maria und ich überlegen nicht lange, ob wir nun doch zu zweit los sollen. Wir bleiben dabei, zu viert zu fahren.

Wir sammeln Jonas und Vanessa vor ihrer Unterkunft ein und stürzen uns in den Aucklander Verkehr. Rushhour ist auch hier mit Stau gleichzusetzen. Dafür haben wir ausreichend Zeit, die beiden kennenzulernen und uns von ihnen „airbnb.co.nz" erklären zu lassen. Airbnb gibt es auch in Europa und Deutschland; im Gegensatz zu Couch Surfing zahlt man für das Bett ein wenig Geld. Das Netzwerk arbeitet ebenfalls mit einer Internet-Plattform. Je nach Lage des Ortes sind die Betten unterschiedlich teuer – dafür kann der Urlauber gewisse Standards und auch Anforderungen stellen: Ein eigenes Zimmer ist zum Beispiel Grundvoraussetzung. Als ich Noel einige Tage später davon erzähle, sagt er nur: „Das ist nichts für mich. Ich will doch euch jungen Reisenden helfen". Noel ist tatsächlich nur so gastfreundlich, um junge Reisende zu unterstützen, sie kennenzulernen und sich so selbst ein wenig jung zu halten. Noel hat eine Einstellung, die Vorbild sein sollte. Würde jeder von uns nach dem Motto handeln „Ich helfe dir, also hilf du auch (irgend-)jemandem", wäre unsere Welt tatsächlich um einiges besser. Meine Diskussionen mit Noel über Politik, Lebenseinstellungen und Grundwerte, die wir einige Male führen, sind höchst interessant. Es wird nochmals deutlich, was wichtig ist: jemandem Wertschätzung und Unterstützung entgegenzubringen und dabei jeden Menschen so zu nehmen, wie er ist. Ich dachte vorher von mir, schon offen zu sein – Noel ist unerreichbar. So extrem, dass ich seine Einstellung bewundere und respektiere, sie mir aber nicht aneignen will. Überrascht bin ich auch von meinen eigenen Sprachfortschritten. Maria und ich wurden während der Reise immer wieder für unser gutes Englisch gelobt, was zumindest mich sehr verwundert hat. Doch jetzt, bei diesen abendlichen Diskussionen, fällt mir auf, dass ich über eine Stunde lang angeregt diskutieren kann und mir erst zum Schluss die (englischen) Worte ausgehen. Das halbe Jahr hat also auch sprachlich etwas gebracht – im Gegensatz zur pessimistischen Prophezeiung aller Daheimgebliebenen.

In dem vollgepackten Nissan Terrano fahren wir gen Westen aus der Stadt heraus. Maria sitzt auf dem Beifahrersitz, Jonas und Vanessa quetschen sich auf die Rückbank. Endlich liegen die letzten Stadtteile hinter uns und ich kann den PS des starken Motors freien Lauf lassen. Northland ist eine wilde, deutlich weniger bevölkerte Region der Nordinsel. Wir fühlen uns schon zurück auf die Südinsel versetzt. Hinzu kommt allerdings, dass die Wirtschaft hier oben brachliegt, die Arbeitslosigkeit hoch ist und wir auch hier immer wieder vor Maori oder anderen Kriminellen gewarnt wurden – naja. Die Südinsulaner haben offensichtlich mehr Vorurteile und Ängste gegenüber ihren Landsleuten als vor den immer mehr Fremden im Land. Uns passiert jedenfalls auch hier oben nichts. Die erste Nacht verbringen wir auf einem DOC-Campingplatz – gerade richtig, denn das Stadtleben reichte uns nach den paar Tagen schon wieder – ja, das sind zweifelsfrei nicht die besten Voraussetzungen für unsere Rückkehr in die Heimat in der Metropole Ruhr.

Unser Wagen ist voll. Vier große Rucksäcke, eine Gitarre und das Handgepäck – alles muss raus aus dem Wagen, damit wir uns für die Nacht einrichten können. Die Taschen liegen im Sand, der Gaskocher mit einem kleinen Topf für die Nudeln steht schon auf dem Boden. Der Uretiti Beach-Campingplatz ist ein „Scenic Campground", der wegen der Aussicht teurer ist – schade, dass diese bei den nahen Dünen endet. Immerhin bietet der Platz viele Toiletten – sogar richtige und keine Plumpsklos – und kalte Duschen. Während die Nudeln köcheln (oder eher nur erwärmt werden), legen wir die hinteren Sitze um und

Stiller Morgenspaziergang

pumpen die Luftmatratze auf. Vanessa und Jonas müssen sich die kommenden Nächte mit dem Auto zufriedengeben. Maria und ich haben unser Zelt dabei und werden damit eine (fast) neue Art des Campings kennenlernen. Wir bohren die Heringe in den Boden und spannen die Planen. Komfortabel ist weder das Auto noch das Zelt. Denn bietet der Auto-Schlafplatz eine dicke, aber dafür wackelige Luftmatratze, haben wir nur je eine dünne Iso-Matte. Wir hatten uns das Campen ohne Van schön romantisch vorgestellt. Ist es aber nicht. Schon am ersten Abend merken wir, dass wichtiges Zubehör schlicht fehlt: ein zweiter Kocher – den gibt es nicht. Stühle und Tisch – wo sollten wir die noch verstauen? Vernünftiges Licht – … okay, daran hätten wir denken können. Immerhin finden wir in Noels Auto noch eine Kiste mit einer Pfanne, Geschirr und einigen anderen Camp-Utensilien. „Für die Backpacker, die den Wagen haben“, sagt er später. Im Zelt werden Maria und ich schon von den ersten Sonnenstrahlen geweckt. Das Frühstück besteht aus den Resten der letzten Wochen. Haferschleim mit Milchpulver ist aber ein ordentlicher Start in den Tag. Erst packen wir das Zelt ein, dann gehen wir zum leeren und weiten Strand.

Die größte Stadt der Region Northland ist Whangarei, die wir bald erreichen. Ich muss dringend in eine Apotheke: Ich habe eine höllisch schmerzende Nagelbettentzündung. Das Laufen fällt schwer. Meine Wanderschuhe drücken zu sehr, die Flipflops kann ich auch nicht tragen und meine Straßenschuhe habe ich bei Noel gelassen, weshalb ich barfuß Auto fahre – richtig, das ist kein Zustand. Nach einigem Suchen finde ich eine Pharmacy. Den Begriff für grüne Seife kann ich nicht erklären, dafür bekomme ich aber ein anderes Zeug – es ist schon mal grün (sehr grün sogar, wie sich später zeigt). Abends soll ich darin ein Fußbad nehmen. Mit meinen Füßen habe ich in diesem halben Jahr irgendwie Pech. Zwar war ich nicht einmal krank oder erkältet, was für meine Verhältnisse eine echte Überraschung ist und eigentlich nur mit der vielen frischen Luft erklärbar ist, aber stattdessen habe ich ständig irgendwelche Fußprobleme. Vielleicht werden die auf der Südhalbkugel stärker belastet? Andererseits hängt man hier ja eindeutig auf dem Kopf, was für die Füße ja logischerweise eine Erleichterung sein sollte … Letztlich ist es auch egal – meine Füße tun immer noch weh. Ein schlechter Witz? Definitiv! Doch es ist schier unglaublich, wie oft ich solche „Witze“ von Familie und Freunden zu hören bekomme.

Die Abbey Caves liegen nur wenige Kilometer außerhalb von Whangarei und sind unerschlossene, aber der Öffentlichkeit zugängliche Höhlen. Die zwei kleinen und die eine große Erdaushöhlung sollen neben einem Abenteuer auch wieder einige der blauleuchtenden Glühwürmchen beherbergen. Wir gehen also Richtung Höhleneingang. Mein Fuß schmerzt so, dass ich kaum auftreten kann. Dazu scheint die Sonne heiß auf unsere Haut – schon am Höhleneingang der Organ Cave, der größten der drei Höhlen, wird es schattig und kühl.

Mit unseren kleinen Taschenlampen klettern wir langsam die teils einen Meter hohen Felsbrocken hinunter. Unten ist es eben. Jonas und ich gehen voran, die Mädels folgen uns dicht. Ab der Hälfte, so hatten wir gelesen, soll Wasser auf dem Boden stehen. Ich möchte auf keinen Fall durch knietiefes Wasser gehen müssen. Doch schon jetzt, wo man den Lichtschimmer von draußen noch erkennen kann, höre ich es plätschern. Auf dem Boden fließt ein kleiner Bach. Fünf Schritte weiter ist der gesamte Höhlenboden eine große Pfütze, einige Zentimeter tief. Patsch. Patsch. Mit meinen Wanderschuhen kann ich noch einfach durchgehen, aber es wird tiefer: Ich springe von Stein zu Stein, hangle mich halb an der Wand entlang (und falle dabei natürlich fast ins Nass). Der Gang mündet in ein Gewölbe. An der Steindecke sitzen einige kleine „Glow-worms". Hier ist für mich Schluss, vor uns steht das Wasser mindestens dreißig Zentimeter tief. Die anderen wollen weiter – etwa nochmals so weit. Jonas und Vanessa sind schon durch die nasse Passage durch. Maria steht gerade mittendrin, da sehe ich im Schein der Taschenlampe etwas in der Nähe ihrer Füße. „IIeeuaaah!!!!!", schreit sie und steht verdächtig schnell wieder neben mir im Trockenen. Es sind Fische, aber nicht irgendwelche, sondern lange, dünne und glitschige Aale! Wir sind eindeutig doch nicht allein in der Höhle – die Glowworms teilen sich den Lebensraum mit den „Wurmfischen". Die beiden Exemplare sind mindestens genauso erschrocken und unter einem Stein verschwunden. Mutig steigt Maria wieder ins kalte Nass und watet hindurch.

Ich bleibe allein im Gewölbe zurück. Schnell verschlucken die dunklen Höhlen-wände die Geräusche der drei. Auch Stimmen sind bald nicht mehr zu verneh-

Es rette sich wer kann: Aal-Alarm

men. Dunkelheit und Stille umgeben mich irgendwo hier unten im Fels. Es tropft. Pitsch. Pitsch. Meine Augen gewöhnen sich zwar an die lichtlose Umgebung, aber man erkennt einfach nichts, gar nichts. Ich stehe zu weit vom Eingang entfernt, damit Licht hineinfallen könnte. Ich tappe komplett im Dun-keln! Tatsächlich sehe ich die Hand vor meinen Augen nicht mehr. Nur die kleinen, bläulich schimmernden Punkte über mir sind da, die Glowworms. Irgendwann schalte ich doch die Camping-Laterne an. Die Taschenlampen haben die ande-ren mit in die Tiefen genommen. Ich spiele mit der Kamera ein wenig herum und lenke mich ab. Vom Eingang nähern sich Geräusche und Stimmen. Es scheint sich eine Familie zu nähern. Wenn die mich hier im Dunkeln finden würde, wäre der Schock wohl noch größer (und lauter) als Marias vorhin bei den Aalen. Doch die Gruppe kehrt noch vorher wieder um, die Stimmen verstummen. Wieder: Dunkelheit. Stille. Nur zwei Meter entfernt schwimmen die Aale, über mir der spärliche „Sternenhimmel" aus Glowworms. Eine halbe Stunde sitze ich nun schon allein hier. Die drei müssten eigentlich bald zurückkommen. Ich schreie ihre Namen in den Gang hinein. Nichts. Ruhe. Ich rufe wieder. Keine Antwort. Die Dunkelheit wirkt plötzlich irgendwie näher, bedrohlicher. Was ist, wenn tatsächlich etwas passiert sein sollte? Ohne sich abzusprechen und ohne Sicherheitsmaterialien in eine Höhle zu gehen ist eigentlich keine gute Idee. Ich setze mich wieder auf meinen großen Fels und warte. Gerade rechtzeitig, als ich wirklich langsam unruhig werde, höre ich Geräusche, sogar Stimmenfetzen. „Alles okay bei euch?", rufe ich. Eine Antwort bekomme ich nicht, aber sie nähern sich mir. Ich klettere ihnen entgegen und leuchte das Wasser ab. Nochmals: „Alles okay bei euch?" „Ja, alles bestens", ist die Antwort. Ich sehe Jonas, auf seinem Rücken sitzt Vanessa – die Aale schwimmen bestimmt wieder in Scharen durch das Wasser. Vereint machen wir uns wieder auf den Rückweg. Wirklich gelohnt hat sich das Weitergehen übrigens nicht: Große Steine mussten überwunden, Matsch durchstapft und viel Wasser durchwatet werden – nur die erhofften Glühwürmchen blieben am Ende der Höhle aus, bitter.

„So that I never feel alone again", singt Milky Chance von der CD. Der Motor des Terrano heult wieder auf. Wir fahren weiter Richtung nördlichste Spitze des Landes. Die Sonne scheint, es macht richtig Spaß, mit dem Allradantrieb und den vielen PS unter dem Hintern durch Northland zu fahren. Der Wagen wirft uns in die Kurven. „You have never danced like this before." Je weiter nördlich wir kommen, desto bergiger werden die weitestgehend einsamen Straßen. Die Straße führt durch grünen Wald, in der Ferne das blaue Meer. Der Fahrtwind weht durch die offenen Fenster. „Stoned in paradise," tönt es aus den Lautsprechern. Wow! Im Geländewagen über die Straßen Neuseelands schießen. Die Sonne spiegelt sich auf dem Asphalt. Die Farnbäume werfen Schatten. „Shouldn't talk about it." Was für ein Leben! Dann überschreitet die Temperaturanzeige den kritischen Wert im Getriebe, was kein gutes Zeichen ist. Wie eingangs erwähnt, ist der Wagen ein Bastlerauto. Bevor wir losgefahren waren, hatte ich eine zweiseitige „Bedienungsanleitung" bekommen, in der sämtliche selbst eingebauten Schalter, Anzeigen und Leitungen erklärt waren. Denn der Geländewagen hat ein Problem mit der Kühlung seiner Automatikschaltung. Die Nadel des eigenen Temperaturdisplays darf nicht die „80" überschreiten. Zur Kühlung steht in Vanessas Fußraum – oder besser dort, wo eigentlich ihr Fußraum sein sollte – ein großer Wassertank samt Pumpe. Die Nadel will nicht wieder sinken. „No sun is shining anymore", heißt es im Song. Verdammt.

Wir fahren links ran und geben dem Terrano einige Minuten Verschnaufpause. Da stehen wir: Irgendwo im Paradies, die Sonne scheint, das Meer ruft – und wir warten, dass sich der Motor abkühlt. „Shouldn't talk about it!" – jetzt verstummt auch Milky Chances Gesang – vielleicht ist das besser so in diesem Moment.

Die längste Brücke der Südhalbkugel ... leider nur für Fußgänger

Zum Glück ist der Campingplatz nicht mehr weit entfernt. Laut Karte auf unserer Smartphone-App sind es nur noch wenige Kilometer, bis wir zu einer Brücke kommen. Diese gilt es dann nur noch zu überwinden. Wenn das mal so einfach wäre: Wir erreichen den Meeresarm und sehen schon unseren Schlafplatz auf der gegenüberliegenden Seite und die Brücke ... Ein Schild erklärt stolz, dass es die längste Fußgängerbrücke der südlichen Hemisphäre ist. Wir sind beeindruckt. So unwissend kommen wir zu einer echten Besonderheit – toll! Nur wie kommen wir jetzt mit unserem Wagen dort hinüber? Schnell wird klar: gar nicht! Wir dürfen einen dreißig Kilometer langen Umweg fahren, um dann am anderen Ende der 395 Meter langen und einen halben Meter breiten Holzüberquerung unser Zelt aufzuschlagen und den Terrano zu parken. Willkommen in Whananaki.

Pinkeln mit Hunderwasser-Flair

Außer dem Campingplatz, der Brücke, einer Schule und einem General Store bieten Nord- und Süd-Whananaki nicht viel. Zum Glück: Milchstraße und Sternschnuppen zeigen sich uns nachts von der Mitte der schmalen Brücke aus. Etwas nördlich von Whananaki liegt die Bay of Islands, das Touristenziel Northlands. Verschnörkelt, mit Scherben besetzt und ein Baum in seiner Mitte: Das Toilettenhäuschen in Kawakawa ist die erste Besonderheit der Region. Friedensreich Hundertwasser, der bekannte österreichische Künstler, entwarf diese öffentliche Toilette kurz bevor er verstarb. Er vermachte so dem Ort, in dessen Nähe er in einem Haus ohne Strom seinen Lebensabend verbrachte, seine größte Attraktion. Hundert-

Bedingt spektakuläre Rainbow Falls

wasser hin oder her: Man muss sagen, es ist und bleibt ein Klo.

Am hellen und langen Strand von Paihia halten wir uns nicht lange auf. Auf dem Markt des Bay-of-Islands-Herzens werden Schmuck, Wollwaren, Bilder und Blaubeereis angeboten. Doch vor allem gibt es einen Bratwurststand – fünf Dollar soll die deutsche Wurst kosten.

Mit dem Verkäufer kommen wir ins Gespräch: Er wanderte vor einigen Jahren aus Dortmund aus. Ein Sohn der Metropole Ruhr – dann müssen wir wohl eines der Würstchen kaufen. Es lohnt sich: Die Einstimmung auf zu Hause funktioniert immer besser. Von Paihia schippert auch eine Fähre Richtung Russell, dem ehemaligen Party-Nest Neuseelands. Trinkgelage und laute Auseinandersetzungen unter Trunkenbolden sind aber schon seit fast 180 Jahren vorbei. Stattdessen ist es ein „nettes historisches Örtchen", wie der Lonely Planet beschreibt. Die Fährkosten zur einstigen Hauptstadt Aotearoas, die dann 1841 nach nur einem Jahr nach Auckland verlegt wurde, sind uns zu hoch. Nächster Stopp: Kerikeri. Das Städtchen liegt schon sehr weit nördlich. Die Rainbow Falls sind ein oft besuchter Wasserfall, der über 27 Meter in die Tiefe stürzt. Er wird oft von den Touristen fotografiert und bestaunt. Das liegt wohl an der günstigen Lage: Die meisten Reisenden landen in Auckland. Wenn Northland auf ihrem Tourplan steht, dann schauen sie es sich vor dem Rest des Landes an. Und dann, so verstehe ich, lässt man sich von den Rainbow Falls auch beeindrucken. Besucht man Kerikeri jedoch zum Ende seiner Neuseelandreise, ist das Wasserspektakel eher eines unter – gefühlt – tausenden. Wir sind wohl in den letzten sechs Monaten etwas „ausgewaschen" worden.

Unweit der Falls steht das älteste Steinhaus des Landes. Das 1836 erbaute Gebäude beherbergt heute ein kleines Museum und einen Souvenirladen. Wir parken den mattblauen Geländewagen und schauen bei dem Haus vorbei. Nebenan fließt ein gemächlich plätschernder Strom. Hier verspürt man pat-

Das älteste Haus Neuseelands ist immerhin von 1836

riotischen Kiwi-Stolz. Überlegt man jetzt, was es in Europa für Gebäude gibt, ist es fast lächerlich – doch wer Neuseeland besucht, muss sich auch mit seiner (kurzen) Geschichte beziehungsweise den Kompensationsobjekten auseinandersetzen.

Die Sonne scheint, die Luft ist warm – das perfekte Badewetter. Matai Bay auf der Karikari Peninsula ist der perfekte Badeort. Auf dem großen

Der Versuch, sich bei waagerechtem Strahl zu duschen ...

DOC-Campingplatz schlagen wir das Zelt auf und legen die Luftmatratze in den Kofferraum. Schnell kramen Maria und ich unsere Badesachen aus den Tiefen der Rucksäcke und stürmen über die kleinen Dünen zum Wasser. Ist das schön. Mit blauem Wasser liegt der pazifische Ozean in einer kleinen Bucht vor uns. Nichts wie ins Wasser. Brrrrr – kalt. Im klaren Wasser ziehen wir einige Züge. Ich will schnorchelnd die Unterwasserwelt entdecken. Die malerische Bucht bietet aber nicht viel, was man beobachten könnte. Über Wasser ist es ja auch schon schön genug. Kurios ist das anschließende (Ab-)duschen: Das Wasser ist nicht nur ähnlich kalt wie im Meer. Die Duschköpfe haben auch einen kleinen Konstruktionsfehler: Das Wasser spritzt waagerecht aus der Öffnung. Nass ist daher nicht der Boden vor der Dusche, sondern die drei Meter entfernte Holzwand gegenüber. Erlebnisduschen: Ich muss halb auf die Holzwand klettern.

Als es abends nach einer Partie Karten in die „Federn" – oder eher in die Kunstfasern der Schlafsäcke – geht, machen wir die Heckklappe des Terranos etwas wirsch zu. Pfffffffsssch. „Was ist das?" Die Erklärung ist so ernüchternd wie einfach: „Das ist die ausweichende Luft …" Wir hatten die Luftmatratze eingeklemmt und damit Jonas' und Vanessas Schlafplatz … sagen wir … etwas unbequem gemacht. Kurzerhand tauschen Maria und ich, gehen mit unseren Iso-Matten auf die harte Kofferraumunterlage und überlassen den Hamburgern den weiche(re)n Zeltboden. Es ist wohl das einzige Mal, dass wir uns über ein wenig Regen in den letzten Tagen und einen damit aufgeweichten Boden gefreut hätten – es war aber trocken. Denn das Wetter behält seine sonnige Phase bei: Seitdem wir auf der Nordinsel sind, hatte es nur an drei Tagen geregnet – dann dafür aber auch richtig. Mit Schlafen ist jedenfalls in dieser Nacht nicht viel. Weder im Wagen noch im Zelt ist es bequem. Die Konsequenz: Völlig übermüdet packen wir am Morgen unsere sieben Sachen zusammen und buchen, sobald wir Handy-Empfang haben, für die kommende Nacht ein Hostel. Wie aufregend! Unsere erste Nacht in einer Herberge auf dieser Reise.

Die Schönheit des Capes Maria van Diemen, dem östlichsten Punkt des Landes

Jetzt wartet nur noch Cape Reinga auf uns. Die schmale Landzunge ist knapp 100 Kilometer lang und bildet die nördlichste Spitze des neuseeländischen Festlands. Lediglich der State Highway 1 führt hier noch hinauf, so dass man dieselbe Straße rauf und wieder runter muss – es sei denn, man fährt über den Ninety Mile Beach zurück. Abwarten. Die Straße schlängelt sich durch das Land. Lange ist die Landschaft unspektakulär, in der Ferne erahnt man die Küstenlinie. Das Meer kommt näher, die Ufer laufen zusammen. Die letzten Kilometer Neuseelands. Häuser und Bauernhöfe sieht man hier oben keine mehr. Westlich von uns liegt das Cape Maria van Diemen, der westlichste Punkt des Landes. Entdecker Abel Tasman benannte den westlichsten Punkt einst nach der Ehefrau seines Generalgouverneurs Antonio van Diemen. Während die Landzunge Maria van Diemen wild und unberührt zwischen blauem Wasser und weißen Sanddünnen liegt, ist Cape Reinga ein Wendeplatz für Busse und Autos. Und das, obwohl es noch nicht mal der nördlichste Punkt der Insel ist. Denn dieser liegt in Wirklichkeit am östlichen Zipfel der langen Landzunge.

Cape Reinga spielt jedoch eine große spirituelle Rolle für die Maori: Von hier verlassen die Seelen der Toten die reale Welt. Weil Cape Reinga ein heiliger und wichtiger Ort für die Ureinwohner ist, darf man hier nicht essen und trinken. Auf dem Parkplatz stehen einige Autos und vor allem Busse. Wir gehen zum Leuchtturm, der die Spitze markiert. Links von uns strahlt die Sonne Cape Maria van Diemen an, vor uns liegt das Meer. Der Wind bläst nicht stark und doch sieht man eine grobe Linie aus Gischt und Schaum, die von uns weg zum Horizont verläuft. An dieser Linie treffen Tasman Sea und Pazifischer Ozean aufeinander. Die unterschiedlichen Strömungsrichtungen verlaufen gegeneinander, so dass die Schaumkronen entstehen. Das Ende der Welt? Es fühlt sich so an! Ich klettere über die Mauer am Leuchtturm und steige noch ein Stück weiter gen Norden – jetzt ist endgültig Schluss – ein Paar Schritte weiter und ich kann testen, ob Tasman Sea und Pazifik

Richtung Nordwest verschwindet die Trennlinie der Meere hinter dem Horizont

auch unterschiedlich schmecken. Der Wind zerrt an meinen Haaren, unter mir schlagen die Wellen zusammen. Ich blicke nach Westen. Nichts als Meer. Etwa in 2000 Kilometer Entfernung liegt Sydney. Ich schaue nach Norden. Nichts als Meer. Irgendwo in weit über 10.000 Kilometern müssten die Beringsee und Russland liegen. Cape Reinga – vielleicht ist es doch das Ende der Welt.

Die Hälfte unserer Geländewagenreise liegt schon wieder hinter uns. Wie schon erwähnt, führt auf die Landzunge Richtung Cape Maria van Diemen und Cape Reinga nur der State Highway – es sei denn, man nimmt den Ninety Mile Beach. Der Strand ist tatsächlich knapp neunzig Kilometer (aber nicht Meilen!) lang. Die Sandbank zieht sich von fast ganz oben bis zum südlichen Ende der Landzunge. Noel hatte mir zwar nicht verboten, die Strandroute zu nehmen, gerne sieht er es aber nicht. Unsicherheit begleitet daher die Entscheidung. Wir schieben sie noch einige Kilometer vor uns her und schauen uns den Strandanfang an. Denn beim Einstieg liegen auch die „Giant Sand Dunes" – ein Muss in Northland! Die Schotterpiste führt durch grünes Buschwerk, vorbei an Schafen auf saftigen Wiesen und endet in der Wüste. Denkt man wenigstens: Vor uns liegen die riesigen Sanddünen. Es ist unglaublich! Hektisch stellen wir den Wagen ab. Die Sandlandschaft lädt förmlich dazu ein, loszurennen. Barfuß betreten wir den Sand – gerade noch Erde, jetzt weiche Körner.

Der warme Sand knirscht bei jedem Schritt. Vor uns liegt ein hoher und steiler Berg aus gelbem, fast weißem Sand. Maria, Jonas und ich machen uns an den Aufstieg. Zwei Schritte rauf, anderthalb wieder runter. Es ist steil, sandig und schwer. Die Oberschenkel schmerzen, aber wir erreichen – natürlich – die Spitze. Dachten wir zumindest: Oben folgt nicht etwa ein Plateau, sondern nach einer kleinen Fläche geht es weiter hoch. Es wirkt wie eine schier unendliche Sandlandschaft, eine riesige Sandwüste. In Wirklichkeit sind wir keinen Kilometer vom Meer und nur 200 Meter Luftlinie vom Wald entfernt. Wenn man

Zwei Schritte hinauf, einen hinunter

mühselig einen Sandberg hinauf stapft, muss man ihn auch wieder hinunterrutschen, oder man kann ihn hinuntersprinten. Wettrennen. „Drei." „Zwei." Ich mache mich bereit. „Eins." Maria ruft: „Loo-os!" Jonas und ich springen nach vorne, rennen geradeaus. Der Hügel ist so steil, dass der Boden ohnehin unter den Füßen verloren-geht – der Sand tut den Rest. Jonas führt schnell und siegt letztlich – die letzten Meter legen wir kullernd zurück. Die Abfahrt kann man auch mit einem Bodyboard, einem kurzen Brett zum Gleiten über die Wellen, in Angriff nehmen. Ein gebürtiger Maori vermietet

Ein Sandhüpfer

aus einem alten, gelben Laster die Schaumstoffbretter. Jonas und ich sparen uns die wenigen Dollar und borgen uns das Brett einer Italienerin. Nacheinander stiefeln wir wieder den Berg hinauf und stürzen uns Kopf voran hinunter. Meine Füße schlagen auf den har-ten Sand. Mein Kopf ist gefährlich nahe dem Boden. Sand wirbelt um mich herum. Die Körner fressen sich in meine Augen. Trotzdem ist es lustig. Als es gerade anfing Spaß zu machen, ist die Gaudi schon wieder vorbei – noch schneller als beim Wettrennen. Wir geben das Brett zurück. Jetzt wartet auf uns der Ninety Mile Beach. Trauen wir uns? Ja, wir machen es!

Der nördlichste Strandzugang soll direkt hier beim Riesen-Sandkasten liegen. Doch die Straße endet beim Parkplatz. Von hier geht nur ein breiter, flacher Bach weiter zum Meer. Sind wir doch falsch? Zum Glück kommt gerade einer der großen „Ninety MileTour"-Busse auf den Parkplatz gefahren. Hoffnungs-voll schauen wir, wo er hinfährt – er steuert gerade auf den Bach zu. Der will doch nicht etwa … doch, er will. Ohne auch nur zu bremsen, rast der große Bus in das Flussbett und verschwindet hinter den Dünen. Okay … wir wissen jetzt, wo wir lang müssen und auch, warum Noel von der Strandidee nur so halb begeistert war. Vorsichtshalber frage ich nochmal den Sandbrett-Fritzen, er steht schließlich jeden Tag hier. „With a Four-Wheel-Drive? No problem!", meint er. Im weichen, schlammigen Untergrund des breiten Baches sollten wir nur nicht anhalten. Ermutigt geht's los! Mit dem Hebel schalte ich den Allradantrieb an. Klack. Hat das nun funktioniert? Vorsichtig, aber nicht zu langsam geht es in den Fluss. Das Wasser spritzt auf die Scheibe, wir preschen durch das teils zwanzig Zentimeter tiefe Wasser. Die Federung dämpft die Schläge von tieferen Stellen ab, wir erschrecken uns trotzdem. Eine große Ladung Sand-Wasser-Mischung fegt über Motorhaube und Windschutzscheibe hinweg. Ohne Scheibenwischer geht nichts mehr. Ich lenke den Terrano durch Wasser, über Sand und zwischen Schilf her. Schaut man sich den Rand des Flusses an, wird klar:

Four-Wheel-Drive mit dem Terrano – das macht Spaß!

Bei Flut geht hier nichts – denn dann hat das Gewässer etwa dreißig bis 45 Zentimeter Tiefgang, mindestens. Der talartige Kanal wird breiter, die Dünen weichen zurück und das Wasser wird seichter.

Vor uns liegt die Tasman Sea. Das Brummen des Motors übertönt die Geräusche der Brandung: wild, lebensfeindlich und laut. Links von uns, nach Süden, erstreckt sich der Strand. Neunzig Kilometer weißer Sand. Kein Mensch, kein Auto, nichts. Nach einer Verschnaufpause nehmen wir die Strecke in Angriff. Die Spannung ist greifbar. Wo ist die ideale Fahrlinie? Vorsichtig taste ich mich an die 30 km/h heran. Nach wenigen Kilometern halten wir an, fahren einige Kreise, malen lustige Muster mit unseren Spuren. Und weiter. Die Scheiben sind dreckig. Sand vermischt sich mit Salz. Vor uns ist der Himmel dunkel. Drmpppp. Mit an die 40 km/h habe ich einen anderen Bachzulauf übersehen, der die ebene Fläche des Strandes ausgewaschen hat. Die dicken Reifen mit dem markanten Profil sind voll in das Flussbett gehauen, das Wasser spritzt überall hin – der Sand fliegt gleich mit durch die Luft. Außer dem unschönen Geräusch scheint aber alles in Ordnung. Die nächsten zwei dieser Strand-Flüsse umfahre ich und fahre ganz nah an das Meereswasser heran. Die Flächen, die ab und an von den Wellen erreicht werden, sind eben gewaschen – dafür ist der Untergrund schlammig weich, kein Problem für unseren Geländewagen. Auf dem Strand fahren ist nichts Alltägliches, kein Wunder, dass es richtig Spaß macht! Die Perspektive, neunzig Kilometer mit einer Geschwindigkeit von 30 km/h zu fahren, ist aber auch auf Sand eher frustrierend. Ich beschleunige daher nach und nach: fünfzig, sechzig, siebzig Kilometer die Stunde. Zum Schluss fahre ich mit fast neunzig Sachen, es scheint, als fliege ich über Sand. Von der Geschwindigkeit und der Route kann uns auch der Wolkenbruch nicht abhalten. Regen, Meer, Sand – man sieht nicht viel, aber es geht ja ohnehin einfach nur immer geradeaus. Als aus dem Weißgrau vor mir plötzlich ein Pkw auftauscht, bemerke ich, dass ich seit fünfzig Kilometern auf der rechten Seite, auf der Meerseite fahre – aber auch hier auf dem Strand, der auf manchen Karte als offizielle Straße eingezeichnet ist, gilt: Linksverkehr. Das ist mir seit Wochen

Vollgas gerade aus: neunzig Kilometer Sandpiste

nicht mehr passiert. Schnell ziehe ich rüber auf meine Seite. Es ist seit Kilometern das erste Mal, dass ich überhaupt wieder das Lenkrad in die Hände nehmen muss – so schnurgerade verläuft der Strand. „Stopp!", ruft Maria. „Da lag ein Hai." Ein Hai? Ich bremse und wende in einem großen Bogen. Innerlich frage ich mich schon, ob Maria eine Art „Wüstenkrankheit" hat und

schon eine Fata Morgana sieht – ein Hai auf dem Trockenen will mir nicht einleuchten, zumal sie auf der linken, der Landseite, sitzt. Doch sie hat richtig gesehen. Tatsächlich liegt im Sand, weit weg von den Wellen, ein toter, getrockneter Hai. Kein großer, wie man ihn sich aus Horrorfilmen vorstellt, aber knapp anderthalb Meter misst er wohl schon. Merkwürdig. Wir sind froh, nicht baden gegangen zu sein. Ab jetzt sehen wir auf den nächsten Kilometern immer wieder Kadaver am Rand liegen. Je weiter wir nach Süden kommen, desto häufiger sehen wir auch Angler, die halb im Wasser stehen und mit auffallend dicken und langen Routen fischen. Später erfahren wir, dass sie auf der Suche nach Haien sind – Babyhaien. Neunzig Kilometer Sandstrand liegen hinter uns, auch das Navigationssystem hat uns mittlerweile wieder geortet und zeigt uns nicht mehr an, dass wir gerade absaufen. Wobei bemerkenswert ist, dass auf dem Display die „Straße" über den Strand lange Zeit sogar eingezeichnet war. Zwischen zwei Sanddünen liegt der Abgang – der südlichste von insgesamt nur drei oder vier Wegen zum Ninety Mile Beach. Die letzten neunzig Meter sind nochmals kritisch: Anders als die vorherigen neunzig Kilometer müssen wir nun den vom Wasser gefestigten Sand verlassen und fahren auf trockenem und sehr weichem Untergrund. Ich schalte wieder den Allradantrieb dazu, den ich auf dem Strand gar nicht mehr gebraucht hatte. Fast problemlos gleiten wir durch die feinen Körner. Geschafft! Jetzt nur noch den Allradantrieb richtig ausschalten (denn damit darf man nicht auf Asphalt fahren) und dann nichts wie zum Ninety Mile Beach Holiday Park. Dort soll es eine Waschstraße geben – extra für den Unterraum. An dem Platz zahlen wir zwei Dollar – allerdings für eine sehr rustikale „Waschstraße": Ein schlichter Gartenschlauch mit (immerhin) starkem Wasserstrahl. Es ist utopisch den ganzen Sand aus jeder Ritze der Karosserie zu spülen, aber wir geben unser Bestes.

Zweifelsfrei hat das Schlafen in Auto und Zelt seinen ganz eigenen Charme. Trotzdem: Drei Nächte unter Plastikwänden beziehungsweise im Kofferraum waren hart genug. Für die nächste Nacht haben wir uns daher ein Hostel gebucht. Wir haben für diese deutlich teurere Nacht auch eine gute Ausrede. Es gehört einfach zu einer Backpackerreise, im „Dorm" (Großraumzimmer) und auf Betten zu schlafen, die einst im Knast gestanden haben könnten: Große Schlafsäle, laute Essens- und Aufenthaltsräume und dreckige Küchen – das ist Hostelleben, wie es leibt und lebt. Wir entscheiden uns aber für eine deutlich gemäßigtere Variante. Die Endless Summer Lodge, eine im Netz sehr gut bewertete Unterkunft, erscheint uns als ein guter Kompromiss zwischen wildem Hostel und kleiner Jugendherberge. Direkt am Meer liegt das alte aus Kauriholz gebaute Gebäude. Die Straßenpromenade ist kaum befahren, denn wir sind nicht in Auckland oder Wellington, sondern in Ahipara, das am verlängerten Ende des Ninety Mile Beache liegt. Mit unseren Rucksäcken betreten wir das süße Häuschen. Der Dielenboden knarrt, ein Schild bittet darum, die Schuhe auszuziehen. Und das soll unsere „erste Hostel-Erfahrung" werden – es könnte schlimmer sein. Genau genommen, könnte es kaum schöner sein – von typischer Herbergsstimmung ist man hier nämlich eindeutig 324 Autokilometer entfernt – soweit ist es bis Auckland. Eine Rezeption gibt es nicht, stattdessen eine Klingel, mit der wir die Besitzer aus ihrer eigenen Wohnung hervorlocken.

Die erste Nacht im Hostel – es könnte schlimmer sein!

In der gemütlichen Küche, mit leiser Musik im Hintergrund, zahlen wir unsere Zimmer. Dann geht es die Holztreppe hoch und wir beziehen die Zimmer: Maria und ich bekommen ein Doppelzimmer mit Meerblick. Vor uns liegt der grüne Vorgarten. Die gleichmäßigen Wellen schlagen dahinter an den Strand. Genial!

Da wir erst nach 18 Uhr ankommen, haben wir an diesem Abend kaum etwas mit den anderen Gästen zu tun. Das ist zwar etwas schade, aber wir haben ja uns vier. Und außerdem gehen uns zwei deutsche Jugendliche ziemlich auf die Nerven. Die beiden lauschen unseren Gesprächen (soweit nicht schlimm), um sich dann mit künstlicher Art (so unsere Wahrnehmung) einzumischen – kurioserweise antworten sie aber auf Englisch, während wir Deutsch sprechen. Auf ihre Fremdsprachenkenntnisse sind die zwei offenbar sehr stolz: „Ouhhh, aweeesome!" oder „That's amaaazing!" – ich weiß nicht, wie oft wir diese Aussagen an dem Abend von den beiden deutschen Schwestern hören. Naja. Ich vertiefe mich lieber ins Kochen von Nudeln, die wir dann an einem langen

Holztisch im Freien essen. Über uns hängen große Weinblätter, darüber funkelt der Sternenhimmel.

Es folgt: unser letzter vollständiger Tag in Northland, der uns zu den bekannten Kauri-Wäldern führt. Bevor es losgeht, liegen wir am Strand und planschen mit Bodyboards in den Wellen. Fast anderthalb Stunden halte ich es im kalten Wasser aus, die Sonne wärmt meine Haut und verbrennt sie. Egal, in fünf Tagen sind wir wieder im nassen und kalten Winter Deutschlands. Das muss ich jetzt also ertragen. Die Zimmer sind längst geräumt, wir waschen uns unter dem Gartenschlauch des Hostels mit Grundwasser ab. Duschen dürfen wir leider nicht mehr, da Ahiparas „Frischwasser" aus Regenwasser besteht. Und Regen ist (zum Glück!!) in diesem Sommer besonders rar. Wir quetschen uns wieder in den Terrano. Auf dem Weg zu den dichten Wäldern kommen wir durch den Hokianga Harbour, den wir auf einer kleinen Fähre überqueren. Von Omapere aus bewundern wir auf der anderen Seite des Meeresarms nochmals einige große Dünen. Das Wasser leuchtet in einem Mix aus tiefblau und hellem

Traumhaftes Farbenspiel am Hokianga Harbour

Türkis. Schweren Herzens wenden wir uns ab und fahren endgültig auf den dunklen Wald zu. Einst war mehr als ein Viertel Neuseelands dicht bewaldet und die riesigen Kauri-Bäume waren sehr verbreitet. Mit der Ankunft der Europäer verabschiedeten sich mit der Einsamkeit auch die Wälder. Innerhalb nur weniger Jahrzehnte rodeten die Neuankömmlinge Stamm für Stamm, Wald für Wald, Hektar für Hektar. Das Holz ließ sich gut für Schiffsplanken und Masten nutzen, das Harz war für die Industrie nützlich. Anfang des 20. Jahrhunderts rodete man weitere Wälder, um Farmland zu gewinnen. Heute, Anfang des 21. Jahrhunderts, gibt es kaum noch Kauri-Wälder – der Waipoua Forest ist, was das angeht, heute ziemlich allein. Aus wirtschaftlicher Sicht leisteten die Arbeiter damals mit ihren großen Handsägen schier Unglaubliches: Die über zwei Meter langen Sägeblätter durchtrennten das hunderte Jahre alte und mehrere Meter dicke Holz in wenigen Stunden. Obwohl gerade in der jüngeren Vergangenheit wieder viel aufgeforstet wurde, sieht es für die Kauri-Bäume noch immer düster aus. Drei Viertel aller verbliebenen Kauris stehen im Northlands Waipoua Forest, darunter auch die größten und ältesten.

Der größte oder der älteste Baum?
Jedenfalls ein dicker Baum!

Der Highway schlängelt sich durch den Wald. Wir halten an und gehen die wenigen Meter in den „Bush" hinein. Vor uns, gesichert durch einen Holzzaun, steht der Tane Mahuta („Gott des Waldes"). Der Tane Mahuta ist mit über 51 Metern Höhe und einem Umfang von knapp 14 Metern der größte noch existierende Kauri-Baum. Obwohl der Stamm so breit ist, wirkt die Krone nicht übermäßig groß, sondern im Verhältnis belustigend klein. Bruchstellen zeigen, wo einst große Äste wuchsen. Einst? Das kann theoretisch irgendwann zwischen dem Zeitalter der Raumfahrt und den Römern gewesen sein – der Baum ist geschätzt etwa 1500 bis 2000 Jahre alt. Ehrfürchtig blicken wir zu dem Holz-Ur-, Ur-, Ur-, … Uropa auf. Wegen der flachen Wurzeln direkt an der Erdoberfläche darf man nicht direkt an die Rinde – schade. Den breitesten Kauri besuchen wir auch noch. Der Te Matua Ngahere („Vater des Waldes") streckte vor geschätzt 2000 Jahren seine ersten Blättchen gen Himmel – richtig, es ist einfach unglaublich! Wir stehen nach zwanzigminütigem Gang vor dem Riesen. Es fühlt sich an, als hätte man eine Audienz erhalten. Der Baum steht in der Nähe der „Four Sisters", vier Kauri-Bäumen, die scheinbar alle aus ein und denselben Wurzeln herauswachsen.

Mit den Eindrücken der ehrfurchtsvollen Bäume machen wir uns wieder auf den Weg. Instinktiv versuche ich, das Gaspedal nicht mehr ganz so stark durchzutreten – wie wichtig der Klimaschutz ist, wird hier zwischen Kauris und Farnen sehr deutlich. Schon öfter hatte ich während der vergangenen Wochen darüber nachgedacht, was wir Menschen unserem Planeten mit Abgasen, Viehzucht und Müll zumuten. Es wäre eine Schande, wenn die Naturschauspiele und -szenerien Neuseelands (und anderswo auf unserem Planeten) verloren gingen, zerstört durch die Rücksichtslosigkeit von uns Menschen. Andererseits wäre Work & Travel in unserer Form dann nicht möglich gewesen ... Doch – Überraschung, Überraschung – verstreicht leider auch dieser erleuchtende Moment wieder schneller, als es nötig wäre.

Zur Feier des letzten Abends unserer Reise – Jonas und Vanessa fliegen am nächsten Tag zurück nach Deutschland, Maria und ich starten einen Tag später vom Aucklander Flughafen – gehen wir in einem empfohlenen Restaurant essen. Um ehrlich zu sein, ist die Auswahl an Gaststätten in Northland (und erst recht in diesem Teil) ohnehin klein. Trotzdem schmeckt es, genau das Richtige für den Ausklang: Am nächsten Tag werden wir wieder zurück in Auckland sein. Wir werden einige unserer restlichen Dollars für die teure Icebreaker-Merino-Kleidung ausgeben – auch als Erinnerung an unsere Zeit auf der Farm in Cromwell. Übermorgen werden wir dann die Rucksäcke packen, sie schultern und von Noel aus mit dem Bus zum Flughafen fahren, wo unser Emirates-Flieger den neuseeländischen Boden Richtung Sydney verlässt. Doch bis dahin heißt es noch: vierzig Stunden Neuseeland! Jetzt, nach dem etwas übertcucrten Abendessen, erreichen wir erst nach Sonnenuntergang den Campingplatz. Mit Blick auf die hohen Wellen schlagen wir unser Zelt auf dem Glinks Gully Holiday Park auf. Noch einmal eine der zugigen und einfachen Toiletten benutzen, die Zähne vor einem dreckigen Spiegel putzen und die Nachtfalter und Mücken im Schein des Lichtes betrachten (beziehungsweise aus dem Zelt verjagen). Viele Nächte auf Campingplätzen oder am Straßenrand liegen hinter uns – dieser hier zählt eindeutig zu den komfortableren. Bald liegen Maria und ich auf unseren dünnen Iso-Matten und stecken in unseren Schlafsäcken. Trotz Hochsommer ist es nachts nur um die zehn Grad warm. Die Kälte macht sich schnell bemerkbar, erobert langsam das Zeltinnere. Noch einmal hören wir durch die dünnen Nylonwände das Rauschen der Brandung. Ich schaue

aus dem Eingang, die Sterne funkeln. Einige Mücken schwirren um den Eingang herum. War das gerade eine Sternschnuppe? Ich will es gar nicht wissen – denn ich neige in solchen Momenten zu Sentimentalität. Zrrrp. Der Reißverschluss zurrt zu und nimmt uns den Blick auf den Rasen, auf die Dünen, auf den Mond. Die vergangenen Wochen und Monate laufen vor meinem inneren Auge

Am Glinks Gully „Holiday Park" endet die Camping-Zeit

ab. Was für eine einmalige Zeit, einmal tief durchatmen. Maria und ich reden über den Great Walk, über Cromwell, über Milford und über unsere Ankunft in Christchurch vor fünf Monaten. Wir reden über sechs Monate im Van durch die Landschaften Aotearoas.

Es dauert ein bisschen, bis wir an diesem Abend einschlafen. Es ist die letzte Nacht in der Natur, die letzte typische Nacht in Neuseeland, die letzte Nacht eines wunderbaren großen Abenteuers. Ein Abenteuer, das seinen Titel erst im Nachhinein bekommen wird: „Schule aus, Neuseeland ruft".

Zurück in den Alltag

e home

Familie und Freunde: Die Freude ist groß, und doch weint mindestens ein Auge.

Zurück in den Alltag

Von Auckland aus geht es noch einmal für 24 Stunden nach Sydney. Auch in Australien, so erfahren wir an diesem Tag, kann es regnen. Anschließend warten auf uns vier ganz besondere und sehr interessante Tage in Bangkok. Die Erlebnisse, Eindrücke und Gerüche (beziehungsweise der Gestank) sind so vielfältig und spannend, dass sie in etlichen Extraseiten erläutert werden müssten. Ich nehme daher an dieser Stelle davon Abstand. Nur so viel: Asien ist ein eigenes Abenteuer wert.

Am Abend des 8. Februar 2014 geht unsere Boeing in den Landeanflug zum Düsseldorfer Flughafen über. Der Flug war anstrengend – wir haben uns, um dem drohenden Jetlag vorzubeugen, gezwungen wach zu bleiben. Die Landung verläuft problemlos. Langsam rollt die Maschine auf dem Asphalt aus. „Welcome to Dusseldorf International Airport. The local time is ten past seven pm", verlautet es aus den Lautsprechern. Geschafft! Europa. Deutschland. Nordrhein-Westfalen. Nach 181 Tagen in den entferntesten Ländern unseres Planeten sind wir zurück und betreten erstmals wieder den Boden der Bundesrepublik. Es ist ein gutes Gefühl und doch ist mir sofort klar, dass es das Ende einer tollen, einer einmaligen Zeit ist. Einer Zeit, die im Nachhinein viel zu kurz war und die wir definitiv hätten länger genießen sollen. Trauer vermischt sich mit Vorfreude auf das Wiedersehen mit meiner Familie, meinen Freunden.

Ready for take-off!

Unsere Rucksäcke kommen als allerletzte auf das Rollband. Wir haben so lange gewartet, dass sogar schon der Zoll seine Kontrollen beendet hat. Wir verlassen den Sicherheitsbereich des Flughafens und da stehen sie: Eltern, Verwandte, Freunde. Es sind viele zum Flughafen gekommen – mehr als Maria und ich erwartet hatten. Die Freude ist groß. Und doch: Schnell, zu schnell, ist wieder alles so, als sei man nie weg gewesen. Und das ist das größte Problem: Es dauert kaum eine Woche und man ist wieder voll im bekannten Alltag. Man ist ein halbes Jahr weg und doch verändert sich kaum etwas. Zu Hause verlief alles im alten Trott, während man selbst so viel erlebte. Das muss man erst einmal realisieren. Außerdem:

Außer den eigenen Eltern und vielleicht noch den allerengsten Verwandten und Bekannten interessiert sich niemand richtig intensiv für das Erlebte. Das soll gar kein Vorwurf sein – die meisten können sich darunter schlicht nichts vorstellen. Also sitzt man allein zu Hause und fragt sich, wo die Zeit geblieben ist. Fernweh kommt auf und die Frage „Warum sind wir nur ein halbes Jahr geblieben?". Meine Methode: Nach zehn Tagen zieht es mich erst einmal in die Alpen zum Skilaufen. Nichts wie weg aus der Heimat. Ganz so schlimm, wie es nun hier klingen mag, ist es aber auch nicht. Es ist auch schön, Familie, Freunde und das eigene Bett zurückzuhaben. Allerdings gerade unter der Wahrnehmung, dass sich kaum etwas verändert hat, wünscht man sich gerne wieder ans andere Ende der Welt.

Dass einen der deutsche Alltag schnell wieder einfängt, ist schade, aber gleichzeitig auch gut: ein Argument weniger, warum man so einen Ausstieg auf Zeit nicht wagen sollte. Doch nur, weil meine Reise im Nachhinein so reibungslos verlief, heißt das nicht, dass Work & Travel-Abenteuer immer so positiv sind. Allen zukünftigen Backpacker-Generationen sei gesagt: Gewisse Vorsicht, eine gute Planung und eine bestimmte Alltagsklugheit sollten auf einer solchen Reise ständiger Begleiter sein – ansonsten kann dieses Unternehmen schnell im Alptraum, ja vermutlich sogar im reinsten Horror enden!

Ich wollte vorher nie für längere Zeit ins Ausland gehen. Doch es hat sich gelohnt, es war toll, es war einmalig. Allerdings habe ich auch viel mit zurück nach Hause genommen. Ich habe mich, da bin ich mir sicher, persönlich verändert. Ich bin am anderen Ende der Welt reifer geworden. Es blieb mehr als die Erfahrungen, die Freundschaften und die Narben vom Weinberg hängen. Ich habe in diesem Buch viele Seiten gehabt, um meine Erlebnisse zu schildern und Lust auf Work & Travel in Neuseeland zu wecken. Ich habe mein Bestes gegeben, alles Geschehene, alle Erfahrungen und alle (positiven wie negativen) Emotionen zu verarbeiten. Dennoch habe ich es wohl nicht geschafft, die gesamte Wahrnehmungsfülle zu verdeutlichen. Daher kann ich nur jedem, der sich dazu bereit fühlt, raten, Work & Travel selbst auszuprobieren. Denn für mich steht zweifellos fest: Es war die beste Zeit meines bisherigen Lebens.

DANKE

Ich danke Maria Gleichmann, meiner Reisebegleitung, für die vielen gemeinsamen Stunden, Tage und Wochen in Neuseeland und dafür, dass sie mich überhaupt zu diesem wunderbaren Erlebnis gebracht hat.

Und, Maria, danke dafür, dass du stets die Geduld aufgebracht hast, die die Fotos und die Notizen zur Vorbereitung dieses Buches erfordert haben.

Ich danke Gerda Bonsiepen, meiner Lektorin, die unter großem Zeitdruck unzählige Stunden in das Lesen und Korrigieren meines Skriptes gesteckt hat.

Ich danke meinen Eltern, Katja und Christian Raillon, meinem Bruder Jacob, meinen Großeltern und dem Rest meiner Familie für die Unterstützung, für das Interesse an meinem Abenteuer und dafür, dass sie stets nach meinem Projekt fragten.

Ich danke Andreas Walter und seiner Frau Christine Walter von der 360° medien gbr mettmann, dass sie mir dieses Buchprojekt angeboten haben und mich bei der Arbeit unterstützten.

Ich danke denjenigen meiner Reise-Bekanntschaften, die mir mit Bildern und Erfahrungen aushalfen, wenn ich mit dem eigenen Material mal an Grenzen stieß.

Ich danke den Kiwis in Neuseeland, dass sie uns so positiv aufgenommen haben, mir die Erfahrungen ermöglicht haben und uns an vielen Stellen weitergeholfen haben – und das, obwohl wir definitiv nicht die einzigen Reisenden waren …

Ich danke all den Freunden und Bekannten, die ich in Neuseeland kennengelernt habe. Sie haben diese Reise zu dem gemacht, was sie war. Es würde zu weit führen, hier jeden Einzelnen zu nennen – daher nur einige stellvertretend: Familie Prest, Familie Hamilton, Noel, Julius und Luisa, Marcel und Lisa sowie Jonas und Vanessa. Ich hoffe, dass der Kontakt zu ihnen – und den vielen anderen – auch in den nächsten Jahren nicht abbrechen wird.

Philip Raillon